南京大学中国文学与东亚文明协同创新中心资助项目
南京大学"双一流"建设学科"中国语言文学"资助项目

《江南文脉·清代文学与文献研究》丛书

徐雁平 主编

收藏与交游：清代文献丛考

李军 著

安徽教育出版社
时代出版传媒股份有限公司

图书在版编目(CIP)数据

收藏与交游:清代文献丛考 / 李军著. —合肥:安徽教育出版社,
2021.12

ISBN 978-7-5336-9532-3

Ⅰ.①收… Ⅱ.①李… Ⅲ.①知识分子—生活—研究
—中国—清代 Ⅳ.①D691.71

中国版本图书馆 CIP 数据核字(2021)第 227111 号

收藏与交游:清代文献丛考
SHOUCANG YU JIAOYOU: QINGDAI WENXIAN CONGKAO

出 版 人:费世平
策划编辑:江　舟
责任编辑:付　静　江　舟
装帧设计:张鑫坤
责任印制:陈善军

出版发行:时代出版传媒股份有限公司　安徽教育出版社
地　　址:合肥市经开区繁华大道西路 398 号　邮编:230601
网　　址:http://www.ahep.com.cn
营销电话:(0551)63683012,63683013
排　　版:安徽时代华印出版服务有限责任公司
印　　刷:安徽联众印刷有限公司

开　　本:710 mm×1010 mm　1/16
印　　张:24.5
版　　次:2021 年 12 月第 1 版　2021 年 12 月第 1 次印刷
定　　价:86.00 元

(如发现印装质量问题,影响阅读,请与本社营销部联系调换)

陆澂　楝亭图　中国国家图书馆藏

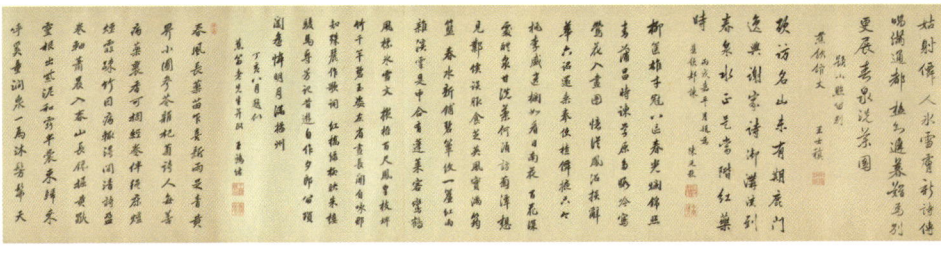

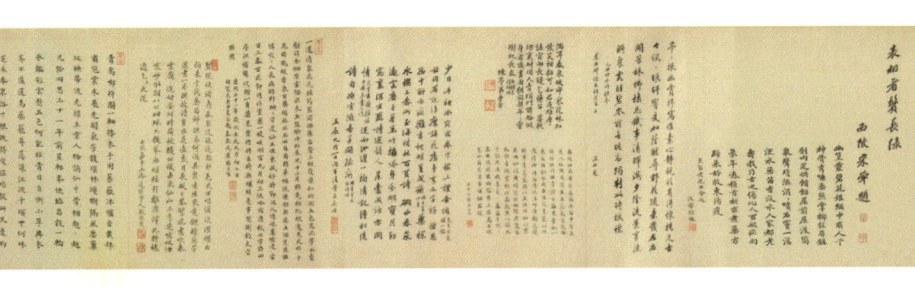

禹之鼎　春泉洗药图　美国克利夫兰艺术博物馆藏

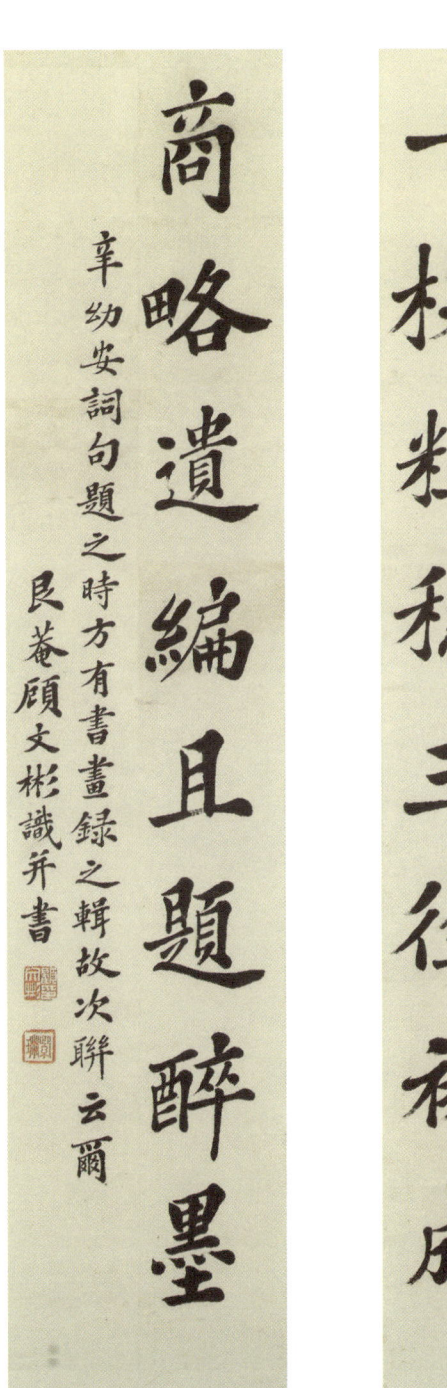

顾文彬八言联　苏州博物馆藏

金心兰　　因因庵校碑图

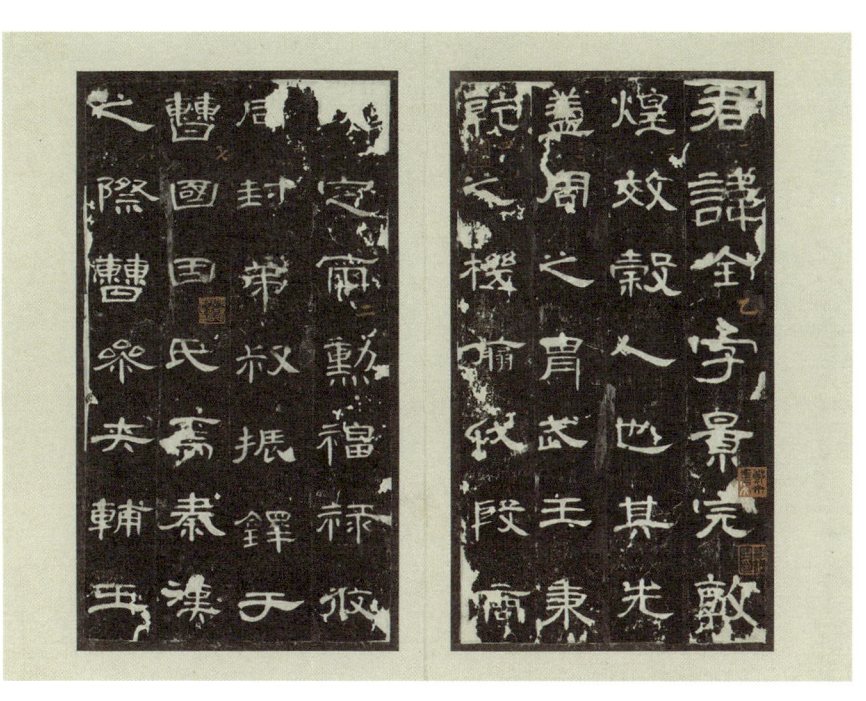

曹全碑　明拓"因"字不损本　上海博物馆藏

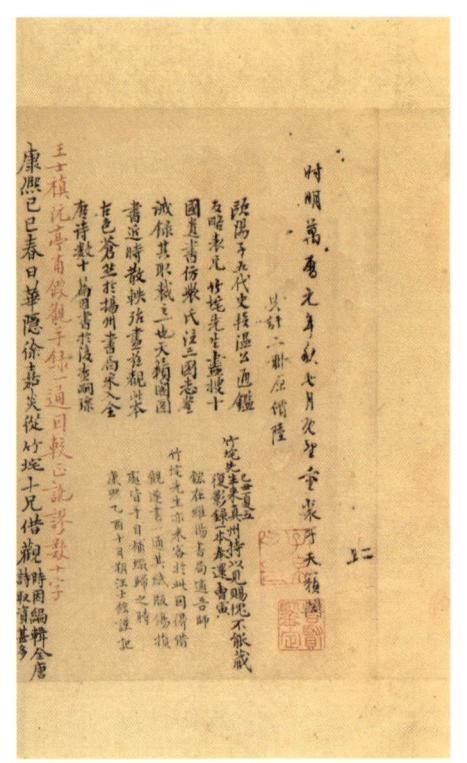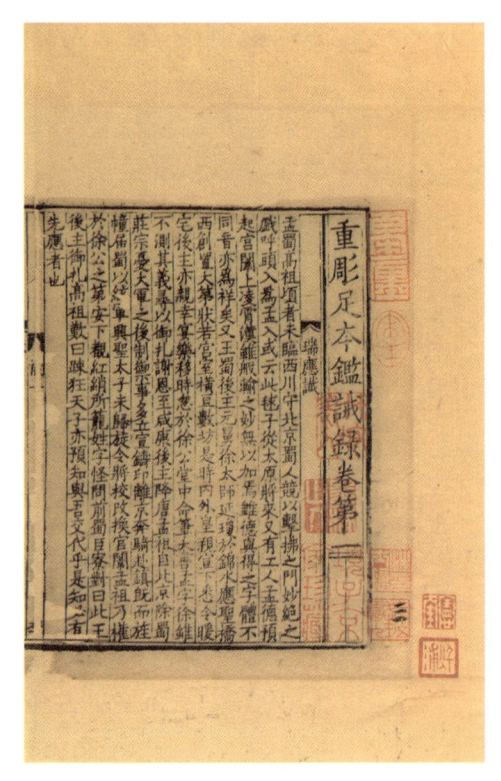

重雕足本鉴诫录　宋刻本　上海图书馆藏

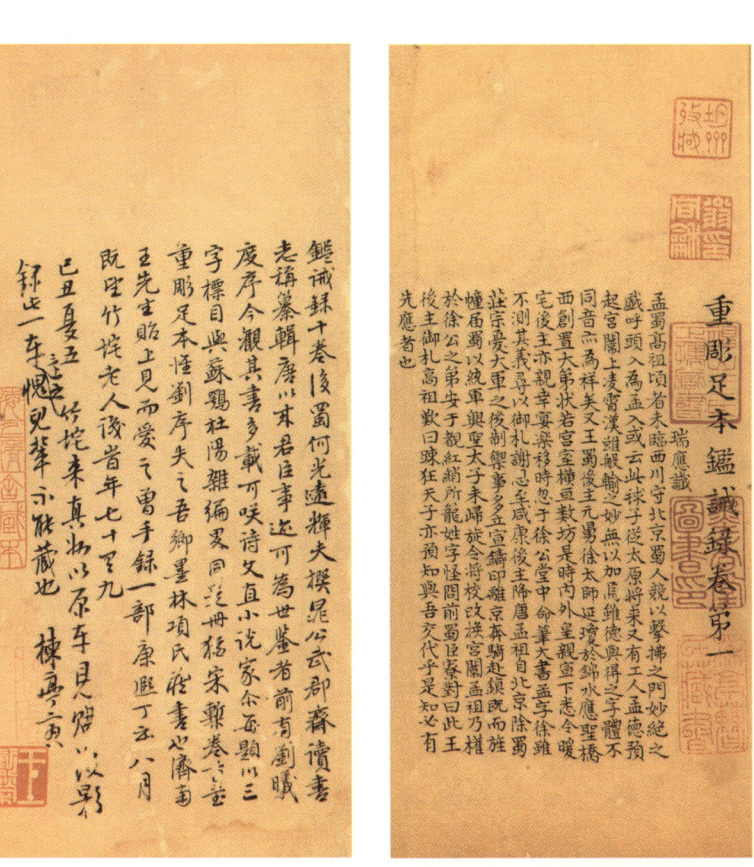

重雕足本鉴诫录　　清楝亭曹氏抄本　　上海图书馆藏

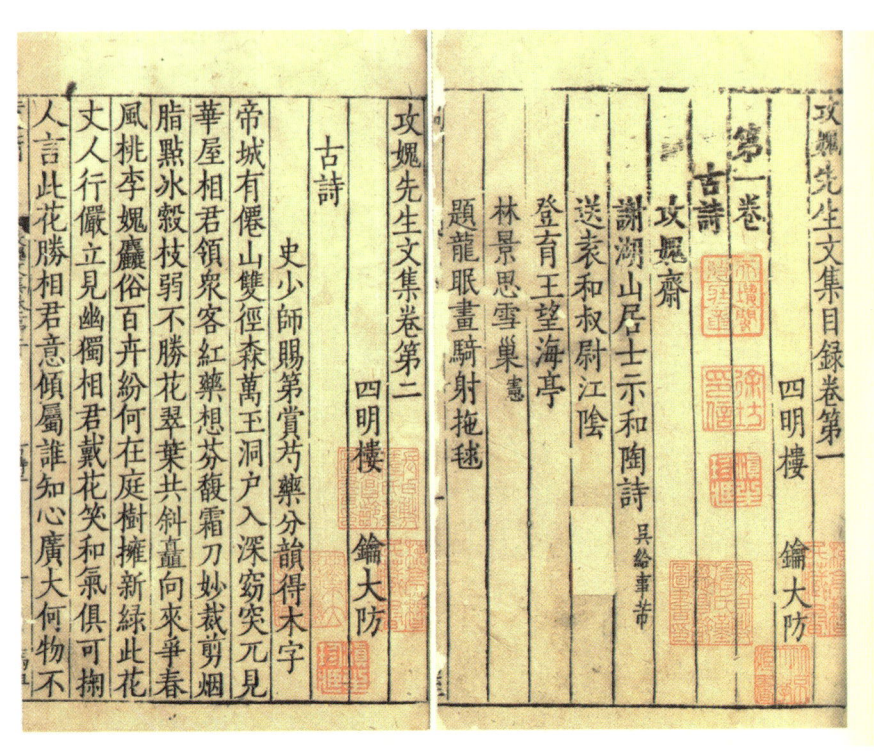

楼攻媿文集　宋刻本　北京大学图书馆藏

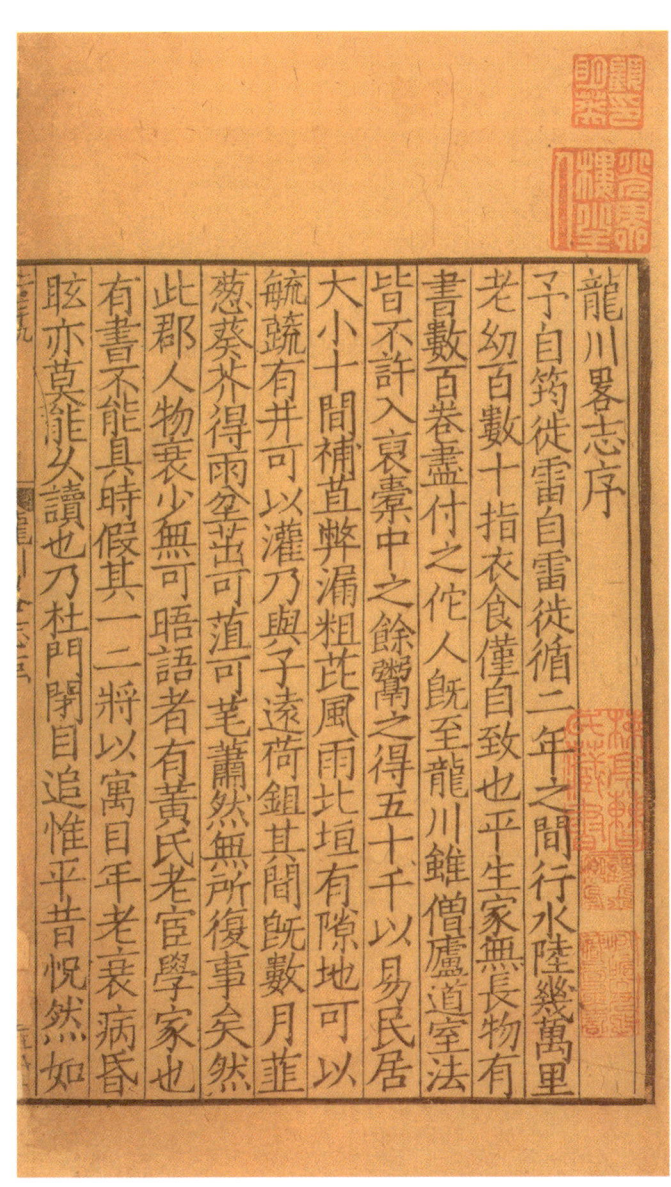

龍川畧志序

予自筠徙雷自雷徙循二年之間行水陸幾萬里老幼百數十指衣食僅自致也平生家無長物有書數百卷盡付之佗人既至龍川雖僧廬道室法皆不許入哀寮中之餘齋之得五十千以易民居大小十間補直弊漏粗庇風雨北垣有隙地可以毓蔬有井可以灌乃與子遠荷鉏其間既數月韭蔥葵芥得雨空茁可道可芼蕭然無所復事矣然此郡人物衰少無可晤語者有黃氏老宦學家也有書不能具時假其一二將以寓目年老衰病昏眩亦莫能久讀也乃杜門閉目追惟平昔悅然如

龙川略志　宋刻本　南京图书馆藏

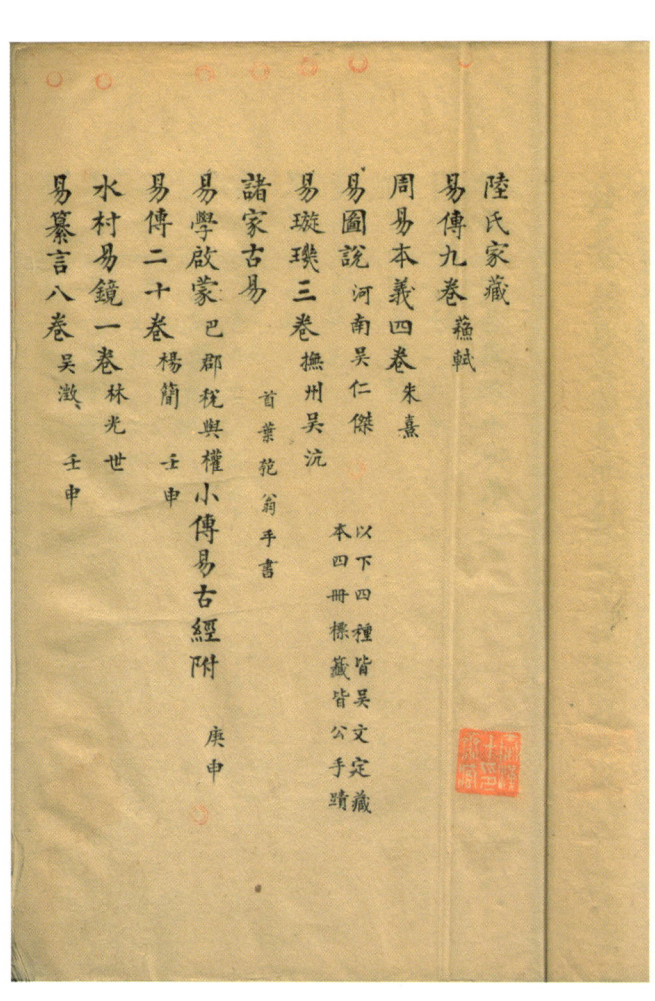

陸氏家藏
易傳九卷 蘇軾
周易本義四卷 朱熹
易圖說 河南吳仁傑
易璇璣三卷 撫州吳沆 首葉脫角手書
諸家古易
易學啟蒙 巴郡稅與權 小傳易古經附
易傳二十卷 楊簡 壬申
水村易鏡一卷 林光世
易纂言八卷 吳澂 壬申

以下四種皆吳文定藏本四冊標藏皆公手蹟

庚申

陆渃　佳趣堂书目　稿本　芷兰斋藏

《江南文脉·清代文学与文献研究》丛书缘起

江南地区为清代中国的人文渊薮。"江南"曾经是一个不断变动的区域和概念,目前学界的江南研究,常采用周振鹤提出的"中江南"概念,这一概念下的江南包括安徽、江苏两省的长江以南部分,以及浙江和上海的全部。鉴于清代江苏、浙江、安徽东南三省以及后来的上海在文化、经济上的紧密联系,本丛书既重视"八府一州"界定的"核心江南",又兼顾学界常用的长江、钱塘江、太湖以及大运河沟通的"中江南",同时也注重在文化层面上"从周边看江南",将清代东南三省视为"宽泛的江南",进而探求江浙皖文化多元一体的内涵。

江南的形成,有山水的赐予,也有人为的营造。山川江湖的位置与走向,皆有实实在在的呈现;而文化的脉络则如伏流和矿藏,要在开掘、梳理、缀合、疏通、烛照、叙说中揭示。依循形式多样、蕴涵丰富的文献,探求江南文化传衍的脉络与生成的肌理,应是稳妥的路径。脉络与肌理,是无数端点的延伸与端点间关联的交织。从清代文学与文献中再现江南的文脉，就是要在江南的山水中探寻文人的往来、书籍的流转、文风与学风的传播，考察文学家族姻亲网络的缔结、地域文化的形成、文学与学术流派的传衍、学术群落的生长。诸如此类，皆从人和物的流动、彼此之间的关联中展现"生成过程"中的律动文脉，从而揭示文脉的"江南性"。

江南是中国大版图中的江南，文献或文学中的江南是中国文化中的江南。"江南文脉"因为依循太湖、大运河、长江、钱塘江等大湖大河以及其他水网得以舒展，本丛书可顺势融入当下正在展开的大运河文化、长三角文化、长江文化研究，从而为理解近代中国乃至当下中国社会文化找寻路径。

徐雁平
2021 年 11 月

目 录

曹寅的交游与藏书　001

曹氏楝亭藏书聚散考略　163

隋赫德、昌龄一族世系疏证　177

曹溶、朱彝尊藏书交流考述

　　——兼论清初《流通古书约》的实践问题　199

秦松龄藏书事迹钩沉　212

周广业父子著述考略　235

孙氏兰枝馆藏书事迹钩沉　259

周星诒藏书事迹征略

　　——以《书钞阁题跋》及周批《读书敏求记》为主　307

周星诒的《三国志》研究

　　——抄本《三国志校勘记》述略　334

过云楼书画收藏中的苏州脉络　354

顾氏过云楼的碑帖收藏　362

主要参考书目　374

后记　383

曹寅的交游与藏书

一、曹寅之生平

曹寅（1658—1712），字子清，一字幼清，别号荔轩、楝亭、雪樵、盹翁、鹊玉亭、柳山居士、柳山聱叟、棉花道人、紫雪轩、紫雪庵主、西堂扫花行者等。其名出自《尚书·舜典》"夙夜惟寅，直哉惟清"。生于北京，卒于扬州。

康熙二年（1663），曹寅随父南下江宁（今江苏南京），与弟曹宣于楝亭下读书习字，蒙师即遗民马銮（字伯和），而周亮工也以曹寅为"通家子，常抱置膝上，命背诵古文，为之指摘其句读"①。曹寅"七岁能辨四声，长偕弟子猷讲性命之学"②。"束发即以诗词经艺惊动长者，称神童。既舞象，入为近臣。"③ 邓之诚《清诗纪事初编》卷六曹寅小传也称曹寅十三岁即入京为御前侍卫。又有人认为曹寅在此前就已经做了康熙帝的伴读，对此问题，李广柏、刘上生曾专门撰文辩论。抛开时间

---

① 曹寅：《楝亭集》，上海古籍出版社，1978年，第671页。
② 唐开陶修：《（康熙）上元县志》卷十六，康熙十六年刻本，复旦大学图书馆藏。
③ 顾景星：《楝亭诗钞序》，载曹寅《楝亭集》，上海古籍出版社，1978年，第3页。

问题不谈,我们能够肯定的是在少年时期曹寅与康熙帝的关系就已经很亲密了,故其一生都受到康熙帝的恩宠。而青年时期的曹寅正如顾景星所说的那样:

> 如临风玉树,谈若粲花。甫曼倩待诏之年,腹娜嬛二酉之秘。贝多金碧,象数艺术,无所不窥;弧骑剑槊,弹棋擘阮,悉造精诣。与之交,温润伉爽,道气迎人,予益叹其才之绝出也。①

蒋景祁《念奴娇》(赠曹荔轩用东坡赤壁词韵)也赞曰:

> 君才英绝,问车边岂少,此班兰物。出匣干将,腾怪彩,光射阴阴四壁。文艳春华,笔垂秋露,气味如冰雪。甘泉豹尾,从容跃马奇杰。　况复路入桑干,平沙漠漠,击草鹰初发。万骑回中,从猎去,酾酒夕阳明灭。玉勒风嘶,雕弓夜吼,冷浸萧萧发。吟鞭摇动,惊飞乌鹊霜月。②

曹寅年方二十二岁,已历任鹰犬处侍卫、銮仪卫侍卫、治仪正等职,兼任正白旗包衣佐领,少年得志,英姿勃发。又随康熙帝巡幸奉天,视察塞北,行猎回中。直到父亲曹玺于康熙二十三年(1684)去世,他才南下奔丧,返京后任内务府慎刑司郎中。康熙二十九年(1690)由广储司郎中出为苏州织造。康熙三十一年(1692)转任江宁织造。康熙四十四年(1705)兼巡视两淮盐课监察御史,又因捐修行

---

① 顾景星:《楝亭诗钞序》,载曹寅《楝亭集》,上海古籍出版社,1978年,第3页。
② 蒋景祁辑:《瑶华集》卷十二,载《续修四库全书》集部(1730),上海古籍出版社,2002年,第213页。

宫,赏通政使衔,在扬州主持编纂刊刻《全唐诗》。康熙五十一年(1712)由风寒转疟,不治而亡,年五十五岁。曹寅年轻时曾经历丧偶之痛,后续娶李月桂之女,① 除生有二子外,尚有二女,长女嫁给了镶红旗平郡王纳尔苏,次女嫁给了任侍卫的某王子。

纵观曹寅的一生,其仕途可以说是一帆风顺。青年以后,一直任职江南,手握江南的经济命脉,荣华富贵自不必说,还曾四次负责康熙帝南巡的接待事宜,可谓身为人臣的极度荣耀。他与李煦共同以密折的方式向康熙帝报告江南的风吹草动,更使康熙帝将其视为股肱之臣。但在这些荣光背后,还有一个作为文学家、藏书家的曹寅。他的创作成就从他的诗文与戏曲作品中能够基本窥见。

(一) 曹寅的性格

曹寅的收藏极富且精,这既得益于其财势权位与广泛的人际关系,又与他的性格和思想密不可分。这是不可否认的客观事实,在他的诗文著作中也有很直接的体现。

1. 酷爱戏曲创作

从曹寅创作的《续琵琶记》《太平乐事》《北红拂记》《虎口余生》等作品来看,他对音律十分精熟。在苏州时,曹寅与苏州籍戏曲家尤侗来往甚密,曾令优人演出尤侗所撰《李白登科记》,欲再演《读离骚》《黑白卫》诸剧时,因移任江宁而止。② 康熙三十一年(1692)曹寅游越

---

① 胡愚:《曹雪芹祖母李氏家世新考》,《红楼梦学刊》2002 年第 4 辑。
② 尤侗编:《悔庵年谱》卷下,载《北京图书馆藏珍本年谱丛刊》(74),北京图书馆出版社,1999 年,第 79 页。

归,曾让家中戏班演出其新撰之《北红拂记》。① 康熙四十三年(1704)洪昇游云间、白门,曹寅迎为上宾,金埴《巾箱说》记:

> 曹公素有诗才,明声律,乃集江南北名士,为高会,独让昉思居上座,置《长生殿》本于其席,又自置一本于席,每优人演出一折,公与昉思雠对其本以合节奏,凡三昼夜始阕,两公并极尽其兴赏之豪华,互相引重,且出上幣兼金赆行,长安传为盛事,士林荣之。②

曹寅《太平乐事》前即载洪昇所作序文。张大受《赠曹荔轩司农》有"有时自敷粉,拍袒舞纵横"之句,则可知曹寅也曾客串演出。李斗《扬州画舫录》卷五云:"两淮盐务例蓄花、雅两部以备大戏。雅部即昆山腔,花部为京腔、秦腔、弋阳腔、梆子腔、罗罗腔、二簧调,统谓之乱弹。"③ 曹寅既任职两淮,利用此二部之机会自然不少。

此外,曹寅《楝亭诗钞》卷三《高鹤修琴友索赠时寓僧楼即事戏之》云"雅识吴音妙,微风缥缈间"④,《诸敏庵弹平调琵琶手法特妙无和之者感赋长句》云"近代四弦谁第一,野乘虚传查十八。能操北调变清钟,前有短朱后蒙铁"⑤,可见他对擅弹琵琶者之技艺颇有了解。而《楝亭诗钞》卷七《避热》其八"仰眠一曲犹能否,欲送微音入海天"句自注云"柳下闻王禹服弹琴"⑥,《楝亭词钞》中的《念奴娇》(题赠曲师朱音仙,朱老乃前朝阮司马进御梨园),《楝亭词钞别集》中的《玲珑

---

① 尤侗著、杨旭辉点校:《尤侗集》,上海古籍出版社,2015年,第1256—1257页。
② 金埴:《巾箱说》,中华书局,1982年,第136页。
③ 李斗撰,汪北平、涂雨公点校:《扬州画舫录》卷五,中华书局,1960年,第107页。
④ 曹寅:《楝亭集》,上海古籍出版社,1978年,第135页。
⑤ 曹寅:《楝亭集》,上海古籍出版社,1978年,第143页。
⑥ 曹寅:《楝亭集》,上海古籍出版社,1978年,第319页。

四犯》(雨夜听琵琶用梅溪韵)等,皆是对生活细节的真实记录。

2. 精于书画品评

书画收藏,是曹寅除古籍收藏之外的又一个嗜好。同时,他还广交当时著名的书画家。这在《楝亭集》中有最直接的反映。

王煐(1651—1726),字子千,号南村、紫诠,直隶宝坻(今属天津)人。与赵执信善,工于书画。生平详见宋健《王南村年谱》。《楝亭诗钞》卷四有《题王南村副使风木图》《西轩赋送南村还京,兼怀安侯姊丈、冲谷四兄,时安侯同选》,卷五有《题王南村焦麓剔铭图》;《楝亭诗别集》卷二有《病中冲谷四兄寄诗相慰,信笔奉答兼感两亡兄四首》(其一注:谓王子千)。

萧晨,《(乾隆)江都县志》卷二十七本传云:"字灵曦,少善读书,不习制举,工于绘事,尤以人物擅长。其法以取神为工,而不屑屑趋步前人,所作虽粗服乱头,皆有丰韵,四方人争购之。晚好为诗,多逸致,在倪瓒、沈周之间。"[1]《楝亭诗别集》卷三有《题萧灵曦临清闷阁图,时徐史折花插瓶,以付之四首》。

史申义(1661—1711),《(乾隆)江都县志》卷二十三本传云:"字蕉饮,初名伸。康熙戊辰进士,改庶吉士,授编修,历礼科掌印、给事中,以疾告归。申义幼颖悟,于书无所不览,为文宏深矫健,不肯一字因人,尤工诗,初仿西昆体,既悔其少作,殚力研索,敛才归法,风格益上。"[2]《楝亭诗别集》卷四有《西轩同人将别,用和蕉饮原韵,醉中

---

[1] 五格、黄湘重修:《(乾隆)江都县志》卷二十七,载《中国地方志集成·江苏府县志辑》(66),江苏古籍出版社,1991年,第321页。
[2] 五格、黄湘重修:《(乾隆)江都县志》卷二十三,载《中国地方志集成·江苏府县志辑》(66),江苏古籍出版社,1991年,第300页。

语无伦次,兼简鹿墟、右诚、蒿亭、元威、俊三、绷庵、吉云、尚中四首》《题史蕉饮春泉洗药图二首》。

禹之鼎(1647—1716),《扬州画舫录》卷二记:"字上吉,号慎斋,江都人。工人物,幼师蓝瑛,后出入宋元,遂成一家。写真多白描,不袭公麟之旧。而用吴生兰叶法,两颧微用脂赪晕之,娟媚古雅。曾为泽州相国写《水亭玩鹅图》。康熙中,授鸿胪寺序班,遂归洞庭。朱竹垞有送之出都诗。"①《楝亭诗别集》卷二有《禹尚基卜居图索题》。

郑簠(1622—1693),《(道光)上元县志》卷十六本传云:"字汝器,号谷口,为人冲和旷达,幼承庭训,性嗜六书,构园于金陵城东,颜曰灌木楼。搜求汉魏以来金石碑版,时与顾与治、张大风相考证。临池作书,兴趣豪举。秀水朱竹垞先生主试江南,尝曰六朝遗意仅见斯人。"②《楝亭诗别集》卷三《送余九迪之介休四首》其二"郭有道碑书谷口"句自注云"近有郑八分"③,即称谷口也。金埴《巾箱说》、李斗《扬州画舫录》皆记其逸事。《楝亭诗钞》卷二有《郑谷口将归索赠》《由普德至天界寺入苍翠庵看梅曾为郑谷口别业漫题二首》。

王概(1645—1710),《金陵通传》卷二十四王之辅附传云:"概字安节,方文之婿也。幼癯弱,壮乃须眉如戟,笃行耆古,工诗文,居西郭外,罕与人接。然四方知名之士无不就见之,绘事篆刻并臻逸品。……著有《山飞泉立草堂集》《高座寺志》,又撰《三段碑考》,辨周在浚之误,为方文刊其《嵞山集》。"④ 王氏曾为《楝亭夜话图》题诗。

---

① 李斗撰,汪北平、涂雨公点校:《扬州画舫录》卷二,中华书局,1960年,第30页。
② 武念祖、陈道恒修:《(道光)上元县志》卷十六,载《中国地方志集成·江苏府县志辑》(3),江苏古籍出版社,1991年,第317页。
③ 曹寅:《楝亭集》,上海古籍出版社,1978年,第514页。
④ 陈作霖纂:《金陵通传》卷二十四,载《中国方志丛书·华中地方》(38),成文出版社有限公司,1970年,第701页。

《楝亭诗钞》卷四有《戏题王安节画》，卷六有《和安节咏轩前竹》。王概后入扬州诗局任校勘。

王蓍（1649—1733），王概弟，《金陵通传》卷二十四王之辅附传云："蓍字宓草，号湖村，善隶书，工画。张揔一见爱之，妻以女，尝过秀水葬其族亲故旧十余丧，人称高谊。陈鹏年知江宁府，与张武闻频过访，咨以政事，安南贡使丁默斋闻其名，造门索诗而去。著有《瞰浙楼集》。"① 其亦曾跋《楝亭夜话图》。《樗园销夏录》卷下记："铁门于金陵市中得诗稿两本，其人为秀水王宓草蓍，稿中杂他文及应酬往还尺牍，诗中有与曹实庵、王昊庐、高念祖倡和，意是国初人也。诗格颇苍老，余采其尤者入《碎金集》中。""宓草诗后附小词几阕，其《送别》（卜算子）甚工……又曹楝亭《渔湾留别》（摸鱼儿）词……楝亭词不多见，此阕亦雅有姜张风调，故亟录之。"② 按：所引曹寅词存《楝亭词钞》中，王蓍集今未见。

沈宗敬，《国朝画征录》卷下小传云："沈宗敬字恪庭，号狮峰，华亭人。文恪公荃子。康熙戊辰进士，史馆编修，官至太仆卿，山水师倪黄兼巨然法，笔力古健，名重士林，水墨居多，青绿亦偶为之。其布置山峦坡岫，虽有格而不续之处，而欲到不到，亦自有别趣也。小幅及册页尤佳。性情潇洒恬雅，无达官气而风裁颇峻。有故相家人某富盛，诸名士多与之游，尝乞画于狮峰，不与。复属所厚言之，终不与也。狮峰明音律，善吹洞箫，雍正三年卒。"③《楝亭诗别集》卷三有《狮峰小

---

① 陈作霖纂：《金陵通传》卷二十四，载《中国方志丛书·华中地方》（38），成文出版社有限公司，1970年，第701页。
② 郭麐：《樗园销夏录》卷下，载《续修四库全书》子部（1179），上海古籍出版社，2002年，第672—673页。
③ 张庚：《国朝画征录》卷下，载徐蜀编《国家图书馆藏古籍艺术类编》（19），北京图书馆出版社，2004年，第517—518页。

照》。沈氏与其父荃皆曾为曹寅《楝亭图》题诗。

尹少野，《国朝画征录》卷中记："尹小野，凤阳人，其先世为守孝陵官。小野工画驴，有《运粮图》，曲尽形态。先是，父名野，以画驴闻，人呼为尹驴，至小野能世其业，因名小野，而人亦以尹驴呼之。家极贫，潦倒以殁，可伤也。"①《楝亭诗别集》卷三有《题尹少野画驴四首》。

除以上数人外，曹寅还为周在浚、张纯修、恽格、杜琰、沈尔燝、查士标等人作有题画诗，此则曹寅在交游过程中品题时人画作之诗。②当然，曹寅也有品评沈周（号石田）、程嘉燧、丁云鹏、徐渭（字文长）、马湘兰等前人画作之诗。另，曹寅题画之作往往有《楝亭集》所未收者，当辑入其集。

此外，我们还应注意到曹寅与石涛的交往十分频繁，③在《楝亭集》中就有品题署名朱赤霞之石涛画作之诗，如《楝亭诗钞》卷五《题朱赤霞画对牛弹琴图》，《楝亭诗别集》卷三《题画》（赤霞柳村杂画花果……得三十三首聊资捧腹不期肖形也），而记与石涛往来者有《楝亭诗钞》卷七《浮石山歌》（赤霞拾浮石……补作此歌），卷八《闻南轩书声与蔗轩、赤霞、东田、已山分韵有怀书局诸子》，《楝亭诗别集》卷三《读朱赤霞寄后陶诗漫和》，《楝亭词钞》中之《望远行》（送赤霞归滁阳）。又，《百名家词钞》内《荔轩词》亦收《望远行》一词，而题为"送朴仙归滁阳"，且吴贯勉《后庭宴》题名"朱朴仙为予画霜林闲话

---

① 张庚：《国朝画征录》卷中，载徐蜀编《国家图书馆藏古籍艺术类编》（19），北京图书馆出版社，2004年，第504页。
② 曹寅在扬州时与当时书画家的接触，可参看阁安《清初扬州画坛研究》第二章第五节《曹寅在扬州的历史作用》，中央美术学院博士论文，2006年5月。
③ 有关曹寅与石涛交往的事迹亦可参看朱良志《石涛与曹寅交往事实考略》，《红楼梦学刊》2005年第3辑；朱良志《石涛研究》第二十五章《石涛与曹寅等交往三题》，北京大学出版社，2005年，第446—465页。

图"，则知《楝亭集》中之"朴仙"应非周汝昌所说之王岭（石楼），而是石涛。《楝亭诗钞》卷二有《二十八日偕朴仙看梅清凉山同赋长句》，卷四有《题朴仙画五毒图》《再题》；《楝亭诗别集》卷一有《九月十五夜，与阿蒙、朴仙啸亭酌月大醉，兼送朴仙明日渡江，用少陵韵》。此外，尤侗《艮斋倦稿》卷四有《四月十一日曹荔轩同叶桐初、程正路、朱赤霞过亦园小饮拈揖青二韵》，则苏州时事也。

以上所记虽不是《楝亭集》中题画诗的全部，但数量已十分可观。但这些诗因限于体制，未能将曹寅对书画的见解直接地表达出来，而《楝亭文钞》中《题王觉斯先生画扇记》《题铜官秋色图》等文章弥补了这方面的不足。此外，今有曹寅手书《宿避风馆》（天津博物馆藏）、《冲谷四兄寄诗索拥臂图并嘉予学天竺书》诗卷及题程嘉燧山水立轴等墨迹传世，略可见其本人的艺术造诣。

3. 理学之外，兼好释家之说

曹寅幼即与弟讲性理之学，在苏州时与张伯行来往颇密，虽然他讲性理之学的水平不能与李光地等人相比，但其对理学的喜好不言而喻，《楝亭书目》中独立"理学"一类就是证据。

曹寅《重葺鸡鸣寺浮图碑记》云："吾少寄名浮图氏，颇习其书。"①而他本人也精通释典，在诗中屡言阅读《华严经》之类的佛典。尤其值得注意的是他与释教中人往来颇密，如《楝亭诗钞》卷一有《花笑轩步

---

① 曹寅：《楝亭集》，上海古籍出版社，1978年，第663页。

月留别蒲庵①》，卷四《金山围炉话次凌虚僧见予句有喜色作此示之》中"偶拈一个字，似勘五宗禅"句有自注云"时与法乳和尚话三峰事"②。张玉书《张文贞集》卷十二《磬山天隐禅师塔铭》记康熙三十八年（1699）康熙帝巡视江南水利，驻跸金山之江天寺，"于时主持僧法乳超乐奏对称旨，备蒙殊遇"③，此处的僧超乐即曹寅诗中的法乳和尚。按：明铨字量闻，嗣法于法乳，住金陵蒋山香林寺。康熙五十二年（1713）钦赐紫衣一袭。五十九年（1720）修《金山新志》，明铨据行海旧书重加润泽，定为十六卷。其《金山菩提树纪事诗（并序）》记："康熙六十年春，江宁织造曹公赍送圣祖仁皇帝御赐菩提子二颗，敬种于本山浮翠楼前。"④ 所记虽已非曹寅而是曹頫事，但可知曹家与金山寺僧人往来，除了代皇帝布恩泽上供奉等公事之外，其本身对释家的崇奉也是重要原因。

在扬州，曹寅与僧桐皋有往来，《楝亭诗钞》卷四《雨夕偶怀桐皋僧走笔得二十韵却寄》有"阿师伽黎秀，慎墨如秘宝。贻我两卷书，屈强逼坡老"⑤ 句，可知桐皋善书。汪绎有《次韵答桐皋上人》二首⑥，

---

① 大健，字蒲庵，六合（今属江苏南京）人，清顺治、康熙间弘济寺僧。曾建祠以祀少陵。工诗，与宋琬、杜濬等人多有酬唱。杜濬云其"以诗为诗而不以禅为诗"。卒年一百余。著《花笑轩集》一卷，集由宋琬选、杜濬订。有康熙九年王泽弘序、康熙十年周亮工序刻本。［见江庆柏主编《清代僧诗全集》（第四十册），待刊本］蒲庵因享高年而交游极广，周亮工、杜濬、杜岕、孔尚任、宋荦、吴绮、先著等诗作中屡及此人。
② 曹寅：《楝亭集》，上海古籍出版社，1978年，第167页。
③ 张玉书：《张文贞集》卷十二，载文渊阁《四库全书》集部（1322），上海古籍出版社，1987年，第685页。
④ 江庆柏主编：《清代僧诗全集》（第二十四册），待刊本。
⑤ 曹寅：《楝亭集》，上海古籍出版社，1978年，第174页。
⑥ 汪绎：《秋影楼诗集》卷九，载《续修四库全书》集部（1421），上海古籍出版社，2002年，第197页。

无锡秦松龄有《题桐皋上人〈梦里青山图〉》①,可知桐皋亦能画。又,行昱(1658—?),别号丽呆,扬州平山寺僧。髫龄薙于镇江焦山,中年转赴扬州,故早年自称京江释,后曰平山沙门。二十三岁始作诗,凡二十五载,得十卷,名《晴空阁集》。诗风平淡,有烟霞山水之高致,亦偶涉俗务,语关世情。其有《曹楝亭银台兼摄两淮鹾院呈赠》云:

> 花柳江南锦障开,天心特简摄鹾台。
> 垂裳早辅君王德,煮海争夸相国才。
> 禅悦却从三昧得,诗篇况自八叉来。
> 当头明月无私照,旌节何时顾草莱。②

此诗所记曹寅集中虽未道及,但亦可为曹寅与释教中人交往增一例证。

《楝亭诗别集》卷一《秋日过访芥公》有句云"茶瓜清话久,吾意竟忘还"③,所记即谈禅论道之乐。对于佛法的喜好,使得曹寅进而习学外语来阅读原典。《楝亭诗钞》卷一《冲谷四兄寄诗索拥臂图并嘉予学天竺书》有"甚愿加餐燕玉暖,少忧问病梵天虚","无遮愿力合人天,净馔频张侍讲筵。大部僧陀徒译字,终年郎署反安禅"④ 等句,由此可推测曹寅因习佛法,故通梵文。而曹寅《楝亭书目》中"释藏"一门著录有正藏二百十二函一千四百四十八册四橱、续藏九十函六百五十三册二橱、又续藏四十三函三百六十七册一橱,加上另外二十种(其中七种

---

① 秦松龄:《苍岘山人集》卷五,载《四库未收书辑刊》第五辑(28),北京出版社,2000年,第130页。
② 江庆柏主编:《清代僧诗全集》(第二十二册),待刊本。此诗有毛庆耆《新发现赠曹楝亭诗考辨》一文详论之,《红楼梦学刊》1998年第2辑。
③ 曹寅:《楝亭集》,上海古籍出版社,1978年,第402页。
④ 曹寅:《楝亭集》,上海古籍出版社,1978年,第59—60页。

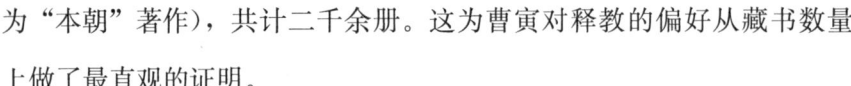

为"本朝"著作),共计二千余册。这为曹寅对释教的偏好从藏书数量上做了最直观的证明。

4. 不轻视自然科学与异域文化

在传统儒家文化的背景下,康熙时代的曹寅除了重视人文艺术修养之外,还留心算学、天文学等不为时人所重视的学问及邻邦异域文化。

《楝亭诗钞》卷六有《六月十日竹村大理、南洲编修、勿庵征君过访真州寓楼有作》一诗,其中勿庵即梅文鼎。而梅文鼎《绩学堂诗钞》卷四也有《同昆山徐道济编修、维扬卓鹿墟、萧征义纳凉于楝亭银台之真州寓楼》《真州奉陪荔轩银台、竹村廷尉观江头打鱼,同卓鹿墟、胡来章、杜吹万》两首诗,时康熙四十七年(1708)。《楝亭书目》中还著录了不少梅文鼎的著作:"《历学疑问》,本朝梅文鼎著。三卷,一册。"①"《三角法》,本朝宣城梅文鼎撰。五卷,一册。""《勿庵历算书目》,本朝梅文鼎序著。一卷,一册。""《数表》,本朝梅文鼎校刻。二卷,附度数表一卷,一函三册。"② 而梅曾亮《柏枧山房全集》之文集卷十《谒墓记》云"乙亥,至独山谒定九公及正谋公墓,墓有碑曰:江南织造曹𫖯监造。圣祖仁皇帝特恩也"③,据此可知虽是康熙帝命曹𫖯监修梅文鼎父子之墓,但曹、梅两家的关系可能也是促成这一任务的原因之一。

此外,曹寅的幕僚中有余禹民(字九迪)精研勾股法,《楝亭诗别集》卷三《送余九迪之介休四首》其三"谁知啸咏无余事,布策真堪作

---

① 曹寅:《楝亭书目》卷二,载金毓黻主编《辽海丛书》(第四册),辽沈书社,1985年,第2641页。
② 曹寅:《楝亭书目》卷三,载金毓黻主编《辽海丛书》(第四册),辽沈书社,1985年,第2665页。
③ 梅曾亮:《柏枧山房全集》,载《续修四库全书》集部(1514),上海古籍出版社,2002年,第43页。

厕筹"句自注云:"九老善勾股法。因忆《涌幢小纪》中有可笑者,故及之。"① 曹寅对自然科学的重视,完全可以从《楝亭书目》"杂部"收录天文、算学、农学等书得到证明。

曹寅在其所热衷的戏剧创作中,毫不忌讳地表明曾引用日语材料,如他在《太平乐事》第八出《日本灯词》后的题记中说:"倭语出《万里海防》及《日本国图鉴》《四译馆译语》填合而成……前年得曝书亭所藏《吾妻镜》,考之无异。《吾妻镜》,华言《东鉴》。"② 则可知《东鉴》得自朱彝尊处。《楝亭书目》卷二"外国"类著录:"《东鉴》,日本板,前龙山见鹿苑承兑叟序。五十二卷,二函二十四册。"③ 万宝斋抄本"日本板"作"倭板"。而《楝亭书目》卷三"医部"类著录:"《东医宝鉴》,倭板,御医许浚奉敕撰。二十三卷,二十五册。"④ 因此,我们可以说,曹寅的这种不轻视自然科学与异域文化的性格在他的藏书中留下了深深的烙印。

在日常生活中曹寅还精于饮食之道,《楝亭诗钞》卷四《药后除食忌,谢方南董馈鲊鸡二品,时将有京江之行》中有对其日常饮食之白描。而在他的诗文中我们可以看出他对于鲥鱼的热爱,他后来更专门编纂了《居常饮馔录》一书,用实际行动来保存和发扬饮食文化。⑤ 这些足以表明他虽为显宦,却拥有一般大吏所没有的文人内涵。

---

① 曹寅:《楝亭集》,上海古籍出版社,1978年,第514页。
② 曹寅:《太平乐事》,康熙刻本,复旦大学图书馆藏。
③ 曹寅:《楝亭书目》卷二,载金毓黻主编《辽海丛书》(第四册),辽沈书社,1985年,第2638页。
④ 曹寅:《楝亭书目》卷三,载金毓黻主编《辽海丛书》(第四册),辽沈书社,1985年,第2664页。
⑤ 逯耀东:《寒夜客来:中国饮食文化散记之二》,生活·读书·新知三联书店,2005年,第34—48页、93—108页。

（二）曹寅的著作

曹寅的著述与他的藏书有着密不可分的关系。由于曹家在雍正朝被抄没，家藏之物随之尽散，其著作亦不能幸免。而其生平资料在有清一代不甚受重视，致使其著作传世线索不十分明晰。在《清史稿·文苑传》中只收有附传："曹寅，字楝亭，汉军正白旗人，世居沈阳，工部尚书玺子。累官通政使、江宁织造。有《楝亭诗文词钞》。"①《清史稿·艺文志》著录《楝亭书目》三卷及《居常饮馔录》一卷。王绍曾主编《清史稿艺文志拾遗》一书时广泛搜讨，查到曹寅的著作若干种。此外，曹寅尚有数种著作生前虽有意成书，但最终未能传世，兹在此逐一加以介绍。

1.《楝亭诗钞》

从《楝亭诗钞》前顾景星所作《荔轩草序》看，曹寅早年在京师时就已经开始编辑诗集，但当时他仅二十余岁，《荔轩草》这个集子毫无疑问是他的少时之作，彼时并没有付梓。此后，他南下任职，诗风渐老，所作益多，遂有诗集续编与重编之事，如曹寅晚年才结识的张云章在《题曹银台荔轩集后》三首其一自注中说"公以西轩名集"②，邓汉仪在《诗观二集》卷十三曹寅诗前称曹寅有《野雀堂草》（孙铉辑《皇清诗选》同），这些可能均是曹寅早年未定稿的诗集。直到晚年曹寅手订生平所作之诗，悔其少作，痛加删汰，而成《楝亭诗钞》八卷，刻板问

---

① 赵尔巽等撰：《清史稿》卷四八五，中华书局，1977年，第13379页。
② 张云章：《朴村诗集》卷十，载《四库禁毁书丛刊》集部（168），北京出版社，2000年，第180页。

世，才是定稿。而他将顾景星的这篇序冠于集前，除了顾景星与他的甥舅关系和顾序写作时间最早这两个原因之外，主要还是因为《楝亭诗钞》中包含了《荔轩草》的精华或是大部分诗作。至于杜岕《楝亭诗钞序》中所言及之《舟中吟》一卷，当与前几种集子的情况略同。据杜泽逊《四库存目标注》著录，《楝亭诗钞》有八卷本、七卷本、六卷本、四卷本等几种版本。①

《楝亭诗钞》目前最常见的本子是八卷本，《清史稿·艺文志》著录的就是这个本子。全书包括《楝亭诗钞》八卷、《诗别集》四卷、《词钞》一卷、《词钞别集》一卷、《文钞》一卷。匡高190毫米，宽140毫米。每半页十行，每行十九字。左右双边，白口，单鱼尾。1978年上海古籍出版社曾用上海图书馆所藏康熙刻本影印，收入《清人别集丛刊》，后又印入《续修四库全书》集部。而《四库全书存目丛书》所收为扬州市图书馆藏本，与上海图书馆藏本完全相同，同样的本子，中国国家图书馆、南京图书馆、广东省立中山图书馆等十余家单位都有收藏。

（1）七卷本

《四库存目标注》著录其行款与八卷本相同，应该是八卷本之残存七卷者。清华大学图书馆、中国国家图书馆、中国社科院历史研究所所藏，在《中国古籍善本书目》中已经与八卷本合并著录，而清华大学图书馆、中国国家图书馆各自的善本书目也同样注明其为八卷本的残本。

（2）六卷本

《江苏采辑遗书目录》著录"《楝亭诗钞》六卷，江宁织造奉天曹寅著"②，吴慰祖《四库采进书目》所收《江苏省第一次书目》著录"《楝

---

① 杜泽逊：《四库存目标注》（第六册），上海古籍出版社，2007年，第3272—3273页。
② 《江苏采辑遗书目录》，旧抄本，上海图书馆藏。

亭诗钞》（五卷。附《词钞》一卷。清曹寅著），一本"①，而后面附录的《江苏采辑遗书目录简目》著录"《楝亭诗钞》五卷附《词钞》一卷，江宁织造奉天曹寅著"②，这与《四库存目》中"《楝亭诗钞》五卷附《词钞》一卷"下所注"江苏巡抚采进本"一说相符。因此，可以推定当时四库馆臣所见的六卷本应该是《诗钞》五卷、《词钞》一卷。

对于六卷本的构成，唯一与《四库存目》著录不同的是孙殿起的《贩书偶记》。《贩书偶记》卷十四除了著录八卷本三种外，还著录"《楝亭诗钞》六卷《词钞》一卷"，并云：

> 千山曹寅撰。康熙己丑精刊。有王朝璥序。据序称，楝亭诗集千首，自删存什之六，广陵诸同志以诗请益者，既手抄付梓矣。既而楝亭重加精采，又去三分之一，并《诗余》一卷，命小胥录置案头，聊共吟玩。真州吴尚中力请以归，别于东园开雕，此诗钞所以有两刻也。《四库存目》载诗五卷、词一卷。③

据一般古籍著录的惯例和《贩书偶记》本身的体例可知，此处所谓《诗钞》六卷，并不包括《词钞》一卷。《贩书偶记》还抄录了书前的序文，可见孙殿起本人确曾目验其书。据《四库存目标注》著录，中国国家图书馆、上海图书馆、北京大学图书馆、山西大学图书馆藏有六卷本。但今查国图、上图书目，并未见与此相同的六卷本。北大图书馆所藏六卷本，乃八卷之残存六卷者。类似的本子南京图书馆也有收藏。

---

① 吴慰祖校订：《四库采进书目》，商务印书馆，1960年，第24页。
② 吴慰祖校订：《四库采进书目》，商务印书馆，1960年，第231页。
③ 孙殿起录：《贩书偶记》卷十四，上海古籍出版社，1982年，第344页。

（3）四卷本

《中国古籍善本书目》未见著录。据《四库存目标注》所记，仅复旦大学图书馆收藏一部。是书匡高 182 毫米，宽 140 毫米。每半页十行，每行二十一字。左右双边，黑口，单鱼尾。鱼尾下题书名、卷数，如"楝亭诗钞卷一"，再下记页次。《诗钞》前有康熙己丑（1709）秋九月广陵后学王朝璸序，《词钞》后有己丑秋九月后学王朝璸识语。正文前有总目录一页，记各卷诗体、首数，依次为卷一古今体诗九十八首、卷二古今体诗七十二首、卷三古今体诗七十八首、卷四古今体诗八十二首、卷五词二十四首。正文首页首行顶格题"楝亭诗钞"，而不记卷数；次行低十一字题"千山曹寅子清撰"；第三行低二字（八卷本的篇名均低三字）题"坐弘济石壁下及暮而去"；四行诗正文，顶格。书中有"吴兴刘氏嘉业堂藏书印"朱文长方印、"刘承干字贞一号翰怡"白文方印。

复旦大学图书馆所藏四卷本前王朝璸序文，与《贩书偶记》所录略同，似乎它与五卷本《诗钞》存在某种联系。在细审全书之后，发现书前目录后半页曾经被挖补，现存目录样式如下：

楝亭诗钞目
  卷一
    古今体诗九十八首
  卷二
    古今体诗七十二首
  卷三
    古今体诗七十八首

卷四

　　古今体诗八十二首

卷五

　　词二十四首

目录前半页十行至"卷五"并无异样，后半页"词二十四首"一行已被挖补，其阑线粗黑异常。而后半页倒数第二、三两行也同时被挖补过，成为空白行，原来文字已不得而知。之所以会出现这种现象，似乎是因为将"词二十四首"一行前移。《词钞》一卷，《四库存目》与《贩书偶记》著录相同，且现存者首尾俱全。由此可知，很可能是书估直接将《词钞》目录一行进行割补，充作第五卷，来弥合《诗钞》佚去第五卷的缺憾，以达到以残充全、谋取厚利的目的。

　　需加注意的是，即使《词钞》目录两行不在这一页的倒数第二、三两行上，从未挖补的区域看，卷五后也并不可能存在卷六的目录，所以此本《诗钞》应该原有五卷，且只有五卷。至此，康熙四十八年所刻《楝亭诗钞》是五卷本也获得了实物上的证明。综合乾隆时期各书目的著录及现存残本的实际情况两方面的因素，有理由认为《贩书偶记》对《楝亭诗钞》六卷本的著录是有误的。

　　复旦大学图书馆所藏《楝亭诗钞》四卷，是康熙四十八年所刻五卷本的残本，本身虽然存在缺憾，但在文本校勘上的价值却不容忽视。如书前所载康熙己丑年王朝璥序（按：孙殿起《贩书偶记》仅抄录其小半），以及《词钞》末之王朝璥识语，都不见于八卷本。《诗钞序》有云：

　　　　楝亭先生诗集千首，自删存什之六，广陵诸同志以诗请益者，既手钞付梓矣。既而先生重加精采，又去三分之一，并诗余一卷，命小胥录置案头聊共吟玩。真州吴尚中力请以归，别于东园开雕，此诗钞所以有两刻也。盖先生于所为诗，犹矜慎持择，不苟护惜如此，其取舍可谓严矣。璥每窃闻先生之绪论，以为诗者主于导扬讽喻，托物比兴，故必有为而作，而大要期不悖乎圣人兴观群怨之旨。若失其旨，而徒抽黄媲白，绣饰鞶帨，以规橅唐宋于声律字句之间，终为优孟衣冠耳。先生之为诗也，征材奥博，构思要眇，变化百出，而一归于雅正，无嚣张之习，无靡曼之音，典则和平，洵艺林之准的也。昔韩昌黎谓欢愉之词难工，愁苦之言易好。欧阳子又谓"诗穷而后工"。今先生位望通显，且当簿书填委、盘错肆应之际，乃以余事为诗，独能工妙若此。试使憔悴专一之士，捻须苦吟，闭门觅句，较其短长，恐未能追踪蹑影也。余之言不足以论先生之诗，顾愿世之读是集者，息心吟讽，而得其波澜意度之所在，则其为沾丐也多矣。①

孙殿起《贩书偶记》主要抄录了前面关于版本部分的内容，至于曹寅论诗部分的文字则未抄录，而这部分内容对于研究曹寅本人的创作和文学主张，无疑具有重要的参考价值。《词钞》后识语云：

> 楝亭先生昔官侍从时，与辇下诸公为长短句，唱酬甚夥，辄为好事者持去。廿年后，秉节东南，不复为倚声之作，今存者仅百之一。先生藻思绮合，兴会飙举，其高绝处，如飞仙之俯尘，视彼循声琢句，真碌碌不足数。讽咏诸阕，非阿私所好，自为具目者共欣赏尔。②

---

① 曹寅：《楝亭诗钞》，康熙刻本，复旦大学图书馆藏。
② 曹寅：《楝亭诗钞》，康熙刻本，复旦大学图书馆藏。

己丑即康熙四十八年（1709），曹寅尚健在。据王序称，曹寅生前曾两次编刻《楝亭诗钞》，第一次刻本约收诗六百首。顾昌《楝亭诗别集序》谓："乙酉秋仲，仪真使院稍暇，取前后诸作，录其惬心者，为若干卷，计若干首。"① 由此可知，曹寅首次编订诗集在康熙四十四年（1705），《诗钞》前朱彝尊序即作于同年十月。此后曹寅复加删汰，约存四百首，加词一卷，由吴尚中刻于东园。此残本四卷存诗三百三十首，平均每卷收诗八十余首，则五卷诗应得四百一十余首，并附以《词钞》一卷，可见此本确是康熙四十八年由吴尚中所刻之五卷本。

复旦大学图书馆所藏四卷残本，存卷一至卷四。卷一首为《坐弘济石壁下及暮而去》，与八卷本同；卷四末为《东园留别》（尚中索书真州东园予有愧焉作诗留别情见乎辞），见于八卷本之卷六，而八卷本以小序为题，径作《尚中索书真州东园予有愧焉作诗留别情见乎辞》。其间各诗前后次序大致相同。除一般异体字如"杯"与"桮"、"邻"与"隣"之类不计外，五卷本与八卷本的差异主要表现在以下几方面。

首先，诗题差异较多，其中多以康熙四十八年所刻五卷本为优，前文所说《东园留别》即这方面的代表。五卷本卷一之《北行杂诗二十首》八卷本无"二十首"三字，《凉夜不寐口占一绝句》八卷本无"一绝句"三字，《仲夏热甚吴雪蓬自土木归见枉有作》八卷本无"热甚"二字，《小轩辟除已移居其中有怀子猷二弟》八卷本无"二弟"二字，《自西堂饮归》八卷本无"自"字，《慈仁寺买竹种南轩阶除》八卷本作《南轩种竹》，《渔村三首》八卷本无"三首"二字，《十五夜射堂看月忆芷园漫成寄子猷》八卷本无"忆芷园漫成"五字，《王植夫下第见枉西轩得雷字兼怀次山》八卷本无"得雷字"三字，《和芷园消夏十首》（壬

---

① 顾昌：《楝亭诗别集序》，载曹寅《楝亭集》，上海古籍出版社，1978年，第385页。

申）八卷本无小注"壬申"二字。

卷二之《姚后陶留饮香河书屋》八卷本无"姚"字，《二十八日偕朱朴仙看梅清凉山同赋长句》八卷本无"朱"字，《入朱园看梅忆子猷次同人韵》八卷本无"入"字，《三月六日登鼓楼看花漫为长句》八卷本无"漫为长句"四字，《后陶索酒看城西花戏柬之》八卷本无"之"字，《鱼厂漫题赠朱遵云日者》八卷本无"日者"二字。

卷三之《诸敏庵弹平调琵琶手法特妙无知之者感赋长句》八卷本"知"作"和"，《看西廊秋叶偶拈停车枫林四字索诸同人赋诗以志一时之意》八卷本无"偶拈停车枫林四字索诸同人赋诗以志一时之意"二十字，《厅前红梅初开折一枝寄子猷二弟索诗》八卷本无"二弟"二字，《玉山寺围炉话次凌虚僧见予句有喜色作此示之》八卷本"玉山寺"作"金山"，《雨雪偶怀桐皋僧走笔得二十韵却寄》八卷本"雨雪"作"雨夕"。

卷四之《西轩纳凉口号诚斋体》八卷本无"诚斋体"三字，《过海屋李昼公给谏出家伶小酌留题》八卷本"给谏"作"给事"，《使院种竹四首》八卷本无"四首"二字，《卓鹿墟萧冶堂夜归不及送题扇却寄》八卷本无"卓""萧"二字，《过吴尚中东园偶题》八卷本无"过吴尚中"四字，《晚酌同九迪秋屏子任俊三元威又昭允文征义尚中序皇拈得七虞》八卷本"征义"作"冶堂"。

其次，诗歌内容及注文略有差异，且也以五卷本为胜。如八卷本卷一《北行杂诗》第十九首"同舟无主客歌泣，不知频尘面由来"中"由"字五卷本作"犹"，《咏后陶香炉》"薰当小炷与谁同"句注文"内焚香曰薰当"中"内"五卷本作"北人"。卷二《菊露和酒》"执守命小鬟"中"守"五卷本作"手"，《集余园看梅同人限字赋诗追忆昔游有感而作》"一半名园误叩门"中"叩"五卷本作"扣"。卷三《朱园看梅忆子猷次同人韵》"狡红愁退色"中"狡"五卷本作"姣","何当绝溪径"中"溪"五卷本作"蹊";《三月六日登鼓楼看花》"游戏穷崖巅"中"崖"五卷本作"涯";《廊前玉兰》"谁倾北斗浥琼枝"中"枝"五卷本作"卮";《三月九日田梅岑携二家诗见访集后陶寓斋梅岑有作和之兼伤雪帆》小注"雪帆殁傅君营其丧"五卷本作"雪帆有祝发天寿山句";《过燕子矶》"岩花琐碎常疑雪"中"琐碎"五卷本作"琐缬";《西池集饮喜晤陈心简》"石叶新妆女"中"石叶"五卷本作"寒叶";《观奕口占和渔村》"只许赋梅花"中"赋"五卷本作"种"。卷五《哭汪东山修撰》"愿言事常友"中"常友"五卷本作"常反"。卷六《东园偶题》"秋色剧看红槿在"中"槿"五卷本作"蕣",《月夜送伯琴林修归金陵》"高柯摇木叶"中"柯"五卷本作"枝",《夜长不寐戏效诚斋体》其一"枕畔分明绝点更"中"畔"五卷本作"上"。此外,四卷残本中唯一见于《诗别集》卷三的诗是《江阁晓起对金山》,其"绝好夕阳明砷砚"一句中"砷砚"二字五卷本作"凹凸"。

至于《词钞》,康熙四十八年刻本收二十四阕,从《蝶恋花》(纳凉西轩追和迦陵)至《满庭芳》(秋屏以词问西庭梅花将申郊游之约而意不在梅也时连雨困酒不出户即韵次答并索再和),次序、文字均与八卷本所附《词钞》前半卷同。由此可知,八卷本自《下水船》(雨中忆巴园竹)至《疏影》(俊三索题东园看梅词不暇应秋中真州雨窗赋寄)等十余阕词,很可能是康熙四十八年(1709)以后所填。

通过比勘,不难发现康熙四十八年本《楝亭诗钞》作为曹寅生前两次删定的本子,保存了一些他身后刊刻的八卷本《诗钞》所没有的内容,却没有出现八卷本中的某些讹误,如《楝亭诗别集》卷三《玉山僧院牡丹》已见于《楝亭诗钞》卷三,《楝亭诗别集》卷三《送梦公北上》

已见于《楝亭诗钞》卷五,《楝亭诗别集》卷四末"杂句"类下《访芥公》"定香浮上座,霁色破前山"一句已见于《楝亭诗别集》卷一《秋日过访芥公》,这些完全是校勘粗疏所致。

通过对现存《楝亭诗钞》各个版本的考察可知:第一,《楝亭诗钞》共有三个版本,其中前两个版本由曹寅手订,于其生前刊刻,第三个版本在其身后付梓。另外,第二次刻本为五卷,第三次刻本为八卷。现存七卷、六卷诸本,均为八卷本的残本,并非不同的本子。第二,《楝亭诗钞》五卷本刻于康熙四十八年(1709),由吴尚中于东园开雕,并附《词钞》一卷。此本在乾隆时期较为流行,《四库存目》著录的即此本。后因八卷本的出现,五卷本流传渐稀,世人鲜知其面目。第三,复旦大学图书馆藏《楝亭诗钞》四卷,是康熙四十八年刻本的残帙,书估为了牟利,挖补作伪,冒充全本。其挖补的痕迹以及书中序跋,可以证明其原为五卷无疑。结合乾隆时期各书目的著录,可以纠正孙殿起《贩书偶记》康熙己丑精刊本为"六卷"一说之误。第四,康熙四十八年刻本虽然收诗没有八卷本多,但校勘严谨,且诗题、正文与八卷本颇有出入,并有八卷本未见的佚诗,在文本校勘上具有不容忽视的价值,更为考察曹寅的个人活动及诗歌创作提供了重要的参考。

2.《楝亭诗别集》《楝亭词钞》《楝亭词钞别集》《楝亭文钞》

以上四种是曹寅身后由其后人及扬州时期诸门人搜集编订的。因不像曹寅那样有标准地按照次序编排作品,而是出于保存的目的,故其不免存在一些问题。

首先,内容上校勘不严,没有将所辑诸诗详细核对。据这四种集子各自的序言可知,它们出于众手,故难免参差不齐。其中如《楝亭诗别集》卷四"杂句"类下《访芥公》"定香浮上座,霁色破前山"一句,见于《楝亭诗别集》卷一《秋日过访芥公》,其全诗为:"积水绕孤寺,高僧终日闲。定香浮上座,霁色破前山。得句闻敲钵,逃禅愧闭关。茶瓜清话久,吾意竟忘还。"①

其次,遗漏颇多。《楝亭词钞》编订后有《楝亭词钞别集》,应该说是搜罗较勤的,但蒋景祁《瑶华集》中收曹寅《西农词》九首,其中《天香》《小诺皋》等五阕不见于《楝亭词钞别集》中,而《瑶华集》一书曹家就有收藏(见《楝亭书目》),可知编订时未能全力辑佚。此外,曹寅之词还入选《百名家词钞》《白山词介》等书,与《楝亭词钞》《楝亭词钞别集》相校,颇有佚作及异文,可参看《全清词》(顺康卷)。至于曹寅之诗,也有见于清初选本如邓汉仪《诗观》等书,另外曹寅的一些题画之作都没有辑录。而文一类,唐继祖在《楝亭文钞》序言中就称曹寅手书尺牍颇夥,其家就有数十札,而皆未能收入集中。曹寅生平所藏书籍碑帖中亦留有曹寅题跋,今在《楝亭文钞》中仅见《复社姓氏记》《集唐诗跋》等有限的数篇。

3.《居常饮馔录》

此书入《四库全书总目》存目,提要云:"《居常饮馔录》一卷,编修程晋芳家藏本。国朝曹寅撰。寅字子清,号楝亭,镶蓝旗汉军。康熙中巡视两淮盐政,加通政司衔。是编以前代所传饮膳之法汇成一编:一曰宋王灼《糖霜谱》,二、三曰宋东溪遁叟《粥品》及《粉面品》,四曰元倪瓒《泉史》,五曰元海滨逸叟《制脯鲊法》,六曰明王叔承《酿录》,七曰明释智舷《茗笺》,八、九曰明灌畦老叟《蔬香谱》及《制蔬品

---

① 曹寅:《楝亭集》,上海古籍出版社,1978年,第402页。

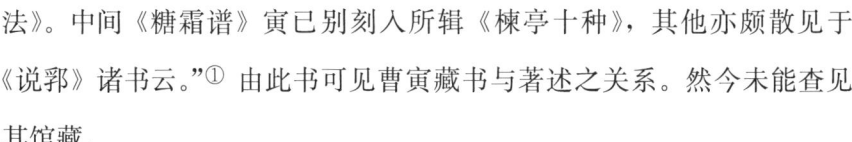

法》。中间《糖霜谱》寅已别刻入所辑《楝亭十种》,其他亦颇散见于《说郛》诸书云。"① 由此书可见曹寅藏书与著述之关系。然今未能查见其馆藏。

4.《楝亭书目》

《清史稿·艺文志》著录三卷,但传世者多为不分卷之钞本。据曹寅《避热》诗第四首自注,知此书目大约编成于康熙四十九年(1710)。今通行本为金毓绂借罗振玉藏钞本排印入《辽海丛书》者。另有抄本,分藏中国国家图书馆、北京师范大学图书馆、上海博物馆、中国科学院图书馆等。

5.《北红拂记》十一出

康熙三十一年(1692),曹寅游越归撰,尤侗有题词载其集中。是书乃据杜光庭《虬髯客传》改编,敷衍红拂女与李靖的故事而成,欲有别于明人张凤翼等所撰者。上海图书馆藏有康熙刻本。开花纸半页十行,每行十九字,白口,单鱼尾,左右双阑。题"鹊玉亭填词"。书前有尤侗、毛际可两序和曹寅自序,书后有胡其毅、杜琰、王裕、程麟德、朱彝尊等跋。中国艺术研究院图书馆藏有邵锐钞不全本。②

6.《续琵琶记》四十出

全剧以蔡文姬的故事敷衍而成。在人物处理上,一反宋明理学家对曹操的成见,重塑其英雄形象,是文学史上首部给曹操翻案的作品。至

---

① 永瑢、纪昀主编,周仁等整理:《四库全书总目提要》卷一一六,海南出版社,1999年,第608页。
② 周兴陆:《试论曹寅的〈北红拂记〉》,《红楼梦学刊》2007年第1辑。

于蔡文姬,也不对其"失节"匈奴加以讳饰,在悲才女之不幸的同时,更突出表现了她对于促进民族和平的作用,将之比作出塞和亲的王昭君,故以《续琵琶记》为名。

7.《太平乐事》十出

包括《开场》《灯赋》《山水清音》《太平有象》《风花雪月》《龙袖骄民》《货郎担》《日本灯词》《卖痴呆》《丰登大庆》,虽不免粉饰太平,但语言幽默。其中《日本灯词》一出中,《倭头曲》等四个曲子的唱词全用音译日语,据其后题记云:"倭语出《万里海防》及《日本国图鉴》《四译馆译语》填合而成。"值得注意的是,曹寅用日语入戏,在当时的儒学思想氛围中是极为大胆的尝试,这直接反映出曹寅具有开放的思想与勇于尝试的精神。中国国家图书馆、复旦大学图书馆藏有此书刻本。

8.《虎口余生》四十四出

又名《表忠记》。全剧以边大绶的《虎口余生》为蓝本加以改写,主要通过对明末李自成领导的农民起义的批判,来达到歌颂清王朝统治的目的。刘廷玑《在园杂志》、萧奭《永宪录》、无名氏《曲海总目提要》俱载此剧为曹寅所作。曹寅藏书中有边大绶所撰《虎口余生》一书,但红学研究者对此剧是否为曹寅所作仍存有异议。① 焦循《剧说》曾评论此剧,亦记为曹寅撰。

---

① 主张《虎口余生》为曹寅所作者如:徐扶明《曹寅与〈虎口余生〉传奇》,载《元明清戏曲探索》,浙江古籍出版社,1986年,第229—236页;朱淡文《红楼梦论源》第一编第二章第三节,江苏古籍出版社,1992年,第37页;王人恩《曹寅撰〈虎口余生〉传奇考辨》,《西北师大学报》1997年第1期。认为非曹寅所作者如:李修生主编《古本戏曲剧目提要》"虎口余生"条,文化艺术出版社,1997年,第571—572页。

从以上所列的著作看，正符合曹寅"吾曲第一，词次之，诗又次之"①的说法。从他创作的戏剧中，我们可以很明显地看出其藏书与创作之间的关系，且这一点在他的诗文写作上也有所体现。

二、曹寅创作与藏书之关系

对于曹寅诗歌的创作特色，其友人将之比为建安时期的"曹子建"，如顾景星云："昔子建与淳于生分坐纵谭，蕉杖起舞，淳于目之以天人，今子清何多逊也。"② 杜岕云："昔人品诗谓建安、齐梁诸才人，皆有君子之心，焉请以相，曹子庶几。"③ 蒋景祁《临江仙》（为曹子清题唐寅美人图）云"建安才调，今见两相如"，句下自注云："子清亦名寅，故云。"④ 张云章《题曹银台荔轩集后》其二云："才并建安专一石，仲宣公干丐余波。于今《典论》依然在，七子操持遗憾多。"⑤ 曹寅自己也在《楝茨四兄远过西池用少陵可惜欢娱地都非少壮时十字为韵感今悲昔成诗十首》其六中说："吾宗诗渊源，大率归清腴。"⑥《楝亭集》中更有仿曹植名作《野田黄雀行》，可见曹寅早年诗风取径魏晋，晚年则如姜宸

---

① 王朝瑮：《楝亭词钞序》，载曹寅《楝亭集》，上海古籍出版社，1978年，第590页。
② 顾景星：《楝亭诗钞序》，载曹寅《楝亭集》，上海古籍出版社，1978年，第4页。
③ 杜岕：《楝亭诗钞序》，载曹寅《楝亭集》，上海古籍出版社，1978年，第6—7页。
④ 蒋景祁辑：《瑶华集》卷五，载《续修四库全书》集部（1730），上海古籍出版社，2002年，第107页。
⑤ 张云章：《朴村诗集》卷十，载《四库禁毁书丛刊》集部（168），北京出版社，2000年，第180页。
⑥ 曹寅：《楝亭集》，上海古籍出版社，1978年，第107页。

英所说,"出入开宝之间,尤以少陵为滥觞"①,转向沉厚。

从早期出于性情天成,到晚年归于醇郁,是通过不断学习完成的转变,这其中就有坟籍的功劳。朱彝尊在《楝亭诗钞序》中说:"先生于学博综练习掌故,胸中具有武库,浏览全唐诗派,多师以为师。"② 郭振基在《楝亭诗别集序》中云:"公家世华胄,位望通显。顾泊然无他嗜好,惟性耽坟籍,真有书淫传癖之目,自结发侍内直暨衔命出使,拥旄节二十三年,虽当簿领阗咽时,或道涂行役,未尝一日暂离卷轴。凡经史子集以及山经地志、稗官老释之书,靡不流览雒诵,含英咀华,以是发为诗章,征材奥博,取径窈眇,尽有三唐两宋之长而镕铸淘汰,不名一家。然犹矜慎持择,不自护惜如此,其虚衷若谷可概见矣。"③ 王朝璨在《楝亭词钞序》中云:"大银台楝亭曹公以殆庶之才,淹通四库书,作为古今体诗,抉奥争奇,吐弃凡近。"④ 曹寅《楝亭诗钞》卷六《真州寄题朱林修青溪书屋依茶村格时林修方葺青溪志》其一"别来卷帙稍增否,开到江乘白藕花"句自注云:"林修与予同聚书之癖。"⑤ 从以上所述可见曹寅并非将藏书束之高阁,徒作装饰,其文学创作确实从中获益匪浅。

《楝亭诗钞》卷二《闻芷园种柳》自注云:"用少陵《春日江村五首》韵写寄子猷。"卷四《金山围炉话次凌虚僧见予句有喜色作此示之》"偶拈一个字,似勘五宗禅"句自注云"时与法乳和尚话三峰事",《琴砖歌》"开元连钱陋穿凿"句自注云"见郑世子埨《律吕精义》",《夜

---

① 姜宸英:《楝亭诗钞序》,载曹寅《楝亭集》,上海古籍出版社,1978年,第13页。
② 朱彝尊:《楝亭诗钞序》,载曹寅《楝亭集》,上海古籍出版社,1978年,第11页。
③ 郭振基:《楝亭诗别集序》,载曹寅《楝亭集》,上海古籍出版社,1978年,第387—388页。
④ 王朝璨:《楝亭词钞序》,载曹寅《楝亭集》,上海古籍出版社,1978年,第589页。
⑤ 曹寅:《楝亭集》,上海古籍出版社,1978年,第278页。

饮和培山眼镜歌》自注云"时方钞《说字》",《蝇》"捉足时遭侮,攒头枉见猜"句自注云"见《北史》"。卷五《题胡静夫小照》"斗鸡还是城东去,莫对时髦说旧京"句自注云"钱牧斋赠诗有'卜家园内浇花了,闲向城东说斗鸡',故及之",《喜三侄顾能画长干为题四绝句》其二"古来奇雅无多子,伪记龙城作美人"句自注云"罗浮事见柳子厚《龙城杂记》,乃王性之伪作也",《南辕杂诗》其一"解道玉关人易老,倩谁檀板播新词"句自注云"宋蔡挺学士事,见《挥麈余话》",《南辕杂诗》其十五"建炎无后叹君臣,鬼社纷纭孰与亲。切记祸媒非促召,只应寅亮是奇人"句自注云"桃山驿岳忠武祠,忠武谏储致猜。《绍兴中兴纪事本末》载之最详。世以金牌班师为憾,而史则以金牌促召不赴为罪,皆不然也"。卷六《客馈洋茶半开戏题》"唐花纷笑总成堆"句自注云:"倭称中国花为唐花。"卷七《雨中李使君饷浙东薏苡酒戏成二首》其二自注云"《本草》云服薏苡三斗已妒";《避热》其五"一叶秋兰一箭花,当门休怨直如麻"句自注云"见辛氏《猗兰操》",其九"后生莫更多谣诼,不是娥眉妒不深"句自注云"读《蚕尾集》";《两城诸子合饮,醉甚,醒后闻雪作,忆晚研先生独宿南园重申前意代简三首》其二"还热茶烟破岑寂,红炉灰陷雪花深"句自注云"闻阅《华严经》";《题徐文长墨芭蕉图》"拣香重为添新炷,如抱长离海上行"句自注云"文长晚遇仙,注《参同契》,惟不解《流珠章》,近入《道藏》";《题马湘兰画兰长卷》"物外风流王草衣,可知名士能倾国"句自注云"见《全辽事实》","横刀那见雄儿死"句自注云"见《有学集》";《再叠前韵》"那堪滴泪湿荷衣,当时纳锦成调笑"句自注云"见《秋碧传奇》";《驯鹭亭放舟》"美秋谁可赋,鱼鸟尽成痴"句自注云"梁范坚云秋为万宝告成之时,宋玉悲之非是,作《美秋赋》以正之，赋不传，见《石林词注》";《辛卯孟冬四日，金氏甥携许镇帅家伶见过，闽乐也，合坐塞默胡卢而已，至双文烧香曲，闻有啰哩嗹句，记董解元西厢曾有之，问之良然，为之哄堂，老子不独解禽言，兼通蛇语矣。漫识一绝句》，由诗题可知曹寅精熟董《西厢》。卷八《南辕杂诗》其十一"黄初实下千秋泪，却望临淄作首丘"句自注云"过东阿，子建闻曹丕受禅大哭，见《魏志》";《漫赋四首》其二自注云"《本草》云似雀鹨，殊不类"，其三自注云"宋徽宗《睿思殿画谱》独无杜鹃，蜀国凤见昌谷句";《和同人咏西轩柳》"绿畅通身舞"句自注云"见《晋史》"。

《楝亭诗别集》卷三《送余九迪之介休四首》其三自注云："九老善勾股法。因忆《涌幢小纪》中有可笑者，故及之。"卷四《谢竹村饷笼蒸》"官辇应节愁胶齿，老婢余红倦镂葱"句自注云"见宋人小说"，《口占送鲍又昭、王允文、唐序皇归扬州三首》其一"许君亲见楚州翁"句自注云"各赠赤方先生集一部"，《六月廿五日大雨，同鹿墟、九迪、子鱼、植夫、吹万、滕友小酌分韵，前一日允文、序皇、又昭、上若、俊三先归扬州却寄二首》其二"襆被来更数，眠音和雨声"句自注云"眠音见《华严经》"，《偶题三首》其二"不知谁有钓酸文"句自注云"宋人有《钓酸文》"，《戏题恽香山画》"漫磨墨汁祭文星"句自注云"道家以东坡为奎星，《星经》云奎为文章之府，又云文昌画史。墨汁一斗，东坡句也"。

《楝亭词钞》之《念奴娇》（题赠曲师朱音仙朱老乃前朝阮司马进御梨园）"东园钟鼓散"句自注云："东园内监梨园钟鼓司，见《明内府志》。"《贺新郎》又一首（序皇亦耳闭戏叠前韵）"辟支羞见佛"句自注云："辟支以声闻证果。"《贺新郎》又一首（午间小憩耳闭少愈序皇已豁然又昭则如旧三叠前韵)"押不芦闻资匕砭"句自注云"押不芦见《本草》","待倾巢一扫,魈应怕,肘后秘囊高挂"句自注云"见《酉阳杂俎》。"《楝亭词钞别集》之《浣溪沙》(西城忆旧)其二"白兔有胎蒲又绿,秋光无处说相思,路人拾尽碎胭脂"句自注云:"兔胎玉笋见《辽遗史》。"[①]《楝亭文钞》之《重修二郎神庙碑》引及《景定建康志图》,据朱彝尊跋可知此书极难得,故见之于曹寅处后,"亟借归录之"。

据以上这些从《楝亭诗钞》《楝亭诗别集》《楝亭词钞》等著作中钩稽出来的曹寅的话可知,曹寅的藏书曾给予他创作的推动力。同时我们可以看到,曹寅除了对一般的唐宋人诗文集史部正杂各类颇能融会贯通外,对释道两家之书也有涉猎,甚至于当时难登大雅之堂的笔记小说、掌故传奇、医书外语,也被他用来作为诗歌的材料。

(一) 京师时期的交游

京师作为清政府政治文化的中心,在顺治、康熙两代君主的治理下,日渐恢复往日的繁华。清政府承袭明王朝的大部分行政措施,这其中就有沿用科举取士,以安抚、笼络汉族士人。此外清政府以各种方式征召明代遗民,使之为其所用。而青年时期的曹寅在京师任职时,正逢大批遗民入京,故除了与清王朝的新贵们来往外,他还与明遗民保持频繁而密切的接触。

1. 博学鸿词科前后的交游

康熙十七年(1678),康熙帝诏开博学鸿词科,征举名儒,除少数

[①] 以上所引均见于曹寅《楝亭集》,上海古籍出版社,1978年。

明遗民如顾炎武、黄宗羲等不赴征召外，大多数明遗民都自愿或被迫应诏进京。① 而曹寅此时正以大臣之子身份入侍康熙帝，故得以与这些来京的遗民频繁接触。这其中曹寅的舅舅顾景星起了很大的推动作用，曹寅《舅氏顾赤方先生拥书图记》云：

> 作诗慕庐韩侍郎、果亭徐学士、毗陵邵骞子湘，其余皆有闻而不相识。子湘亦二十二年前于舅氏坐中相识者，其云老辈，盖同就征之山西傅青主、关中李天生、长洲汪苕文、宜兴陈其年、宣城施尚白，文采彪炳，风流映带，神光奕奕，一时皆可想见者也。寅谨记。②

在这些遗民中，陈维崧曾将曹寅真正带进词的殿堂，王朝璩《楝亭词钞序》云：

> 其少时尤喜为长短句，当己未、庚申岁陈、朱两太史同就征入馆阁。而公以期门四姓官为天子侍卫之臣，入则执戟螭头，出则影缨豹尾，方且短衣缚裤，射虎饮獐，极手柔弓燥之乐；顾每下直辄招两太史倚声按谱，拈韵分题，含毫邈然，作此冷淡生活，每成一阕，必令人惊心动魄。两太史动以陈思天人目之。时又有检讨从子次山、阳羡蒋郡丞京少、长洲黄孝廉葳山相与赓和。……其视迦陵、竹垞殆犹白石之于清真也。③

---

① 关于博学鸿词科在清初政治与文化上所起到的积极作用，可参看赖玉芹《博学鸿儒与清初学术转变》，华中师范大学博士论文，2004 年 4 月；段润秀《康熙朝"博学鸿儒科"述论》，云南师范大学硕士论文，2004 年 5 月。
② 曹寅：《楝亭集》，上海古籍出版社，1978 年，第 652 页。
③ 王朝璩：《楝亭词钞序》，载曹寅《楝亭集》，上海古籍出版社，1978 年，第 589—590 页。

《楝亭诗钞》卷一《过陈次山寓居读迦陵稿有感》、《楝亭诗别集》卷二《哭陈其年检讨》、《楝亭词钞》中之《蝶恋花》（纳凉西轩追和迦陵）、《楝亭词钞别集》中之《貂裘换酒》（壬戌元夕与其年先生赋）是《楝亭集》中为数不多保留下来的与陈维崧有关的作品。《哭陈其年检讨》云："百年重五恨，一夕上元游。"① 诗句所记即康熙二十一年壬戌（1682）元夕事。按：《纳兰性德行年录》此年正月十五上元夜条记："性德与朱彝尊、陈维崧、严绳孙、顾贞观、姜宸英、吴兆骞、曹寅等共集花间草堂，饮宴赋诗。"② 也就在这一年陈维崧去世了。《纳兰性德行年录》中所记除去陈维崧，再加上《舅氏顾赤方先生拥书图记》《楝亭词钞序》中提到的共计十四人：傅山、李因笃、汪琬、施闰章、邵长蘅、朱彝尊、陈枋、蒋景祁、黄庭、纳兰性德、严绳孙、顾贞观、姜宸英、吴兆骞，除几位年龄较大者外，其余皆与曹寅保持了长久的友谊。其中如施闰章去世后，其文集由曹寅刊刻，其子施瑮则入曹寅幕任校勘；朱彝尊晚年在扬州与曹寅再续交谊，其去世后，曹寅也有意为他刊刻文集，可惜此事因曹寅突然去世而中断。朱彝尊对在京师时的往事也有所记录，如《曝书亭集》卷二十六《浣溪沙》（郊游联句）、《台城路》（夏日同对岩、荪友、西溟、其年、舟次、见阳饮容若渌水亭）中所记之人几乎都与曹寅有往来，其姓名多见于《楝亭图咏》卷上。

在京师，曹寅接触的新贵、遗民并非都名显于后世，其中不少在身后是默默无闻的，而与曹寅的交往几乎贯穿他们的一生，如叶藩、姚潜、汪若等。其中叶藩、姚潜与唐祖命、陈枋、陶煊，再加上曹寅，曾有"燕市六酒人"之称，此说见杨钟羲《雪桥诗话》卷三。刘上生与胡

---

① 曹寅：《楝亭集》，上海古籍出版社，1978年，第476页。
② 赵秀亭、冯统一：《纳兰性德行年录》，《承德民族师专学报》2000年第4期。陈维崧与曹寅交往事，还可参看陆勇强撰《陈维崧年谱》晚年部分，中国社会科学出版社，2006年。

绍棠对除曹寅以外的五人都做过考辨,① 但尚有阙疑处,兹补叶藩生平,并对陶煊生平补考于下。

叶藩字桐初,号南屏。李果《感旧诗》十三首其三"叶处士桐初"注云:"名藩,太仓州人。先祖母叶淑人之嫡侄,父中密公,前明崇祯末以兵至殉节。君奉命不仕,弱冠工文,为合肥龚端毅公所重。黄冈杜于皇濬美其才,妻以女,侨居江宁,客游燕赵、齐鲁、楚粤之间。晚岁始归沙溪,依祖父墓。平生爱匡庐之胜,思老于其间而不可得。后客涿州,归途卒于山东。"其诗云:

少日遭戎马,丁年寄内家。烽烟悲故国,桑海阅朝霞。
庐墓还攀柏,为园亦种瓜。匡山曾有志,客死剧堪嗟。②

又,《镇洋陶明府嵇山营葬叶丈桐初于沙溪,余昨舟过娄江,感其高义为赋此诗》云:

石林处士今诗老,遗槥萧条二十秋。
闻有穿茔借陶令,直令高义接沧洲。
寒云华表曾归鹤,碧水沙溪尚抱邱。
记得系舟江上日,愧无古剑挂松楸。

诗后小注云:"康熙丙戌年,长沙陈恪勤公营葬黄冈杜于皇司李于江宁,

---

① 刘上生:《曹寅与曹雪芹》,海南出版社,2001 年;胡绍棠:《曹寅与"燕市酒友"》,《红楼梦学刊》2005 年第 2 辑。
② 李果:《咏归亭诗钞》卷八,载《四库全书存目丛书补编》(9),齐鲁书社,2001 年,第 396 页。

叶即杜婿也。"① 由李果诗可知叶藩身世如此。杨钟羲《雪桥诗话三集》卷一所载叶藩生平一条即据李氏两诗撰成。另，陈维崧撰有《叶桐初词序》。

"燕市六友"中唯有陶煊生平难考，仅知其与张璨合辑有《国朝诗的》六十三卷。谢正光、佘汝丰编著的《清初人选清初诗汇考》中"《国朝诗的》"条记："煊，字奉常，生于顺治十四年（1657），卒年不详。"② 又在按语中论其生平家世云：

> 陶煊生平，诸书均无考。惟其祖及父，均清初之遗民，则确然无疑者也。《诗的·湖广》卷附煊《石豀诗》一卷，前有陈恭尹（1631—1700）《序》。陈氏叙煊家世有云："奉长为密庵太史闻孙。"密庵，陶汝鼐号也。汝鼐，字仲调，一字燮友（1601—1683）。《清史稿》本传称密庵举崇祯癸酉（六年，1633）乡试，两中会试副榜。邓之诚《小传》则记其在弘光、永历官职，且云："入清不仕。顺治十年，罹叛案论死，陈名夏密属洪承畴宽之。然犹羁系年余，至十二年始得脱然。晚遂祝发沩山，号忍头陀。卒于康熙二十二年。年八十二。"汝鼐有子之典（1622—1710），即煊之父、邓氏亦有《小传》："字五徽，号石豀，拔贡生，入清不事科举，屡荐不起。与父同隐。康熙十八年，应安亲王征，从军典文词。逾二年，力辞归。四十年，年已八十。"邓氏记之典号"石豀"，恐误。盖煊名其诗曰《石豀诗》，焉有子以父之号名己集之理？煊之先世，皆以诗名。③

---

① 李果：《咏归亭诗钞》卷六，载《四库全书存目丛书补编》（9），齐鲁书社，2001年，第379页。
② 谢正光、佘汝丰编著：《清初人选清初诗汇考》，南京大学出版社，1998年，第289页。
③ 谢正光、佘汝丰编著：《清初人选清初诗汇考》，南京大学出版社，1998年，第306—307页。

按：《清代文字狱档》乾隆四十三年（1778）十二月《陶煊、张灿同辑〈国朝诗的〉案》记：

> 有本省人刊刻《国朝诗的》一本，注系长沙陶煊奉长选、同里张灿岂石同辑，载有应禁之屈大均等诗句在内，因仅止一本，无凭查阅，当即密饬署长沙府知府王用锷查得：陶煊系宁乡县人，张灿系湘潭县人。府县志内载陶煊选有《国朝诗的》及《唐律分注》二种。随委该署府驰往宁乡县率同知县杨琏，教谕谢廷献查明：陶煊系监生，于雍正六年身故。亲至陶煊家中追据，伊子监生陶士僚呈出不全《诗的》二十六本，板片一千二百八十三块，残缺板一十五块，尚缺少二十六块，系选刻各省人诗，并有陶煊自著《石谿诗钞》，张灿自著《石渔诗钞》在内。……查明张灿曾任大理少卿，乾隆十八年身故，亲至伊家搜查，除寻常各项经史书文及零星诗纸册页外，并无存留《诗的》及《石渔诗钞》原本，亦无别项违碍之书。……据陶士僚供，曾祖陶汝鼐系明末翰林，康熙二十二年身故。①

由上可知陶煊卒于雍正六年（1728），属宁乡县（今宁乡市）人，生前只是个监生。《国朝诗的》一书因收录屈大均等人诗作，在陶氏身后给他的子孙带来了牢狱之灾。《国朝诗的》前有周仪序云：

> 长沙奉长陶先生，才是国华，诗为家事。曩者皋比朱邸，掉鞅骚坛，长安文笔之士无不抠衣倒屣而问业焉。……先生别我三十余年，

---

① 原北平故宫博物院文献馆编：《清代文字狱档》（上），上海书店，1986年，第351—353页。

衡燕江鱼,停云空赋,今得白头相对,犹于僧窗佛火间抵掌细论,览一代之盛,见斯编之成也,岂非厚幸哉。①

按:此书康熙六十一年(1722)刻于扬州,疑周序即在扬州所作,然此时曹寅已先卒。是书前有校阅人姓名表,前表共一百二十八人(姜宸英出现两次,按一人算),曹寅亦列名其中,且表中施闰章、王士禛、徐乾学、毛际可、博尔都、尤侗、陈维崧、余怀、邓汉仪、孔尚任、韩菼、姜宸英、吴暻、姚潜、叶藩、查士标、胡其毅、田登、蒋景祁、洪昇、卓尔堪、汪若、陈枋、王朝桓、程序庄等人皆与曹寅相识,而后表二百人中的王蓍、朱庭柏、周仪、汪士铉、程庭、吴贯勉、王文范、闵奕佑、曹曰瑛、吴烛与曹寅也有往来。《国朝诗的》卷二收曹寅诗十五首,末一首即《送陶奉长还长沙》,其诗云:

> 不见海榴红照眼,翻惊万里泛归槎。
> 燕台燕市全非古,湘草湘云自有家。
> 五月江涛新战水,百年篱落旧栽花。
> 悬知更在羲皇上,寄语梁园客漫哗。②

此诗又见于《楝亭诗别集》卷二,从其内容看,是曹寅青年时期的作品。但从《国朝诗的》中所收曹寅诗作来看,不乏曹寅壮年到苏州后创作的作品,则陶煊、曹寅两人此后必有往来无疑。

---

① 周仪:《国朝诗的序》,见陶煊、张璨辑《国朝诗的》,载《四库禁毁书丛刊》集部(156),北京出版社,2000年,第440页。
② 陶煊、张璨辑:《国朝诗的》卷二,载《四库禁毁书丛刊》集部(156),北京出版社,2000年,第484—485页。

此外，曹寅早期交游友人中还需注意者有汪若，其后任全唐诗局校勘，列名校勘名单中，井波陵一未考出其事迹，兹增补一二如下。

汪若，字上若，吴绮《林蕙堂全集》卷五《陈次山〈香亭词〉序》云："予昔与陈子其年联枚马之交，具袁羊之目。每谓床横，七宝合有，斯人果至，篝制五花，终推此客。迨于郁孤台上，复遇纬云；遂于章贡江边，仍同旧雨。乃汪甥上若京、洛回辔，方千里而言归，出一编以相示，则次山陈子所作《香亭词》也。"① 则可知汪氏乃吴绮之甥，其在京师与陈枋有交谊。曹寅在京师时有咏物诗四首，分别是咏姚潜之香炉、叶藩之木枕、陈枋之藏剑及汪若之澄泥砚，故知汪若为曹寅早年的朋友。《林蕙堂全集》卷五《汪甥上若诗词小刻序》云："诗欲才高，而过巧过拙，皆为才累；词须韵胜，而或浓或淡，咸使韵伤。求得乎中，实难其选，而汪子上若则为近之。汪子不借门基，能符宅相。"② 卷十《题汪上若苏幕遮词后》云："予甥汪子上若，学类阳元，才同陆果。借美人以喻君子，雅善微词；本古意以发新声，尤工小令。"③ 从吴绮的序文中可以看出汪若颇善倚声。汪若南下，曹寅有《再送汪上若》诗，诗云：

《兰畹》《金荃》自有神，既羞弹铗岂忧贫。

冷云不避阶前月，热酒重浇画里人。

车马漫留千里驾，衣冠皆负五湖蓴。

---

① 吴绮：《林蕙堂全集》卷五，载文渊阁《四库全书》集部（1314），上海古籍出版社，1987年，第307—308页。
② 吴绮：《林蕙堂全集》卷五，载文渊阁《四库全书》集部（1314），上海古籍出版社，1987年，第312页。
③ 吴绮：《林蕙堂全集》卷十，载文渊阁《四库全书》集部（1314），上海古籍出版社，1987年，第399页。

> 广陵到日潮应冻，记遣飞鸿向水滨。①

则可知汪若在冬季南返。诗中亦言汪氏善填词。

曹寅南下任职后，汪若曾到苏州看望他，《楝亭诗钞》卷二《东署饮竹下喜上若自维扬来》二首其一云：

> 故人连袂至，秋竹气萧森。芒屩天如约，匏尊世不寻。
> 长闲一日雨，过去十年心。放浪东轩内，庸谁寄酒箴。②

时康熙二十九年（1690），逆推十年，则两人结识在康熙十九年（1680）左右。此后曹寅转任江宁织造，又兼巡两淮盐政，到扬州主持编刻《全唐诗》，汪若与他保持交往，后更入诗局任校勘，《楝亭诗别集》卷四《六月廿五日大雨，同鹿墟、九迪、子鱼、植夫、吹万、滕友小酌分韵，前一日允文、序皇、又昭、上若、俊三先归扬州却寄二首》可证。

在京师时期，曹寅正当年少，英姿勃发，入侍皇帝，但丝毫不以此自傲，而是虚心礼贤，一意结交才学之士，虽难免会有些少年放浪之事，但无伤大雅，正是这阶段的交游为其以后的政治路途奠定了重要的基础。在京师时，曹寅稍稍与藏书家有了接触，如纳兰性德、秦松龄、王士禛、朱彝尊等，大大开阔了他的视野。作为曹寅京师交游圈中英年早逝的友人，纳兰性德与曹寅的交往虽短暂，却非一般人可比。

2. 纳兰性德

纳兰性德（1655—1685），原名成德，字容若，满洲正黄旗人。明

---

① 曹寅：《楝亭集》，上海古籍出版社，1978年，第461页。
② 曹寅：《楝亭集》，上海古籍出版社，1978年，第77页。

珠长子，揆叙之兄。康熙十五年（1676）进士，年仅二十二岁便得授乾清门侍卫，可谓年少得意。其父贵为宰相，故其所结交者皆当时名流。性德擅辞章，多文采，亦留心古学。著有《饮水词》《侧帽集》《通志堂诗集》《渌水亭杂识》等，后结集成《通志堂集》二十卷，《附录》二卷载墓志铭、祭文、挽诗等。辑有《全唐诗选》《大易集议萃言》等书。

纳兰性德少年时期与曹寅一样以大臣子身份入侍康熙帝，他与曹寅在那时就结下了深厚的友谊。康熙二十三年（1684），曹寅南下料理其父丧事，而性德恰也随驾南下，二人相会于江宁织造府中，并见楝树与楝亭。次年五月初，北返后的性德为曹寅题《楝亭图》，其《满江红》（为曹子清题其先人所构楝亭，亭在金陵署中）词云：

> 籍甚平阳，羡奕叶、流传芳誉。君不见、山龙补衮，昔时兰署。饮罢石头城下水，移来燕子矶边树。倩一茎、黄楝作三槐，趋庭处。
>
> 延夕月，承晨露。看手泽，深余慕。更凤毛才思，登高能赋。入梦凭将图绘写，留题合遣纱笼护。正绿阴、青子盼乌衣，来非暮。①

纳兰性德又有《曹司空手植楝树记》云：

> 余友曹君子清，风流儒雅，彬彬乎兼文学政事之长，叩其渊源，盖得之庭训者居多。子清为余言：其先人司空公当日奉命督江宁织造，清操惠政，久著东南；于时尚方资黼黻之华，间阎鲜杼轴之叹；衙斋萧寂，携子清兄弟以从，方佩觿佩韘之年，温经课业，靡间寒暑。其书室外，司空亲栽楝树一株，今尚在无恙；当夫春葩未扬，秋实不落，

---

① 纳兰性德撰，赵秀亭、冯统一笺校：《饮水词笺校》，中华书局，2005年，第447页。

冠剑廷立,俨如式凭。嗟乎!曾几何时,而昔日之树,已非拱把之树;昔日之人,已非童稚之人矣!语毕,子清愀然念其先人。余谓子清:"此即司空之甘棠也。惟周之初,召伯与元公尚父并称,其后伯禽抗世子法,齐侯伋任虎贲,直宿卫,惟燕嗣不甚著。今我国家重世臣,异日者子清奉简书乘传而出,安知不建牙南服,踵武司空。则此一树也,先人之泽,于是乎延;后世之泽,又于是乎启矣。可无片语以志之?"因为赋长短句一阕。同赋者:锡山顾君梁汾。并录其词于左。①

文中对曹寅未来的预测,在六年后果真应验了,而纳兰性德则在题写《楝亭图》后不到一个月便不幸溘然长逝,当时诸友人纷纷以诗文哀悼之。曹寅南下任职后,还不时想起这位故友,《楝亭诗钞》卷二《惠山题壁》其一云:

> 积书岩下小池通,确荦行穿复壁中。
>
> 忽辟空堂感新咏,邻家惨澹杏花红。

诗后有注云:"顾梁汾小园中新咏堂,乃故友成容若书。"② 顾梁汾即性德好友顾贞观,则此诗乃曹寅游顾家时所作。又,《楝亭诗钞》卷四《墨兰歌》(为见阳太守赋,见阳每画兰,必书容若词)中有句云:

> 太虚游刃不见纸,万首自跋那兰词。
>
> 交渝金石真能久,岁寒何必求三友。③

---

① 纳兰性德撰,赵秀亭、冯统一笺校:《饮水词笺校》,中华书局,2005年,第450页。
② 曹寅:《楝亭集》,上海古籍出版社,1978年,第105页。
③ 曹寅:《楝亭集》,上海古籍出版社,1978年,第207页。

此乃曹寅在江宁时所作，岁寒三友者，喻纳兰性德、曹寅、张见阳。张氏曾为性德刻集。

纳兰性德虽贵为宰相之子，但毫无纨绔气息，而好读书论经。徐乾学在为性德所撰墓志铭中说："容若数岁即善骑射，自在环卫，益便习，发无不中，其扈跸时，雕弓书卷，错杂左右，日则校猎，夜必读书，书声与他人鼾声相和。"① 昭梿也说："时太傅权震当时，而侍卫素嗜丹铅，与诸名士交接，初不干预政事。惟吴汉槎谪戍黑龙江，以顾贞观舍人向侍卫乞怜……侍卫乃白太傅，援例赦还，一时贤名大著。又刻宋、元、明诸家经解数千卷，名《通志堂九经解》，一时传诵焉。"② 这里所称扬的纳兰性德义救吴兆骞事早已为众人所知，而纳兰性德编刻《通志堂经解》一事则在清代学术史上具有很重要的意义，其能编刻书籍与其藏书丰富有很大的关系。

纳兰性德留心唐宋经学，尤于《易》颇有心得，曾聚集经部文献甚多。朱彝尊在《合订大易集义粹言序》中云：

> 吾友纳兰侍卫容若读《易》渌水亭中，聚《易》义百家插架，于温陵曾氏（穜）《粹言》，隆山陈氏（友文）《集传》《精义》一十八家之说，有取焉。合而订之成八十卷，择焉精，语焉详，庶几哉有大醇而无小疵也乎。刑部尚书昆山徐公嘉其志，许镂板布诸通邑大都，用示学者，乍发雕而容若溘焉逝矣。③

---

① 纳兰性德：《通志堂集》卷十九，载《续修四库全书》集部（1419），上海古籍出版社，2002年，第487页。
② 昭梿撰、何英芳点校：《啸亭杂录》卷九，中华书局，1980年，第297页。
③ 朱彝尊：《曝书亭集》卷三十四，载文渊阁《四库全书》集部（1318），上海古籍出版社，1987年，第32页。

陆陇其在康熙辛未年（1691）十二月初二日日记中曾记："三儿院试，至郡，寓曹园，会秋岳次子敬胜，言有宋板书一大橱，俱为成德取去，盖不敢不应也。"① 李富孙也说："曹秋岳家有宋元版书几近千种，其甲部尽为容若（纳兰性德）侍卫取去，《经解》之刻，半资于此也。"② 而叶德辉《重刊〈征刻唐宋秘本书目〉序》云："当时纳兰成德刻《通志堂经解》，几举经部全刻之。"③ 则可知纳兰性德刻《通志堂经解》曾得益于曹溶倦圃的藏书。至于叶德辉所说有待商榷，《通志堂经解》收经部文献一百四十种，而《征刻唐宋秘本书目》著录经部文献仅三十三种，《通志堂经解》收录其中二十二种。但《征刻唐宋秘本书目》号召刊刻、流通、保存古籍，对纳兰性德，乃至以后的鲍廷博产生的影响都是不可否认的。

关于《通志堂经解》刊刻者的署名问题，曹寅将之归于纳兰性德的老师徐乾学名下。曹寅《楝亭书目》著录："《通志堂经解》，本朝昆山徐乾学序刊。四十函三百单三册。"④"《礼记陈氏集说补正》，元陈澔撰。三十八卷，五册。"⑤ 按：《礼记陈氏集说补正》一书后《辽海丛书》本多"此书乃国朝纳喇性德撰，此误"一句，当是后人抄书时所加。陆陇其所记类似，《三鱼堂日记》康熙庚午（1690）八月十二日记：

---

① 陆陇其：《三鱼堂日记》卷十，载《续修四库全书》史部（559），上海古籍出版社，2002年，第597页。
② 管庭芬：《花近楼丛书序跋记》卷上，转引自郑伟章《文献家通考》（清—现代），中华书局，1999年，第41页。
③ 黄虞稷、周在俊撰，叶德辉考证：《征刻唐宋秘本书目》，载《丛书集成续编》史部（68），上海书店出版社，1994年，第1163页。
④ 曹寅：《楝亭书目》卷一，载金毓黻主编《辽海丛书》（第四册），辽沈书社，1985年，第2622页。
⑤ 曹寅：《楝亭书目》卷一，载金毓黻主编《辽海丛书》（第四册），辽沈书社，1985年，第2628页。

朱锡鬯来言永乐时胡广等纂《大全》多袭取先儒之书，可见其为小人。今宜将先儒原书刊行，庶天下知广等之陋。又言欲自纂一《经籍存亡考》。又言龚氏刻陆淳《春秋传》已遭回禄。又言吴草庐《书纂言》、王次点《周礼订义》、刘贡父《春秋意林权衡》、吕东莱《书说》皆已刻于徐健庵家。①

庚午九月二十三日记：

在朱锡鬯所见通志堂所刻敖继公《仪礼集说》、卫湜《礼记集说》、王次点《周礼订义》、杨复《仪礼图》。又见宋陈均《皇朝编年录要》，系宋板。又见李焘《长编》，系钞本。锡鬯言通志堂诸书，初刊时皆有跋，刻在成德名下，后因交不终刊去，然每页板心通志堂之名犹在。②

康熙壬申（1692）七月初七日记："到馆见健庵所刻《经解》，此举差强人意。"③ 而徐乾学《新刊经解序》云：

予感竹垞之言，深惧今时所存十百之一又复沦斁，责在后死，其可他诿。因悉予兄弟家所藏本覆加校勘，更假秀水曹秋岳，无锡秦对岩，常熟钱遵王、毛斧季，温陵黄俞邰及竹垞家藏旧版书若钞本，厘

---

① 陆陇其：《三鱼堂日记》卷十，载《续修四库全书》史部（559），上海古籍出版社，2002年，第592—593页。
② 陆陇其：《三鱼堂日记》卷十，载《续修四库全书》史部（559），上海古籍出版社，2002年，第594页。
③ 陆陇其：《三鱼堂日记》卷十，载《续修四库全书》史部（559），上海古籍出版社，2002年，第598页。

择是正，总若干种，谋雕版行世。门人纳兰容若尤怂恿是举，捐金倡始，次第开雕，经始于康熙癸丑，逾二年讫工，借以表章先哲，嘉惠来学，功在发（按：似脱"轫"字），予其敢掠美，因叙其缘起，志之首简。①

则其书冠以"通志堂"，盖因初始性德参与其事。更有甚者，陆氏在康熙壬申（1692）十一月初二日日记中说"侯大年言陆翼王所著《礼记集说补正》，徐氏以三百金买之，刻在成德名下"②，将纳兰性德的另一种著作归于他人名下。不过朱彝尊在其《经义考》中仍主张将此书归属性德。虽然目前经学史上对《通志堂经解》刊刻者的署名问题仍存有争议，但纳兰性德本人在刊刻经解上确实起过作用，这一点是毋庸置疑的。

此外，因纳兰性德以填词闻名于世，亦收藏不少相关文献，故朱彝尊在编《词综》时曾向其借书，这在《词综发凡》中有明确的记载。

纳兰性德的弟弟揆叙也是清初著名的藏书家，相较于其兄长，其藏书事迹更为人所熟知。揆叙（1675—1717），字恺功，号惟实居士，明珠次子。家有谦牧堂，藏书多精品。生前曾任翰林院侍读、掌院学士、礼部侍郎、工部侍郎等职。著有《益戒堂自订诗集》《隙光亭杂识》，编有《历代闺雅》，其著作版心都有"谦牧堂藏板"字样，可见其亦曾刻书。

揆叙师从唐孙华、查慎行，唐孙华曾为曹寅《楝亭图》题诗，查慎

---

① 徐乾学：《憺园文集》卷二十一，载《续修四库全书》集部（1412），上海古籍出版社，2002年，第591页。
② 陆陇其：《三鱼堂日记》卷十，载《续修四库全书》史部（559），上海古籍出版社，2002年，第598页。

行则为《全唐诗》十编校之一查嗣瑮之长兄。至于揆叙与曹寅是否曾有过接触，从两人集中尚未发现直接证据，仅曹寅《楝亭书目》卷二"地舆"类著录："《御定皇舆表》，御制序翰林学士臣喇沙里揆叙进呈表。十六卷，四函二十四册。"① 此书由高士奇与揆叙相继任编纂，既而由宋荦在苏州刻成。揆叙藏书在其身后多归内府，著录于《天禄琳琅书目后编》，可参看。

曹寅与纳兰性德刚开始交往时，两人都很年轻，虽有藏书，但多为家中父辈所遗，故他们之间的交往更多的是诗文经史的切磋。若论曹寅在京师时期遇到的藏书家，除为纳兰性德搜书之秦松龄、朱彝尊外，还有流连于慈仁寺的王士禛。

3. 王士禛

王士禛（1634—1711），后避雍正帝讳被改称士正，字贻上，号阮亭、渔洋山人，山东新城（今桓台）人。顺治十五年（1658）进士，初授扬州推官，其在扬州时期，曾引领诗坛风骚。官至刑部尚书。有《带经堂集》《渔洋山人精华录》《池北偶谈》《香祖笔记》《居易录》《分甘余话》《古夫于亭杂录》等三十余种著作。家有池北书库，藏书甲于齐鲁。

曹寅与王士禛相识亦在京师，尤侗跋《楝亭图》云："予在京师，于王阮亭祭酒座中，得识曹子荔轩。读其诗词，宛有乌衣之风；询其家世，知为完璧司空公子。"②

王士禛《带经堂集》卷五十四《蚕尾诗》卷二《楝亭诗曹工部索

---

① 曹寅：《楝亭书目》卷二，载金毓绂主编《辽海丛书》（第四册），辽沈书社，1985年，第2641页。
② 转引自周汝昌《红楼梦新证》，人民文学出版社，1976年，第305页。

赋》云：

> 孤亭思旧德，岁岁楝花风。浇用千牛乳，来从五柞宫。
> 《甘棠》终忆召，大树尚留冯。手泽劳封殖，无忘赋《角弓》。①

《红楼梦新证》记："《楝亭图》第三卷诗与此全同，唯无题，末云：'《楝亭诗》，子翁老先生属赋。王士禛。'"② 曹寅与王士禛应该是在京师时多有接触，此后曹寅南下，在北地时间有限，故二人相遇机会不多。曹寅对王士禛在诗学上的成就是比较推崇的，这从他的诗中可以看出，《楝亭诗钞》卷七有《题彭蠡秋帆图追和阮亭》，《楝亭诗别集》卷二有《旅壁读阮亭渡易水诗，且述牧斋、西樵句感赋》，《楝亭诗钞》卷八《南辕杂诗》二十首第二首云：

> 瓦桥官柳嫩黄生，鱼麦乡关倍引情。
> 惆怅残年王比部，鬓毛憔悴庾兰成。

诗后自注云："赵北口忆阮亭句。"③ 此皆可见曹寅对王氏的倾慕之情。此外，《楝亭书目》卷三"说部"类著录："《古懽录》，本朝济南王士正序辑。八卷，一函二册。"④ 另，曹寅在《避热》其九尾联后自注云："读《蚕尾集》。"则曹寅有此书无疑。

---

① 王士禛：《带经堂集》卷五十四，载《续修四库全书》集部（1414），上海古籍出版社，2002年，第468页。
② 周汝昌：《红楼梦新证》，人民文学出版社，1976年，第363页。
③ 曹寅：《楝亭集》，上海古籍出版社，1978年，第360页。
④ 曹寅：《楝亭书目》卷三，载金毓黻主编《辽海丛书》（第四册），辽沈书社，1985年，第2622页。

王士禛作为清初诗坛巨子，其嗜书之名与诗名同显于当时。他在《居易录》卷十四中述其家藏书历史云：

> 予家自太仆、司徒二公发祥，然藏书尚少。至司马、方伯二公，藏书颇具矣。乱后尽毁兵火，予兄弟宦游南北，稍复收缉。康熙乙巳，自扬州归，惟图书数十箧而已。官都下二十余载，俸钱之入，尽以买书，尝冬日过慈仁寺市，见孔安国《尚书大传》，朱子《仪礼经传通解》，荀悦、袁宏《汉纪》，欲购之。异日侵晨往索，已为他人所有。归来怊怅不可释，病卧旬日始起。古称书淫书癖，未知视予何如。自知玩物丧志，故是一病不能改也。亦欲使吾子孙知之，朱翰林竹垞尝为予作《池北书库记》。①

朱彝尊《曝书亭集》卷二十二《送李上舍之济南谒新城王尚书》有云：" 林端有啸台，池北但书库。著录几千人，片言等坟素。"② 即赞王士禛藏书之富。王士禛嗜书，对所藏古籍之流传颇留心，在其笔记中记有相关珍贵藏书史料，如《池北偶谈》卷十六"蜀鉴"条云：

> 予壬子入蜀时购之不可得。康熙癸亥，乃借之朱检讨锡鬯。朱好写书，多未刻秘本。跋中李中麓氏藏书百六十年未散，近始归昆山徐官赞健庵（乾学）。梁溪顾氏书至孝廉修远（宸）尤富，后书归吴中丞伯成（兴祚）。惟四明范氏天一阁书，不以借人，至今无恙，余姚黄梨

---

① 王士禛：《居易录》卷十四，载文渊阁《四库全书》子部（869），上海古籍出版社，1987年，第472—473页。
② 朱彝尊：《曝书亭集》卷二十二，载文渊阁《四库全书》集部（1317），上海古籍出版社，1987年，第646页。

洲（宗羲）多就阅其秘本。①

王士禛在京师时，与同样有书癖的朱彝尊十分投缘，其在笔记中屡屡言及朱氏赠书、借书、抄书等事，如《居易录》卷一云：

> 朱检讨（彝尊）竹垞贻所撰《日下旧闻》四十二卷，所引书至千三百余部。又所刻《十家宫词》，为倪检讨（粲）雁园家宋刻本。②

《居易录》卷二云：

> 元马祖常伯庸《石田文集》十五卷，至元五年江北淮东道肃政廉访司奉旨刊行，弘治中都御史熊翀重刊本，翀与祖常皆光州人也。元代文章极盛，色目人著名者尤多，如祖常及赵世延、亻术鲁翀、康里巎巎、贯云石、辛文房、萨都刺辈皆是也。伯庸文五卷，向厘从刘钦谟中州文表见之，有文而无诗。康熙己巳冬抄，于竹垞寓斋得觏此本，留旬日而归之。③

《居易录》卷十六云：

> 唐王保定《摭言》足本凡十五卷，宋嘉定中柯山郑昉刻于宜春。

---

① 王士禛：《池北偶谈》卷十六，载文渊阁《四库全书》子部（870），上海古籍出版社，1987年，第237页。
② 王士禛：《居易录》卷一，载文渊阁《四库全书》子部（869），上海古籍出版社，1987年，第312页。
③ 王士禛：《居易录》卷二，载文渊阁《四库全书》子部（869），上海古籍出版社，1987年，第325—326页。

竹垞有写本，予戊辰、辛未于京师两借观。今会稽商氏刻仅什之一耳，商刻《稗海》多得之浙东钮石溪家。①

《居易录》卷二十四云：

> 宋桑世昌《兰亭博议》，予庚午岁曾借之朱竹垞太史，旧刻甚精妙，惜匆匆还之，未及钞写。②

《居易录》卷二十八云：

> 《元和郡县图志》（唐相李吉甫撰），昆山徐庶子果亭（秉义）有钞本，《九域志》（宋王存撰）徐亦有钞本，第二卷以下尚完，其第一卷京东东路及序多阙轶。正吾乡齐、淄、青等州也，惜无从考证之。祝穆《方舆胜览》亦阙此几卷，朱太史竹垞（彝尊）向有此书，当寄问之。③

《香祖笔记》卷九记：

> 南宋人陈起有《宝刻丛编》尤为该洽，尝从朱竹垞（彝尊）见写

---

① 王士禛：《居易录》卷十六，载文渊阁《四库全书》子部（869），上海古籍出版社，1987年，第499页。
② 王士禛：《居易录》卷二十四，载文渊阁《四库全书》子部（869），上海古籍出版社，1987年，第604页。
③ 王士禛：《居易录》卷二十八，载文渊阁《四库全书》子部（869），上海古籍出版社，1987年，第656页。

本，未暇钞录。①

黄丕烈《士礼居藏书题跋记续》卷上"《鉴诫录》"条载：

> 王士禛阮亭甫借观手录一通，因较正讹谬数十字。②

而朱氏借书与王氏的同时，也抄池北书库之书，他在《池北书库记》中说："明年归矣，将寻先生之书库，借钞所未有者。"③《曝书亭集》卷四十四《太平寰宇记跋》云："《太平寰宇记》二百卷，目录二卷，宋朝奉郎太常博士乐史撰。康熙癸亥，抄自济南王祭酒池北书库，阙七十余卷。后二年，复借昆山徐学士传是楼本缮写补之。"④

王士禛与当时著名藏书家黄虞稷来往亦密，《香祖笔记》卷五记："康熙己巳、庚午间，在京师每从朱锡鬯、黄俞邰借书。"⑤ 时康熙二十八九年，朱彝尊、黄虞稷在明史馆。《池北偶谈》卷十六"宋元人集目"条云：

> 又尝见金陵黄俞邰（虞稷）《征刻唐宋元书目》所载有金赵秉文《滏水集》二十卷、元郝经《陵川集》三十九卷。癸亥，俞邰以徐都宪

---

① 王士禛：《香祖笔记》卷九，载文渊阁《四库全书》子部（870），上海古籍出版社，1987年，第494页。
② 黄丕烈：《士礼居藏书题跋记续》卷上，载《国家图书馆藏古籍题跋丛刊》（6），北京图书馆出版社，2002年，第762页。此书朱氏后曾携往扬州书局，曹寅诸人皆有题识。
③ 朱彝尊：《曝书亭集》卷六十六，载文渊阁《四库全书》集部（1318），上海古籍出版社，1987年，第387页。
④ 朱彝尊：《曝书亭集》卷四十四，载文渊阁《四库全书》集部（1318），上海古籍出版社，1987年，第149页。
⑤ 王士禛：《香祖笔记》卷五，载文渊阁《四库全书》子部（870），上海古籍出版社，1987年，第437页。

立斋（元文）疏荐入明史馆，予时向之借书。①

《池北偶谈》卷十七"《授经图》"条云：

> 《崇文总目》有《授经图》，其书不传。明周藩西亭王孙乃因章俊卿《考索图》增定之为四卷，卷首有自序及西亭之子勤蘷一跋。图首授经世系，次诸儒列传，次诸儒著述、历代经解，此书旧无刊本。大梁水后，西亭藏书数万卷皆付巨浸，赖泉州黄俞邰家有写本。康熙间与朱检讨竹垞（彝尊）同较定，刻之金陵，其书始行于世。②

《居易录》卷十一云：

> 予昔从黄虞稷俞邰借观全集，未及钞录，至今抱憾。③

《居易录》卷十三云：

> （按：吴澄）《书纂言》写本，己巳冬初入都，借之黄虞稷俞邰，独未见《春秋》耳。朱检讨云：曾从吴郡陆医其清家藏书见之。④

---

① 王士禛：《池北偶谈》卷十六，载文渊阁《四库全书》子部（870），上海古籍出版社，1987年，第232页。
② 王士禛：《池北偶谈》卷十七，载文渊阁《四库全书》子部（870），上海古籍出版社，1987年，第248页。
③ 王士禛：《居易录》卷十一，载文渊阁《四库全书》子部（869），上海古籍出版社，1987年，第443页。
④ 王士禛：《居易录》卷十三，载文渊阁《四库全书》子部（869），上海古籍出版社，1987年，第464页。

《池北偶谈》卷十六"《毗陵集》"条云:

> 唐独孤及《毗陵集》二十卷……康熙癸亥闰六月,借抄于晋江黄氏。①

《池北偶谈》卷十七"皮陆"条云:

> 唐本《笠泽丛书》四卷,以甲乙丙丁为次,前有《自序》及《江湖散人传》,后有宋政和元年毗陵朱衮序,乃江西士夫家旧本,黄俞邰得之金陵饼肆中。②

王士禛后曾借钞此书。《香祖笔记》卷四云:

> 元之吾乡巨野人,其《小畜集》三十卷,黄俞邰(虞稷)千顷堂有传本,惜未及借录。③

此外,王士禛友人如尤侗(《都玄敬杨君谦杂著》)、秦松龄(《诗总闻》)、宋荦(《江西诗派图录》)、毛扆(《笠泽丛书》)等都曾赠书与王氏。另外,王士禛的门生也深知其嗜书,故多以书为贽。作为清初著名藏书家,王士禛收藏极富,他本人对于古籍版本的鉴别有精深的见

---

① 王士禛:《池北偶谈》卷十六,载文渊阁《四库全书》子部(870),上海古籍出版社,1987年,第234页。
② 王士禛:《池北偶谈》卷十七,载文渊阁《四库全书》子部(870),上海古籍出版社,1987年,第246页。
③ 王士禛:《香祖笔记》卷四,载文渊阁《四库全书》子部(870),上海古籍出版社,1987年,第435页。

解,但因长期在京师供职,其藏书活动与朱彝尊、黄虞稷等人相比,缺少像江南地区那样的藏书氛围。故从其笔记看,他更多的是从以朱彝尊、黄虞稷为代表的江南藏书家那里获益,相较于江南藏书家的互相流通,似乎仅是有限的个体发展,其藏书中有很大一部分是由门生故吏从江南远道寄赠的。这也间接表明了清初京师的藏书环境远不如江南,这其中有历史、政治、经济、文化等诸多原因,难一一述说,而这种情况到乾隆时期才得到改观。不过,从王士禛个人的藏书活动看,藏书给他本人的创作、著述都提供了巨大的帮助,① 这也是无可否认的。

清初,政权尚未稳固,内乱外患,战祸连绵。少年康熙继位初期,皇权受到多方面的挑衅,在智擒鳌拜、敉平三藩、西征噶尔丹、收复台湾之后,清政权才逐渐稳固。与此同时,康熙帝诏开博学鸿词科,征士入馆纂修《明史》,对儒家文化的认同与尊奉使民心渐安,百业随之日兴。但这种天下太平、百姓安居乐业的局面并非在短期内就能实现,作为都城,京师的文化复苏尤其缓慢。曹寅在京师期间正逢这一缓慢恢复期,故其虽尚无衣食忧,却已满怀报国志。他自小接受传统文化的熏陶,亦文亦武,两不偏废,与挚友纳兰性德同以文采名扬都下,两人虽都出身显宦,但皆无纨绔习气,尊老礼贤,与应征入都之遗民逸士往来密切,同时结交来京应试之青年才俊,这都为他们未来的仕途铺平了道路,可惜性德早逝,未能展其宏图。而这一时期的京师由于文化恢复和发展的滞后,藏书风气没有文化传统根深蒂固的江南来得兴盛,虽然城南有孙承泽之退谷,但经甲申之变,收藏化为乌有,不得不重事搜罗。与此不同的是江南故家藏书历经战乱,虽多有散失,但正如王士禛所说的其书皆得好书者接手,其中宁波天一阁岿然独存,至今已有四百余

---

① 蒋寅:《王渔洋与康熙诗坛》,中国社会科学出版社,2001年,第146—181页。

年。更主要的是京师藏书者多仅为官于斯,一旦有所升迁,其书即随之俱去,而江南藏书家则往往能世守其书,故在典藏、鉴定、搜求、编目各方面都经过长期的探索,逐渐形成理论,这对改变、提升整个藏书环境有指导性作用。青年曹寅在京师的藏书除了受到以上客观条件的限制外,还有阅历不足等主观上的原因。在父亲病逝六年之后,曹寅收拾家中旧藏,南下苏州,从此开始了他的江南藏书之旅。

(二)在苏州时期的交游

曹寅仕途的转折点是康熙二十九年(1690),这年四月他由广储司郎中兼佐领出为苏州织造,由此拉开了他主持东南风雅的序幕。在此后的二十三年中,曹寅虽由苏州而至金陵,又往来于扬州、真州各地,但其藏书的搜集、壮大因植根于江南这块肥沃的土壤而并未有一刻的停歇。吴晗在《江苏藏书家史略》序言中说:"大抵一地人文之消长盛衰,盈虚机绪,必以其地经济情形之隆诎为升沉枢纽。而以前辈导絜,流风辉映,后生争鸣,蔚为大观,为之点缀漫衍焉。以苏省之藏书家而论,则常熟、金陵、维扬、吴县四地始终为历代重心,其间或互为隆替。大抵常熟富庶,金陵、吴县繁饶,且为政治重心,维扬则为醝贾所集,为乾隆之际东南经济中心也。"[①] 其中所指出的常熟、金陵、维扬、吴县四地正是曹寅后半生活动集中的地区。周少川曾对清代私家藏书家人数做过地域分布统计,从统计表中我们可以清楚地看到江苏以二百四十七人居于第二位,较第三位安徽多出近百人。[②] 曹寅有"聚书之癖",半生游

---

① 吴晗:《江浙藏书家史略》,中华书局,1981年,第117—118页。
② 周少川:《藏书与文化:古代私家藏书文化研究》,北京师范大学出版社,1999年,第192页。

宦江南，如鱼得水，藏书之发展必然水到渠成，因此，我们可以说楝亭藏书真正形成的转折点也在康熙二十九年（1690）。从现存的楝亭藏书中，我们看到了毛氏汲古阁、徐氏传是楼的旧藏，这从一个侧面证明了曹寅藏书在江南的发展轨迹。

1. 苏州的雅集

曹寅在康熙二十九年（1690）四月初来到苏州，由于他幼年生长于江南，青年时期又南下料理其父后事，凭借其父的旧荫，加之熟悉江南的人情风物，南下任职，在他的仕途上似乎是顺理成章的。而江南的旧遇新知，也因他的到来得以频繁过访，这一点在《楝亭诗钞》卷二各诗中可见一斑。在清初士人的交游中，遗民与贰臣、清廷大吏的往来并不会像乾隆以后那样遭到非议。曹寅作为清初大吏，虽隶属汉军，却又是明遗民顾景星的外甥，在出任苏州织造之前，他曾多次与明遗民接触，尤其是康熙十七年（1678）、十八年（1679）在京中时与应博学鸿词科的诸多遗民频繁往来，这为他以后与这一群体进行深入交往提供了契机。曹寅来苏州后，在与当地绅士①发展关系的同时，也开始与遗民重续旧谊。苏州作为清初江南主要城市之一，其文化的繁荣体现出的是它巨大的包容性——对于不同身份的文人都宽容地接纳。同时，我们也应该看到，休致在家的绅士与避世的遗民，虽然身份上存在差异，但其文人的本质却是一样的，故他们之间的交往是出于对相同身份的认可，是由相同文化心态产生的共鸣。这种交往，其主要形式不是个体单一交往，而是群体聚会，即以"雅集"这种传统形式来实践的。

---

① "绅士"的定义与作用，参看费孝通《中国绅士》（惠海鸣译，中国社会科学出版社，2006年）、瞿同祖《清代地方政府》（范忠信等译，法律出版社，2003年）等书。

清初的苏州是人文荟萃之地，著名的绅士有昆山徐乾学、徐秉义、徐元文三兄弟及尤侗等，而往来吴门的遗民则更多。曹寅的到来，还吸引了他的一些旧友来苏，从而带来了又一次文人雅集的高潮。在此期间遗民群体中与曹寅交往频繁的有钱澄之、余怀、杜岕、叶藩、朱赤霞、叶燮、姚潜、郑簠等人，其中如杜岕（号些山）虽居金陵，却与同为遗民之胡其毅等人频繁往来于苏、宁之间，多次过访曹寅，有两家诗可证。叶燮隐居二弃草堂，曹寅亲往拜访，更有诗歌唱和。叶藩秉承外舅杜濬遗志，终生不出仕，却成了曹寅的入幕之宾。而晚年的钱澄之因事在苏，竟亦与曹寅有了"通家之谊"。流寓吴门的余怀，虽洁身自好，却也频繁参与名宦的雅集。

钱澄之（1612—1693），初名秉镫，字饮光，号田间，安徽桐城人。早入社盟，与方以智、陈子龙、夏允彝等游，在诸生间颇有名。清兵南下，妻方氏罹难。他曾参与反清，后至福建，以黄道周荐举，任职南明桂王政权。顺治八年（1651）间道归里，结庐先人墓旁，专心著述。澄之尝从黄道周学，治《易》有心得。著有《田间易学》《田间诗学》《田间诗集》《田间文集》等。《清史稿·遗逸传一》《清史列传·儒林传一》有传。

康熙二十九年（1690）四月，曹寅出任苏州织造，年过古稀的钱澄之也在苏州。《田间诗集》卷二十八《花溪秋雨即事寄道积》云：

> 所以垂八十，抱书来吴游。诸侯颇好士，而我拙干求。
> 两月寓花溪，一刺不妄投。闭门加芰定，未敢倦即休。[①]

[①] 钱澄之：《田间诗集》卷二十八，载《续修四库全书》集部（1401），上海古籍出版社，2002年，第548页。

由此可知钱氏来苏乃为刊刻其集,"道积"即后于扬州书局编校《全唐诗》之徐树本。钱氏刻集,由徐氏出资,故其寓于苏州齐门内之花溪。顾震涛《吴门表隐》卷十一云:"花溪在齐门石皮弄内,即芳草园,明诸生顾凝远筑,东有顾家场,后为徐尚书乾学别业(即憺园),后更为严总戎伟宅。"①《田间诗集》卷二十二《憺园》云:

> 吴苑花溪一郡推,家园也觉费心栽。
> 阶前丘壑居然古,槛外峰峦若为堆。
> 几处高斋留客住,有时丈室待僧开。
> 当门小艇沿墙径,何日人非问字来。②

而曹寅与钱澄之相交,亦在花溪。《田间尺牍》卷三《与曹子青》云:

> 花溪促膝,芝阁衔杯,弹指已是三年。先生年力益富,德业日新。若弟心血精神,如鱼减水,坐见其竭,大不如三年前矣。去秋过吴门趋候,知旌节已入都门,仅晤叶同初兄,得悉起居为慰。杜苍略遂作古人,此皆素所属望者,业先朝露。平生故交,零落殆尽,可为涕泗。承命以册页征诗,敝邑人士,久慕风谊,勇于请教,而诗多页少,未能广征。然能诗者大半在此矣。疑此册未必如此其短,或诗人书法不善,窃自裁去耳。其间有名扬禄者,系小儿;名冠者,系小孙;名于施者,系曾孙。各勉赋一首应命,以志通家之谊。弟老矣,与先生后会何期,此辈少壮,趋风有日,车笠相逢,陈述旧好,兹诗其张本也。

---

① 顾震涛撰、甘兰经等校点:《吴门表隐》,江苏古籍出版社,1999年,第147页。
② 钱澄之:《田间诗集》卷二十二,载《续修四库全书》集部(1401),上海古籍出版社,2002年,第509页。

因敝乡方舍亲虞律入吴，托其便叩台旌，面呈记室。虞律家世华胄，诗礼名家，其令尊有杯，久擅风雅，与虞律皆有诗。慕义久矣，惟先生进而教之。秋风乍寒，一切珍重，上祝，临楮依依。①

按：《红楼梦新证》系此函于康熙三十二年（1693），非。据同时之《与韩慕庐》一函知，本年钱氏八十岁，则时间当是康熙三十一年（1692），"有杯"则是"有怀"之误。据后文所引钱澄之《与吴元朗》及其所撰《前处士方次公直之墓表》知方其义仅一子，即方中发（字有怀），则虞律即中发之子。由此札可知，曹寅曾请钱氏以《楝亭图》代索题咏于皖省，依上文看当时钱氏一家四世皆有诗作，今钱氏祖孙及方虞律父子之诗未见于存世之《楝亭图咏》卷中，应是后世散佚无疑。其中钱澄之诗现存，《田间诗集》卷二十八《楝亭诗织造曹子清索题》云：

丹山有文鸟，其鸣于高冈。梧桐得所栖，楝实以为粮。
楝实味良苦，不充腥秽肠。食之志高洁，超然千仞翔。
昔贤典衮职，黼黻昭天章。杼柚尽乐业，筐筥勤输将。
爱兹嘉树名，坚苦适其常。手植庭阶前，聊以表清芳。
德辉被南服，仁风至今扬。哲嗣绍厥美，文藻何煌煌。
重履先公任，感物情内伤。昔为数寸萌，今已参天长。
掇实咀且泣，有同丸胆尝。益凛床前诲，素丝节勿忘。
乃知五色雏，其种必凤皇。斯人本国瑞，斯树亦家祥。
枝条森官阁，蔽芾遍江乡。所以都人士，赋颂相赓扬。

---

① 钱澄之：《田间尺牍》卷三，载《续修四库全书》集部（1401），上海古籍出版社，2002年，第14页。

孝思既以著，先德亦以彰。岂如南国诗，徒美召公堂。①

依《诗集》卷次推断，此诗作于钱澄之晚年，当与尺牍同时。又，《田间尺牍》卷三《与吴元朗》云：

吊龙洲墓诗，亦付道积，曾寄到否。因舍亲方虞律之便，附候。虞律为密之（按：即方以智）侄孙，乃祖直之（按：即方其义），与尊公先生周旋最久。此子大有才气，酷似其祖。促膝自能投分也。②

按：吴元朗（1662—?），名暻，吴梅村长子，也曾为《楝亭图》题诗。从此函中亦言及方虞律可知，此函所作时间当与《与曹子青》同时，则吴氏与曹寅往来亦当在苏州。尺牍中钱氏称虞律为舍亲，盖其妻出方氏。方中发《白鹿山房诗集》卷六有《楝亭诗》（为织造曹子清司空赋，曹公父旧官金陵，公世其职，今调姑苏）二首，不见于存世之《楝亭图咏》卷中，其诗云：

楝亭淮水上，遗爱属先公。杼柚东南重，丝纶父子同。
垂阴思手泽，茹苦见家风。徙节三吴近，江潮自可通。（楝树在白门旧府中，为父手植，公因构亭其下，四方名士争歌诵之）

嘉树谁能赋，休征叹有神。官虽贵公子，名却重才人。

---

① 钱澄之：《田间诗集》卷二十八，载《续修四库全书》集部（1401），上海古籍出版社，2002年，第553—554页。
② 钱澄之：《田间尺牍》卷三，载《续修四库全书》集部（1401），上海古籍出版社，2002年，第15页。

> 忠孝文章大，讴歌草泽真。国风如见采，应被管弦新。①

据其自注知方中发作诗时，曹寅任苏州织造。从钱氏尺牍看，此诗即钱澄之从安徽为曹寅索得之题咏之一。

花溪之会，除了钱澄之以外，曹寅与当时花溪的主人昆山徐氏一族也有往来，徐氏三兄弟中徐乾学、徐秉义兄弟都给曹寅的《楝亭图》题过诗，而徐元文则很早就为曹寅的父亲曹玺所得御书赋过诗，《含经堂集》卷五《织造曹君示所赐御书敬赋》云：

> 奎壁天奇藻，河山地宝章。典彝探窔奥，道秘协羹墙。圣以多能作，文将庶品昌。丝言垂训诰，瑶札焕琳琅。柏殿常趋侍，枫庭屡拜扬。擘窠惊卧虎，飞白动仪凤。睿制光轩颉，恩施感庙廊。披怀逢缟带，盥手启缃囊。干斗芒千丈，萦河锦七襄。金题严款识，玉躞细装潢。皇矣清宁篆（卷用小玺"清宁之宝"），休哉敬慎堂（所赐敬慎二大字为堂额）。钟声挥古句（又赐唐人绝句一幅），麦气咏微凉（御书绝句云：郊原浮麦气，池沼漾清萍。夏日临桥望，熏风处处新。乃圣制也）。笺并澄心贵，烟应易水良。凤毛腾九采，龙甲发千光。游艺空前喆，昭回契彼苍。冲情留染翰，余暇寄垂裳。笔谏谁能继，书评讵敢量。观澜真浩浩，测海但茫茫。制作追畴画，规模越汉唐。臣文恭赞颂，臣玺慎珍藏。②

---

① 方中发：《白鹿山房诗集》卷六，载《四库禁毁书丛刊》集部（17），北京出版社，2000年，第552页。
② 徐元文：《含经堂集》卷五，载《续修四库全书》集部（1413），上海古籍出版社，2002年，第549页。

按：《（康熙）上元县志》卷十六载《曹玺传》云："丁巳、戊午两年陛见，陈江南吏治，备极详剀，赐蟒服，加正一品，御书敬慎匾额。"① 则可知此诗作于康熙十六至十八年间（1677—1679），时曹寅任职京师，与入京诸老交游方密。而在曹寅出任苏州织造的康熙三十年（1691）五月，徐元文与兄长乾学因被两江总督傅拉塔所劾去职归里，虽然不久元文就病逝了，但徐家与曹寅的交往一直延续到曹寅晚年主持扬州书局刊刻古籍时。《楝亭文钞》之《题玉峰相国感蝗赋后》即曹寅于康熙四十六年丁亥（1707）为徐元文《感蝗赋》手卷所作，这很可能是出于徐元文次子徐树本的要求。而《楝亭书目》卷一"书目"类著录："《含经堂书目》，东海徐相国家藏。三卷，三册。"② 即徐元文家的藏书目。徐氏一族夙富藏书，徐乾学有传是楼，徐秉义有培林堂，徐元文有含经堂，收藏之精，江南诸藏书家无能出其右者。曹寅所刻《周易本义》底本即借自徐氏，曹寅序文云："余宦游江左，奉命于扬州置书局，偶借得花溪徐氏宋椠《本义》善本，属门人重付开雕，以广其传，俾后学得以目见古经，而不终汩没于俗学，是亦盛代右文之一助云尔。"③ 此书底本曾归海源阁杨氏所有，见《楹书隅录初编》卷一"宋本《周易本义》十二卷八册二函"条：

> 昨岁入都，于厂肆见此本，楮墨绝精，色香俱古，洵吴氏原椠，爱玩不忍释手，而索直昂，议再三未就。比归，始致书友人购之。……钦定《天禄琳琅书目后编》所载与此正同。沧苇、健庵、楝

---

① 唐开陶修：《（康熙）上元县志》卷十六，康熙十六年刻本，复旦大学图书馆藏。
② 曹寅：《楝亭书目》卷一，载金毓黻主编《辽海丛书》（第四册），辽沈书社，1985年，第2622页。
③ 曹寅：《楝亭集》，上海古籍出版社，1978年，第648—649页。

园、楝亭、椒园诸先生历经鉴藏，固经厨之秘笈也。因敬钤先公印章于卷之首末，俾子孙世守勿替云。时同治甲子春孟十九日，杨绍和彦合谨识。①

从曹寅与徐氏两代人之间的交往事迹，不难发现两家交谊之深。

从钱澄之的文章中，我们还可以发现花溪之会上韩菼（字元少，号慕庐，1637—1704）的身影。《田间尺牍》卷二《与韩慕庐》云："比在花溪，乐数晨夕，不觉一载有半，每聚首忘形，语从肺腑，礼无世法，朋友之乐，于斯极矣。"②《田间文集》卷九《刻轩记》云："今年夏，予以校刻拙集久寓花溪，距韩慕庐学士所居近，数过韩子，饮其堂西偏之刻轩。"③ 两文对钱氏来苏的目的作了最直接的回答。韩菼与曹寅早年即为同学，曹寅到苏州后，二人过从益密，曹寅《楝亭诗钞》卷二《韩慕庐学士见贻盆梅置轩中偶成》《雪霁梦游渔村和桐初留别诗并寄怀慕庐学士》；韩菼《有怀堂诗稿》卷二《和曹荔轩使君渔村诗三首》《送叶桐初之楚兼简楝亭使君》，《有怀堂文稿》卷六《织造曹使君寿序》、卷八《楝亭记》可证。韩菼曾自言："往顾先生亭林尝语余，自五经有《大全》而经学衰矣，《大全》者当时奉诏趣成之书也，殊多阙略，且劝余凡宋元说经诸书，毋论当以否，宜悉储之。余窃韪其言。"④ 可见其亦是有心藏书之人。

---

① 杨绍和：《楹书隅录初编》卷一，载《清人书目题跋丛刊》（三），中华书局，1990年，第393—395页。
② 钱澄之：《田间尺牍》卷二，载《续修四库全书》集部（1401），上海古籍出版社，2002年，第9页。
③ 钱澄之：《田间文集》卷九，载《续修四库全书》集部（1401），上海古籍出版社，2002年，第110页。
④ 韩菼：《有怀堂文稿》卷二，载《四库全书存目丛书》集部（245），齐鲁书社，1997年，第413页。

在苏州期间，曹寅除了与寓居花溪的钱澄之往来频繁，交谊日厚外，还常与尤侗（字展成，号悔庵）等人作诗酒之会。《楝亭诗钞》卷二《尤悔庵太史招饮揖青亭即席和韵》云：

> 苏家巷口揖青亭，间日重登山更青。
> 篱落不妨骑马客，郎官原近老人星。
> 三秋鹩实身前树，二寸鱼吹水上萍。
> 却笑南园成独醉，沧浪咫尺唤难醒。①

按：苏家巷在十全街，后以彭定求一家三世居此，改名尚书里，与苏州织造府隔河相望，两家往返殊为便利。尤侗客座，除了曹寅辈外，还有晚明遗民如余怀、朱赤霞等。

余怀（1616—1696），字澹心，一字无怀，号广霞、曼翁、壶山外史、寒铁道人、鬘持老人等，原籍福建莆田，流寓苏州、金陵。余怀与曹寅的交往事迹虽为人们所熟知，但奇怪的是曹寅和余怀各自的集子中都没有直接记录这段事迹。而作为雅集主人的尤侗间接记录了这一切，《艮斋倦稿·诗集》卷四有《八月十九日曹荔轩司农同余澹心、梅公燮、叶桐初过揖青亭小饮拈青池二韵二首》《十月十一日曹荔轩、余澹心、叶桐初、董观三水哉轩小饮，是日大风微雨，和澹心韵二首》，又见尤侗自撰《悔庵年谱》"康熙二十九年（1690）"条②。又，《艮斋倦稿·诗集》卷五《二月廿八日揖青亭看菜花作同曹荔轩、彭访濂、余广霞、梅梅谷、叶南屏、朱赤霞、郭鉴伦》，《悔庵年谱》系于康熙三十一年

---

① 曹寅：《楝亭集》，上海古籍出版社，1978年，第76页。
② 此处参用徐坤《尤侗研究》附录《尤侗年谱》，华东师范大学博士论文，2006年4月。

(1692),曹寅《楝亭诗钞》卷二《菜花歌》即此时所作,同参与集会的彭访濂即后任职扬州书局、参与编修《全唐诗》的彭定求,在扬州期间他依靠与曹寅的关系,促成了重建徐公祠一事。① 张穆《阎潜邱先生年谱》云:"荔轩在苏州时,屡偕淡心过展成揖青亭、水哉轩小饮。"② 较之尤侗所记更进一步说明当时乃曹寅与余怀结伴而往。此外还有余怀为曹寅《楝亭图》所题二首绝句可为证:

> 赏心亭子说秦淮,今日风流让署斋。
> 一楝婆娑清荫好,依稀王氏种三槐。

> 司空名德在千秋,画翣传闻出石头。
> 谁咏君家华屋句,白杨风动恸西州。③

更重要的是在曹寅的藏书中也出现了余怀的遗稿,这是他们之间交游最好、最直接的证明。《楝亭书目》卷三"说部"类著录:"《月波楼杂抄》,抄本,本朝下邳余怀手辑。二卷,一册。"④ 同书卷三"杂部"类著录:"《茶史》,本朝淮阴刘源长著。一卷,附莆阳余怀《茶史补》一卷,一函二册。"⑤ 同书卷四"词"类著录:"《玉琴斋词》,抄本,本朝

---

① 潘耒《遂初堂文集》卷十二《重建徐宫詹公祠碑铭》云:"会彭公有编纂之事于维扬,言于银台曹公,首捐厚赀,兼谕所属资助,得祠费大半,于是郡士夫协力裨补,不日落成。"[载《续修四库全书》集部(1417),上海古籍出版社,2002年,第589页]
② 张穆:《阎潜邱先生年谱》,载《北京图书馆藏珍本年谱丛刊》(84),北京图书馆出版社,1999年,第9页。
③ 禹之鼎等:《楝亭图咏》,稿本,中国国家图书馆藏。
④ 曹寅:《楝亭书目》卷三,载金毓黻主编《辽海丛书》(第四册),辽沈书社,1985年,第2622页。
⑤ 曹寅:《楝亭书目》卷三,载金毓黻主编《辽海丛书》(第四册),辽沈书社,1985年,第2665页。

下邳余怀著。四卷,娄东吴伟业序,四册。"① 其中《月波楼杂抄》作为余怀的著作,在传世目录中仅被《楝亭书目》著录,虽其书今不可见,但可为余怀存一种著作之目,弥足珍贵。至于《玉琴斋词》一种,经富察昌龄、钱塘丁氏善本书室递藏,最后归南京图书馆收藏,民国间曾影印问世,购求不难。与《楝亭书目》将之著录为"抄本"不同,后世一般把《玉琴斋词》著录成"稿本",因书中不仅钤有"余怀之印""味外轩图书""广霞"等印记,比对其字迹,亦与余怀其他传世稿本相同,且据书前吴梅村、尤侗两人的跋及顾广圻、孙星衍等后人的题跋看,也应以"稿本"为是。② 以此类推,被著录成抄本的《月波楼杂抄》很有可能也是余怀的手稿本。

2. 陆漻

曹寅重视与绅士、遗民的交往,是在完成他作为清廷在江南的代表的任务,从总体上看,这种观点是正确的,但在此前提下却也不能忽视对曹寅个体的深入研究。在交游这个问题上,我们可以看到曹寅除了完成康熙帝交给他的政治任务以外,还不遗余力地结交当地藏书家,搜求藏书。他与当时苏州藏书家中的代表陆漻的接触,就是很好的例证。曹寅出任苏州织造的第二年,即康熙三十年(1691)四月,吴门医士陆漻为曹寅画了一幅《楝亭图》,落款"辛未清和,写呈荔翁老先生正,晚学陆漻"③。此卷作为《楝亭图咏》存世十图之一,现藏于中国国家图

---

① 曹寅:《楝亭书目》卷四,载金毓黻主编《辽海丛书》(第四册),辽沈书社,1985年,第2687页。
② 关于《玉琴斋词》的流传可参看陈晓明《漫谈余怀〈玉琴斋词〉稿本及其流传》一文,《图书馆杂志》2006年第11期。
③ 周汝昌:《红楼梦新证》,人民文学出版社,1976年,第343页。

书馆。

陆漻（1644—1730后），字其清，家有听云室，著有《佳趣堂藏书目》《麟经钩玄》①。《江南通志》卷一百七十《人物志》[《(同治)苏州府志》卷一百十《艺术二》略同]云："陆漻字其清，吴县人。博闻汲古，家多藏书，手抄几及千卷，有朱存理、钱穀之风，精赏鉴三代、秦汉器物及唐宋而下书画名迹，四方士大夫之好古者，莫不就漻是正焉。"②

管庭芬、章钰所辑《钱遵王读书敏求记校证》卷三上"邵氏闻见后录二十卷"条引蒋风藻语云：

> 陆其清名漻，盖隐于医者，吴县人，生平手自钞书三万卷，有《佳趣堂藏书目》，原本今藏予家。其清尝得文竹坨旧藏玉山草堂诗元刊本，同时若朱竹垞、曹秋岳、何义门、何仲子辈往来甚密，盖皆以秘笈善本互相借钞者也。③

费锡璜《掣鲸堂诗集》卷十三《赠摹古陆其清》云：

> 潘岐善仿东坡迹，铁石能为逸少书。
> 近日陆生称妙手，唐仇文沈尽临摹。④

---

① 《麟经钩玄》一书，上海图书馆藏三册，著录为陆漻著，清露香阁抄本，收入《中国古籍善本书目》；又，苏州图书馆藏《麟经钩玄》一册，亦为露香阁抄本，而著录为佚名撰。
② 赵弘恩等监修、黄之隽等编纂：《江南通志》卷一百七十，载文渊阁《四库全书》史部（511），上海古籍出版社，1987年，第868—869页。
③ 钱曾撰，管庭芬、章钰校证：《钱遵王读书敏求记校证》卷三上，载《清人书目题跋丛刊》（四），中华书局，1990年，第132页。
④ 费锡璜：《掣鲸堂诗集》卷十三，载《四库禁毁书丛刊》集部（187），北京出版社，2000年，第292页。

可见陆澡除了精于岐黄之道,还擅长书法丹青,故曹寅请其画《楝亭图》。而翁方纲《复初斋诗集》卷五十《刘完庵云树小帧二首》其二也说:

> 吴下医翁富秘文,顾何侈说绿氤氲。
> 始知不是松泉响,果有山斋号听云。(往时吴门陆医士其清与顾维岳、何屺瞻游,多蓄古图书金石,号听云室。予初不解云何以言听也,今乃借完庵此帧发之)①

又,《复初斋文集》卷三十一《跋朱性甫〈珊瑚木难〉手藁》云:

> 卷前又有何义门致其翁一帖,其翁者,吴门陆医士号其清,所居听云室,鉴藏图籍甚富,义门尝往观之,即此一小札,亦吴下藏书家故事矣。②

按:何屺瞻即何焯,顾维岳(憩闲老人)则是何焯舅氏。徐用锡《圭美堂集》卷二十《字学札记下》云:"司寇(按:即徐乾学)家有宋板数十家唐诗,亦归项景元,曾托顾维岳借之项氏。渠云已为曹子清攫去矣。"③ 所记之中间人即顾维岳。

---

① 翁方纲:《复初斋诗集》卷五十,载《续修四库全书》集部(1455),上海古籍出版社,2002年,第126页。
② 翁方纲:《复初斋文集》卷三十一,载《续修四库全书》集部(1455),上海古籍出版社,2002年,第647页。
③ 徐用锡:《圭美堂集》卷二十,载《四库全书存目丛书补编》(7),齐鲁书社,2001年,第288页。

何焯（1661—1722），字屺瞻，号义门、无勇等，江苏苏州人。与弟何煌（字心友、仲友，号小山、何仲子）皆好古富藏书，精于校书。何焯与陆漻交游频繁，对其生平与收藏记录颇多。北京大学图书馆藏何焯《义门先生集》（按：有蒋凤藻批语，对陆其清颇为注意）卷十《杂录》记：

> 戊子二月十七日，过陆其清听云室，观其所藏宋拓钟太傅《力命帖》，乃韩敬堂旧物，曾归王宇泰者，后附《季直表》，亦可观，当在华中甫所开本以前。又宋拓陕本《十七帖》，邵僧弥所藏，僧弥有此佳刻，宜乎其草书颇可观也。又宋拓钟太傅《丙舍帖》……又宋拓泉州本官帖名臣第二卷虽敝坏，犹是大内装褙，用墨太湿，然在余所收焦弱侯家泉州本官帖之前，皆不易得，且俗士无由见者，灯下漫记，焯。
>
> 三月二十五日，雨中过听云室，见陆放翁藁书数纸（袁永之所藏，字作行书，甚潇洒）。元板《辛稼轩词》四册，明初人影写，宋椠《樽前集》词一册，后有张丑印，乃族人定甫所藏也。又《胡仲子集》二厚册，后有丛书堂印，皆可记。
>
> 己丑九月十八日，见听云室所藏黄鹤山樵《元武修真图》，又出宋拓李括州《云麾碑》一册，汪邻几旧物，万历己未傅圣陶题其后，虽不及锡山秦氏所收唐荆川藏本（戊戌秋见丹徒蒋亦厚所藏可与此本相埒，独有碑额），然近时拓本俱不逮也。①

除了何焯，陆漻还与曹寅的很多友人有往来。姜宸英《湛园题跋》"跋祝枝山书"条云：

---

① 何焯：《义门先生集》卷十，载《续修四库全书》集部（1420），上海古籍出版社，2002年，第246—247页。

> 今日观陆子其清家藏法书,最多宋拓。《黄庭经》《十七帖》及宋仲温真书、孙过亭《书谱》,其尤佳者。又枝山自写所作诗长幅,文征仲评其规模襄阳,而其书法原出于王氏父子,可谓曲尽枝山之蕴。①

王培荀《乡园忆旧录》卷二云:

> 秋谷(按:即赵执信)南游长洲,陆其澍赠以砚,其清所藏古砚最多,梁代邱迟所铭,形圆如璧,南唐砚,四方平直,宋官制贡砚,端州下岩奇品。②

王士禛《居易录》卷十四云:

> 竹垞说吴门陆医士其清家有洪炎《玉父集》、元人税汝权《易启蒙小传》、顾阿瑛选元人诗(亦名《玉山雅集》),又阿瑛选张伯雨诗,皆毛氏刻十元人诗所不载。③

从上可知,陆澍在当时虽是一介布衣,但其收藏之富,涵盖金石拓本、古书名画、孤本秘籍,且藏品皆精妙无比,故叶启勋在《佳趣堂书目序》中说:"是其名动公卿,实以身系文献之故,非虚声能盗也。其清

---

① 姜宸英:《湛园题跋》,载徐蜀编《国家图书馆藏古籍艺术类编》(14),北京图书馆出版社,2004年,第152页。
② 王培荀:《乡园忆旧录》卷二,载《续修四库全书》子部(1180),上海古籍出版社,2002年,第591页。
③ 王士禛:《居易录》卷十四,载文渊阁《四库全书》子部(869),上海古籍出版社,1987年,第482页。

既与竹垞、倦圃先后订交，而竹垞晚选《明诗综》，犹赖陆氏藏书得以补生平所未见。故陆氏足迹不出里巷，名乃达于京朝。"① 蒋凤藻也说他与"朱竹垞、曹秋岳、何义门、何仲子辈"，"皆以秘箧善本互相借钞"。可以说，陆漻在藏书方面为我们提供了"古书流通"的直接证据。何焯在《河东柳仲涂先生集》跋语中称：

> 《河东先生集》，陆君其清偶以钞本见示，其每行字数近古，前有张景序，又止作十五卷，因留而对校，初谓两日可了，乃因循作辍，遂至半月，甚矣衰，善病且怠于学也！其清不轻与人通假书籍，倦圃、竹垞两先生欲钞录其藏本甚秘者，即不肯出。寻常小书，亦必叶数、卷数相当，始得各易所无，独此段于予意尤厚，乃识不忘焉。康熙五十年二月，何焯书。②

陆漻也自言"倦圃、竹垞两先生晚年家居，力不能多致，闻人家有未见难得致之本，汲汲借钞，或计卷帙多寡，互出以相易，往来白下与吾郡，精神所注，惟此一事"③。这与曹溶（号秋岳）在《流通古书约》中所提出的"予今酌一简便法，彼此藏书家，各就观目录，标出所缺者，先经注，次史逸，次文集，次杂说，视所著门类同，时代先后同，卷帙多寡同，约定有无相易，则主人自命门下之役，精工缮写，校对无误，

---

① 叶启勋：《佳趣堂书目序》，见陆漻《佳趣堂书目》，载《丛书集成续编》史部（68），上海书店出版社，1994年，第723页。
② 钞本《皕宋楼藏书题跋辑录》，载《国家图书馆藏古籍题跋丛刊》（19），北京图书馆出版社，2002年，第490—491页。
③ 陆漻：《佳趣堂书目》，载《丛书集成续编》史部（68），上海书店出版社，1994年，第725页。

一两月间,各赍所钞互换"① 完全一致,因此"流通古书"的理论在当时确曾被付诸实践,这一点在曹溶与朱彝尊的交往中也有所体现。而陆漻作为实践者之一,在古籍保存方面确有不可磨灭的功绩。如丁丙《善本书室藏书志》卷十九"《闲居录》一卷"条载何焯题跋云:

> 此册出于曹秋岳侍郎家,林若橅手钞也。康熙戊子,秋翁家所存残书皆归青霞堂书库,此册偶为陆其清借钞,乃以传本缴进,独得留余架上。②

不过在实践过程中相较于曹、朱两人而言,陆漻表现得不够积极,故何焯会感叹他对自己"意尤厚",这可在《善本书室藏书志》卷三"《春秋纂言》十二卷《总例》七卷"条中得到证明:"是书元刻今未见,明嘉靖间嘉兴知府蒋若愚刊本亦罕传,吴医陆其清有钞本,朱竹垞仅一见。"③

从前文看,朱彝尊与陆漻的关系相当密切,但在藏书交流中尚且受到诸多限制,陆漻能为曹寅作画,想来两人关系必不至十分冷淡。从陆漻身上,我们看到的是清初苏州藏书的整体环境,进而以朱彝尊、曹溶等人推之,则可以窥见清初江南的藏书风气。虽然陆、曹两家书目中没有著录对方的藏书,但曹寅在苏州三年,与以陆漻为代表的江南藏书家的交往,势必对他的藏书观念与实践产生深远的影响。晚年的曹寅能够

---

① 李希泌、张椒华编:《中国古代藏书与近代图书馆史料》(春秋至五四前后),中华书局,1982年,第31页。
② 丁丙:《善本书室藏书志》卷十九,载《清人书目题跋丛刊》(二),中华书局,1990年,第627页。
③ 丁丙:《善本书室藏书志》卷三,载《清人书目题跋丛刊》(二),中华书局,1990年,第434页。

积极刊刻家藏秘籍，与他在苏州的这段经历不能说没有关系。

3. 宋荦、张伯行

苏州时期是曹寅藏书思想受江南藏书环境影响的开始阶段，在与当时的遗民、绅士、隐士的接触中，他得以经眼前所未见的古籍珍本，更逐渐接受当时最开明的古籍保存思想的洗礼。此后，他虽改任江宁织造，但仍往来于苏、宁间，而在苏州时的同僚如宋荦、张伯行等，也与他保持着良好的关系，彼此间在藏书问题上还经常切磋。

宋荦（1634—1713），字牧仲，号漫堂、绵津山人、西陂老人等，河南商丘人，宋权子。幼以大臣子身份列侍卫，康熙三年（1664）出为黄州推官，后历官江苏布政使，江西、江苏巡抚，吏部尚书。康熙四十七年（1708）致仕，五十二年（1713）卒于家，终年八十。著有《西陂类稿》《绵津山人诗集》《迎銮日记》《西陂藏书目》等。《清史稿》卷二七四、《清史列传》卷九有传。

康熙三十一年（1692）六月宋荦奉命出任江苏巡抚，八月四日抵苏州公署。① 其时曹寅尚在苏州，二人既是同僚，自然少不了酬和之作。《楝亭诗钞》卷二有《葺治亭后竹径和牧仲中丞韵》六首，在《祀灶后作》三首前，为康熙三十一年（1692）所作。康熙三十一年十一月，曹寅赴江宁上任，但仍兼苏州织造职，宋荦将写好的题《楝亭图》诗寄给曹寅。而《楝亭诗钞》卷三也有《宋牧仲中丞见招深静轩，轩旧为官厨，中丞新辟以款客，奉和二首》，其后紧接《阊门开帆口号》及《归舟口号和宋中丞后园六绝句》六首，可见是曹寅在苏州时所作，时康熙

---

① 宋荦编：《漫堂年谱》，载《北京图书馆藏珍本年谱丛刊》（82），北京图书馆出版社，1999年，第407页。

三十二年（1693）。这一年三月，李煦奉命调任苏州织造，曹寅来苏可能与此有关，故得与宋荦盘桓。同年江宁藏书家周在浚来吴门，赠书与宋荦，《西陂类稿》卷二十八《跋孤树裒谈》云：

> 右《孤树裒谈》十八卷，杂记明太祖迄武宗朝事最为纤悉，建宁李公古冲著。公名默，嘉靖间历官冢宰。康熙癸酉九月三日，周子雪客访余吴门，以是书见赠。①

周在浚也是曹寅到江宁任职后往来颇密的藏书家之一。康熙三十五年（1696）曹寅又到苏，作有《雨霁过沧浪亭迟，悔庵先生不至，和壁间漫堂中丞诗》［按：《漫堂年谱》记康熙三十五年（1696）二月"修宋学士苏子美沧浪亭，余有记，刻石，并刻小志。又赋沧浪亭长篇，用欧阳永叔韵，属和者甚多"②，可见曹寅也是和者之一］，而《漫堂年谱》记本年"五月，为王侍郎阮亭（按：即王士禛）刻《蚕尾集》成"③。《楝亭诗钞》卷七《避热》十首其九自注："读《蚕尾集》。"宋荦刻成此集，以两人交情，无不赠曹寅之理。康熙四十四年（1705）十月宋荦乞休，康熙命补吏部尚书并赐药，十二月归里，取道扬州，可能顺便看望了老友曹寅，盖曹寅当时正奉命于扬州刊刻《全唐诗》，故《（乾隆）江都县志》卷十四本传云："曹寅，字楝亭，满洲人。洽闻强记，读书能撷华寻根，诗尤精粹。时商邱宋牧仲荦抚循三吴，寅与之建帜骚坛，名誉相

---

① 宋荦：《西陂类稿》卷二十八，载文渊阁《四库全书》集部（1323），上海古籍出版社，1987年，第320页。
② 宋荦编：《漫堂年谱》，载《北京图书馆藏珍本年谱丛刊》（82），北京图书馆出版社，1999年，第433页。
③ 宋荦编：《漫堂年谱》，载《北京图书馆藏珍本年谱丛刊》（82），北京图书馆出版社，1999年，第437页。

埒，东南才士，咸乐游其门。"① 康熙四十七年（1708）宋荦休致返里，此后仍往扬州访曹寅，《楝亭诗钞》卷八《商丘宋尚书寓近书院，往来甚适，漫志三首，且订平山之游》其一、二两首云：

> 幽怀动千里，执手复邗城。耆旧家山尽，江湖宿草生。
> 诗书征福泽，邸旅被嘉名。遮道儿童喜，华辀拥上卿。
>
> 韦庵文燕罢，无梦入沧浪。禅韵亦销歇，风流谁激昂。
> 乞身荣莫逮，情话老相将。放鸭西陂路，天恩正久长。（南禅寺近沧浪亭，石枰精舍，尚书所筑，为盘山开先禅侣驻锡之地）②

按：由第一首知，曹、宋相见于扬州。第二首中"韦庵"，据《漫堂年谱》"康熙三十三年"条知其乃宋荦于本年所建，在深静轩之北，为宋荦读书之所，曹寅言及此与沧浪亭、石枰精舍等，非熟悉宋荦者不能道，两人交谊之深于此了然。

宋荦因家世儒学，性嗜坟典，出外为官，每以物色孤本秘籍是务。他任江苏巡抚长达十四年之久，这对他而言无异于来到了书海，可尽情采访搜罗。汤右曾《光禄大夫太子少师吏部尚书宋公荦墓志铭》称宋荦"藏书多近万卷，吴中得《荆公百家诗选》、《施注苏诗》残本、《苏子美集》，属其徒校而刻之"③。潘天祯《〈秘本书目〉收录书的归属问题》一

---

① 五格、黄湘重修：《（乾隆）江都县志》卷十四，载《中国地方志集成·江苏府县志辑》(66)，江苏古籍出版社，1991年，第172页。
② 曹寅：《楝亭集》，上海古籍出版社，1978年，第380—381页。
③ 汤右曾：《光禄大夫太子少师吏部尚书宋公荦墓志铭》，载钱仪吉等编《清代碑传全集》，上海古籍出版社，1987年，第347—348页。

文对宋氏获得常熟汲古阁毛氏藏书一事作了详明的考证,堪称定论。①宋荦所作书跋对其搜书之勤也有点滴记录,《西陂类稿》卷二十八《跋宋史续通鉴长编》云:

> 宋李焘有《通鉴长编》百六十八卷、《续长编集要》六十八卷、《续宋编年》十八卷,今世藏书家往往求之甚渴。此《宋史续通鉴长编》三十六卷非焘本,的是元刻,卷首割去著书人姓氏,卷末割去大元字,贾人狡狯乃尔。按:元胡宏亦有《通鉴长编》《续长编》,此其《续编》无疑。前有焘进表一通,或当日与焘本并刻,今所存者止此耳。康熙丙子六月,从姑苏书船上购得,识而藏之。②

从其跋文中可以发现宋荦精于版本辨别,而其一任巡抚,即亲到书船搜书,其好书之癖可见一斑。另外,从宋荦与朱彝尊的书信往来中,可见宋荦对于搜集藏书的热情很高。朱彝尊作为清初著名的藏书家,与众多同时代的藏书家保持藏书上的往来,而宋荦的好友曹寅也是他晚年往来频繁的藏书家之一。

王士禛《居易录》卷二十三还记录了宋荦与陆漻的交往事迹,其文云:

> 宋牧仲中丞自吴中钞寄洪炎玉父《西渡集》,仅一卷。考焦氏《经籍志》,玉父《西渡集》一卷,与此本合。然编首题"卷第一",又似

---

① 潘天祯:《〈秘本书目〉收录书的归属问题》,载《潘天祯文集》,上海科学技术文献出版社,2002年,第203—216页。
② 宋荦:《西陂类稿》卷二十八,载文渊阁《四库全书》集部(1323),上海古籍出版社,1987年,第321页。

不全之书，何也？《坐上呈师川有怀驹父》七律所云："欣逢白鹤归华表，更想黄能出羽渊。"正在集中，其诗局促，去豫章殊远。又《经籍志》载洪刍驹父《老圃集》、洪朋龟父《清非集》，皆止一卷。此本牧仲钞之医士陆其清家。①

陆漻《佳趣堂书目》载："《倚松老人诗集》二卷，饶德操。壬午。漫堂中丞宋刻印钞。"②"《宣和高丽图经》□卷。壬午。竹垞朱太史藏本，宋漫堂中丞以宋梓本较补，竹垞遂以见赠。"③汲古阁后人毛扆也曾向宋荦借宋本《宣和奉使高丽图经》校自藏抄本。④康熙四十二年（1703）清圣祖南巡到苏，二月二十一日，"命督抚藩臬，各将藏书目呈览，时督藩臬诸臣皆无，臣荦进《西陂藏书目》一册，计数万卷"⑤。此事足以让宋荦自傲，故其将此事编入年谱。由此亦可见宋荦在苏州十余年得书甚富。

宋荦好书的性格，对其子影响也很大，何焯曾记道："传是楼宋本《考古图》，比近刻多《续考古图》五卷，又《释本》一卷，为四川布政宋致豪夺以去，辛卯正月事。"⑥按：《清代职官年表》载，宋致康熙四

---

① 王士禛：《居易录》卷二十三，载文渊阁《四库全书》子部（869），上海古籍出版社，1987年，第596页。又，王文进《文禄堂访书记》载此书原本，录王士禛跋文，视《居易录》少"考焦氏《经籍志》：玉父《西渡集》一卷"一句，而末增"康熙甲戌四月渔洋山人跋"一句，可知此跋作于康熙三十三年（1694）。
② 陆漻：《佳趣堂书目》，载《丛书集成续编》史部（68），上海书店出版社，1994年，第739页。
③ 陆漻：《佳趣堂书目》，载《丛书集成续编》史部（68），上海书店出版社，1994年，第755页。
④ 张金吾：《爱日精庐藏书志》卷十七，载《清人书目题跋丛刊》（四），中华书局，1990年，第423—424页。潘天祯文已引及。
⑤ 宋荦编：《漫堂年谱》，载《北京图书馆藏珍本年谱丛刊》（82），北京图书馆出版社，1999年，第545—546页。
⑥ 何焯：《义门先生集》卷十，载《续修四库全书》集部（1420），上海古籍出版社，2002年，第247页。

十九年（1710）十月二十八日由福建按察使迁四川布政使，至康熙五十二年（1713）始再迁官，故此辛卯即康熙五十年（1711）。① 宋氏藏书子孙世守至民国间始散尽，而名传于后世。②

综观各条，可以看到在前文中屡次指出的藏书群体隐约显于各家口中，而由这一群体共同参与形成的藏书环境对宋荦、曹寅等人都产生了深刻的影响。

宋、曹两人除了喜好藏书外，还同样热衷于刻书。宋荦除了曾奉命刊刻《康熙御制诗集》外，还有很多自刊之书。宋荦刻书多得其幕中邵长蘅之助，曹寅在《舅氏顾赤方先生拥书图记》中说"子湘亦二十二年前于舅氏坐中相识者"，后康熙帝南巡为曹寅家题匾，邵氏为之作《御书萱瑞堂为工部曹寅恭赋》，其有以也。

与宋荦相比，张伯行和曹寅的接触时间明显要少得多，但两人皆好宋学，故相处颇洽。张伯行（1652—1725），字孝先，号恕斋、敬庵，谥清恪，河南仪封（今兰考东）人。康熙二十四年（1685）进士，初任内阁中书舍人，历官山东济宁道台、江苏按察使、福建巡抚、江苏巡抚、仓场总督、礼部尚书。张氏自幼嗜学，笃信程、朱，为官以教化为己任。著有《正谊堂文集》《续集》《道统录》《困学录》，编撰两宋理学著作极多，有《二程语录》《朱子语类辑略》《广近思录》《濂洛关闽书》《性理正宗》等，所刻《正谊堂全书》更多至二百余卷。《清史稿》卷二六五、《清史列传》卷十二有传。

张伯行于康熙四十八年（1709）十二月奉命移抚江苏，四十九年（1710）正月驰赴江苏任，至康熙五十四年（1715）始离职。他与曹寅

---

① 钱实甫编：《清代职官年表》（第三册），中华书局，1980年，第1804页。
② 程伟：《商丘宋氏藏书考》，《河南图书馆学刊》2005年第5期。

作为同僚,其间往来必不可少,如他在为曹寅写的祭文中说:

> 惟公幼而岐嶷颖异,通经史,工诗文,虽老师宿儒,已叹为雄才之倒峡,而邃学之淳渊。比冠而书法精工,骑射娴习;擢仪尉,迁仪正,翼翼乎豹尾螭头之恪谨,而轩轩然貂冠羽箭之高骞。……初莅姑苏,则清积弊,节浮费,其轸匠而恤民者,盖颂声洋溢而仁闻之昭宣。继调江宁,则除帮贴之钱,使民不扰,减清俸之入,俾匠有资,其采办而区画者,尤公私两便,而施恩用爱之无偏。又其大者,两淮盐课,为财赋要区,公则悉心经理,尽力缉私,诸如请蠲逋,议疏通,绰然有赋充商裕之机权。……呜呼!谁谓公之其竟止于是也耶?彼夫经史子集,藏书万卷,孰为之手披而心玩?而名公巨卿、贤人君子,日与赋诗赠答相怡悦者,又孰从而想象其风采之翩跹?畴昔之日,余秉臬篆,实与公同舟而共济,公披肝膈而款款,我则忱悃之戋戋。嗣余驰驱乎闽峤,怅彼此之各天,值鸡鸣而风雨,亦每念之缠绵。何期镇抚吴会,重侍几筵。三载相依,把汪洋之伟度;一心如结,信胶漆之能坚。吁嗟已矣!今几何时,而音容不再,遗范空悬,对瑟樽以凄恻,写衷愫而泣涟。陈词渍酒,公其鉴兹诚意之拳拳。①

此文叙述曹寅生平之详,几可视为其履历,从中不难看出两人熟悉之程度。

张伯行与曹寅交往密切,除了因曹寅一生亦颇讲义理之学,二人趣味相投外,还与曹寅富于藏书有关,殆张氏生平对整理保存、刊刻传播理学著作有极高的热情。关于他刻书之多,钱泰吉《曝书杂记》卷下

---

① 张伯行:《正谊堂文集》卷二十三,光绪二年仪封杨烈堂刻本。

"张清恪所刻书"一条说:

> 张清恪所刻书,未有总目,衍石兄以清恪所居名之曰《正谊堂丛书》。始于二程文集,终于《道南源委》,凡若干部,二百数十卷。……公在时,稿已散失矣。右皆据《年谱》所叙录者。然若余前所列《吕氏童蒙训》以下各刻,《年谱》皆未及,则清恪所刻书,虽子孙亦多未见,不能备录也。①

在刻书过程中,张伯行多方搜求理学家著作,也曾从曹寅处获得藏书,作为底本。其子所撰《张清恪公年谱》"康熙五十三年十一月"条云:

> 冬,十一月,《陈北溪集》刻成。
> 北溪先生所著《字义》及《严陵讲义》、《似道》《似学》二辨,向传于世,其全集不可见,公于织造曹公寅处得抄本,即录之选刻焉。②

按:《楝亭书目》著录陈淳著作两种:"《严陵讲义》,宋北溪陈淳著。一卷。"③ "《陈北溪集》,抄本,宋主簿陈淳著。五十卷,元教授王环翁序,一函十册。"④《张清恪公年谱》将张伯行刻成《陈北溪集》的时间系于康熙五十三年(1714),而曹寅已于康熙五十一年(1712)逝世,则此

---

① 钱泰吉:《曝书杂记》卷下,载《丛书集成初编》(57),中华书局,1985年,第78页。关于张伯行刊刻理学书籍一事具体可参看李燕《张伯行的理学传播活动研究》第四章,华东师范大学硕士论文,2005年4月。
② 张师栻、张师载:《张清恪公年谱》,载《北京图书馆藏珍本年谱丛刊》(86),北京图书馆出版社,1999年,第622页。
③ 曹寅:《楝亭书目》卷一,载金毓黻主编《辽海丛书》(第四册),辽沈书社,1985年,第2629页。
④ 曹寅:《楝亭书目》卷四,载金毓黻主编《辽海丛书》(第四册),辽沈书社,1985年,第2679页。

书当是张氏在与曹寅交往过程中所得,至于具体时间就不得而知了。而曹寅的幕僚郭正宗在曹寅去世后还曾应张伯行之邀主持苏州紫阳书院,事见《张清恪公年谱》"康熙五十三年三月"条。①

康熙二十九年(1690)四月到康熙三十一年(1692)十一月曹寅任职苏州,三十一年末虽改任江宁织造,但直到康熙三十二年(1693)三月,李煦来苏正式接任苏州织造一职之前,曹寅依然实际主持苏州织造的一切事务,故在其诗集中可以看到他这段时间频繁往来于苏、宁间,偶有泊舟锡山,畅游友人秦松龄家园林之乐,所以从严格意义上说,曹寅在苏州生活了三年。在苏州的这一段生活,曹寅远离了明争暗斗的政治旋涡,从容享受着江南的春花秋月,石湖泛舟,虎丘看雪,诗以纪事;同时,阔别多年,昔日难得一见,仅凭鱼雁传信的友人此刻纷纷过访,握手言欢,促膝谈心,诗酒之乐,通宵达旦,这些乐趣都被曹寅记录在了他的诗歌中。康熙三十二年(1693)三月后他虽然不再兼理苏州政务,但因妻兄李煦在苏,又有众多的友人在此,故还是经常过吴,或为公事,或是访友,得叙友谊。

此中最难能可贵的是曹寅能够在仕途得意、生活无忧的同时,依然保持书生的本色,始终如一地照顾遗民如姚潜,亲自登门拜访隐居山中的叶燮,招募故人叶藩参幕;在地方上,与本地绅士相处融洽,频频雅集,与尤侗探讨戏曲理论与创作,与韩菼、徐氏一族诗酒唱和;于同僚间,除公务以外,更谈艺论道,鉴画品书,以宋荦之有聚书之癖,张伯行之好讲性理之学,皆能气味相投,则不易也。曹寅善于处理人际关系,其最有力之证明即兼收遗民、绅士、显宦、隐士作品之《楝亭图

---

① 张师栻、张师载编:《张清恪公年谱》,载《北京图书馆藏珍本年谱丛刊》(86),北京图书馆出版社,1999年,第616页。

咏》卷。

清初的苏州,伴随动乱的结束、经济的复苏,冬眠的文化事业又发出了新芽,曹寅凭借其雄厚的经济实力和广泛的人际关系等优势,极力发展个人兴趣,多方购求古籍。又正逢当时江南藏书世家如常熟汲古阁毛氏、昆山传是楼徐氏等几家的藏书,由于主客观各方面的原因开始流散,曹寅与宋荦等人不失时机地将其世代保藏的孤本名钞揽入囊中,使自己的藏书在质和量两方面都有了长足的进步。曹寅在《和芷园消夏十首·曝书》中云:"十五年间万卷藏,中年方觉曝书忙。遥怜挥汗缤翻处,时有微风送古香。"① 可见其时曹寅藏书的数量颇为可观。也因与当时最具先进思想的藏书家的接触,曹寅受到开明藏书风气的濡染,这对他以后的藏书活动无疑产生了巨大的影响。

(三) 江宁时期的交游

康熙三十一年(1692)曹寅奉命改任江宁织造,十一月从苏州赴宁主持事务,这年岁末,曹寅作《祀灶后作》三首,其一云:

除骚余闲夜粥迟,楝亭兀坐自吟诗。
生平暴殄书堆里,已断庚申那得知。②

从诗中可以看到曹寅自叹近年将很多精力都花在了书上,这或许是对在苏州时的那段生活的概述,甚或是一直以来自己与书之关系的自画像式

---

① 曹寅:《楝亭集》,上海古籍出版社,1978年,第90页。
② 曹寅:《楝亭集》,上海古籍出版社,1978年,第99页。

的描述，自叹之外，恐不免还有自豪的成分在其中。

江宁是清初江南地区又一个藏书家汇聚之地，曹寅在这里不但结识了后于扬州书局担任校勘的杜扬文、俞养直、洪嘉植、朱庭柏等人，更充分领略到当时江宁藏书思想的开放。在此环境中，他与以十竹斋主人胡其毅为代表的江宁藏书家的交往一直延续到他晚年时期。

1. 江宁的交游

对于曹寅来说，江宁并不陌生。幼年的生活，给他留下了深刻的记忆。康熙二十三年（1684），因父亲曹玺去世，曹寅又南下料理后事，在江宁逗留数月之久。在此期间，除了重访旧地、回忆往事外，他还结识了杜芥、胡其毅、释大健等人，这在他的诗歌中都有记录。康熙三十一年（1692），曹寅再到江宁，与前次匆匆过宁不同，此次来宁是为袭父旧职，可能会和其父一样终生任职于此，而事实也证明了这一点。曹寅在江宁，除了与在京师时认识的南中友人相往来以外，还各处拜访当地的士人，其中既有遗民、隐士，也有青年俊彦，他们中的很多人都为曹寅的《楝亭图》题写了诗句，后来，这些人中有一部分随曹寅同往扬州，入扬州书局，任校勘之事。兹择其主要者略加考订于下。

方仲舒（1638—1707），"字董次，一字南董，号逸巢，性纯谨，有隽才，而处己谦退，六经三史，不开卷能举其辞，胸无畦町，诗思秀拔，杜濬每称道之。上元吴勉因妻以女"①。仲舒曾为《楝亭图》题诗二首，其二云："公子如公官白门，起家侍卫皇恩繁。辇道经过慨召伯，衮职似续嘉平原。思亲交好访幽逸，爱弟策励忘寒暄。孝友文章楝亭

---

① 陈作霖纂：《金陵通传》卷二十五，载《中国方志丛书·华中地方》（38），成文出版社有限公司，1970年，第739—740页。

里,宁俟建立声名喧。"① 由此可知曹寅曾亲往拜访他。方仲舒与杜濬、杜岕兄弟关系很好,故其子方苞在《杜苍略先生墓志铭》中云:"初余大父与先生善,先君子嗣从游,苞与兄百川亦获侍焉。"② 曹寅《楝亭诗钞》卷三《闻杜渔村述方逸巢近况即和滕斋诗奉柬》有句云:"是痛非真臂,因嬉罄老怀。城南诸酒伴,无复醉冠钗。"③ 方氏见此,作诗酬答,故曹寅又有《逸巢读是痛非真臂句作诗见答,复和一首》为报。又,《楝亭诗钞》卷四有《药后除食忌,谢方南董馈鲊鸡二品,时将有京江之行》,则知方仲舒曾以饮食相馈赠。需补充的是,方苞昆仲幼年随其父居江宁,故方苞《望溪先生文集》中多有为父执辈所作墓志,如《杜苍略先生墓志铭》(杜岕)、《翰林院编修查君墓志铭》(查慎行)、《张朴村墓志铭》(张云章)、《梅征君墓表》(梅文鼎)、《田间先生墓表》(钱澄之)、《汪武曹墓表》(汪份,汪士铉兄)等。

杜濬(1611—1687),字于皇,号茶村,湖北黄冈人。弟岕(1617—1693),原名绍凯,字苍略,号些山。杜氏兄弟虽为黄冈人,但长期寓居金陵,其与曹寅相识似在康熙二十三年(1684)左右,故杜濬生前能为曹寅题《楝亭图》。杜濬还与曹寅的蒙师马銮④有往来。而杜岕在七十三岁时为曹寅写作《楝亭诗钞序》,文中有谓:"与荔轩别五年,同学者以南北为修涂,出处为户限。"⑤ 时康熙二十九年(1690),即曹寅出任苏州织造的那年,逆推五年,正好是二十三年(1684)左右。那

---

① 禹之鼎等:《楝亭图咏》,稿本,中国国家图书馆藏。
② 方苞:《望溪先生文集》卷十,载《续修四库全书》集部(1420),上海古籍出版社,2002年,第406页。
③ 曹寅:《楝亭集》,上海古籍出版社,1978年,第150页。
④ 马銮有《茶村见过小饮》《春日同郑岩听、杜茶村小桃源饮》等诗,载卓尔堪选辑《明遗民诗》卷十二,中华书局,1961年,第497—498页。
⑤ 杜岕:《楝亭诗钞序》,载曹寅《楝亭集》,上海古籍出版社,1978年,第5页。

年曹寅奔丧来宁，料理停当北返时，杜岕有《送荔轩还京师时乙丑五月登舟日也》诗相赠，乙丑即康熙二十四年（1685），这样看来，时间上就完全吻合。杜濬早年名扬江南，与余怀、白梦鼐三人合称"余杜白"，但等曹寅正式任职江南时，杜濬已去世多年，杜岕也已年逾古稀，不过还能看到曹寅到江宁任职。康熙三十二年（1693）七月十九日，杜岕去世，其子杜琰（字亮生，号渔村）与杜濬的女婿叶藩则从京师到江南，一直与曹寅保持往来，在京期间杜琰在家书中曾提及曹寅事，杜岕《琰儿书来述荔轩屡梦予，感赋奉怀即以代柬》有曰"异姓交情笃，惟君知我心。形疏千里外，梦寄一灯深。茅屋来拘促，华筵悝共吟。人生原栩栩，觉路总难寻"①，两家之交谊毋庸赘言。此外，杜濬从孙扬文②（字吹万）后在扬州书局任校勘事，与曹寅也有频繁的来往。

除了杜扬文校书扬州外，俞养直、洪嘉植、朱庭柏等也列名其中。《（道光）上元县志》卷十六本传云："俞养直字集之，一字及万，受知督学张公运清，性耿介，言笑不苟，尤精书法，陈沧洲公守江宁时雅爱其品，及任河道总督，复延之署，训课诸子。后由铜板馆修书，议叙授山东濮州朝城县典史，有治声，卒年八十有四。"③《金陵通传》卷二十八云："俞养直字集万，一字及之，性亦耿介，而慷慨任气，言笑不苟。会江宁知府陈鹏年被诬下狱，士民恸哭，罢市环督署，问被劾之由，官叱吏禽治之。养直挺身就缚，旋因诸生罢考，乃出养直于狱。移案就淮

---

① 卓尔堪选辑：《明遗民诗》卷十三，中华书局，1961年，第532页。
② 《金陵通传》卷二十四杜濬传云："江宁知府陈鹏年为买钟山北梅花坞小邱，召濬从孙扬文瘗之，始克葬。"［陈作霖纂，载《中国方志丛书·华中地方》（38），成文出版社有限公司，1970年，第715页］又，日本学者井波陵一撰有《楝亭五种的同校者たち》一文，刊于日本京都大学主办《东方学报》（1997年第69期）上，其对曹寅刻书时任校勘之三十二人的生平事迹皆做了详细考订，兹在其基础上针对其言之未详者补论之，文中略而未论者请参看其文，下同。日文资料承日本爱知淑德大学寺尾刚先生远道惠赐，附志谢忱。
③ 武念祖、陈道恒修：《（道光）上元县志》卷十六，载《中国地方志集成·江苏府县志辑》（3），江苏古籍出版社，1991年，第313页。

安会勘,行日送者数万人,官拒之,江宁武生朱寄略突出大呼曰'愿保留陈青天',遂与养直同以义侠称。养直工书法,已由铜板馆议叙得朝城典史,欲释一囚,辨其冤,与知县忤。后知县获谴,叹曰:'蚤从俞君言,不至此。'"① 由此可略窥俞养直之耿介侠气。

洪嘉植,《(道光)重修仪征县志》卷三十九云其"字去芜,歙之洪源人,生质高明,殚心经籍,讲求井田封建之学,为诗文有古法。少年兼采诸家,中年笃信云庄程氏。居仪征数十年,以族人官大同,因往游恒山,卒其地。生平著书如干卷(宗人府丞施朝干《六艺斋集》云:于沙氏书斋得观洪去芜所为古文及五言古诗各一册,其魄力气象如华岳三峰,削成斗绝,又如星宿百泓,奔流到海。惜遗稿散佚,后进小生罕能举其名氏云)"②。《金陵通传》卷二十九云:"嘉植字去芜,性警悟,贯通经史,江天一从金声死难,为刊其遗文八卷。学者称汇村先生,著有《易说》《春秋农田类记》《封建宗法考》《菊庐诗稿》《大荫堂集》。"③ 洪嘉植《告母文》云:"吾母生儿兄弟四人,女弟三人,吾母年今五十有八,弟妹俱各长成昏嫁,三四两弟未昏,上事大人,今年八十一岁。……忆自移家真州,于兹四年穷困,宫室衣服,饮食日用,艰难拮据,无一不经营。"④ 先著《之溪老生集》卷三《喜洪去芜自新安营葬归》云:"庚辛以后家道微,六十年间天地坏。旧京生长怀故乡,先人体魄安敢忘。清宵有泪或承睫,前年奋发因裹粮。经营相度如有待,沙水天然穴情在。稍除菑翳植松楸,已胜人间觅杨厉。洪源聚族千载余,

---

① 陈作霖纂:《金陵通传》卷二十八,载《中国方志丛书·华中地方》(38),成文出版社有限公司,1970年,第844—845页。
② 王检心修,刘文淇、张安保纂:《(道光)重修仪征县志》卷三十九,载《中国地方志集成·江苏府县志辑》(45),江苏古籍出版社,1991年,第582页。
③ 陈作霖纂:《金陵通传》卷二十九,载《中国方志丛书·华中地方》(38),成文出版社有限公司,1970年,第860页。
④ 洪嘉植:《大荫堂集》,载《四库禁毁书丛刊补编》(85),北京出版社,2005年,第384页。

特生我友为英儒。卑卑不道汉唐事，好谈《禹贡》兼《虞书》。"① 由上可知洪嘉植祖籍歙县洪源，生长于江宁，后始迁居真州。

洪嘉植居江宁时，与先著等人往来频繁，先著《之溪老生集》中有《和去芜韵送证山归四明》、《次去芜韵怀砭轩》、《次去芜韵赠洪孝仪兼题所录唐诗》、《留寄洪去芜》（二首）、《高阳台》（雨中萧冈招同去芜夜话）、《高阳台》（同去芜眺雨花台次磴仙韵）、《金缕曲》（叠原韵酬证山兼寄去芜广陵）等作，其中卷六《洪去芜六十》（时所辑《易说》与《春秋解》成）云："旅食依旁县，躬耕忆旧京。由来三不朽，述作最峥嵘。"② 洪嘉植《大荫堂集》中有《答阎百诗书》一函与阎氏讨论经学。而张云章《复洪去芜》有云："邗江舟次得耳教言，私自恨向来餐洪子名，实未知洪子之深也。续捧手翰，兼赐《大荫堂集》，伏读累日，知洪子真能以古道自律，以传记百家言自泽其身，故能发为文章，奥衍闳深若此。……承索娄子柔先生集，谨觅得一本，正欲奉寄。"③

综上可见，洪氏虽一生旅食，然专力治经，优于文辞，颇得友朋切磋之乐，年届六十，治经之作始告成功。曹寅《楝亭诗别集》卷四有《和洪秋士中秋原韵》，乃洪嘉植在扬州校书时与曹寅共同赏月的证据。洪氏《大荫堂集》中国国家图书馆藏钞本四册，无阑匡，《洪去芜文集》钞本四册内容与之略同，仅次序略异；台北"国家图书馆"藏《大荫堂集》旧钞本四册，双鱼尾，四周双边，每半页十行二十字，与前两本异。

---

① 先著:《之溪老生集》卷三，载《四库未收书辑刊》第八辑（28），北京出版社，2000年，第485页。
② 先著:《之溪老生集》卷六，载《四库未收书辑刊》第八辑（28），北京出版社，2000年，第527页。
③ 张云章:《朴村文集》卷五，载《四库禁毁书丛刊》集部（167），北京出版社，2000年，第627页。

朱庭柏，《（道光）上元县志》卷十六本传云其"号叶庵，一号深邨。宋牧仲先生抚吴时，尝欲以其书学应诏，固辞不就。后游闽中，著有《侯官集》。其余著作甚富，计二十有三种"①。《金陵通传》卷二十八云："朱庭柏字林修，号深村，江宁诸生，居东园，茅屋数椽，颇具结构。善诗古文辞，性复狷介，与弟直衡宇相望，直当岁暮觇知其兄缺薪米，袖二十金为馈，庭柏却之，直强纳以去。顷之，庭柏携还，且曰：'我愿一家饿死。'其刚耿如此。著有《乙丙侯官集》《甘白堂诗集》。"②

卓尔堪《明遗民诗》卷二载杜濬《壬戌初春访朱林修偶成》与《题朱林修尘外楼图》二诗③，壬戌即康熙二十一年（1682）。曹溶《静惕堂诗集》卷二十六有《雪夜朱林修移庖见访同与皇作二首》及《移酒节霞阁集季深、介兹、林修限韵三首》，则可知朱庭柏与曹、杜两人皆曾有往来。

朱庭柏居金陵青溪，与江宁诸隐士相往还，卓尔堪有《同余鸿客、周雪客、朱林修、蔡芝泉、铉升过龚半千半亩园看花有感》④，《明遗民诗》卷十三载杜岕《过林修朗轩》《再集朱林修宅》《林修过城北看花》，其中《过林修朗轩》云："陆机才苦多，江总识未透。二子去千年，青溪有遗构。……胸中洞八荒，尘外日光厚。我以题朗轩，岂曰荜门窦。"⑤ 则可知朱庭柏所居朗轩之名是由杜岕所题，朱庭柏与杜氏兄弟关系非常人可比。

---

① 武念祖、陈道恒修：《（道光）上元县志》卷十六，载《中国地方志集成·江苏府县志辑》（3），江苏古籍出版社，1991年，第312页。
② 陈作霖纂：《金陵通传》卷二十八，载《中国方志丛书·华中地方》（38），成文出版社有限公司，1970年，第844页。
③ 卓尔堪选辑：《明遗民诗》卷二，中华书局，1961年，第85—86页。
④ 徐世昌辑：《晚晴簃诗汇》卷五十，载《续修四库全书》集部（1630），上海古籍出版社，2002年，第168页。
⑤ 卓尔堪选辑：《明遗民诗》卷十三，中华书局，1961年，第523—524页。

此外，先著《之溪老生集》卷六有《题朱林修柏石图》，张云章《朴村诗集》卷十一有《访朱林修意园留别》，孙洤《访朱林修青溪草堂即用买断青溪是这家作四叠韵》其三有句云"六朝栋瓦俱陈迹，何处更寻江陆宅"①，释元瞠《过朱林修清溪书屋，即梁江总故宅也》云"惟昔梁江总，深情鳞逸步。卜宅多远怀，留为名士住。我虽物外人，爱读江南赋。溪边白板扉，临去再三顾"②。由上可间接看出朱庭柏的一派隐士之气。

其实朱庭柏并非甘于避世，不求仕进，曹寅《楝亭诗钞》卷三《送朱林修北试》云："经义兼词赋，科条孰后先。果闻需实学，于此励时贤。缓酌扬州酒，高牵上水船。云霄随意去，老鹘岂空拳。"③但此次应试似未售，故朱庭柏后在扬州书局任校勘事，盖与曹寅道合。《楝亭诗钞》卷六有《真州寄题朱林修青溪书屋依茶村格时林修方葺青溪志》四首，诗与孙洤所作格式全同，据曹寅言，始知此诗之作起于杜濬，其一云："买断青溪是这家，草堂风幔净云沙。别来卷帙稍增否，开到江乘白藕花。（林修与予同聚书之癖）"④梅文鼎《绩学堂诗钞》卷四《题朱深村册子》云："古柏势干云，灵岩海峤分。小窗开异径，与客坐斜曛。高唱陵今昔，奇书足典坟。披图千里对，此意独输君。"⑤则记其饱读奇书。朱庭柏校书扬州时，曾返金陵家中，曹寅有《月夜送伯琴林修归金陵》《送汪度若、朱林修归金陵》，伯琴即孙鲤，汪度若即汪鸿。孙鲤家亦在青溪，与胡其毅为邻。

---

① 孙洤：《担峰诗》卷四，载《四库未收书辑刊》第八辑（18），北京出版社，2000年，第95页。
② 元瞠：《完玉堂诗集》，乾隆刻本，载江庆柏主编《清代僧诗全集》（第二十三册），待刊本。
③ 曹寅：《楝亭集》，上海古籍出版社，1978年，第154页。
④ 曹寅：《楝亭集》，上海古籍出版社，1978年，第278页。
⑤ 梅文鼎：《绩学堂诗钞》卷四，载《续修四库全书》集部（1413），上海古籍出版社，2002年，第506页。

此外尚有卓尔堪、吴贯勉、郭正宗等人入曹寅之幕，参与楝亭所刻各书的校勘工作。在江宁时期，曹寅除了与在书局任校勘的有限数十人往还之外，其接触的人自然还有不少。其中如山阳布衣杜首昌（1632—1698），字湘草，曾写诗献于曹寅，杜氏《绾秀园诗选》中《呈江宁织造曹公》即称赞曹寅诗才者也，其诗云：

> 职尽经纶圣语褒，一心补衮不知劳。
> 生花活卉开仙仗，净练余霞烂御袍。
> 俗尚风流官更韵，情耽骚雅兴逾高。
> 诗人何敢当称杜，才子从来只姓曹。①

刘必晖，《金陵通传》卷二十八云其"字灿臣，上元人。居芦渡桥侧，故又号芦渡。少试为吏，诗才渊雅，织造曹寅亟赏之。著有《芦渡诗钞》"②。陈凯，《金陵通传》卷二十八云其"字肃乐，号青溪。精人物山水楼阁，工细不差累黍。尝为曹寅画水陆变相，施古林庵寺，僧宝之"③。曹寅知人善用，求才若渴，凡有一技之长者，都倾盖与交。但也有曹寅亲往拜访而不愿与交者，《金陵通传》卷二十九程京萼传云："织造曹寅欲致之，不可得也。"④《（道光）上元县志》卷十六本传记："程京萼字鞞华，先世歙人。族多贾于扬者，居金陵不与通。束身修行，志

---

① 杜首昌：《绾秀园诗选》，载《四库未收书辑刊》第七辑（30），北京出版社，2000年，第339页。
② 陈作霖纂：《金陵通传》卷二十八，载《中国方志丛书·华中地方》（38），成文出版社有限公司，1970年，第848页。
③ 陈作霖纂：《金陵通传》卷二十八，载《中国方志丛书·华中地方》（38），成文出版社有限公司，1970年，第851页。
④ 陈作霖纂：《金陵通传》卷二十九，载《中国方志丛书·华中地方》（38），成文出版社有限公司，1970年，第860页。

明道伊川之学，以绍闻为己任。课子不汲汲仕进，澹于财利，而为书名所掩。然其气清骨傲，求书饷以金帛者，随手辄麾斥，以赡乡里贫乏。时有古学者之称，年七十一卒。"① 与《金陵通传》传文相比，可知程京萼笃信程朱，洁身自好，曹寅以清廷显宦，虽礼贤下士，固不愿与交，曹寅虽有遗憾，亦无可如何。

2. 江宁的藏书风气

江宁在清初作为江南的主要城市之一，其文化之发达与当时的苏州、扬州鼎足而立，而在刻书出版上也受到左右两翼如苏州、常熟、扬州、徽州的影响，它们之间在原料、刻工、成品上的互相往来，共同促成了江南出版业的繁荣。此外，江宁更是清初藏书家聚集之地，其中著名的藏书家有周亮工、周在浚父子，黄居中、黄虞稷父子及丁雄飞等，他们与江南地区其他藏书家之间的交流，使江南形成了浓郁的藏书流通风气。

周在浚（1640—1696后），字雪客，号梨庄、苍谷，周亮工之子。周亮工与曹玺为故交，曹寅在《重修周栎园先生祠堂记》中说："余卯角侍先司空于江宁，时公方监察十府粮储，与先司空交最善。以余通家子，常抱置膝上，命背诵古文，为之指摘其句读。今相去四十年，予继任织部，亲拜公墓。今与燕客复同宦是邦，是可喜也。"② 据毛文鳌《黄虞稷年谱稿略》所记，周亮工监察粮储时，黄虞稷馆于周家，课周在浚兄弟。周亮工身后，其《行状》即出于黄手。黄氏作为周家西宾，其时与曹家或有往来。只是曹寅任职江宁时，周亮工已去世多年，但《楝亭

---

① 武念祖、陈道恒修：《（道光）上元县志》卷十六，载《中国地方志集成·江苏府县志辑》（3），江苏古籍出版社，1991年，第313页。
② 曹寅：《楝亭集》，上海古籍出版社，1978年，第671—672页。

书目》中著录周氏著作有:"《闽小记》,本朝栎下周亮工撰。四卷,二册。"①"《读画录》,本朝周亮工撰。四卷,一册。"②"《同书》,本朝大梁周亮工辑。四卷,一函四册。"③"《赖古堂印谱》,本朝浚仪周亮工集。四卷,一函四册。"④ 周在浚继承了其父的赖古堂藏书,继续与江宁的藏书家频繁交流,其中也包括来到江宁的曹寅。曹寅《楝亭诗钞》卷三有《题周雪客庐山托钵图》,《楝亭书目》卷二"史"类著录:"《南唐书笺注》,抄本,本朝祥符周在浚笺注。十八卷,四册。"⑤ 吴寿旸《拜经楼藏书题跋记》卷二《南唐书注》引朱竹垞致蒋萝村札二通,其一云:

> 雪客《南唐书注》大费苦心,老年长兄政暇能即付之梨枣,诚不朽盛事矣。

其二云:

> 雪客《南唐书注》,偶携过竹西,曹荔老转托伊弟燕客郡丞,劝其开雕。弟念年世兄已刻马、陆二书,今又复锓此注,未免近复,故不复辞。已钞副本,寄之原本,统俟录成汇缴可耳。⑥

---

① 曹寅:《楝亭书目》卷二,载金毓黻主编《辽海丛书》(第四册),辽沈书社,1985年,第2642页。
② 曹寅:《楝亭书目》卷三,载金毓黻主编《辽海丛书》(第四册),辽沈书社,1985年,第2648页。
③ 曹寅:《楝亭书目》卷三,载金毓黻主编《辽海丛书》(第四册),辽沈书社,1985年,第2662页。
④ 曹寅:《楝亭书目》卷三,载金毓黻主编《辽海丛书》(第四册),辽沈书社,1985年,第2666页。
⑤ 曹寅:《楝亭书目》卷二,载金毓黻主编《辽海丛书》(第四册),辽沈书社,1985年,第2633页。
⑥ 吴寿旸著、郭立暄标点:《拜经楼藏书题跋记》,上海古籍出版社,2007年,第51—52页。

此处竹西曹荔老当即朱彝尊晚年交往密切的曹寅，书札中所说《南唐书注》副本可能就是《楝亭书目》所著录者，可见曹寅到江南之后一直与周在浚、周在都兄弟保持往来。

周在浚曾与其师黄虞稷合编《征刻唐宋秘本书目》公之于众，号召当时藏书家将家藏秘籍刊刻流通，书前有署名为"同学纪映钟、钱陆灿、朱彝尊、魏禧、汪楫同启"的《征刻唐宋秘本书启》。《征刻唐宋秘本书启》文后有张芳的《征刻唐宋秘本书论略》，分"论藏书宜刻""论读藏书宜崇经史""论刻藏书宜先经史后子集""论藏书宜同心较刻"四点为刊刻所藏秘书张目。

张芳，字菊人，号鹿床、澹翁，江苏句容人。顺治九年（1652）进士，曾任湖南常宁县知县。王士禛《感旧集》卷八"张芳二首"下云："芳字菊人，号衩庵拙叟，江南句容籍，江宁人。"[①] 张芳与姚潜、余怀、吴绮、王夫之、徐乾学、尤侗、吕留良、郎遂等皆有交往。[②] 罗正钧《船山师友记》"张明府芳"条云：

> 张芳字菊人，号鹿床，江西句容人，顺治中进士，知常宁县八载，清操如一日，创建桃花洲书院课士，亲为指授，一时成就甚众，以事去职，遗爱至今弗替云。（《湖南通志·名宦》《常宁县志》）
>
> 张芳与王船山先生书（从略）
>
> 正钧按：《落花诗自序》云：庚子冬初得些庵、大观诸老诗，读而

---

① 王士禛辑、卢见曾等补传：《感旧集》卷八，载《四库禁毁书丛刊》集部（74），北京出版社，2000年，第297页。
② 姚潜：《张菊人、余淡心、吴菌次集饮虎丘山寺分得青字》，载卓尔堪选辑《明遗民诗》卷十三，中华书局，1961年，第553页；徐乾学：《憺园文集》卷四《湖州送张菊人》（四首），载《续修四库全书》集部（1412），上海古籍出版社，2002年，第368页。

和之,庚子为顺治十七年,今考《湖南通志》职官表十四:张芳以顺治十一年任常宁知县,《传》云居官八载,则寄先生书正在庚子、辛丑间,故书中云先生年未五十也。①

吕留良《答张菊人书》云:

> 后于孟举(按:即吴之振)处得所贻诗,清挺傲俗,又知非时下伪盛唐诗人。今来旧京,见诸作,则洵元和、长庆之遗也。……近者更欲编次宋以后文字为一书,此又进乎诗矣。室中所藏多所未尽,孟浪泛游实为斯事。至金陵,见黄俞邰、周雪客二兄藏书,欣然借抄,得未曾有者,几二十家,行吟坐较,遂至忘归。忆出门时,柳始作绵,今又衰黄矣。前孟举云见足下考索详核而好奇,恨其时外走,不得亲叩。又闻许示《茶山》《紫薇》《斜川》诸集,梦中时乐道之,今读手教,更知其详,如江西诗派一书,某求之十余年而未得者也,承许秋后尽简所蓄惠教,某何幸得此于执事哉。谨以所有书目呈记室,外此倘有所遇知,勿惜搜致之力也。②

可见张芳亦颇有藏书,故吕留良除了观书于黄虞稷和周在浚处之外,还向张芳借书。

张芳在康熙二十三年(1684)曾为曹寅题《楝亭图》,而《楝亭书目》卷三"说部"也著录:"《食色观》,本朝茅州张芳序著。六卷,一

---

① 罗正钧:《船山师友记》卷十六,载《续修四库全书》史部(540),上海古籍出版社,2002年,第546—547页。
② 吕留良:《吕晚村先生文集》卷一,载《续修四库全书》集部(1411),上海古籍出版社,2002年,第82页。

函二册。"① 可惜张芳的藏书事迹今可见者不多，但他在《征刻唐宋秘本书论略》中对藏书、刻书提出的各条主张皆针对当下俗弊，力在矫正时风，在具体实践方法上对《征刻唐宋秘本书启》做了补充和完善，对清初藏书理论有不小的贡献。

作为《征刻唐宋秘本书目》两位编订者之一的黄虞稷②（1629—1691），字俞邰，一字楮园，自其父居中（字明立，号海鹤）起即富藏书，家有千顷斋。曹寅《楝亭书目》卷一"书目"类著录："《千顷堂书目》，温陵黄海鹤家藏。一卷，一册。"③即其家书目。钱谦益《黄氏千顷斋藏书记》云："戊子（1648年）之秋，余颂系金陵，方有采诗之役，从人借书。林古度曰：晋江黄明立先生之仲子守其父书甚富，贤而有文，盍假诸？余于是从仲子借书，得尽阅本朝诗文之未见者。于是叹仲子之贤，而幸明立之有后也。"④可见钱谦益编《列朝诗集》时曾得千顷斋藏书之助。此外如施闰章《千顷堂藏书歌为黄俞邰作》、汪懋麟《题黄俞邰千顷斋书册目》等诗，皆记黄氏藏书事。

黄虞稷的藏书名重一时，而他的文献学成就和在藏书思想上的贡献与之相较则有过之而无不及。他的文献学成就体现在《千顷堂书目》的编订上，此可参看李庆、宾莹、毛文鳌等人之说。至于其保存、流通古书的思想，一是体现在他以《征刻唐宋秘本书目》号召藏书家刊刻流通

---

① 曹寅：《楝亭书目》卷三，载金毓绂主编《辽海丛书》（第四册），辽沈书社，1985年，第2662页。
② 黄虞稷生平可参看李庆《黄虞稷家世及生平考略》，《史林》2002年第一期；宾莹《黄虞稷研究》，福建师范大学硕士论文，2005年4月；毛文鳌《黄虞稷年谱稿略》，华东师范大学硕士论文，2007年5月。
③ 曹寅：《楝亭书目》卷一，载金毓绂主编《辽海丛书》（第四册），辽沈书社，1985年，第2622页。
④ 李希泌、张椒华编：《中国古代藏书与近代图书馆史料》（春秋至五四前后），中华书局，1982年，第35页。

家藏秘籍，二则体现于丁雄飞（字菡生）在顺治十一年（1654）与黄虞稷订立的《古欢社约》中：

> （按：黄虞稷）今且多方搜罗，逢人便问，吟咏声达窗外。每至予心太平庵，见盈架满床，色勃勃动，知其心痒神飞，殆若汝阳之道逢曲车者。但黄居马路，予栖龙潭，相去十余里，晤对为艰。如俞邰者，安可不时时语言（语或为晤），取古人之精神而生活之也？尽一日之阴，探千古之秘，或彼藏我阙，或彼阙我藏，互相质证，当有发明，此天下最快心事，俞邰当亦踊跃趋事矣。①

相较于曹溶所提出的《流通古书约》，《古欢社约》虽然只是两人间藏书的互相流通，但作为清初的藏书流通理论，它与《流通古书约》有互通之处，能相互印证，更是江南藏书开明风气的理论结晶。

曹寅到江宁是在康熙三十一年（1692），而在此前一年黄虞稷即已去世，但《楝亭书目》中仍著录其著作："《石经考》，本朝温陵黄虞稷著。一卷，一册。"② 至于丁雄飞，从现存资料看，曹寅与他是否有交往尚无直接的证据，唯《楝亭书目》著录丁氏著作有："《古今书目》，抄本。一册。"③ "《舆史》，明金陵丁菡生著。三卷，一册。"④ 按：《金陵通传》卷二十一记丁雄飞积书有《古今书目》，顾颉刚以为《书目》所

---

① 李希泌、张椒华编：《中国古代藏书与近代图书馆史料》（春秋至五四前后），中华书局，1982年，第45页。
② 曹寅：《楝亭书目》卷一，载金毓黻主编《辽海丛书》（第四册），辽沈书社，1985年，第2624页。
③ 曹寅：《楝亭书目》卷一，载金毓黻主编《辽海丛书》（第四册），辽沈书社，1985年，第2622页。
④ 曹寅：《楝亭书目》卷三，载金毓黻主编《辽海丛书》（第四册），辽沈书社，1985年，第2662页。

记即此。① 而丁雄飞与十竹斋主人胡其毅似交往甚密,《香艳丛书》收丁雄飞所撰《小星志》,署"秣陵丁雄飞菡生著,江宁胡其毅致果删订"②,是为明证。

3. 胡其毅

十竹斋第二代主人胡其毅,《金陵通传》卷二十二云:"字致果,一名澂,字静夫,精研性理,以九峰、白沙自期。晚年家益窘,未尝干人。诗存古格,纪映钟、陈师泰、陈鉴皆重之。著有《静拙斋诗选》《微吟集》。"③《明代千遗民诗咏二编》记:"致果《子夜歌》,新声恼檀郎。不如《杨柳枝》,百啭调莺簧。"注:"胡其毅,江宁人,著《静拙斋稿》,有《子夜歌》云:'莫弹前度曲,郎自爱新声。'又有《杨柳枝》词。"④ 今其集未见。其父即胡曰从,明清之交著名的刻书家,家有十竹斋,以《十竹斋书画谱》《十竹斋笺谱》闻名于世。潘天祯《胡正言家世考》对胡氏一家事迹考订颇详,唯其文主要考察对象为胡曰从,⑤ 对于胡其毅则未加详论。胡其毅虽是曰从的次子,但作为十竹斋的继承者,对他生平的研究,实有助于补充十竹斋之历史。

关于胡其毅的生年,胡艺《胡曰从年谱》系于天启五年(1625),而其出处则自注已遗落不可查。今据胡其毅为陈洪绶《宝纶堂集》所作

---

① 顾颉刚:《顾颉刚读书笔记》,台湾联经出版事业公司,1990年,第314页。
② 虫天子编:《香艳丛书》(第一册),上海书店出版社,2014年,第51页。
③ 陈作霖纂:《金陵通传》卷二十二,载《中国方志丛书·华中地方》(38),成文出版社有限公司,1970年,第647页。
④ 张其淦撰、祁正注:《明代千遗民诗咏二编》,载周骏富辑《清代传记丛刊·遗逸类》(1),明文书局,1985年,第712页。
⑤ 《胡正言家世考》收入《潘天祯文集》,上海科学技术文献出版社,2002年,第123—132页。关于胡曰从事迹还可参考胡艺《胡曰从生平考》[载《文史》(第十八辑),中华书局,1983年]、《胡曰从年谱》(载《十竹斋研究文集》,1989年)。

序文，知其在康熙四十四年（1705）时年已八十，① 则其生于天启六年（1626）无疑。其毅生长于金陵，家在青溪，与孙鲤为邻，② 先著《饮胡致果草堂》云：

> 几茎瘦竹旧庭轩，新岁偕来远扣门。
> 访友预为多日约，留宾堪喜数龄孙。
> 未归先酌忘形迹，欲别刚逢发笑言。
> 小雨霏微恐成雪，上元灯火动黄昏。③

孔尚任《题胡致果草堂》云：

> 丹堂开向好山光，疏雨微云满巷凉。
> 叶叶秋红常碍步，篇篇佳句每争墙。
> 留茶忽睹前朝器，在座时闻古墨香。
> 自是名门风味别，不将佳丽附齐梁。④

潘问奇《赠胡静天》（按："天"字当是"夫"字之误）云：

---

① 胡其毅《宝纶堂集序》载康熙本《宝纶堂集》前，原书藏美国哈佛大学哈佛燕京图书馆，此序之获见全赖艾思仁先生之力，在此并致谢忱。
② 先著《之溪老生集·词下》有《踏莎行》（孙伯琴五十）云："老屋三间，空枰一局，好书不厌千回读。生涯濩落性情迁，每成佳句人难续。　梅坞探梅，菊田采菊，往还祇有邻翁熟（谓静拙斋主人），斜阳巷口旧青山，与君百岁供吟目。"［载《四库未收书辑刊》第八辑（28），北京出版社，2000年，第594页］孙鲤乃杜濬老友孙调公子，井波陵一已揭于《棣亭五种の同校者たち》。
③ 先著：《之溪老生集》卷二，载《四库未收书辑刊》第八辑（28），北京出版社，2000年，第475页。
④ 孔尚任：《湖海集》卷七，载《四库全书存目丛书》集部（257），齐鲁书社，1997年，第650页。

> 江城风暖柳初芽,帘幕看看燕子斜。
> 迟日水生挑菜渚,看梅人到著书家。
> 青春作伴何妨夜,绿酒娱宾不但茶。
> 久读文章今识面,只怜搔首各霜华。①

潘问奇,字云程,又字云客,号雪帆,浙江钱塘(今杭州)人。明诸生。《楝亭诗钞》卷三有《三月九日田梅岑携二家诗见访,集后陶寓斋,梅岑有作,和之兼伤雪帆》(雪帆殁,傅君营其丧),《楝亭诗别集》卷二有《热甚,潘雪帆见枉》。潘氏晚年流寓扬州,身后凄凉,由时任扬州知府的傅泽洪为之营葬,并合田登之《埋照集》刻之。

从上可见胡其毅晚年虽居草庐,然儿孙在堂,良友过访,得以安享其乐。吕留良搜书金陵时,除了拜访周在浚、黄虞稷、张芳、倪灿外,也曾过胡其毅青溪之草堂,《吕晚村诗》有《静夫尊人曰从老人留饮今年正九十》为证。又,同书有《同州来、俞邰、子贯访胡静夫》,其诗云:

> 千里寻残书,相逢诗酒徒。诗酒足忘归,最后得静夫。
> 结室北山麓,绕砌流珍珠。昔时圊桥门,今为旃毳涂。
> 幽州老健儿,拍手笑腐儒。亦复敬其孝,未敢轻揶揄。
> 讲说惊马队,苦吟杂鸣箛。握笔不肯下,往往追黄初。
> 今日共斟酌,慨然唐与虞。不知旧有人,于此论此无。②

---

① 潘问奇:《拜鹃堂诗集》卷四,载《四库未收书辑刊》第八辑(29),北京出版社,2000年,第272页。
② 吕留良:《吕晚村诗》,载《续修四库全书》集部(1411),上海古籍出版社,2002年,第39页。

胡其毅自幼在书堆中长大，少时即以诗文名于友朋间，钱谦益《赠别胡静夫序》云：

> 往余游金陵，胡子静夫方奋笔为歌诗，介茂之（按：即林古度）以见予，予语茂之：是夫也情若有余，于文而言若不足，于志其学必大，非聊尔人也。为序其行卷，期待良厚。别七年，再晤静夫，其诗卓然名家，为时贤眉目，余言有征矣。……静夫屏居青溪，杜门汲古，不役役于荣利，不汲汲于声名。翛然退然，循墙顾影，其为诗情益深，志益足，蜜迹自娱，望古遥集。……吾老矣，吾之有望于静夫者远矣，它日将重序其诗文。①

顾与治《胡曰从中翰七十》诗云：

> 朝市繇来多隐情，老思逃世未逃名。
> 不将金马重寻梦，为感铜驼只掩荆。
> 海内诗今称有子（令嗣致果有诗名），闺中友共说无生。
> 重阳过后秋逾好，触处西山双气迎。②

彭士望《耻躬堂文钞》卷三《与胡致果书》云：

> 去岁从研邻得读足下所为《萧氏家集序》《诔廖翁诗》，深相推服，以为异于今人之祈向也。……足下忠信既孚于远近，孝谨修门内之行，

---

① 钱谦益：《牧斋有学集》卷二十二，载《四库禁毁书丛刊》集部（116），北京出版社，2000年，第55—56页。
② 顾与治：《顾与治诗集》卷六，民国《金陵丛书》本。

以力养其耄亲,翛然高寄,不汲汲形势之途,所为《静拙斋诗》,皆自言其所得,未尝求逼肖汉魏三唐,及近日北地琅琊景陵之争论,以其不徇迹而求工,固知其人之独立也。①

杜濬《胡曰从中翰九十寿序》云:

忆余自客金陵,即交曰从胡先生于今四十年矣。曰从以今癸丑秋九月,肖然寿登九十……于是其二令子来余草堂,再拜具述尊君指,而仲子致果与余为席研交,亦且三十年,世好弥笃,尤三致意焉。②

可见胡其毅与钱谦益、顾与治、彭士望、杜濬等皆有来往,尤其与杜濬昆仲相交数十年,可谓有通家之谊,其诗亦为时人所称道。

此外,胡其毅还和江宁的诸多友人举行雅集,杨大郁有《清明前四日同季水、徒侯、子山、澹心、静夫过蘘霄道院至清凉山看花竟日》③,孔尚任有《秋分,蔡铉升、姜斌翼招同杜苍略、饶正庵、胡致果、余鸿客、王安节、陈挹苍、梁质人、黄云臣、蒋波澄、僧南枝,集冶城道院试太乙泉分韵得泉字》《冶城西山道院公宴,同程穆倩,杜苍略,戴务旃,饶正庵,郑谷口,余鸿客,胡致果,陈挹苍,阮岩公,吴介兹,黄云臣,蒋波澄,先渭求,王安节,伏草,司直,张元子,蔡铉升,梁质人,姜斌翼,听吉,蔡临苍,李自怡,王子由,僧蒲庵、云辩、南枝,

---

① 彭士望:《耻躬堂文钞》卷三,载《四库禁毁书丛刊》集部(52),北京出版社,2000年,第51—52页。
② 杜濬:《变雅堂文集》,载《四库禁毁书丛刊》集部(72),北京出版社,2000年,第366页。
③ 卓尔堪选辑:《明遗民诗》卷十五,中华书局,1961年,第637页。

分咏秋江霁色》①，其中如余怀、余鸿客父子，王概、王蓍昆仲，郑簠，僧蒲庵、云辩等皆与曹寅有往来。

胡其毅的生平、交游略具于上，唯其卒于何时尚无定论。潘天祯根据存世之宁波天一阁藏康熙二十四年乙丑聚星楼刻本《杏花村志》扉页钤有"金陵十竹斋发兑"长方印，推断十竹斋可能在康熙中期（三十年为1691年）歇业，即暗示胡静夫差不多卒于此时。② 但我们从曹寅与胡其毅的交往中发现，此一结论仍有待商榷。

曹寅与胡其毅的结识，可能是由于杜芥的介绍，《楝亭诗钞》卷一有曹寅康熙二十三年（1684）来南时所作之《杜些山、胡静夫过访》，诗云：

> 坐讶分床惯，跏趺不异僧。清欢唯故尘，久约亦寒灯。
> 柝冷司人唱，尊余酿者矜。长街何以赠，霜月白棱棱。③

康熙二十九年（1690），曹寅南下苏州出任织造一职，江宁的旧相识们闻此消息后，纷纷赴苏访曹寅。胡其毅即其中之一，《楝亭诗钞》卷二有《清明日雪蓬自白门来，分得仙字》〔按：此诗作于康熙三十年（1691）〕，其后有《胡静夫先归白门，即席同用依字》，诗云：

> 十竹秋来好，连宵咏《式微》。独携诗卷去，不食鲈鱼归。

---

① 孔尚任：《湖海集》卷七，载《四库全书存目丛书》集部（257），齐鲁书社，1997年，第655页、658页。
② 潘天祯：《胡正言生卒、定居及启用十竹斋名德时间考察》，载《潘天祯文集》，上海科学技术文献出版社，2002年，第141页。
③ 曹寅：《楝亭集》，上海古籍出版社，1978年，第30—31页。

> 楝叶梦难数，柴门静可依。吴船快于马，迟我坐渔矶。①

这里的"楝叶"显然是曹寅用来指代自己，而"十竹"应是指十竹斋主人胡其毅。《（道光）上元县志》卷十六本传云："胡其毅字致果，号静夫，中书名曰从之子也。就养无力，人称其孝。性甘淡薄，未尝俯仰于人，晚年诗益工，楝亭曹公雅重之。"②卓尔堪《明遗民诗》云胡其毅"平生谦谨自持，至老不变，为诗亦尚冲淡，有《静拙斋稿》"③，与《（道光）上元县志》论胡诗风格者合，可见曹寅对胡其毅诗风颇为推重。

胡、曹二人的友谊在康熙三十一年壬申（1692）十一月曹寅改任江宁织造后继续加深，二人在江宁，交往更加方便。他们之间除了有物质上的相互馈赠，更有诗歌的唱和。如《楝亭诗钞》卷二有《和静夫谢送惠山酒》，从此诗前《雪霁梦游渔村，和桐初留别诗并寄怀慕庐学士》"人日楝亭人卧雪，二年灯火乐三余"④句，以及《赠程吉士》"送子春江路正泥，雪晴小住为佳耳"⑤句看来，此诗当作于康熙三十二年（1693）的春季。卷三《和静拙翁围炉原韵》有"绝塞穹庐火"⑥句，从此诗列于康熙三十六年（1697）十月曹寅于押运赈米赴淮舟行途中所作《赴淮舟行杂诗十二首》和稍后的《三月二十六日登舟值雨漫题》诸诗之后可知，此诗应作于康熙三十七年（1698）冬季，盖其后《送程吉

---

① 曹寅：《楝亭集》，上海古籍出版社，1978年，第85—86页。
② 武念祖、陈道恒修：《（道光）上元县志》卷十六，载《中国地方志集成·江苏府县志辑》(3)，江苏古籍出版社，1991年，第312页。
③ 卓尔堪选辑：《明遗民诗》卷十三，中华书局，1961年，第514页。
④ 曹寅：《楝亭集》，上海古籍出版社，1978年，第101页。
⑤ 曹寅：《楝亭集》，上海古籍出版社，1978年，第102页。
⑥ 曹寅：《楝亭集》，上海古籍出版社，1978年，第138页。

士》"十日九雪径未开,于思于思著屐来"①句,与之皆记冬景。《明遗民诗》卷十三选胡其毅诗《宿曹公西轩,送秋作》,其诗云:"枕籍西轩静,潇潇雨在林。向来安梦境,犹自耿秋心。冷绿蕉宜醉,春温布作衾。老年知物候,床下泯虫音。"②这些都是两人交往的证据。而曹寅诗中对胡其毅生平细节的记录可以进一步证明两人交情之深。《楝亭诗钞》卷三《闻静夫伤臂,口占二诗慰之》其一"谁赠千金药,空哦五字诗。角巾同一垫,衣被久重池"句自注云"时悼亡未久",其二"肮脏披图误"句自注云"因展画致伤"。③按:此诗前有《支俸金铸酒鎗一枚,寄二弟生辰》(在《和静拙翁围炉原韵》后)一诗,其"百花同日著新绯"句自注云:"生辰同花生日(按:即二月十二)。"④卷四有《中秋西堂待月寄怀子猷及诸同人》《同人分曹剧饮,拇战连北,期静夫不至,更订饮期戏为韵语邀之》诸诗,皆作于同一年。其后有《惠山纳凉歌》《苍翠庵看梅》《榖日西轩燕集》《辛巳孟夏,江宁使院鹤舫先生出张见阳临米元晖〈五州烟雨图〉遍示坐客,命题,漫成三断句》,辛巳即康熙四十年(1701),则纳凉、看梅皆在康熙三十九年(1700),那么,《闻静夫伤臂,口占二诗慰之》诸诗应作于康熙三十八年(1699),这一年胡其毅已经七十四岁,从自注来看,胡其毅丧妻不久又因展画而受伤,连中秋聚会都缺席了。因此潘天祯认为"十竹斋的历史,当始于天启初年(元年为1621),迄于康熙中期(三十年为1691),前后约七十年"⑤的结论不能成立。

---

① 曹寅:《楝亭集》,上海古籍出版社,1978年,第139页。
② 卓尔堪选辑:《明遗民诗》卷十三,中华书局,1961年,第545页。
③ 曹寅:《楝亭集》,上海古籍出版社,1978年,第153页。
④ 曹寅:《楝亭集》,上海古籍出版社,1978年,第152页。
⑤ 潘天祯:《胡正言生卒、定居及启用十竹斋名德时间考察》,载《潘天祯文集》,上海科学技术文献出版社,2002年,第141页。

那么胡其毅究竟卒于何时呢?《楝亭诗钞》卷四《二月廿四日大雪,戏柬静夫、逸巢二老,闻连日出门看花》有句云:"北山挂杖西城屐,何处登临吟最高。"① 可见其时胡其毅已经年逾古稀,但仍然游兴不减,同时他的身体尚十分健康。此诗前有《送施浔江方伯之任湖南》《毗陵舟中雪霁》等,施世纶于康熙四十年(1701)十二月迁湖南布政使,次年春才赴任,那么毗陵看雪当在康熙四十一年(1702)冬季。而此诗后有《句容馆驿》,据诗后自注"余十七岁侍先公宿此,今来往三十年矣"②,可知《句容馆译》当是康熙四十三年(1704)二月初曹寅赴镇江悬挂金山寺赐匾途中所作。由此可以断定胡其毅与方仲舒雪后看花是在康熙四十二年(1703)无疑,当时胡其毅已经七十八岁高龄了。卷四末有《孟秋偕静夫、子鱼、尊五、殷六过鸡鸣寺,得诗三首》,其二后自注云:"甲申重过,又三十一年。"③ 甲申即康熙四十三年(1704),其时胡其毅七十九岁。其三"应披精进铠,长此却魔军"后自注云:"静夫云苦吨,故有末句。"④ 由此可见,胡其毅虽然游兴未衰,但毕竟岁月不饶人,故因年迈而生"苦吨"之叹。

康熙四十四年(1705)四月,康熙帝南巡,至上元,以织造府为行宫。《楝亭诗钞》卷五第一首《桃花泉(并序)》便是"从驾返署"后所作。至于《哭东山修撰》则是因扬州书局同人汪绎于四十五年(1706)五月去世而作,此前尚有纳凉及记秋蝉之诗。《题胡静夫小照》在两者之间,当是四十四年夏季所作,其诗云:"爱戴夫须跁跒行,挢书常伴可怜生。斗鸡还是城东去,莫对时髦说旧京。"⑤ 这是曹寅诗中对

---

① 曹寅:《楝亭集》,上海古籍出版社,1978年,第189页。
② 曹寅:《楝亭集》,上海古籍出版社,1978年,第193页。
③ 曹寅:《楝亭集》,上海古籍出版社,1978年,第208页。
④ 曹寅:《楝亭集》,上海古籍出版社,1978年,第208—209页。
⑤ 曹寅:《楝亭集》,上海古籍出版社,1978年,第232页。

胡其毅最后的记录，此后不再出现有关胡其毅的诗，所以我们可以推断胡氏约卒于此年，年正八十。那么，胡其毅继承主持十竹斋的历史当比潘天祯所说的七十年要长，至少应有八十年左右。至于曹寅为何没有直接记录胡其毅去世的情况，笔者以为可能由于那一阶段他正忙于迎驾，紧接着又有主持扬州诗局刊刻《全唐诗》的重任在身，无暇顾及，等到从驾返署后又生病在家，直到身体好转，诸事略定，他才有机会为胡其毅的小照题诗。

纵观曹寅生前编订的《楝亭诗钞》，前四卷里，在江宁的朋友中，胡其毅是与之交往最密切的友人之一，也是见真性情的友人之一。他们的交往不涉及政治，通常以诗酒为乐，席间往往以书画相侑，胡其毅继承十竹斋积数十年之藏，故常出名画秘籍共赏。《楝亭诗钞》卷四有《题胡静夫藏僧渐江画》，诗云："逸气云林逊作家，老凭闲手种梅花。吉光片羽休轻觑，曾敌梁园玉画叉。"① 按：渐江所绘《梅花轴》今藏北京故宫博物院，曹寅题诗在画心左上方。

他们之间除了书画的交流外，还有藏书方面的馈赠，王重民《善本书提要补编》中《牧斋书目》下题记云：

> 按此目与《粤雅堂丛书》内所刻《绛云楼书目》不尽相同，粤雅堂本与其他钞本，均有曹溶题词及陈景云注，此本并无之，而有残记云："钱宗伯公七十寿有句云'祝融相夫子，朱光荡精庐，中有卿云霏，太乙收奇书'，盖为其藏书惜也。丙申春，候先生于秦淮丁氏阁上，侍坐竟日，多所未闻。并出《绛云楼书目》见示，因请借钞。时蒙先生书扇赠诗云：'闭户经旬春草斋，牙签插架自编题，卞家冢上浇

---

① 曹寅：《楝亭集》，上海古籍出版社，1978年，第183页。

花了,闲听东城说斗鸡.'诗刻《有学集》中。今阅此目,追忆当日[下阙]。"今按此诗载《有学集》卷六"丙申春就医秦淮寓丁家水阁浃两月临行作绝句三十首留别"中,注云"胡静夫,好闭关",则残记为静夫所作。卷内有"胡致果图书记"一印,殆即其人。疑致果字静夫,藏书处名春草斋,容日当考其事迹,冀为清初藏书家添一段掌故也。残记与书目笔记不同,记盖康熙间补作,《牧斋书目》则顺治十三年原钞本也[不避康熙讳]。曹溶本传自牧斋卒后,故间或增多于此本,然此本于版刻及撰人,每较详于曹本,不待陈氏作注,其事自明,是此本大胜曹本处。卷内尚有"静拙斋""楝亭曹氏藏书""长白敷槎氏堇斋昌龄图书印""桐城姚伯印氏藏书记""宣城李氏瞿硎石室图书印记"等印记。①

按:此书今藏台北"故宫博物院"。据胡其毅题记和他与曹寅两家的印记,可以断定此书是胡其毅赠予曹寅的。王国维撰《传书堂藏善本书志》著录明刊本《韩君平集》三卷云:

虎林江元禔邦宜甫校,江元禧序(万历四十一年)。

王北堂手跋:此本即曹楝亭先生所采入《全唐诗》者,世不多见,允宜宝藏,北堂。

王北堂(萱龄)从《全唐诗》补《留题宁川香益寺壁》《寄柳氏》二首于卷末。有"胡致果图书记""楝亭曹氏藏书""长白敷槎氏堇斋昌龄图书印""听雨楼查氏有圻珍赏图书""查映山读书记""昌平王氏

---

① 王重民:《中国善本书提要补编》,北京图书馆出版社,1991年,第123—124页。胡其毅所藏书存世已知者,除此种之外,另有明嘉靖元年司礼监重刊本《小四书》藏于台北"国家图书馆"。

北堂藏书"诸印。①

此书也是胡氏所赠而被用于《全唐诗》之编辑者。此外《楝亭书目》卷四"诗集补遗"类著录:"《旧京风雅》,抄本,本朝江左胡其毅手录。二册。"② 则可知此书亦得自胡其毅处。书籍上的往来记录现今能保存下来的毕竟有限,而从这条线索中我们看到的是以十竹斋主人胡其毅为代表的江宁的藏书、刻书风气对曹寅的影响。

4. 郎廷极

郎廷极(1663—1715),字紫衡,号北轩,奉天广宁(今辽宁北镇)人,隶汉军镶黄旗。历任河南盐法道、福建按察使、浙江布政使、江西巡抚、漕运总督,卒谥温勤。《(乾隆)江都县志》卷十四本传云郎廷极"晋总督漕运,输挽有方,天府神仓得以及时充裕,丁卫不得试其奸而令绝烦苛,亦多阴受其赐。迁两江制府,中正和平,得古大臣经世之要。性儒雅,好文博古,尤喜汲引后进,对之者如披春风,有忘其为锁钥重臣也。康熙五十五年祀名宦"③。著有《文庙从祀先贤先儒考》《胜饮编》《集唐要法》等。李绂《资政大夫总督淮扬等处地方提督漕运海防军务兼理粮饷兵部右侍郎兼都察院右副都御史加四级谥温勤郎公墓志铭》云:"公退焚香读书,赋小诗自娱,尤工集句,有《北轩集》藏于

---

① 王国维:《王国维先生全集续编》(第十一册),台湾大通书局,1976年,第4530—4531页。
② 曹寅:《楝亭书目》卷四,载金毓黻主编《辽海丛书》(第四册),辽沈书社,1985年,第2673页。
③ 五格、黄湘重修:《(乾隆)江都县志》卷十四,载《中国地方志集成·江苏府县志辑》(66),江苏古籍出版社,1991年,第172页。

家。"① 徐昂发《奉简郎中丞二首》云:

> 几年持节镇洪都,襟度雍容作世模。
> 虞监亲钞罗典籍,汧公雅兴托琴壶。
> 匡山自足班群岳,彭蠡还应长五湖。
> 千里江山干气象,从公暂拟借菰芦。

> 片帆的的到南溟,还下章江逐客星。
> 九叠屏风寻磵户,一竿明月梦宫亭。
> 思从任昉兰台彦,借读文翁石室经。
> 敢柱元戎临小队,牵舟无地着浮萍。②

又,查嗣瑮《庐山高为郎紫衡中丞寿》有"从容赤舄有闲暇,图书万轴盈缥缃"③ 之句,据此可见郎氏富藏书。

曹寅晚年才与郎廷极相识,曹寅在《集唐诗跋》中说:

> 壬辰岁,先生自豫章秉节来金陵署制府事,水次少暇,选句为诗,得廿七首,逸韵天成,不假修饰,且涵泳渟泓,多归忠厚。④

杨复吉《梦阑琐笔》卷三十八云:

---

① 李绂:《穆堂初稿》卷二十五,载《续修四库全书》集部(1421),上海古籍出版社,2002年,第488页。
② 徐昂发:《畏垒山人诗集》卷三,载《四库全书存目丛书补编》(6),齐鲁书社,2001年,第376页。
③ 查嗣瑮:《查浦诗钞》卷八,载《四库未收书辑刊》第八辑(20),北京出版社,2000年,第93页。
④ 曹寅:《楝亭集》,上海古籍出版社,1978年,第679页。

南宋临安人陈思以鬻书为业，颇工雕板，汇刻群贤小集，自洪迈以下共六十四家，流传甚罕。本朝初年，曹楝亭（寅）藏有刊本，后归郎总制（廷极），藏诸卧内，不轻示人，幕客吴石仓曾得一见。郎捐馆，遗命举卧内书画古玩尽畀诸火以为殉，吴袖金数铤，馈诸举火者，潜以他书易之而出。吴得是书，宝爱甚，至后不知转徙何所。乾隆壬寅，知不足斋主人鲍以文获见于吴门市中，许以百金不售，因借归以校家中旧钞，道过余家，于舟中举示，卷帙完好，静气迎人，洵数百年物也。①

杨钟羲《雪桥诗话续集》卷六云：

宋刻六十家小集，原名《国宝新编》，亦名《江湖集》，原刻共一百十八家，存者止此耳。每卷后有"临安府棚北大街睦亲坊南陈解元书籍铺印行"字一行。初藏曹子清盐使家，再归郎温勤廷极。温勤康熙五十四年卒，家人徇俗，将与平生珍玩俱付之火。时钱唐吴志上客幕中，亟以重贿出之。吴身后，厉征君携以归维扬马氏。乾隆壬寅，复为书贾所得。鲍渌饮尝题其后云："国宝争传落枣花，江湖处处擅才华。只须小换红羊劫，侥幸寒灰六十家。卅年渴梦慰琼琚（四十年前，此书在樊榭山房，不得一见），好事曾传出烬余。更五百年还照眼，定知何处走蟫鱼。春风杨柳相公桥，诗案行都似北朝。输与松陵舟一叶，小红低唱自吹箫。大街棚北睦亲坊，卷尾刊行字一行。喜与太丘同里闬，芸编重拟续芸香。"渌饮家去睦亲数武。陈道人名起，有《芸居乙

---

① 杨复吉：《梦阑琐笔》卷三十八，载《丛书集成续编》子部（91），上海书店出版社，1994年，第334页。

稿》在集中。子名思，号续芸。渌饮尝刊行数家，兹拟续刊全集也。①

综上数家之言，可见其书源流。民国中此书再现，据说出自长沙故家，经来青阁杨寿祺之手归中央图书馆，今藏台北"国家图书馆"，《"国家图书馆"善本书志稿》著录其版本、形制甚详，唯此书上有曹寅、潘焕宸、钱听默、杨寿祺等人藏印，无郎廷极、吴允嘉、厉鹗、丛书堂各家印记，曹寅《楝亭书目》分散著录此书。

从上文看，与郎廷极初次相识那年的七月曹寅就因疟疾卒于扬州，其藏书旋即有散出者，郎廷极偶然获得的宋本《南宋名贤小集》，历经二百余年的辗转递藏，无数文献家为之倾倒，终归图书馆保存，可谓幸矣。

曹寅在江宁遇到了志同道合的友人，在浓重的文化氛围中进一步陶冶性情。凭借自身在政治、财力上的优势，他千方百计搜求孤本秘籍。十竹斋胡氏、千顷堂黄氏、赖古堂周氏这些数代藏书之家，以及众多的爱书之人聚集在这里，曹寅在其中浸淫既久，免不了受这种风气的影响，而同时其藏书的积累也在这期间逐渐走向顶峰。在思想与物质两方面条件都逐渐成熟的情况下，曹寅藏书活动的实践时期即将来临，其直接起因就是康熙帝南巡，钦命曹寅编刊《全唐诗》，随之曹寅开始了他藏书事业最辉煌的一个阶段——扬州书局时期。

（四）曹寅编刻《全唐诗》时期交游考略

明清之际的扬州饱受战祸之苦，百业凋敝，清政权稳定之后，便开

---

① 杨钟羲：《雪桥诗话续集》卷六，北京古籍出版社，1991年，第389页。

始复兴扬州的商业与文化。然而，此时扬州的士人并没有因为城池得以重建而淡忘传统思想中根深蒂固的"夷夏之防"，相反，在这种观念的刺激下，他们与苏州、江宁等地的士人一起，以文化为纽带，构建了江南庞大的遗民群体。清初的扬州作为全国的主要产盐区，在经济上的地位又远非苏州、江宁等地所能比拟，因此如何在保持稳定的前提下，充分利用扬州强大的经济力量，已成为清政府迫切需要考虑的问题。清圣祖康熙帝在施政过程中，也积极表现出对儒家文化充满倾慕的姿态，以期逐渐化解满汉两族敌对的僵局。

曹寅作为康熙帝非常倚重的大臣之一，在康熙四十三年（1704）七月，即出任江宁织造十二年后，又被钦点为两淮巡盐使，与李煦隔年轮管两淮盐政。同年十月十三日，曹寅到扬州视事，实际上此前一年他已与李煦有过轮管的事实。对于曹寅而言，扬州这座城市并不陌生，他青年时期在京师时就与扬州的姚潜、汪若、程梦麟等人有过往来，任职江南后，汪若、王朝恒、田登也从扬州来拜访过他。如今他到扬州兼职，老友和新知汇聚于诗局、使院，共同参与《全唐诗》的编校、刊刻工作。从某种意义上说，扬州书局虽不能与明史馆相提并论，但二者的历史作用却是殊途同归的。

虽然近年来中外学者对参与《全唐诗》编校工作的人员从不同角度做了考察，但其中仍不无可加补苴者。曹寅作为编刻《全唐诗》的主持者，其本身在藏书史上也有着不容忽视的地位，他与书局中诸子，乃至江南藏书家的往来，使他积累了丰富的藏书，同时他也积极参与"流通古书"理论的实践。

1. 校勘诸子

曹寅作为钦命大臣，身兼江宁织造、两淮巡盐使之职，奉旨在扬州主持编刊《全唐诗》。当时在他的幕下聚集了一批士人，他们的主要工作是校勘《全唐诗》，其中很多都是著名的遗民。他们以朋友的身份参幕，与曹寅保持了长久的往来。井波陵一在《楝亭五种の同校者たち》一文中曾对此详加考察，① 今就其略者增考于下。

东园是清初扬州的名园之一，是盐商乔氏的私家园林，它不仅是曹寅在扬州时公务之余的散心之地，也是当时《全唐诗》编校人员的聚会休憩之所。《淮海英灵集》乙集卷四载吴均《东园》诗，题下注云："乔逸斋先生别业，曹楝亭鹾使尝寓于此，题咏甚夥。"② 张云章《扬州东园记》云："今年甫至扬，而东园之名已籍籍人口，问之，则乔君逸斋之所作，三年于兹矣。君兄弟与余有旧好，闻其至，心甚喜，闻其与吾家匠门俱至，益喜，已洁尊俎而待之。其地去城，以六里名村。盖已远嚣尘，而就闲旷矣。……通政曹公时方为鹾使于此，游而乐焉。……且求文于新城王先生，先生今之有欧阳子之望者也。而继之者又文章巨公，如通政之题其胜处而各系以诗，家匠门属而和之，皆可传示于后。"③ 按：乔逸斋（1632—1699），名豫，字介先，扬州盐商，生平见张云章《诰赠征仕郎行人司司副乔君墓志铭》。墓志铭撰成于康熙五十年（1711），此时乔豫已去世多年，其次子国彦与曹寅过从甚密，而张云章则为曹寅座上之宾。《楝亭词钞》有《疏影》（俊三索题东园看梅词不暇应，秋中真州雨窗赋寄），《楝亭诗钞》卷六有《和乔俊三东村书屋诗》，《楝亭诗别集》卷四有《和乔俊三东村书屋诗》，皆为乔国彦与曹寅交往之例证。而据《楝亭诗钞》卷七《真州西轩行药，念俊三病，书此代

---

① 井波陵一：《楝亭五种の同校者たち》，《东方学报》1997年第69期。
② 阮元辑：《淮海英灵集》乙集卷四，载《续修四库全书》集部（1682），上海古籍出版社，2002年，第122页。
③ 张云章：《朴村文集》卷十一，载《四库禁毁书丛刊》集部（168），北京出版社，2000年，第25页。

问,时将归金陵》,更可见二人关系之密切。

曹寅《楝亭集》中《晚酌同九迪、秋屏、鹿墟、元威、又昭、允文、冶堂、俊三、序皇拈得七虞》《六月廿五日大雨同鹿墟、九迪、子鱼、植夫、吹万、滕友小酌分韵,前一日允文、序皇、又昭、上若、俊三先归扬州却寄二首》《西轩同人将别,用和蕉饮原韵,醉中语无伦次兼简鹿墟、右诚、蒿亭、元威、俊三、䌹庵、吉云、尚中四首》三诗所涉及人员,有余禹民、吴贯勉、卓尔堪、孙子鱼、郭振基、鲍开宗、王文范、萧旸、乔国彦、唐继祖、王朝恒、杜扬文、沈嘉然、汪若、史申义、闵奕佑、程式庄、巴锦、乔嘉征、吴照吉,其中几乎有半数以上的人参加了诗局的校书活动。

张云章在为乔豫撰写的墓志铭中提到,"次(按:女)适岁贡生、候补儒学教谕郭振基。卒,续适以第四女"①,由此可知郭振基为乔家之东床。郭振基在《楝亭诗别集序》中说:"昔随先君得觐司空太夫子,既而侍公函丈有年,今公子继任织部,又辱世讲。盖孔、李通门,三世于兹矣。"② 据此可知,郭振基与曹家有数世之谊,其父似即曹寅诗文中提到的郭汝霖,因其生平与曹寅《祭郭汝霖先生文》所述合,而曹寅与郭振基相交亦深,《楝亭诗钞》卷六《过隐园》"歌声隐约隔帘栊"句自注云"余与郭元威征歌于此,今廿五年矣"③,时康熙四十九年(1710),则可知两人早在康熙二十五年(1686)即有诗歌酬唱。

王文范,字允文,号竹村,江都(今属江苏扬州)人。"廪贡生,行修而学邃,工文章。棘闱屡荐不售,士林惜之。晚而肆力于诗,雄浑

---

① 张云章:《朴村文集》卷十四,载《四库禁毁书丛刊》集部(168),北京出版社,2000年,第51页。
② 郭振基:《楝亭诗别集序》,载曹寅《楝亭集》,上海古籍出版社,1978年,第388—389页。
③ 曹寅:《楝亭集》,上海古籍出版社,1978年,第271页。

苍劲，颇得少陵风味，骚坛称老宿。"①《楝亭诗别集》卷四有《送王竹村北试二首》《送王竹村入蜀二首》，《楝亭诗钞》卷七有《过朴镇有怀王允文北试不归》，皆记王文范与曹寅交往事迹。此外还可参看胡艺《李竹村与王竹村》及李森文《赵执信年谱》。②《江苏诗征》卷五十一载王文范《和银台曹公使院种竹诗》《郭于宫宅观通政曹公家伶演剧兼送杨掌亭入都》二诗。按：王式丹《楼邨诗集》卷二十有《燕九日宴集，观〈长生殿〉杂剧四绝句》，其三注曰"调双邮"③，即记此事，时康熙四十九年庚寅（1710），《全唐诗》已编竣。杨掌亭即校勘人员名单中之杨湝，《楝亭诗别集》卷四有《送杨汇南入都》。《（乾隆）江都县志》卷二十三本传云："杨湝，字汇南，幼嗜学，善诗古文，备四体书法以献赋，取入纂修馆。康熙辛卯举顺天乡试，壬辰赐进士，改庶吉士，授翰林院检讨。湝博闻强记，一寓目终身不忘。家贫母老，每得俸先封寄以养其母，以疾卒于官。"④ 联系上文，杨氏入都是为了应试，这与曹寅诗中所咏相合。康熙五十四年（1715），康熙帝南巡，行在召试，杨湝、郭元釪、张大受皆厕身其中。杨湝还曾参加《御选历代诗余》的编录工作，《淮海英灵集》甲集卷三有其《曹楝亭银台招游近郊》一诗。

郭于宫（？—1722），即郭元釪，家世业盐，《（乾隆）江都县志》卷二十三本传云："郭元釪字于宫，士璟子。生数岁，即善属对，及长，工诗文。圣祖南巡，元釪以诸生两次献诗，皆蒙嘉奖，取入纂修馆，与

---

① 五格、黄湘重修：《（乾隆）江都县志》卷二十三，载《中国地方志集成·江苏府县志辑》(66)，江苏古籍出版社，1991年，第303页。
② 胡艺：《李竹村与王竹村——红楼墙外小考之一》，《红楼梦学刊》1982年第1辑；李森文：《赵执信年谱》，齐鲁书社，1988年。
③ 王式丹：《楼邨诗集》卷二十，载《四库全书存目丛书补编》(6)，齐鲁书社，2001年，第627页。
④ 五格、黄湘重修：《（乾隆）江都县志》卷二十三，载《中国地方志集成·江苏府县志辑》(66)，江苏古籍出版社，1991年，第301页。

修《佩文韵府》。又奏请选刻《全金诗》，辑元好问《中州集》，并上之，授中书科中书舍人，徙直禁苑，编《金元乐府》。壬寅夏，橐笔热河，初冬病还，逾月卒。有《一鹤庵集》《牛鸣双村集》。"①

张大受《匠门书屋文集》卷四有《牛鸣双村歌为于宫作》，王式丹《楼邨诗集》卷十九有《牛鸣双村棹歌为郭于宫作》，一同参与编校《佩文韵府》的查慎行，其《敬业堂诗集》卷三十八也有《牛鸣双村棹歌》，皆评郭氏诗作。同在扬州诗局的查嗣瑮有《牛鸣双村棹歌词》（消夏七集为郭于宫赋）三首，其一注云："时于宫被征校书。"② 郭元釪诗由宋荦选刻入《江左十五子诗选》。张云章《奉直大夫工部屯田司主事郭公墓志铭》（按：郭士璟字饮霞，一字眉枢）云：

> 余于丁丑之秋至扬州，始识郭君元釪，好古力学，能世其家，发闻于时者也。时余旋返江南，心怏怏恨未拜见其家工部公，越三年而复来，则工部已即世，逾小祥矣。郭君偕其兄元钰过予。③

又，张云章《郭于宫诗集序》云：

> 癸亥、甲子之交客京师，与汪刑部蛟门数过从……越三四年，余在江南，今顾编修书宣渡江游吴中，与余相遇于昆山，一见定交……无何，书宣以第二人及第，海内震之。……又数年，乙丑之秋，余在

---

① 五格、黄湘重修：《（乾隆）江都县志》卷二十三，载《中国地方志集成·江苏府县志辑》（66），江苏古籍出版社，1991年，第301页。
② 查嗣瑮：《查浦诗钞》卷九，载《四库未收书辑刊》第八辑（20），北京出版社，2000年，第105页。
③ 张云章：《朴村文集》卷十四，载《四库禁毁书丛刊》集部（168），北京出版社，2000年，第51页。

扬，于俦人中识郭子于宫，心窃异焉，因得而交之，读其诗，奇其才。①

按：张氏二文记其识郭元釪日月互异，乙丑当是丁丑（1697）之讹。曹寅《楝亭书目》卷四"诗集补遗"类著录郭元釪作品："《全金诗》，本朝郭元釪补辑。七十二卷，四函二十四册。"② 查慎行《敬业堂诗集》卷三十七有《题娴堂奉母图为郭于宫尊堂吕太君寿二首》（按：文渊阁《四库全书》本无"克"字，③ 疑脱，因康熙所赐为"礼教克娴"四字），作于康熙四十八年（1709），曹寅《楝亭诗别集》卷四《题郭于宫克娴堂奉母图》约作于同时。另，《楝亭诗钞》卷八有《书院述事三十韵答同人见投之作，兼寄前诗局诸君及汇南、于宫、绮园》一诗，作于《全唐诗》编竣后，从中可见曹寅对在诗局的那段时光还是比较留恋的。

周仪，字宜一，号确斋、容斋、晚畊，吴江震泽（今属江苏苏州）人，家有迂阁。据张云章《寿周确斋六十》其一中"输君两载早称耆，端合呼兄寿一卮"④ 一句，可知周仪生于顺治三年（1646）。张云章在《周宜一诗序》中说：

> 吾友钟陵周子宜一与余定交于京师，居处相接，暇则相过从论诗……而宜一戢影藏采，居京师四年不一出，而号之于人，方将穷探

---

① 张云章：《朴村文集》卷八，载《四库禁毁书丛刊》集部（167），北京出版社，2000年，第651页。
② 曹寅：《楝亭书目》卷四，载金毓绂主编《辽海丛书》（第四册），辽沈书社，1985年，第2673页。
③ 查慎行：《敬业堂诗集》卷三十七，载文渊阁《四库全书》集部（1326），上海古籍出版社，1987年，第493页。
④ 张云章：《朴村诗集》卷八，载《四库禁毁书丛刊》集部（168），北京出版社，2000年，第169页。

力取,欲以数年之功,直抉杜甫氏之堂奥,非特游于阶级门户之间而已。①

按:周仪与陶煊相识亦当在京师,而周仪为《国朝诗的》作序则在三十余年后。又,张氏《题周确斋小影》云:

> 余向从昆山徐公传是楼得见阁帖祖本,有子昂白描小像,其风神仿佛确斋,故余有诗赠确斋云:"妙楷看来如斫阵,前身真个是吴兴。"今见姜编修西溟亦为此言,益信其有合矣。禹鸿胪传神于今为海内第一,而西溟落笔妙天下,系以像赞,皆异时之宝也,又何假余言?为确斋以余最契,且久属赘语其后。②

与《题周宜一写照》其三自注合。而其二自注云"君晚得子"③,与《寿周确斋六十》其二"六十生男尚未迟"④句同观,可知周仪老来得子,时康熙四十五年(1706)。此外,从张云章《周确斋属题画扇次曹银台韵》知,曹寅曾为周仪题诗,今集中未见。周仪曾编辑《五朝绝句诗选》,有康熙五十九年晚畔堂刻本。

殷誉庆,朱重庆《感旧诗》其二云:"蘧斋狂到十分痴,橐里金钱挥不辞。便号王门高弟子,那堪米熟未经簁。"注云:"殷秀才誉庆字彦

---

① 张云章:《朴村文集》卷九,载《四库禁毁书丛刊》集部(168),北京出版社,2000年,第3页。
② 张云章:《朴村文集》卷十二,载《四库禁毁书丛刊》集部(168),北京出版社,2000年,第30—31页。
③ 张云章:《朴村诗集》卷八,载《四库禁毁书丛刊》集部(168),北京出版社,2000年,第163页。
④ 张云章:《朴村诗集》卷八,载《四库禁毁书丛刊》集部(168),北京出版社,2000年,第169页。

来，号蘧斋。本松江人，占籍江都。诗才清丽，出王渔洋、曹楝亭两公门，性狂简，落魄死。"① 王式丹《楼邨诗集》卷七有《殷彦来自云间移居邗上，为诗二首索和》，可证其迁居事。

殷誉庆与周仪一样少游京师，久困场屋，然交游颇广。张云章《题殷彦来〈岁寒吟〉卷后》云："彩绣争翻入座光，夫君馈岁富词章。品题自有三卿主，寄语才人莫等量。"② 按：张诗第二句即田雯《古欢堂集》卷十四《馈岁赠殷彦来》序所记之事。序云："馈岁见东坡诗，都下纷纷率以笋橘登柈，其直踞巨鲤双兔之上。独殷子彦来绮情敏思，矜其富才，于除日自卯讫酉，饷予杂体诗十五篇。"③ 王士禛《分甘余话》卷二云：

> 康熙甲戌，余在京师。岁除大雪，偶邀老友姜西溟、吴商志，门人蒋京少、查夏重、宋山言、周策铭、殷彦来、蒋静山诸子寓斋小集，酒酣隶事，各赋五言咏古一章，彦来诗最先成。次日，又以《岁寒吟》十五首见投，余口占绝句赠之云："昨夜草堂风雪里，群贤击钵羡殷生。朝来更爱新篇好，十五诗当十五城。"此诗《蚕尾集》不载，今追录于此。一时公卿和彦来《岁寒诗》者凡数十家，田纶霞少司徒为授之梓，泽州相国作序，韩宗伯慕庐作跋，亦艺林佳话，因牵连记之。④

---

① 阮元辑：《淮海英灵集》乙集卷三，载《续修四库全书》集部（1682），上海古籍出版社，2002年，第106页。
② 张云章：《朴村诗集》卷七，载《四库禁毁书丛刊》集部（168），北京出版社，2000年，第156页。
③ 田雯：《古欢堂集》卷十四，载文渊阁《四库全书》集部（1324），上海古籍出版社，1987年，第166页。
④ 王士禛：《分甘余话》卷二，载文渊阁《四库全书》子部（870），上海古籍出版社，1987年，第562页。

兹见题评殷诗者有王式丹、惠周惕、汤右曾、彭孙遹等，① 可见王士禛所言非虚。王士禛因殷誉庆为其门生，故集中颇记其事。《蚕尾续诗》卷一有《题殷彦来二图二首》，二图分别是《彭蠡秋帆图》《纸窗竹屋图》，② 曹寅《楝亭诗钞》卷七《题彭蠡秋帆图和阮亭》即追和其作。此外尚有张大受《题殷彦来秋帆图》③，略与曹作同时。康熙五十年（1711）王士禛还应殷誉庆之请，为乔氏撰《东园记》。④ 据朱重庆诗知殷氏也曾入曹寅门下，则曹寅与王士禛一样对古籍痴迷，他必有所知。殷誉庆南下后入书局校书，一度与曹寅交往密切，曹寅《楝亭诗钞》卷七《蓼斋过西轩》、卷八《雨寒书院小酌王竹村以饼肉相饷，即事戏与元威、云村、蓼斋、已山、瑮亭、吹万共赋索竹村和用东坡集中韵》《蓼斋饷麻酥、笋豆、鹅卵，题三捷句志谢，兼索数句为笑》《已山枉过西轩，得又昭、蓼斋书漫赋，时东田先至》，《楝亭诗别集》卷四《雨后西轩与又昭、蓼斋、秋屏限字》，《楝亭词钞》之《东风齐著力》（题殷蓼斋柳堰书堂图）、《水龙吟》（立秋后……蓼斋先至，同泛舟文山祠，拈得雨字）皆其证。

唐继祖（1671—1733），字序皇，号饭山，一作范山，江都（今属江苏扬州）人。康熙六十年（1721）进士，由庶吉士充武英殿侍讲官，

---

① 王式丹《楼邨诗集》卷四《题殷彦来诗卷后》二首；惠周惕《砚谿先生集》之《谪居集》有《题殷彦来岁寒吟卷》；汤右曾《怀清堂集》卷五《题殷彦来岁寒吟集后》（先有渔洋、山姜两先生赠句）；彭孙遹《松桂堂全集》卷二十九《题殷彦来岁寒吟》二首。
② 王士禛：《带经堂集》卷六十四，载《续修四库全书》集部（1414），上海古籍出版社，2002年，第591页。
③ 张大受：《匠门书屋文集》卷四，载《四库未收书辑刊》第八辑（24），北京出版社，2000年，第609页。
④ 王士禛《东园记》云："辛卯初夏门人殷彦来书来，为其友乔君逸斋征文于予，纪其东园之胜，且绘图邮示。"［《带经堂集》卷七十七，载《续修四库全书》集部（1415），上海古籍出版社，2002年，第51页］

曾参加《御定音韵阐微》《子史精华》的编纂校勘工作。① 康熙四十四年（1705）开全唐诗局时，唐继祖年仅三十余岁，可称后进，他在《栋亭文钞序》中说：

> 继祖尝以文字被知于先生，猥以为知言……先生居恒简牍往返，皆用茧纸，小幅真行，间作信笔驱染，风趣盎溢。虽造次谐弄，卒无只字近俗，在古人中，不减黄涪翁。余家留数十札，将装潢而藏之，暇日搜葺诸家，可得数卷，刊缀集末，当亦好事者之所宝也。②

此为曹寅生前与唐氏往来密切之明证，且据序可知唐继祖存曹寅书札不少，惜今多无存。《楝亭集》中记唐氏者有《楝亭诗钞》卷六《八月三日热甚，同鲍又昭、王允文、唐序皇、王植夫泛舟至池口柳下》《晚酌同九迪、秋屏、鹿墟、元威、又昭、允文、冶堂、俊三、序皇拈得七虞》，卷七《小雪前一日石马桥回船，与又昭、东田、序皇、植夫分韵》；《楝亭诗别集》卷四《六月廿五日大雨，同鹿墟、九迪、子鱼、植夫、吹万、滕友小酌分韵，前一日允文、序皇、又昭、上若、俊三先归扬州却寄二首》《口占送鲍又昭、王允文、唐序皇归扬州三首》。而《楝亭词钞》之《贺新郎》五首皆曹寅与唐继祖、鲍开宗因耳闭之病相与唱和之作，其时曹寅已到暮年。

曹曰瑛，生前曾任山东道监察御史，《瓯钵罗室书画过目考》卷二

---

① 唐继祖生平可参看顾栋高《诰赠通议大夫湖北按察使司按察使唐公继祖墓志铭》，载钱仪吉等编《清代碑传全集》，上海古籍出版社，1987年，第417页。
② 唐继祖：《楝亭文钞序》，载曹寅《楝亭集》，上海古籍出版社，1978年，第644页。

云:"曹曰瑛字渭符,号恒斋,安徽贵池人。官待诏,内廷纂修,工画景。"① 汪文柏《柯庭余习》卷二有《范石湖诗簿书遮断寻诗路,陆放翁诗菱角磨成芡实圆,一时拈出,曹待诏渭符善汉隶,书联句见赠,久而思之,终有未惬,作诗以自解》,则可知曹氏亦善书。王岱与曹曰瑛交往颇密,《了庵诗集》卷十七有《为曹渭符画》二首、《赠曹渭符画》,《了庵文集》卷十二有《题曹渭符画册》,皆写曹氏丹青之雅。《了庵诗集》又有《癸亥初春同会公偕曹渭符重游万柳园、育婴堂、放生池,访响山堂头,因再叠戊午原韵》一诗,癸亥即康熙二十二年(1683)。此诗后有《别曹渭符》,其诗云:

  才愧昌黎博,官同百粤偏。风波潮汐地,瘴厉海南天。
  问险惭泷吏,灰心觅大颠。多君能惓惓,重聚有余年。②

由诗可知曹氏曾赴岭南,林佶《朴学斋诗稿》卷九《曹渭符待诏使闽归,诗以送之》可为旁证。而《楝亭诗钞》卷四《渭符侄过慰有作,时颁诏入闽,恩许还家上冢,便道至白下》云:

  王程秋欲迈,间道子重过。多难怀兰讯,高眠共竹柯。
  慎言温室树,嘉遁碧山阿。草草瞻家庆,还如泪眼何。③

---

① 李玉棻编辑:《瓯钵罗室书画过目考》卷二,载徐蜀编《国家图书馆藏古籍艺术类编》(4),北京图书馆出版社,2004年,第373页。
② 王岱:《了庵诗集》卷十,载《四库禁毁书丛刊》集部(91),北京出版社,2000年,第250页。
③ 曹寅:《楝亭集》,上海古籍出版社,1978年,第186页。

据此可知，曹曰瑛入闽或因获罪而行，故王岱诗颇写岭表条件之恶劣，时间约在康熙二十二年（1683）。王氏应康熙间博学鸿词科，在京数年，与叶藩、梅庚、施闰章等人皆有往来。而曹寅诗作于康熙四十一年（1702），此时全唐诗局未开，曹寅与曹曰瑛接触，为曹曰瑛后来参加诗局的校勘工作埋下了伏笔。曹曰瑛因工书，又曾参加《御纂周易折中》《万寿盛典初集》《御纂性理精义》《御制分类字锦》等书的编缮工作，与修《万寿盛典初集》时，还与查嗣瑮、车敏来（车鼎晋子）等人共事。

以上所论诸子，加上卓尔堪、吴贯勉、郭正宗、洪嘉植、余禹民、俞养直、朱庭柏、杜扬文、王概、汪鸿、汪若、孙鲤、萧旸，以及鲍开宗、巴锦、汪坛、施瑮、刘可临、程卜、沈嘉然等人，便是曹寅在扬州书院刻书时，担任校勘工作者。他们中有怀才不遇、隐逸不出的遗民，有因事获罪、沉沦下僚的官员，有年少英俊、学有所成的士子，虽身份各自有别，际遇迥异，但从整体上看，他们都是学养深厚的士人，非一般校字工人可比，故《全唐诗》及栋亭所刻书的校勘质量有充分的保证。

2. 编修诸子

在扬州全唐诗局中，除了曹寅邀请或自愿参加校勘工作之三十二人外，主要编校工作则由康熙帝钦命的十员翰林担任，他们分别是彭定求、沈三曾、杨中讷、潘从律、汪士铉、徐树本、车鼎晋、汪绎、查嗣璨、俞梅。对此十人，罗时进、周勋初都有过考辨，① 兹亦补论其略者如下。

杨中讷（1649—1719），《两浙𫐓轩录》卷十一有传云："字耑木，号晚研，海盐籍海宁人，雍建子。康熙辛未二甲第一，授编修，典试河南，升中允，出视江南学政。著《丛杜集》。"② 按：杨雍建（？—1704）乃顺、康间名臣，名垂青史，他们父子俩都曾为曹寅《楝亭图》题诗。雍建卒时，全唐诗局犹未设，曹寅与杨氏相识必在康熙四十三年（1704）前无疑。吴骞《杨中允药房心语序》云："乡先辈杨晚研先生，康熙辛未以二甲第一人登第，入词林，累官至右中允。视江南学政，未终岁而去。生平力学攻古文词，书法入晋唐阃奥，湛深经术，尤精于《易》《春秋》。蚤从秀水朱锡鬯检讨、姚江黄晦木征君游，故造诣撰论多有发先儒所未发者。查悔余内翰所撰《墓志》述之綦详，且惜其不肯著书垂后，故世尠知之者。"③ 按：杨谦《朱竹垞先生年谱》载顺治十三年（1656）夏，朱氏游岭南，"海宁杨公（雍建）知高要县事，以币聘先生课其子（中讷），即晚研先生也"④。与《杨中允药房心语序》文合。

---

① 罗时进《〈全唐诗〉十编臣叙录》，唐代文学学会成立十周年会议年会论文，收入《唐诗演进论》第十一章《清编〈全唐诗〉研究》（江苏古籍出版社，2001年，第294—315页）。周勋初《御定〈全唐诗〉的时代印记与局限》，原载台湾"中央研究院中国文哲研究所"《中国文哲研究通讯》（1995年第6期），后收入《周勋初文集》（三）（江苏古籍出版社，2000年，第526—541页）。
② 阮元：《两浙𫐓轩录》卷十一，载《续修四库全书》集部（1683），上海古籍出版社，2002年，第427页。
③ 吴骞：《愚谷文存》卷三，载《续修四库全书》集部（1454），上海古籍出版社，2002年，第211页。
④ 杨谦纂：《朱竹垞先生年谱》，载《北京图书馆藏珍本年谱丛刊》（79），北京图书馆出版社，1999年，第492页。

杨氏曾入王渔洋门下，稔熟浙中学者故事。① 其在书局与同是王门弟子之殷誉庆、查嗣瑮、汪士铉辈及蒙师朱彝尊自然能诗酒为乐，相处融洽。杨氏晚年有魏晋风度，张大受《晚研先生七十》诗可证：

外物元非爱学仙，色空从不解参禅。
黄金粪土官游戏，醒辄长谣醉便眠。

四座红镫少长罗，上觞齐唱《洞仙歌》。
彩衣拜舞郎君贵，莫景他乡醉奈何。②

吴骞《书宋拓右军六十帖后》云："右右军六十帖，本杨晚研中允松乔堂故物，有其手跋。……晚研以书名海内，自谓得此而学益进，斯言岂欺我哉。"③ 则可知杨氏松乔堂亦富收藏。香港大学冯平山图书馆藏清人许奎《花庵诗钞》稿本一种，上有"海宁杨氏崙木臧弆翰墨图书传之有绪"一印，即中讷旧物。杨中讷在诗局中与查嗣瑮的关系最好，具见于查慎行《敬业堂诗集》。

查嗣瑮（1653—1734），字德尹，号查浦、晚晴，浙江海宁人。康熙三十九年（1700）进士。嗣瑮幼敏悟，曾受业于黄宗羲，与其兄慎行、表兄朱彝尊相砥砺，其学日进。中式后曾任翰林院编修，在京期

---

① 王士禛《居易录》卷十六云："门人庶吉士杨中讷言，黄太冲宗羲家所有宋人说部，可作史料者凡三百余种。又常令门生辈取汉唐、宋元以来诸儒经解，删其烦复，著其异同，将勒成一书。经始《春秋》，祇'春王正月'一句已盈五大帙，度不可成，遂罢去。"［载文渊阁《四库全书》子部（869），上海古籍出版社，1987年，第501页］
② 张大受：《匠门书屋文集》卷八，载《四库未收书辑刊》第八辑（24），北京出版社，2000年，第638页。
③ 吴骞：《愚谷文存》卷五，载《续修四库全书》集部（1454），上海古籍出版社，2002年，第232—233页。

间，查氏兄弟与杨中讷往来频繁，《敬业堂诗集》卷二十三有《人日同孙松坪、张汉瞻、杨晚研、宫友鹿、钱亮功、方拱枢、吴元朗、蒋杨孙、家德尹集王赤抒①邸舍，分赋上元灯八首》。查、杨两人关系到诗局后愈发紧密。赵执信《因园集》卷七《雨中过查编修德尹嗣瑮寓斋，杨编修嵩木中讷亦至，小饮志别二首》（二君皆在诗馆）其二云：

> 杨子翩然至，相看泪转挥。九原知己尽，四海故人稀。
> 骚雅时方盛，渔樵道未非。悲欣付酣醉，岐路各翻飞。②

据杨雍建卒年推知，此诗乃康熙四十四年（1705）赵执信到扬州诗局时所作，此诗后即《寄曹荔轩寅使君真州》。《查浦诗钞》卷八有《曹荔轩之真州，同晚研、道积、丽上三前辈及东山同年赋别》，《楝亭诗钞》卷五有《晚晴将之真州，和查查浦编修来韵》，皆查、杨二人交往之证。查嗣瑮在全唐诗局时，共事者多亲友同年，故频频集会，其中如卓尔堪乃其表亲，③而任校勘者多为其门生，《查浦诗钞》卷八《真州使院层楼与荔轩夜话》、《东山将归常熟》、《及门程蒿亭载酒红桥，诗来次答》、《及门方觐文招同鲍又昭、汪长民、杨惠南、唐序皇放舟郭外》、《平山堂宴集》（集者六十三人）三首等诗皆其记录。查氏兄弟皆富收藏，慎

---

① 赤抒乃王丹林表字，王丹林号野航，钱塘（今浙江杭州）人，官中书舍人，著有《野航集》。他曾为曹寅《楝亭图》题诗，《楝亭诗别集》卷二有《汪上若、程劲飞过访野航，自天津初归》，则可知王氏曾居天津。章抚功《王野航墓志铭》记其生平甚详。
② 赵执信：《因园集》卷七，载文渊阁《四库全书》集部（1325），上海古籍出版社，1987年，第373页。
③ 卓尔堪有《查德尹表兄招同戴南枝、王紫铨、孙物皆、闵宾连、费此度、李简子、李苍存、程松皋、乔东湖、张星闲诸公大集平山堂分咏扬州古迹得浮山石五律一首》，见《近青堂诗》，载《四库禁毁书丛刊》集部（21），北京出版社，2000年，第743—744页。据查氏《平山堂宴集》诗知卓氏诗（三十七人）作于康熙四十年（1701）。[《查浦诗钞》卷八，载《四库未收书辑刊》第八辑（20），北京出版社，2000年，第97页]

行以得树楼藏书闻名于世,而嗣瑮亦留意藏弆。① 查嗣瑮在扬州时,与诸同人雅集,诗酒书画,无所不谈,他曾跋朱彝尊所藏宋本《鉴诫录》云:

> 欧阳子《五代史》,较温公《通鉴》反略,表兄竹垞先生尽搜十国遗书,仿裴氏注《三国志》,《鉴诫录》其取裁之一也。天籁阁图书,近时散轶殆尽,兹睹此本,古色苍然,于扬州书局采入《全唐诗》数十篇。因书于后,查嗣瑮。②

《全唐诗》编竣,他有《〈全唐诗〉校竣将有北行留别荔轩通政》云:

> 曾移书阁傍雷陂,落叶轻尘对榻时。
> 三赋未收余补阙,二诗难合尚成疑。
> 千秋册府祥符序,一代诗骚应帝期。
> 原是集贤香案吏,写书犹及六年迟。③

此后查氏还曾到扬州,曹寅《楝亭诗别集》卷四《吴园饮饯查浦编修,兼伤竹垞、南洲》即送查嗣瑮者,时康熙四十九年(1710)以后。

徐树本,号南洲、忍斋,《(道光)昆新两县志》卷二十七本传

---

① 《雪堂秘藏古钞善本书目》著录查浦旧物颇夥(载罗振玉撰述、萧文立编校《雪堂类稿》,辽宁教育出版社,2003年)。王式丹《九月送查德尹前辈请假暂归,即题东还图后五首》其三有"连屋藏书翻目录,绕门流水溯津涯"之句。[王式丹:《楼邨诗集》卷十八,载《四库全书存目丛书补编》(6),齐鲁书社,2001年,第621页]
② 黄丕烈:《士礼居藏书题跋记续》卷上,载《国家图书馆藏古籍题跋丛刊》(6),北京图书馆出版社,2002年,第761页。
③ 查嗣瑮:《查浦诗钞》卷九,载《四库未收书辑刊》第八辑(20),北京出版社,2000年,第99页。

［《（同治）苏州府志》卷九十六本传略同］记徐氏"字道积，元文子。元文弟晜以古学倡吴中，宾礼耆宿，如钱澄之、万斯同辈，皆折节与树本交。康熙丁丑成进士，选庶吉士，授编修，充《一统志》纂修官，乞归，养母读书。于典章制度条挈件系，为有用之学。诠次汉魏三唐诗，辨其源流体格，梓行于世"①。《楝亭诗钞》卷七《题三友图》序云："戊子年广陵涂生貌晚研、南洲与予为《三友图》，竹垞翁来迟不及图，跋一诗其后，云'要知傅岩求'，盖妒语也。己丑冬，竹垞下世。庚寅，南洲殁，晚研谪归。辛卯，真州出此图披阅，泪泫然下，因书数语付冶堂。此图不足藏，所惜者，知己数点泪耳。泪泪相接，宁有已时，学道尚可迟耶。"② 由此可知徐树本卒于庚寅，即康熙四十九年（1710）。

曹寅与昆山徐家有通家之谊，徐树本来扬州，曹寅异常高兴，《楝亭诗钞》卷五有《真州述怀奉答徐道积编修玩月见寄原韵》《西轩月夜有怀南洲却寄》，此全唐诗局甫开时事；卷六有《再至广陵读南州学士诸同人红桥泛舟诗，述和一首》《六月十日竹村大理、南洲编修、勿庵征君过访真州寓楼，有作》《真州送南洲归里》，则为广陵编书期间互相过访、唱和之事；而卷七《避热》十首其十自注云"哭忍斋编修"③，与《重题晚研跋后兼伤南洲》《题三友图》，以及《楝亭诗别集》卷四《吴园饮饯查浦编修，兼伤竹垞、南洲》，此四首皆为徐树本身后曹寅怀念哀悼之诗，两人交谊之深非诗局中其他人可比。在扬州时期，曹寅曾借徐家所藏宋本《周易本义》作为底本重刻此书，又同朱彝尊、李煦等人一起为徐树本题其父元文手书《感蝗赋》手卷。

---

① 张鸿、来汝缘修，王学浩等纂：《（道光）昆新两县志》，载《中国地方志集成·江苏府县志辑》（15），江苏古籍出版社，1991年，第413页。
② 曹寅：《楝亭集》，上海古籍出版社，1978年，第336页。
③ 曹寅：《楝亭集》，上海古籍出版社，1978年，第320页。

汪绎（1671—1706），字玉轮，号东山，江苏常熟人。其父乃清初著名藏书家钱曾之外孙。康熙三十九年（1700）状元，后授翰林院编修，四十二年（1703）主试，得查慎行等人，既而奉命编修《朱子全书》。四十四年（1705），康熙帝南巡，挑选编校《全唐诗》人员，汪绎正在南方家中，因受命入诗局，但《全唐诗》未编完，汪氏就归里，因病而卒，年仅三十六岁。著有《秋影楼诗集》九卷。汪绎在全唐诗局时，兢兢业业，唯恐有失，其《次韵和徐忍斋前辈玩月怀曹荔轩使君》有"校书广陵城，同局恰满十。积阴连晦朔，兀兀若有失"① 之语。据《楝亭诗钞》卷五《真州述怀奉答徐道积编修玩月见寄原韵》可知，当时曹寅身在真州。又，汪绎《和忍斋校书述怀叠韵见示》云"唐贤千八百，分校百之十。勘雠俨对簿，出入多恐失。丹黄纷几席，朗吟真景出。高坐拥百城，泛览周八极"②，可见其实。

汪绎在诗局时，与徐树本交往唱和最多，其他如查嗣瑮、周在都、曹殷六等人亦见其《邗江集》中。汪绎有《秋帆图》，曾遍征题咏，较早为其题咏的有王式丹《楼邨诗集》卷十三《题汪东山前辈秋帆图》二首，查慎行《敬业堂诗集》卷三十《房师汪东山先生请假，奉太夫人南还，留秋帆图卷子命题，敬赋四绝句》，皆作于康熙四十二年（1703）。汪绎到全唐诗局后，曹寅亦为其题咏，即《楝亭诗钞》卷五《题汪东山修撰秋帆图》二首，其二云："雨榻虫灯对简书，广陵新涨足鲈鱼。天涯满眼孤帆兴，梦里东皋薄笨车。"③ 此诗作于康熙四十四年（1705）。此外宋荦《西陂类稿》卷十八亦有《题汪东山修撰秋帆图》二首。清初

---

① 汪绎：《秋影楼诗集》卷九，载《续修四库全书》集部（1421），上海古籍出版社，2002年，第197页。
② 汪绎：《秋影楼诗集》卷九，载《续修四库全书》集部（1421），上海古籍出版社，2002年，第197页。
③ 曹寅：《楝亭集》，上海古籍出版社，1978年，第219—220页。

士人交游，好以图卷征求题咏于友朋间，就曹寅而言，自有《楝亭图》，友人汪绎有《秋帆图》，徐树本有《感蝗赋》手卷，殷誉庆有《彭蠡秋帆图》，史申义有《春泉洗药图》，郭元釪有《克娴堂奉母图》，等等，俨然已成一时风尚。此则以图卷题咏为中心兼及士人交游、书画品评等内容，进而可见一时之文化风俗，颇具专题研究价值，限于篇幅，未敢深究。

汪绎在全唐诗局不到一年时间，他的《邗江集》中最后一首是《丙戌元旦》，乃其返乡后所作，此后就再也没能回到扬州。曹寅作《哭东山修撰》，从中可见汪绎身后家事维艰，更见曹寅痛失友人之恸。①

汪士鋐（1658—1723），字文升，号退谷、秋泉居士，江苏长洲（今苏州）人。康熙三十五年（1696）状元及第，改庶吉士，散馆授编修，入直南书房。四十二年（1703）丁父忧，随即奉旨在扬州校勘《全唐诗》。服除补官，四十六年（1707）夏特升右春坊右中允，兼翰林院编修。雍正元年（1723）卒于京师日南坊第。文升书法有奇势，横纵自放，而分间布白无分寸失，名公碑版多出其手，李玉棻称之"为国初第一家"②。编有《瘗鹤铭考》《全秦艺文志》《长安宫殿考》等，著有《秋泉居士集》。③《秋泉居士集》卷二《玉堂掌故序》云：

  昔余师竹垞朱先生有《瀛洲道古录》，尚未就。余尝侍先生于邗上，先生曰：子其为我成之，时余方奉命校刊《全唐诗》，未暇以为，

---

① 曹寅：《楝亭集》，上海古籍出版社，1978年，第236—237页。
② 李玉棻编辑：《瓯钵罗室书画过目考》卷二，载徐蜀编《国家图书馆藏古籍艺术类编》（4），北京图书馆出版社，2004年，第345页。
③ 汪氏生平详见沈彤《右春坊右中允汪先生士鋐行状》，载钱仪吉等编《清代碑传全集》，上海古籍出版社，1987年，第247—248页。所辑书，罗时进记有《黄山志续集》一种，误，《续集》作者汪栗亭名士铉，字扶晨，安徽歙县人。

因循岁月,遂逾一纪。今老矣,无能为役,其书在先生之孙稻孙所。先生以布衣入翰林,在韩公后,而与新城公同时。①

即追记全唐诗局时与朱彝尊交往事。汪士铉在扬州曾借观朱氏所藏之书,黄丕烈《士礼居藏书题跋记续》卷上"《鉴诫录》(宋椠本)"条载汪跋云:

> 铉在维扬书局,适吾师竹垞先生亦来客于此,因得借观,遂书一通。其纸版伤损处,皆手自补缀,归之。时康熙乙酉十月朔,汪士铉谨记。②

按:台北"国家图书馆"藏有《鉴诫录》康雍间钞本一种,其后有汪士铉跋,岂除王士禛、曹寅之外,汪氏也曾录副一本耶?同时,曹楝亭丰富的藏书也是汪士铉借观、录副的对象之一。黄丕烈《士礼居藏书题跋记》卷二"《长安志》二十卷《长安志图》三卷(明本)"条录汪士铉跋文云:

> 此书人间久已绝少,丁亥岁,奉命纂修《方舆路程》,因于织造曹银台处借钞得之,真可宝爱,阅者勿忽视之也。壬寅九月十三日,秋泉居士记。③

---

① 汪士铉:《秋泉居士集》卷二,载《四库未收书辑刊》第八辑(19),北京出版社,2000年,第557页。
② 黄丕烈:《士礼居藏书题跋记续》卷上,载《国家图书馆藏古籍题跋丛刊》(6),北京图书馆出版社,2002年,第761页。
③ 黄丕烈:《士礼居藏书题跋记》卷二,载《国家图书馆藏古籍题跋丛刊》(6),北京图书馆出版社,2002年,第114页。此书后归海源阁杨氏,《楹书隅录初编》卷二亦载此跋。

此跋作于康熙六十一年（1722），丁亥即康熙四十六年（1707），其时汪士铉在扬州全唐诗局已有三年，跋中所说纂修事，当指编《长安宫殿考》一书。而朱彝尊《曝书亭集》卷四十四《书熙宁长安志后》云：

> 韦述《东西京记》世无完书，宋敏求本之撰《河南》《长安》二志，世称其该洽。《长安志》旧有雕本，字画粗恶。斯编借录于汪编修文升，善本也。惜乎《河南志》不复可得，为之怃然。金风亭长彝尊识。①

从上文看，似朱彝尊也曾从汪士铉处借钞此书。汪士铉钞本后归朱奂，吴翌凤乾隆中借钞。吴氏后又借得朱彝尊藏本互校，改正数百字，或疑朱氏所钞《长安志》之底本非出于曹楝亭者耶？然据曾经眼汪本的黄丕烈所记，汪士铉本中有朱彝尊印记。事实上，王国维《传书堂藏善本书志》"《长安志》二十卷《长安志图》三卷（钞本）"条录有朱竹垞跋文，与上文相比，仅有三处相异（"字画"前多"第"字，"彝尊"前多"朱"字，"不复可得"王国维此书作"不可复得"），而王国维认为"此桐乡汪晋贤（森）所钞汪退谷本，竹垞翁为之题识。其原本旧在温陵黄氏，诸家钞本均从之出。黄复翁谓是成化刊本"②。则所谓朱氏借钞之本实出自汪森之手，而两本有异，可能是朱彝尊用别本校改所致，其题识或即在校毕全书后所作，此跋当作于丁亥、己丑间（1707—1709）。《辽海丛书》本《楝亭书目》卷二"地舆"类著录："《长安志》，抄本。

---

① 朱彝尊：《曝书亭集》卷四十四，载文渊阁《四库全书》集部（1318），上海古籍出版社，1987年，第151页。
② 王国维：《王国维先生全集续编》（第八册），台湾大通书局，1976年，第3191—3192页。

元侍御史李好文序,河滨渔者编类图说。二十卷,一函六册。"① 按:万宝斋本《楝亭书目》此条无"元侍御史李好文序,河滨渔者编类图说"及"一函"等十八字,据诸家书目著录《长安志》乃宋人宋敏求所撰,后附元人李好文《图说》三卷可知,《辽海丛书》本近是,各本所录汪氏跋前尚有黄虞稷一跋,疑此书底本或乃千顷堂转归楝亭者。汪文升藏本后归周锡瓒香严书屋,孙星衍在毕沅幕中时曾校刻此书。吴翌凤钞校本曾归黄丕烈,后又归常熟铁琴铜剑楼瞿氏收藏,而黄氏藏明成化本后归聊城海源阁杨氏,汪森本归密韵楼蒋氏。②

康熙四十六年(1707),汪士铉在扬州度过了他的五十岁生日,《秋泉居士集》卷十二《五十初度奉呈诗局诸先生》五首其五云:

> 旅馆芜城尽圣恩,朋簪讲习共朝昏。
> 湖光山色诗中画,竹径柴扉郭外村。
> 独坐闲窗翻故简,行看春水长新痕。
> 它时若与耆英会,此日扁舟应再论。③

时将离别,所以言语间略带感伤。但在过去的三年中,汪士铉利用编辑之便,得遍阅楝亭藏书,借钞其所需者。而曹寅当时所刻之书,亦曾获赠,陆其清《佳趣堂书目》载:"《隶续》二十一卷,洪景伯。己丑。汪

---

① 曹寅:《楝亭书目》卷二,载金毓黻主编《辽海丛书》(第四册),辽沈书社,1985年,第2642页。
② 此书中各家题跋可参看《铁琴铜剑楼藏书目录》卷十一、《楹书隅录初编》卷二。此书版式、版本优劣及流传概况亦可参看朱希祖《旧本长安志跋》,载《明季史料题跋》,台北大华印书馆,1968年,第130页。
③ 汪士铉:《秋泉居士集》卷十二,载《四库未收书辑刊》第八辑(19),北京出版社,2000年,第685页。

文升太史赠。"① 己丑为康熙四十八年（1709），时《全唐诗》已编竣，汪氏返里，故有赠书之举，而曹寅所刻《楝亭十二种》及《小学五种》也已刊成，因疑汪氏赠陆漻之书为楝亭刻本。

此外，车鼎晋乃邵阳车万育之子。《（道光）上元县志》卷二十本传云车鼎晋"字丽上，号平岳，敏州之仲子。康熙丁丑进士，入词垣，主试广西、顺天皆有声。督学闽中，立条教，拔真才，闽人感之，每致馈赆，让不受。去闽后，晋有急，闽人争相赴，谋为资助。事闻于朝，诏晋受之。居乡谦谨，治家有法度，一门孝友，子敏来"②。有《车督学集》一卷。

以上增考全唐诗局十编修中六人事迹，可与罗时进、周勋初两文参看。唯须注意者，曹寅在主持编刊《全唐诗》时之交游并非仅限于上文所考诗局中四十余人，他与扬州本地的地方官员、文人雅士都有不同程度的接触，而其中最重要者，非朱彝尊莫属。

3. 诗局外人

除了全唐诗局中四十余人外，曹寅与时任清军同知的周在都、江防同知张纯修、扬州知府傅泽洪、两淮都转盐运使李斯佺都有往来。另外，与时在扬州的萧晨、禹之鼎、顾图河、史申义、沈宗敬、张云章、吴菘等人，亦多酬酢题咏。兹对李斯佺、张云章、吴菘三家与曹寅之往来补考如下。

两淮都转盐运使李斯佺（？—1710），为李溉之子、李化熙孙。

---

① 陆漻：《佳趣堂书目》，载《丛书集成续编》史部（68），上海书店出版社，1994年，第762页。
② 武念祖、陈道恒修：《（道光）上元县志》卷二十，载《中国地方志集成·江苏府县志辑》（3），江苏古籍出版社，1991年，第378页。

《（嘉庆）新修江宁府志》卷二十七本传云："李斯佺，号松客，山东长山人。康熙初，知高淳县。甫下车，痛除积弊，拘蠹之尤甚者，杖毙之，余党敛迹。听讼明白了决，有'吏立冰上，人行镜中'之谣。尝拔知名士，每月亲课于寅宾馆，丹黄甲乙，有若严师，文教丕振。"① 在送李斯佺前往高淳任知县时，王士禛曾托其在江南查访好友邢昉的著作，即《带经堂集》卷三十五《送李郎松客令高淳托访诗人邢孟贞遗集》一诗所记。到了高淳，李斯佺果然不负所托，积极寻访邢昉后人，并为之赎回田产，此事见其所撰《为诗人邢孟贞遗孙赎田记》一文，由此可见李氏为人之风义。

《（嘉庆）重修扬州府志》卷三十八《秩官志四》云"李斯诠，长山人，难荫生，四十五年任"②，由此可知李斯佺任两淮都转盐运使是在康熙四十五年（1706）。曹寅《楝亭诗别集》卷四《题高使君指头生活为松客运使四首》以及《楝亭文钞》中《题王觉斯先生画扇记》皆记曹寅与李斯佺交往事，其中，《题王觉斯先生画扇记》云：

> 丁亥九月，真州燕集，松客运使出家藏娱客，有番抹丽罗浮蝶画扇，乃觉斯题贻司寇公者，画笔古拙，楷如黍米，坐中咸传玩。值竹坨朱太史至，因述司寇公太夫人一品百龄事。众起立，绕画赞仰，若优钵昙间。又述北海先生家子孙皆僦屋居，甲海内收藏之富，今已荡然无寸缣片纸，众复为之悚肃感叹。③

---

① 吕燕昭修、姚鼐纂：《（嘉庆）新修江宁府志》卷二十七，载《中国地方志集成·江苏府县志辑》（1），江苏古籍出版社，1991年，第259页。
② 阿克当阿修、姚文田、江藩等纂：《（嘉庆）重修扬州府志》卷三十八，载《中国地方志集成·江苏府县志辑》（41），江苏古籍出版社，1991年，第661页。
③ 曹寅：《楝亭集》，上海古籍出版社，1978年，第673—674页。

从文中可知，李斯佺家中的收藏颇为可观。所谓"司寇公"是指李斯佺的祖父李化熙①，他与王铎交好，故曹寅他们所看到的这柄扇子，乃李斯佺祖传之物。参加当时雅集的朱彝尊，在他的《曝书亭集》卷二十三中也有《五月晦，曹通政寅招同李大理煦、李都运斯佺，纳凉天池水榭，即席送大理还苏州》，与曹氏之文作于同一年。康熙四十六年（1707）四月，朱彝尊到扬州提交所辑之《两淮盐策书》。盘桓月余之后，五月底，曹寅、李斯佺和李煦在画舫举行聚会，为朱彝尊饯行。也就在同年十月十三日，朱氏逝世于家中。一年之后，李斯佺卒于任上。此外，李斯佺的生平履历还能从《楝亭书目》著录其所编辑之书中窥测一二："《茂州志》，本朝知茂州李斯佺序辑。八卷，五册。""《大理府志》，本朝知大理府长山李斯佺重修。一函八册。"② 由上可见，李斯佺此前还曾任茂州知州、大理知府等职。另外，李斯佺在高淳知县任上还曾编辑《高淳县志》二十五卷，有康熙二十二年刻本存世。

张云章（1648—1726），字汉瞻，号朴村，江南嘉定（今属上海）人。诸生。早年游昆山徐氏门下，方苞《张朴村墓志铭》云："君始以校勘宋元经解客司寇家，其后诸公贵人考订文史必以相属。"③ 张氏《芥山、山浏同过传是楼见访，作诗次前韵，余和》（是日春尽日也）云：

> 手触牙签动损新，暮开鱼钥自凌晨（楼为司寇徐公藏书之所，委余校阅，恒坐其中）。

---

① 胡绍棠《楝亭集笺注》以"司寇公"为王士禛（北京图书馆出版社，2007年，第586页），非。
② 曹寅：《楝亭书目》卷二，载金毓黻主编《辽海丛书》（第四册），辽沈书社，1985年，第2642页。
③ 方苞：《望溪先生文集》卷十，载《续修四库全书》集部（1420），上海古籍出版社，2002年，第425页。

见逾万卷篇难辨（李邕请一见秘书，李峤语之曰：秘阁万卷，非时日可习。未几，峤问以奥篇，了辨如响），事要一珠记若神（余性善忘）。

倦眼青逢高兴客，余花红恋苦吟身。

相携选石扫苔坐，犹占徐园此日春。①

这是张云章在徐园校书之真实写照，所谓"宋元经解"应当就是《通志堂经解》。从张氏集中看，他的交游圈极广，其中如宋荦、王士禛、姜宸英、朱彝尊、张伯行、赵执信、陈鹏年、张大受等人，都是曹寅的朋友。在张氏文集中，《谢郡太守陈沧州先生为撰文集序书》（时署江南布政司）一文是康熙四十九年（1710）谢陈鹏年为之撰文集序，《谢宋中丞为撰〈冷吟集〉序》（时客扬州）一文乃谢宋荦为之撰诗集序。张云章后半生活动，主要集中在苏州、江宁、扬州等地，他曾是李煦的入幕之宾。他与曹寅的交往，始于康熙五十年（1711）冬，可能是由李煦牵线，时间只有短短的三年左右。在曹寅诗文集中未能留下关于张氏的任何记录，但张氏《朴村文集》与《朴村诗集》中却频繁出现曹寅的名字：《朴村诗集》卷三有《桃花泉次和曹醝使韵》〔按：曹寅《桃花泉（并序）》见《楝亭诗钞》卷五〕，卷四有《曹银台西堂张画竹三幅余为作歌》《奉陪曹公月夜坐柳下赋呈》，卷八有《赠曹醝使子青》，卷九有《题仪真察院楼呈醝使曹、李二公》，卷十有《题曹银台荔轩集后》《闻曹荔轩银台得孙却寄兼送入都》《周确庵属题画扇次曹银台韵》；《朴村文集》卷十八有《祭曹荔轩通政文》。其《祭曹荔轩通政文》对两人的往来有概括性的记述：

---

① 张云章：《朴村诗集》卷六，载《四库禁毁书丛刊》集部（168），北京出版社，2000年，第149页。

>　　吾始谒公，辛卯之冬。我刺初入，喜溢公容，遍告座客，吾于天下士独未识者此翁。云章则以方今公卿间得见者多矣，其未见者亦鲜遗憾，独憾疲暮而与公相逢。是时旌麾扬州之廨，风饕雪虐，余病而惫，公数扫径而迎败屦，传杯而听寒籁，险韵新诗如爬痒疥，墨法瑰琦，冻毫飞洒，书便面以见贻。愈头风而清快，把琼瑶之盈握，愧报章之多类，公则诏左右以椟藏而保不坏。洎乎再见清溪之滨，聚白下之名流，复谆谆而语之曰：吾晚年而得此嘉宾，图史满前，谈辨纵横，茂先逊其博物，大春失其纷纶，倒江河而灌注，浩穰穰其仓囷。小儒遇之，胆落心惊。顾谓云章列屋而□四□具陈，恣子所取，吾将共其讨论。①

由上则可知曹寅与张云章相识时，张云章有病在身，曹寅对他礼遇备至，写扇面以赠之。此后曹寅在与江宁友人相聚的席间，意外遇到张云章，曹寅与之陈书论文，以知己视之。曹寅身后，张氏自谓"我能得公之深者"，可见两人交谊之厚。

此外，《朴村文集》卷十二有《题王紫诠蕉麓剔铭图》一文，其中有"东川王使君南村非其匹俦欤？此图盖二十年前与楚僧石涛同至山下时所作"② 之句，则可知此图乃王煐与石涛合作之作品。曹寅《楝亭诗钞》卷五亦有《题王南村蕉麓剔铭图》，作于康熙乙酉（1705）。而张云章此文作于苏州张大受的水周林，时康熙五十二年（1713），故颇疑此图为张大受所藏。

---

① 张云章：《朴村文集》卷十八，载《四库禁毁书丛刊》集部（168），北京出版社，2000年，第73页。
② 张云章：《朴村文集》卷十二，载《四库禁毁书丛刊》集部（168），北京出版社，2000年，第34页。

张云章与张大受因同姓关系，过从极密，张云章集中多"家日容""家匠门"字样。他们两人都有评题曹寅作品之诗，张云章《题曹银台荔轩集后》四首云：

> 上下堂钧笙磬音，朱弦玉指发瑶琴。
> 宫中重振云门奏，定向西轩获赏心。
>
> 才并建安专一石，仲宣公干丐余波。
> 于今《典论》依然在，七子操持遗憾多。
>
> 绀黄十万轴琉璃，点勘三唐又职司。
> 若向公家偷法律，不应俭腹也论诗。
>
> 清音玉叩与珠排，刀尺锦心巧剪裁。
> 群艳世间销歇尽，那将凡骨换仙胎。①

张云章谓曹寅诗清健不减魏晋，家藏典籍数万卷，又以编刊《全唐诗》而浏览古人之作，其作遂进于学，非常人可比拟者。

张大受《匠门书屋文集》卷四亦有《书楝亭银台诗后》六首：

> 跳丸家法斗量才，笔健凌云性绝埃。
> 多少时贤夸丽句，可能横槊建安来。
>
> 当官雅意荡江湖，白下苏台兴总殊。

---

① 张云章：《朴村诗集》卷十，载《四库禁毁书丛刊》集部（168），北京出版社，2000年，第180页。

更到扬州歌吹地，狂吟肯让牧之无。

东南酬倡半耆英，寒碧邱南最系情。
更洒曝书亭上泪，风流谁竞万年名。

月堕花飞怨奈何，坊间新本小儿歌。
断肠更谱湘兰曲，魂逐残香蛱蝶多。

扶风帐下尽清狂，列乐谈经也不妨。
可惜匠门穷学究，漫持勺水测汪洋。

济时才略爱贤心，排戟雍容主眷深。
中禁文章须领袖，愿从公后和韶音。①

其一言曹寅诗风直追建安，其二述曹寅历官苏州、江宁、扬州，其三记曹寅与以朱彝尊为代表的江南士人之交谊，其四赞曹寅善写曲，其五则见曹寅之讲古学，其六总评曹寅诗才，仅区区百余字，几乎囊括了曹寅的性情、履历、嗜好、文才，可谓言简意赅。

吴菘字绮园，康熙四十四年（1705）曾中举人，后官内阁中书。《楝亭诗钞》卷七有《娑罗树歌》，序文云："绮园有娑罗树，与世所植迥异，叶如贞木，花类爵杯，结子垂囊，剖之殷赤，圆于相思子。绮园少时，以砚水浸其子，辄生一株，移植阶前三十年，大已十拱。辛卯冬以自图仙花见贻，邀我作诗。聊纪一歌，不能形其万一也。"② 辛卯为康

---

① 张大受：《匠门书屋文集》卷四，载《四库未收书辑刊》第八辑（24），北京出版社，2000年，第609页。
② 曹寅：《楝亭集》，上海古籍出版社，1978年，第344页。

熙五十年（1711），正是张云章与曹寅初次见面的时间。吴菘撰有《笺卉》一卷、《娑罗草堂诗》五卷，后者之名，似即源于其阶前之娑罗树。

洪嘉植《大荫堂集》中《书吴君白华四明诗集》云：

> 吴君绮园、东岩，如广、受二疏，为阮氏籍、咸之游，尝大雪同登黄山莲华峰顶，有《倡和诗集》。至是出浙江，度钱唐，东入会稽，探禹穴，寻兰亭、鉴湖之胜。吊宝山之冬青，遂过曹娥江，览四明二百八十峰，有《四明集》。乃由蛟门浮海登舟补陀洛伽山，于是有《白华集》。……绮园、东岩皆好读书，所至必钩深汲古，同刻林霁山《白石樵唱》，序其遗事，辨证极博。①

可见洪、吴两人亦相交甚密，故洪嘉植对吴菘叔侄评价颇高。吴菘诗集传本颇为稀见，黄裳《来燕榭读书记》卷五著录《匡庐集》，其跋有云：

> 此册亦得之于徐汇唐肆者，清康熙刻也。罕传，卷尚有董斋昌龄藏印，殆曾藏曹楝亭家者。乙未雨水节。
>
> 绮园所撰，尚有《娑罗草堂诗》五卷三种、《白华集》二卷、《四明集》二卷、《黄山唱和集》一卷也。只此本稀见，无著录者。丁酉正月更记，黄裳。②

其实《娑罗草堂诗》固然少见，另外几种也并不常见。黄裳在题记中详细介绍《匡庐集》：

---

① 洪嘉植：《大荫堂集》，载《四库禁毁书丛刊补编》（85），北京出版社，2005年，第382页。
② 黄裳：《来燕榭读书记》（下），辽宁教育出版社，2001年，第77页。

《匡庐集》二卷,大题作《游庐记》及《游庐山诗》,属"天都吴菘绮园纂"。康熙刻。十行,十八字。白口,左右双边。版心下有"娑罗草堂"四字。前有同里双石人程元愈序。卷尾有泸州先著、桐城戴名世、方山蔡擎、广陵张师孔四跋。收藏有"长白敷槎氏堇斋昌龄图书印"朱文方印。①

虽然书中只有昌龄的藏记,但正如黄裳所推测的,《匡庐集》可能曾是曹寅藏书。由于《楝亭书目》未著录清人别集,故曹氏实际藏书与其书目之间必存在一定程度的差异。

洪嘉植序文中提到的东岩即吴瞻泰,是吴菘的侄子。吴肃公《街南续集》卷二有《吴东岩诗序》。吴肃公与吴菘叔侄、洪嘉植皆有交情,其《街南文集》卷八《吴剑宜诗序》云:"已交其令弟绮园于宛上,今年客广陵,乃交剑宜。"② 而关于吴菘的刻书,吴肃公在《宋林霁山先生诗序》中称:

> 壬申岁,沈翁天士欲重梓而广其传,来宛上索予向所藏本,不知予本已久佚矣。因转向梅耦长购得之,珍重囊袭以去,将酿金为梓费,而莫或应也。汪子扶晨以告吴子绮园,绮园慨然,曰:"此吾辈事也。"遂独任之。又明年,沈翁复来告成事,且征之序。③

可见吴菘于保存古籍颇有舍我其谁的责任感。此外,他还积极搜求同时

---

① 黄裳:《来燕榭读书记》(下),辽宁教育出版社,2001年,第77页。
② 吴肃公:《街南文集》卷八,载《四库禁毁书丛刊》集部(148),北京出版社,2000年,第143页。
③ 吴肃公:《街南续集》卷二,载《四库禁毁书丛刊》集部(148),北京出版社,2000年,第377页。

代人的著作,屈大均《翁山文外》卷十五载《复吴绮园书》两通,其一(《翁山文钞》卷九同)云:"曩在邗江得与令伯兄鹿园交好,不谓谢兄陆弟,文采相宣。又复有足下为二难也。敬羡敬羡。辱惠书,勤勤恳恳,于鄙人著作三致意,以黄山志珍墨为副,知足下欲藏仆所撰屈沱五书于丹台石笋之间。"① 其二为屈氏六十岁时,吴菘与友人赠以黄山图为寿。《翁山诗外》卷十有《汪子栗亭、右湘、吴子绮园属山僧师古画黄山册子寄予为六十寿,诗以酬之》《答吴绮园长歌为予六十寿之作》,由此可知吴菘与屈氏相交,除砥砺性情之外,还有著作的互赠与收藏。此外,吴菘与梅庚、梅文鼎等人皆有往来,梅文鼎《题袁中江遗照》序文云:"忆丙寅初夏,余及家耦长、袁中江偕天都汪栗亭、吴绮园、东岩诸子游黄山。"② 次年梅文鼎又有《吴绮园招同栗亭、方邺、雨公、家瞿山、耦长、施泛郎集斋寓,陪郡司马曹实庵即席拈韵》一诗,这可能就是《黄山唱和集》产生的时间。

在扬州时期,曹寅因身兼数职,公务益多,加上奉命编《全唐诗》,所接触的人较前期更多,兹仅在前人基础上选择与藏书有关之人加以补订,而未一一征考其事。若论曹寅在扬州时期所交最重要者,非朱彝尊莫属,因朱彝尊对曹寅藏书思想的影响在曹寅晚年时尤为突出。

4. 朱彝尊

曹寅晚年把主要精力放在编刻《全唐诗》上,并借刊刻内府书之便,依靠有利资源选刻家藏秘籍。在这过程中,我们不难注意到扬州使

---

① 屈大均:《翁山文外》卷十五,载《四库禁毁书丛刊》集部(184),北京出版社,2000年,第184—185页。
② 梅文鼎:《绩学堂诗钞》卷四,载《续修四库全书》集部(1413),上海古籍出版社,2002年,第511页。

院中一个老者的身影,他就是朱彝尊。当时朱氏已年过七旬,休致在家,却仍要四处奔波,编刻著作。汪文柏《赠朱竹垞太史》诗云:

> 丛编瞖目赖金篦,千里风邮走赫蹄。
> 昔撷琼葩栽禁籞,今移带草苗招提。
> 书饶奇字供瓻酒,菜有园官继白虀。
> 投老依人殊远近,百花洲胜浣花溪。

后有注云:"时依宋中丞,寓慧庆僧房,镌选《明诗综》。"① 此虽记朱彝尊依宋荦之力编书,但我们也可把它看成是对朱彝尊晚年活动的真实写照。

朱彝尊(1629—1709),字锡鬯,号竹垞,又号小长芦钓鱼师、金风亭长。较曹寅年长二十九岁。朱氏前半生曾参加反清活动,失败后游食四方,直到康熙十八年(1679),才以布衣参加清廷所开博学鸿词科,中式授翰林院检讨,后入明史馆参与纂修《明史》,曾以偷抄内府书落职。李文藻《琉璃厂书肆记》云:"楝亭掌织造盐政十余年,竭力以事铅椠。又交于朱竹垞,曝书亭之书,楝亭皆钞有副本。"② 这表明曹寅在与朱竹垞的交往过程中,曾抄录到朱氏曝书亭的秘籍。早在康熙十八年(1679),朱彝尊入京参加博学鸿词科时,曹、朱两人就开始交往,此后很长一段时间,曹寅与朱彝尊因客观原因各奔东西,联络无多。直到朱彝尊晚年返家后,他才频繁往来于江浙间,再次与曹寅相逢。时曹寅正

---

① 汪文柏:《柯庭余习》卷七,载《四库未收书辑刊》第八辑(21),北京出版社,2000年,第74—75页。
② 李文藻:《南涧文集》卷上,载《续修四库全书》集部(1449),上海古籍出版社,2002年,第77页。

主持《全唐诗》编纂工作，朱氏的到来，不仅可以在藏书资料上提供帮助，还能在编纂计划上给予一定的指导，故曹寅对其到来是真心欢迎的。

在朱彝尊晚年与曹寅的交往过程中，也有一般性的诗酒酬唱，这在两人的集子里都有最直接的反映，如《曝书亭集》中有《曹通政寅自真州寄雪花饼》《五毒篇效曹通政寅用其首句》《五月晦，曹通政寅招同李大理煦、李都运斯佺，纳凉天池水榭，即席送大理还苏州》《题曹通政寅思仲轩诗卷》等诗及《重修江都县旌忠庙碑》一文，《楝亭诗钞》卷四有《题朴仙画五毒图》及《再题》。而《思仲轩诗卷》上朱彝尊之孙稼翁亦曾题诗，翁方纲《复初斋诗集》卷五十一《曹楝亭思仲轩诗卷》（竹垞及其孙稼翁题句）云：

曹家伯仲喻，朱氏子孙诗。以楝名亭矣，于橧意寓之。
池塘春共气，帘阁雨如丝。诗局扬州梦，新桐洗露时（楝亭弟筠石有《洗桐图》）。①

又，同书卷四十六《铁香得旧题曹筠石洗桐图诗一卷，而其图失去，筠石，楝亭弟也，有楝亭、竹垞手迹，用竹垞思仲轩诗韵》诗云：

三月桐芭雨，前春楝实期。婆娑二老在，缱绻十签诗。
冉冉翻新叶，丝丝绾故枝。高轩思仲子，及见廿年垂。

---

① 翁方纲：《复初斋诗集》卷五十一，载《续修四库全书》集部（1455），上海古籍出版社，2002年，第135页。

诗后注云："此卷楝亭题于康熙壬戌，竹垞思仲轩诗在己丑也。"① 则可知康熙四十八年（1709）朱彝尊还曾为曹寅题其弟之《洗桐图》。李佐贤《书画鉴影》卷三著录《白真人诗翰卷》，卷前有"竹垞审定"长方印，卷后有"楝亭秘玩"方印，则可知两家曾经过目。按：《白真人诗翰卷》即白玉蟾行书《仙庐峰六咏诗》卷，今藏上海博物馆。

除此以外，他们之间在藏书上的互通有无，更为他们的交游添上浓墨重彩的一笔。朱彝尊晚年过访曹寅时，其曝书亭藏书在当时的江南已首屈一指，而曹寅的楝亭藏书仍处于发展壮大阶段，所以李文藻会在《琉璃厂书肆记》中说："又交于朱竹垞，曝书亭之书，楝亭皆钞有副本。"虽不免有些夸大其词，却说明了曹寅曾借抄朱彝尊藏书。《楝亭文钞》中《复社姓氏记》云：

> 合《复社姓氏》共二千二百五十五人，为一卷。竹垞太史曰：是得之于樵李士人家，知而记之者如此。其后附会增益与脱落者，不知凡几也。丁亥十月退院考，阅《姓氏》，知者什不能一，求其所以合立社之本意者什一之中，又无几焉。呜呼！即二千二百五十五人而明亡矣。②

然则曹寅此书得自朱彝尊无疑，丁亥即康熙四十六年（1707）。按：梅曾亮《柏枧山房文集》卷四《复社人姓氏书后》（辛巳）云："右《复社人姓氏》一卷，朱氏彝尊得之，而藏于曹氏寅者。"③ 可知此后梅曾亮曾

---

① 翁方纲：《复初斋诗集》卷四十六，载《续修四库全书》集部（1455），上海古籍出版社，2002年，第89页。
② 曹寅：《楝亭集》，上海古籍出版社，1978年，第677页。
③ 梅曾亮：《柏枧山房文集》卷四，载《续修四库全书》集部（1513），上海古籍出版社，2002年，第637页。

经寓目，是书今藏台湾傅斯年图书馆，梅曾亮手题跋语赫然具在，书中有"道州何氏考藏""长白敷槎氏谨斋昌龄图书印""楝亭曹氏藏书""曹寅"等印。章绶衔《吴兴章氏紫伯藏稿》之《朱彝尊尺牍》五通其五云：

> 去夏稻孙之白下，偶泄二书，荔轩亟欲得之，托愚代觅。是以购之，俟此去相晤，度彼定兴阑，归时或上纳耳。将来驾驻西泠，必以《书画铺叙》交院长，则相见在迩，诸容明悉不尽。醑舫手复衍斋主人，廿六日。①

此乃朱彝尊晚年致马思赞函之一，与《古学汇刊》中诸函同，据吴骞《竹垞、初白二先生尺牍》跋称张氏涉园藏朱氏尺牍六十通，多与马氏论典籍事，此或出于涉园。《国朝尺牍》卷五有朱氏致汪文柏函云：

> 杜、韩韵本奇正相兼，足为诗家津筏。见惠本为竹西一友攫去，再请一部。长兄爱我，度不靳耳。诸竢嗣悉不宣。柯亭学兄，弟彝尊顿。②

疑"竹西一友"即曹寅。《楝亭书目》中著录有："《经义考》，本朝秀水朱彝尊编。一百十九卷，二函十六册。"③"《日下旧闻》，本朝秀水朱彝

---

① 《吴兴章氏紫伯藏稿》卷十一，载《名人尺牍墨宝》（第二集），文明书局，1914年。
② 梁同书辑：《国朝尺牍》卷五，光绪十七年刻本。
③ 曹寅：《楝亭书目》卷一，载金毓黻主编《辽海丛书》（第四册），辽沈书社，1985年，第2624页。

尊序辑。四十二卷，二函十二册。"① "《三体摭韵》，本朝秀水朱昆田抄撮。二函十五册。"② 按：朱昆田为朱彝尊之子，已于康熙三十八年（1699）先竹垞而卒。《经义考》一书三百卷，朱彝尊生前未能全刻，至乾隆中始由卢见曾补刻完全。曹寅所藏一百十九卷，较之康熙时所刻之半部亦属不全者，似乎当时《经义考》随刻随赠，曹寅所得仅此而已，故未注"残缺"字样。《楝亭书目》卷三"说部"类著录："《读书敏求记》，抄本，明也是翁钱曾记。四卷，二册。"③ 关于此书，清代以来就有一段朱彝尊酒宴钱遵王、贿童抄书的传说。暂不论传说本身可信与否，但这从一个侧面说明当时《读书敏求记》一书之稀见。钱曾、朱彝尊之外，鲜有藏此书者，曹寅藏钞本的来源也就可想而知了。以上这些都是曹寅从朱彝尊处获得藏书的明证。

不过李文藻只注意到曹寅借抄曝书亭书，却没留意他们之间的文献交流是相互的。朱彝尊《曝书亭集》卷四十四《景定建康志跋》云：

> 《建康志》五十卷，宋景定中承直郎宣差充江南东路安抚使司干办公事武宁周应合撰。岁在戊午春，予留白下。亡友周雪客语予曾睹是书阙本，访之三十年未得也。今年秋九月，过曹通政子清真州使院，则插架存焉，亟借归录之。应合，淳祐间举进士，尝为实录院修撰官，以上章劾贾似道谪通判饶州，自号溪园先生。康熙丁亥十一月，竹垞

---

① 曹寅：《楝亭书目》卷二，载金毓黻主编《辽海丛书》（第四册），辽沈书社，1985年，第2641页。
② 曹寅：《楝亭书目》卷一，载金毓黻主编《辽海丛书》（第四册），辽沈书社，1985年，第2632页。
③ 曹寅：《楝亭书目》卷三，载金毓黻主编《辽海丛书》（第四册），辽沈书社，1985年，第2661页。

七十九翁彝尊书。①

《竹垞老人晚年手牍》第三通云:"近闻章仲得梁克家《三山志》,子清得周应合《建康志》,皆宋刻精良,又闻屺瞻获秘册尚多,思一往探之,其如贱足不仁何?"②则朱氏此次真州之行专为借书而来。这两件事发生在同一年,则可证两人之间藏书的互通有无确有其事。而当时朱彝尊正在为曹寅编辑《两淮盐策书》,曹寅也有意为朱彝尊刊刻集子。朱氏居吴门,曹寅曾遣人促之,《竹垞老人晚年手牍》第六通云:"拙藁已录三之二矣,荔轩顷来促,然名山此席恐尚未稳,十九覆酱而已。"③次年,朱彝尊将生平所作诗文编成《曝书亭集》八十卷,于康熙四十八年(1709)七月交曹寅刊刻,未几朱彝尊去世,曹寅在其诗中不时流露出对朱彝尊的怀念之情,刊刻《曝书亭集》一事也直到曹寅下世才被迫停了下来,可见当时两人关系不一般。曹寅的藏书思想除了受到当时江南藏书风气的影响外,还受到曹溶、朱彝尊等人"流通古书"理论的濡染,这一点是不言而喻的。

曹寅的爱书之情在《楝亭集》中多有体现,如康熙三十一年(1692)所作《和芷园消夏十首·曝书》诗云:

十五年间万卷藏,中年方觉曝书忙。

---

① 朱彝尊:《曝书亭集》卷四十四,载文渊阁《四库全书》集部(1318),上海古籍出版社,1987年,第152页。
② 朱彝尊:《竹垞老人晚年手牍》,载《丛书集成续编》集部(125),上海书店出版社,1994年,第331页。
③ 朱彝尊:《竹垞老人晚年手牍》,载《丛书集成续编》集部(125),上海书店出版社,1994年,第332页。

遥怜挥汗缤翻处，时有微风送古香。①

可见当时曹寅藏书颇为可观。他还有记抄书的词《古倾杯》云：

清哨严城，笼灯解鞯，归卧书堆内。频年嗜好，多惭糟粕，索索都无真气。闲宵甲乙重编，缤翻判尾。古人好语，今生难字，等闲去取，束共牛腰粗比。　岂不见论斤籴米，应少胜虫钻故纸。笑万卷空摊，一编未竟，颖秃埋何地。知无足付儿子。待掩帙蕉叶微酣，浇酬十指。烛跋漏下，颓然睡矣。②

江澄波《古刻名抄经眼录》著录曹寅藏明嘉靖刊本《雍熙乐府》，抄录光绪间得到此书之江标跋文云：

此书传本甚少，《纳书楹曲谱》中曾一引及之。余于己丑夏得于厂肆，重其经诸家收藏也。词山曲海著录繁多，然此书在明时已为藩府所藏，国朝又经曹楝亭补钞，继归敷槎，百余年来辗转归余书库中三年许，鹤巢世丈闻之，忻欲一观，即以掇赠。丈精于南北诸谱，当有所补正，近今换移金羽官，或不仅视为寻常杂集也。光绪辛卯二月元和江标记。时赁京师西砖胡同。③

则曹寅曾补抄此书无疑。至于他所抄秘籍，又往往来自周围一帮身体力行"流通古书"理论的朋友，除了这里提到的朱彝尊之外，还有王士

---

① 曹寅：《楝亭集》，上海古籍出版社，1978年，第90页。
② 曹寅：《楝亭集》，上海古籍出版社，1978年，第608—609页。
③ 江澄波编著：《古刻名抄经眼录》，江苏人民出版社，1997年，第296页。

禛、宋荦、周在浚、胡其毅、纳兰性德、徐乾学等。曹寅因为身处这样的藏书环境中而得以纵览古今秘籍，同时这个环境又反过来影响了他，最好的证明就是曹寅积极刊刻孤本秘籍，这其中不仅有其家藏之物，甚至还有借友人所藏孤本，为之续命者。《楝亭文钞》中《周易本义序》有云：

> 夫六经在世，如日月经天，江河行地，而首经谬误如此，亦学士、大夫之过也。余宦游江左，奉命于扬州置书局。偶借得花溪徐氏宋椠《本义》善本，属门人重付开雕，以广其传。俾后学得以目见古经，而不终汩没于俗学。是亦盛代右文之一助云尔。时康熙五十年，岁在重光单阏嘉平月，书于淮南使院。①

康熙五十年（1711）即曹寅去世的前一年，其执着于"流通古书"可见一斑。

从曹寅与朱彝尊的交游，尤其是藏书的交流中可以知道，曹寅虽然早已结识朱彝尊，但当时两人并未深入交往，他们重叙旧谊的时间大约在康熙四十四年（1705）。是年初，康熙帝南巡，曹寅忙于迎驾等事，二月底康熙帝命他主持刊刻《全唐诗》，等处理完南巡事宜后，五月初一日，他又赶往扬州主持扬州诗局开局事宜，诸事略布置停当，才返回江宁。此时十竹斋主人胡其毅已经去世，曹寅从此失去了一位能共同品评诗画，言古籍流通、刻印的知音。未几，朱彝尊风闻编刻《全唐诗》事，便过扬州访旧友，趁机与诗局中的老友叙旧。《曝书亭集》卷三十三《寄查德尹编修书》云：

---

① 曹寅：《楝亭集》，上海古籍出版社，1978年，第648—649页。

> 比得书，知校勘《全唐诗》业已开局。近闻足下先取杜少陵作，审其字义异同，去笺释之纷纭，而归于一是，甚善。①

查嗣瑮与朱彝尊为表亲，他直接参与了《全唐诗》的编纂。从上面朱彝尊致查氏函可知，此函是朱彝尊在听闻《全唐诗》开局后所写，从其内容可知《全唐诗》中杜诗部分就出自查氏之手。② 同年十月朱彝尊为曹寅《楝亭诗钞》作序云：

> 楝亭先生吟藁，无一字无镕铸，无一语不矜奇，盖欲抉破藩篱，直窥古人窔奥。当其称意，不顾时人之大怪也。先生于学博综，练习掌故，胸中具有武库，浏览全唐诗派，多师以为师。③

序文中之所以会有最后两句，谅与曹寅刊刻《全唐诗》不无关系。关于《全唐诗》的刊刻问题，潘天祯在《潘天祯文集》之《扬州诗局杂考》一篇中、曹红军在其博士论文《康雍乾三朝中央机构刻印书研究》中已有很详细的论述，故本文不再细论。因仅就刊刻《全唐诗》过程中有关朱彝尊与曹寅的交往事迹加以说明。但首先必须申明的是，曹寅藏书在编纂《全唐诗》过程中起了很重要的作用，这一点王利器、周勋初等学者都曾提及。

曹寅主持刊刻的《全唐诗》的版式、字体精美异常，当时金埴甚至

---

① 朱彝尊：《曝书亭集》卷三十三，载文渊阁《四库全书》集部（1318），上海古籍出版社，1987年，第27页。
② 周勋初：《叙〈全唐诗〉成书经过》，载《周勋初文集》（三），江苏古籍出版社，2000年，第195页。
③ 曹寅：《楝亭集》，上海古籍出版社，1978年，第11页。

将它称作"康版",虽是溢美之词,却也说明了《全唐诗》重版式字体、轻内容的缺点。现在学者批评和补苴最多的是《全唐诗》的内容,这是无可否认的,但我们也不能不考虑当时的客观环境。周勋初以为:

> 尽管曹寅等人花了很大的力量为季振宜《全唐诗》的后半部分作了加工,但在御定《全唐诗》中,中、晚唐诗部分仍然编得水平较差。朱彝尊《潜采堂书目四种》之一《全唐诗未备书目》列出了一百四十种左右的集子,中、晚唐诗要占到百分之九十五以上。后代陆续发现的一些唐诗集子,凡御定《全唐诗》所未收者,多半是中、晚唐诗人的作品。这与编校者凭借的底本这一部分基础较差有关。①

这里提到的《全唐诗未备书目》即《晨风阁丛书》中所收《潜采堂书目四种》之一,收唐五代人别集一百七十一种,该书目后有冯登甫跋语:

> 先生与曹通政寅书云:曩承面谕补缀《全唐诗》第十一函第七册孙元晏以下,至张元正共十四开无考,今查出四十三人官爵,似宜注明。又李潭□六诗七首,又联句三首,似宜补入。但业经进呈,成事不说,留此以见愚者千虑之一得耳云云。此目疑为同时录补者,时方修《两淮盐策志》,先生已望八,而端楷无一笔之率如此,可敬也。冯登甫记。②

据冯氏所说,朱彝尊确曾为曹寅补缀《全唐诗》,此札《曝书亭集》未

---

① 周勋初:《叙〈全唐诗〉成书经过》,载《周勋初文集》(三),江苏古籍出版社,2000年,第197页。
② 冯登甫:《全唐诗未备书目·跋》,载沈宗畸编《晨风阁丛书》,中国书店,2010年,第171页。

载。上海图书馆藏清末钞本《竹垞老人尺牍》,其中有致曹寅函,论及编辑《全唐诗》事。朱彝尊当时为避打抽丰之嫌,不愿具体参与其事,但在曹寅再三恳切要求下,他还是对此事颇为留心。除上引冯登甫所摘录者外,还有信札云:

> 弟家储旧地志三千册,中间不少唐人集外诗,宜亟采获,入之全书。第卷帙繁重,断难携至局中。前承面订,莫若资弟烟楮虾菜之需。弟当于里门延一二门弟子,相助钞撮,度夏秋可毕。令老先生复视雠政,仍许弟为游客,则悠悠之谤,庶几可息。①

此则可见朱彝尊当时确实想利用家中藏书为《全唐诗》的编辑提供帮助,使之更趋完备。

周勋初在《叙〈全唐诗〉成书经过》中征引俞大纲《纪唐音统签》说:

> 1937年,俞大纲到故宫图书馆阅读《唐音统签》,看到了季振宜的《全唐诗》,这时才知道《四库全书总目》"提要"、御定《全唐诗》的"凡例"和康熙御制《全唐诗序》中提到的"全唐诗"或"全唐诗集",都指季振宜的《全唐诗》,现在通行的这部所谓御定《全唐诗》是依据胡震亨的《唐音统签》和季振宜的《全唐诗》成书的。②

其实,季振宜的《全唐诗》在朱彝尊的《曝书亭集》中不止一次被提

---

① 《竹垞老人尺牍》,清抄本,上海图书馆藏。
② 周勋初:《叙〈全唐诗〉成书经过》,载《周勋初文集》(三),江苏古籍出版社,2000年,第186页。

到，如卷四十九《跋石淙碑》云：

> 予性嗜金石文，以其可证国史之谬，而昔贤题咏往往出于载纪之外。若贾𬘡《华岳》诗，李夐《恒岳》诗，任要、韦洪《岱岳观白蝙蝠》诗，三衢石桥寺李谞《古风》，临朐冯氏《诗纪》，海盐胡氏《唐音统签》，泰兴季氏《全唐诗集》皆略而不收。斯碑亦弃不录，世遂莫知睿宗及狄梁公之有诗传于今。①

同卷《唐储潭庙裴谞喜雨诗碑跋》云：

> 康熙壬申十有一月，泊舟于潭，获诸仪门之右。其阳裴谞诗，其阴裴氏族子题名记事。后十年，吴江张吉士尚瑗出知兴国县事，乃拓谞诗见贻。惜其阴面壁，工人不知响拓，然胡氏《统签》、季氏《全唐诗》，谞作皆无之。《丛编》所载诸道石刻，其中唐人诗尚多。惜无好事若张君为予博访而摹拓之也。谞字士明，洛阳人，尚书宽子，仕至兵部侍郎。旧史有传。②

同书卷五十《唐阿育王寺常住田碑跋》云：

> 其阴有记，则于季友辞，附赠范的诗，的亦有和韵之作，胡氏《统签》、季氏《全唐诗》均未之载。季友，太保颀次子也，尚宪宗女

---

① 朱彝尊：《曝书亭集》卷四十九，载文渊阁《四库全书》集部（1318），上海古籍出版社，1987年，第204页。
② 朱彝尊：《曝书亭集》卷四十九，载文渊阁《四库全书》集部（1318），上海古籍出版社，1987年，第208—209页。

惠康公主，拜驸马都尉，授羽林将军。[1]

可见亲历《全唐诗》编刊的朱彝尊早已道出个中隐秘，只是后人未能细读其书而已。《全唐诗》的编订，除了依据《唐音统签》、季本《全唐诗》两种外，还曾参用过冯氏《诗纪》。至于朱彝尊之所以能补缀《全唐诗》之未备，正因其曾亲自使用三书，而其补苴所用者正是今人所关注之金石碑刻等实物，由此可以认为朱彝尊是补正钦定《全唐诗》的第一人。

以上所说是讨论编辑《全唐诗》过程中连类触及者，至少可以从侧面帮助了解曹寅主持《全唐诗》刊刻事时，朱彝尊虽未能正式列名编修队伍，但在代修《两淮盐政志》一书期间，仍与曹寅频繁交流《全唐诗》的编纂问题，可惜当时未能及时地将他的成果吸收到《全唐诗》中，否则曹寅所刻《全唐诗》的质量应该会更好。更可惜的是他们之间频繁商讨编纂、补缀的书札现多不存，这些是他们在文献学交流方面最直接的证明。

除了奉旨刊印《全唐诗》一书外，曹寅还依托当时优越的刻书条件，雕印了《楝亭小学五种》和《楝亭十二种》两部小丛书。曹寅刊刻秘籍，跟他与当时江南藏书家如朱彝尊、胡其毅等频繁交往，受到"流通古书"等开明藏书理论的影响，不无关系。

在此须进一步说明曹寅刊刻小学类典籍，即《楝亭小学五种》与《隶续》的问题。清人钱泰吉在《曝书杂记》卷上"郭氏《汗简》"条中说：

---

[1] 朱彝尊：《曝书亭集》卷五十，载文渊阁《四库全书》集部（1318），上海古籍出版社，1987年，第216页。

康熙间，钱塘汪立名从朱竹垞先生得旧钞本，刻于一隅草堂。竹垞翁喜劝人刻字书，若吴门张氏及曹氏楝亭所刻书，多发于竹垞翁。唐宋人小学书今得传布，竹垞翁力也。窃谓字学当以《说文》为宗，参之郭氏所著《佩觿》及张参《五经文字》、唐元度《九经字样》等书以正字体。若古文奇字，聊广闻见则可，倘好奇成癖，将如薛常州之《书古文训》，令人舌挢不下，亦是一病。竹汀先生尝辨论郭氏之书，读者当以为法。①

其中谈到朱彝尊曾劝人刻书，尤其是小学书。朱彝尊《曝书亭集》卷四十三《汗简跋》更直接说：

予偶得旧抄一册，爱其奇古，又一依说文"始一终亥"次序，后附宋虞部员外郎李直方、高士郑思肖跋尾。钱唐汪主事立名，坚请发雕，遂锓诸枣木。呜呼！小学之不讲，俗书繁兴，三家村夫子挟梅膺祚之《字汇》、张自烈之《正字通》以为兔园册，问奇字者归焉，可为齿冷目张也。予也侨吴五载，力赞毛上舍扆刊《说文解字》，张上舍士俊刊《玉篇》《广韵》，曹通政寅刊丁度《集韵》、司马光《类篇》，将来徐锴之《说文系传》、欧阳德隆之《韵略释疑》必有好事之君子镂板行之者，庶几学者免为俗学所惑也夫。②

这里完全是朱彝尊的夫子自道，较钱泰吉所言更为详细。而《竹垞老人

---

① 钱泰吉撰、冯先思整理、吴格审定：《曝书杂记 甘泉乡人题跋》，中华书局，2020年，第20页。
② 朱彝尊：《曝书亭集》卷四十三，载文渊阁《四库全书》集部（1318），上海古籍出版社，1987年，第143—144页。

晚年手牍》第十通云：

> 一抵竹西，地主适解维至真州，舍馆废署，热不可支，日与主人相对言愁，兼旬辞去。彼方自顾不给，长铗归来可知已。甚思索晤，畏暑如惔，道驾肯同查浦惠然极妙。初五、六日望即联舟而来，作数日谭，勿更游移也。小枚《玉篇》《广韵》未曾携归，《西游记》不知发雕，仅携有丁度《集韵》奉送，晤顷面呈可耳。①

其中所记《集韵》当即《楝亭小学五种》之一。此外朱氏《汗简跋》中多了"力赞毛上舍扆刊《说文解字》"一句，《竹垞老人晚年手牍》第二通（三月十四日）云：

> 毛黼老留吴郡，下榻张吁三兄斋，依宋椠刻《玉篇》。相对数昼夜，力恳愚一过汲古阁，许尽出数十年之藏书。闻其目，多所未见，并有藏画廿余，皆元明真迹。……黼老兄见借书四种：曾端伯《乐府雅词》二册，系焦弱侯先生手抄；钱讽《回溪史韵》三册，借（按：疑"惜"字之讹）未全；周南瑞《天下同文》五十卷，系元初人选一代诗文，均属《文类》中所无者，此则尤异闻也；外《震泽诗赋》二册，乃宋元最僻人所作。若到其家，必有数十倍未见之书，偶与衎斋述之。又所携寓舍诸书，如《说文系传》、《类篇》、《集韵》、《龙龛手镜》、欧阳德隆《韵释》皆属宋刻，亦满目琳琅也。②

---

① 朱彝尊：《竹垞老人晚年手牍》，载《丛书集成续编》集部（125），上海书店出版社，1994年，第332—333页。
② 朱彝尊：《竹垞老人晚年手牍》，载《丛书集成续编》集部（125），上海书店出版社，1994年，第331页。

则可知当张士俊刻《泽存堂五种》之《玉篇》时，毛扆寓其斋中，张士俊在所刻之《群经音辨》跋文中记毛扆携宋本《玉篇》过访，时康熙四十年（1701），同时开雕者还有《广韵》。康熙四十五年（1706）朱氏又劝其刻《群经音辨》，张氏再借南宋本于毛氏汲古阁，至其书刻成已在康熙五十三年（1714），此时朱彝尊逝世将近五年，遂由张云章为之校读一过。毛扆当时曾力邀朱彝尊游虞，并慨然借书，《竹垞老人晚年手牍》第四通云：

> 黼老于数日前过七星桥，原缄存笥，容寓信商之，徐报命。汉碑向日摹拓颇多，因未装池，尽为鼠啮。其仅存者，俟归里检出奉纳。杨、张、徐诗一卷已刻竟，样本偶为友人持去，须印就续寄。曾端伯《雅词》尚未录竣，《天下同文》为侠君借录，当索还觅便寄览可也。……僧舍久处颇安，惟贱足作楚久而木强，当成痼疾，然借此省应酬，未必非美疢也。近借得《隶续》八卷以后至廿一卷，虽中有缺者大半，然人间多未见，专俟恺仲来抄之。①

朱氏《乐府雅词》三卷《拾遗》二卷（旧钞本）跋云：

> 曾端伯《乐府雅词》，陈氏《书录解题》一十三卷、《拾遗》二卷，此书抄自上元焦氏，止存二卷及《拾遗》，殆非足本，然藏书家著于录者罕矣。康熙乙酉，竹垞老人跋于吴关慧庆僧舍，时年七十有七。②

---

① 朱彝尊：《竹垞老人晚年手牍》，载《丛书集成续编》集部（125），上海书店出版社，1994年，第331—332页。
② 钞本《郘宋楼藏书题跋辑录》，载《国家图书馆藏古籍题跋丛刊》（19），北京图书馆出版社，2002年，第809页。

此书当即前文所记毛氏藏本，《曝书亭集》中收《乐府雅词》跋与此有详略之异，而无年月。此跋作于康熙四十四年（1705），前一年毛扆开始重校其家所刻《说文解字》，至此年方告完成，① 其稿本有存于南京图书馆者。就朱彝尊《汗简跋》及《竹垞老人晚年手牍》所记，则当时所翻刻小学诸书底本颇有出于毛氏汲古阁者。综合三家所刻，研治小学之基本典籍如《说文解字》《广韵》《集韵》等书已经基本完备。

众所周知，正如钱泰吉所说，《说文解字》是研习小学的根本，乾嘉时期的朴学大师段玉裁就是凭着一部《说文解字注》而闻名于世的。而顾炎武作为公认的开有清一代学术风气的大学者，毕生致力古学，精研古韵，撰成《音学五书》，但也以未见《说文解字》为憾。在毛刻本以前，《说文解字》流传极少，乾嘉学者多以毛刻本为著述的基本资料，段玉裁就反复批校过毛刻本。李文藻《送冯渔山〈说文〉记》云：

> 国家以《说文》治经，惠半农侍读最先出，其子栋继之。近日戴东原大阐其义，天下信从者渐多。高邮王怀祖，戴弟子也。己丑冬，遇之京师，属为购毛刻北宋本，适书贾老韦有之，高其直，王时下第囊空，称贷而买之，王曰归而发明字学，欲作书四种，以配亭林顾氏《音学五书》也。②

所记即康熙三十四年（1695）李文藻见栋亭藏书于厂肆，撰《琉璃厂书肆记》时事。老韦八年前曾开鉴古堂，时在刘氏延庆堂，栋亭藏书多经

---

① 潘天祯：《毛扆第五次校改〈说文〉说的考察》，载《潘天祯文集》，上海科学技术文献出版社，2002年，第228—229页。
② 李文藻：《南涧文集》卷上，载《续修四库全书》集部（1449），上海古籍出版社，2002年，第78页。

其手卖出。从李文藻所述王念孙买《说文》事，可见毛氏刻本在乾隆年间之难得，高邮之学发轫时曾得其助明甚，后人每多批评毛刻之恶，却也不应抹灭其筚路蓝缕之功。至于张士俊、曹寅所刻诸书也有相同的境况，后人每以后世发现之善本苛责前人无意之失，有失厚道。此外，《竹垞老人晚年手牍》第七通中记：

> 已与查浦面订廿四、五当一渡江至真州，若魏、黄诸家《诗话》能借我，往劝荔轩刊之，甚盛事也，不审衍斋能慨然否？①

此事不见后话，恐未有结果，然可证朱彝尊当时积极鼓励曹寅刻书无疑。

其实，除了小学类典籍的刊刻为乾嘉朴学之兴盛做了铺垫之外，与曹寅主持编刻《全唐诗》之同时，朱彝尊以一己之力编成《明诗综》《词综》，若加上此前钱谦益所编《列朝诗集》、吴之振与吕留良等所编《宋诗钞》、顾嗣立所编《元诗选》、郭元釪参编之《全金诗》《金元乐府》等书，从中不难发现，诗歌总集的编纂在清初已出现高峰，这不仅反映了清初学者已经有意识地去充分占有资料，为后人的深入研究做准备，同时也从一个侧面反映出清代学术从一开始就有逐步走向对传统学术的总结之趋势。

《全唐诗》作为后世学者从事学术研究必备的诗歌总集之一，除了其内容本身在诗学研究中的重要地位早已为世人所公认之外，其在清代雕版印刷史及图书编纂史上的成就也渐渐为研究者所重视。曹寅作为编

---

① 朱彝尊：《竹垞老人晚年手牍》，载《丛书集成续编》集部（125），上海书店出版社，1994年，第332页。

刻《全唐诗》的组织者，从受命后拟定规划、搜集资料，到组织人员正式编订，一切事务均由其总揽。而近年来中外研究者在研究《全唐诗》编纂问题的过程中，对曹寅本人的注意犹嫌不足。本文主要在补订前人对《全唐诗》编校人员研究中缺略的同时，以曹寅与朱彝尊的交游为重点，尝试探讨曹寅在藏书与刻书上的成就。

另外，本文利用方志与别集内相关史料，对日本学者井波陵一《楝亭五种の同校者たち》及罗时进《〈全唐诗〉十编臣叙录》中所考察的《全唐诗》编校人员的生平事迹作了补订，尤其侧重考察了曹寅与朱彝尊交游的相关细节。朱彝尊在曹寅编刻《全唐诗》时，曾欲以家藏方志资料增补其不足，且在相关石刻材料中发现可补其缺者，虽然《全唐诗》已经编订问世，但仍不忘在跋语中揭示，可见朱氏对补订唐诗一事念念不忘。同时，朱彝尊积极鼓励汲古阁毛氏、泽存堂张氏刊刻小学著作，曹寅在他的影响下，也刊刻了小学五种。小学著作的集体刊刻，为清代乾嘉时期朴学的发展做好了资料上的准备。以《全唐诗》为代表的诗学总集的编纂，① 则展现出清代学术有为传统学术总结之趋势。

---

① 《全唐诗》的编纂出于钦定，与当时学人私纂宋、元、明各代诗歌总集的性质略有不同，其主要代表着康熙帝对诗歌的好尚，至其与有清一代唐宋诗之争的关系，亦当与同时私纂的各总集区别审视。

曹氏楝亭藏书聚散考略

《红楼梦》作为一部小说，因被广大学者研究，从而形成了一门独立的显学——"红学"，而关于其作者曹雪芹的身世研究也逐渐明了起来，这部分的研究常被红学研究者称为"曹学"。在这部分研究中除了曹雪芹本人以外，被学者研究最多的要数曹雪芹的祖父曹寅了。在研究曹雪芹身世的过程中，曹寅是一个无法回避的人物，这在很多红学家的著作中是显而易见的。但现在所能见到的学术著作中几乎未见关于曹寅藏书情况的研究。而曹寅的藏书却与曹雪芹创作《红楼梦》有着密切的关系，每当我们为《红楼梦》中的情节所感动的同时，也不禁为其中美丽的语言所倾倒，不由自主地想探询个中的奥秘。其实，这不仅与曹雪芹个人飘零的身世有关，也得益于其出类拔萃的文学才华，追溯源头，其祖父的藏书是关键所在：王利器在《耐雪堂集》中考证曹雪芹所引用的唐诗版本乃楝亭藏书，周汝昌在《文采风流曹雪芹》中多次提到楝亭藏书对《红楼梦》的影响等都是最好的证明。所以对曹寅楝亭藏书的考察必定对曹雪芹本人的研究有所裨益。

曹寅作为清初有名的藏书家,从现存的《楝亭书目》看,其所藏书籍的质和量与当时的大藏书家如常熟毛晋、钱遵王,泰兴季振宜等相比,可以说毫不逊色。而今天的文献学家对于前后两者的重视程度却有着天壤之别,这从现有的文献学教材和各种专著中可以清楚地看到。虽然也有人对曹寅的刻书给予较高评价,但仍有不少学者对此颇有微词。窃以为有必要从文献学研究的角度来重新审视楝亭藏书。

一、楝亭藏书声名鹊起

说到曹寅的藏书,就不能不先说一下"楝亭"的来历。启功在其《记〈楝亭图咏〉卷》(此图今藏中国国家图书馆善本部,乃赵万里劝张伯驹让归者)中对此有简明的解释:"曹寅的父亲曹玺在江宁任织造时,曾手植一棵楝树,这种树俗名金铃子。曹寅后来继承他父亲也在江宁任织造,为了宣扬他父亲的'遗爱',所以起这一个亭名,并用作别号。请人作画、作诗、作文来作纪念。"① 楝树是一种落叶乔木,在四五月间会开淡紫色有清香的小花,果实不大,味苦,可以入药,其木材坚实可制作器物。从上面的描述我们不难看出楝树是怎样一种树:它坚贞有操守,有"苦楝"之名却又是利病的良药,好像谦谦君子。曹玺虽然大权在握,却喜爱楝树,曹寅不仅能够继承家风,且有发扬之意,在之前的苏州织造任上他已建有"怀楝堂",现在又建造楝亭,招徕友人作画题咏,不难想见当时曹家诗礼传家之风的鼎盛。与此息息相关的便是这种

---

① 启功:《记〈楝亭图咏〉卷》,载《启功丛稿》(题跋卷),中华书局,1999年,第239页。

精神在物质上最直接的表现——楝亭藏书，也正走向它的全盛时期。这里需要注意的是"楝亭"是亭子名，而非藏书的具体地方。并且，虽然"楝亭曹氏藏书"一印是到曹寅时才开始使用的藏书印，但其书当有其父遗留者。据曹玺的传记我们可以知道他少好学，深沉有大志，读书洞彻古今，负经济才，兼艺能，射必贯札。所以曹寅用这个藏书印，或许有更深的寓意。

曹寅的楝亭藏书主要是在其任职江南时所收集的，后来由其编成《楝亭书目》。曹寅任职江南期间一直身居要职，这已是众所周知，而康熙一朝最值得称道的文化盛事——《全唐诗》的编纂就是由曹寅在扬州主持的。这使得人文荟萃的扬州变得更加繁荣热闹了，曹寅也就俨然以盟主身份主持江东风雅。有人据《楝亭集》《楝亭图》及各家文集统计，与曹寅有诗文交往者约有二百人。仅据启功《记〈楝亭图咏〉卷》所记，题咏楝亭者就有四十五家，其中包括纳兰成德、毛奇龄、徐乾学、徐秉义、宋荦、王士禛等，他们在当时不仅是著名的诗人、学者，也是全国闻名的藏书家，如徐氏传是楼、王氏池北书库在当时已因富于收藏而出名，纳兰成德则以编刻巨制《通志堂经解》而为人称道。至于宋荦，也和曹寅一样在江南任要职，其在任内与常熟著名藏书家毛晋、毛扆季父子有过密切往来，据潘天祯先生考证，汲古阁毛氏所藏秘书有一部分后归于宋荦。① 所以，可以说曹寅拥有得天独厚的藏书环境。

从现存的楝亭藏书来看，这一点是确定无疑的。王重民《中国善本书提要补编》收有《牧斋书目》一种，当即曹寅《楝亭书目》所著录之

---

① 潘天祯：《〈秘本书目〉收录书的归属问题》，载《潘天祯文集》，上海科学技术文献出版社，2002年，第203—215页。

《绛云楼书目》。曹寅小注云:"《虞山钱牧斋家藏》。一卷,一册。"① 而王重民虽将其记为《牧斋书目》,四册,但其题记所录原有残记中仍称《绛云楼书目》,可知此书当是被后人改装过了。题记有云:

> 今按此诗载《有学集》卷六"丙申春就医秦淮寓丁家水阁浃两月临行作绝句三十首留别"中,注云"胡静夫,好闭关",则残记为静夫所作。卷内有"胡致果图书记"一印,殆即其人。疑致果字静夫,藏书处名春草斋,容日当考其事迹,冀为清初藏书家添一段掌故也。②

胡致果即胡其毅,曹寅曾为胡氏所藏僧渐江所画的《梅花图》题诗。③胡其毅是江宁著名的十竹斋主人胡正言的儿子,著有《静拙斋诗选》等。胡其毅出身刻书世家,他家所刊印的《十竹斋笺谱》《十竹斋书画谱》举世闻名,且作为明遗民,胡其毅与钱谦益有往来,也与身为清朝高官的曹寅有交往(这种现象谢正光在《清初诗文与士人交游考》中曾有详论)。《绛云楼书目》一书乃胡其毅抄自钱牧斋,而后又转赠曹寅,钤记即明证。

另外,从海外收归的翁氏藏书中有宋刻巾箱本《重雕足本鉴诫录》(最初为项墨林天籁阁藏书),后有跋语七通,其中就有曹寅跋语一则:"己丑夏五,竹垞先生来真州,持以见赐,愧不能藏,复影录一本奉还。曹寅。"④ 检《楝亭书目》果然只有抄本,这个抄本傅增湘《藏园群书经

---

① 曹寅:《楝亭书目》卷一,载金毓绂主编《辽海丛书》(第四册),辽沈书社,1985年,第2622页。
② 王重民:《中国善本书提要补编》,北京图书馆出版社,1991年,第124页。
③ 宋淇:《〈红楼梦〉识要——宋淇红学论集》,中国书店,2000年,第297—298页。
④ 黄裳:《黄裳文集》(6),上海书店出版社,1998年,第131页。

眼录》有著录,① 今查《中国古籍善本书目》,未见。而朱彝尊确实也是曹寅座上宾客,李文藻《琉璃厂书肆记》有云:"楝亭掌织造盐政十余年,竭力以事铅椠。又交于朱竹垞,曝书亭之书,楝亭皆钞有副本。"② 此外,今人王利器在《曹寅与朱彝尊》一文中更加详细地说明了二人的关系。在宋刻巾箱本《重雕足本鉴诫录》后有参加《楝亭图》题咏的王士禛的跋语,称其也曾手录一部,可见当时曹寅周围的抄书、藏书环境。曹寅《楝亭词钞》中有记抄书一词,寄调《古倾杯》写道:

清哨严城,笼灯解鞯,归卧书堆内。频年嗜好,多惭糟粕,索索都无真气。闲宵甲乙重编,缤翻判尾。古人好语,今生难字,等闲去取,束共牛腰粗比。　岂不见论斤籴米,应少胜虫钻故纸。笑万卷空摊,一编未竟,颖秃埋何地。知无足付儿子。待掩帙蕉叶微酣,浇酬十指。烛跋漏下,颓然睡矣。③

可见曹寅是亲自抄过书的,所以有感而发,写得十分真切。

此外,曹寅所藏尚有宋刻本《离骚集传》《杜工部草堂诗笺》《北礀文集》为汲古阁毛氏藏书,旧为项墨林藏之元刻本《玉露聚义》,还有毛氏所影宋写本的《挥麈录》等。

纵观《楝亭书目》,皆是类似的精抄本与精刻本,其中多为世人未见的善本。而曹寅作为藏书家,并没有将这些孤本视为个人的私有财产,秘不示人,而是选择将当时不经见者校刻出版。他还提出了"藏书

---

① 傅增湘:《藏园群书经眼录》(第三册),中华书局,1983年,第791页。
② 李文藻:《南涧文集》卷上,载《续修四库全书》集部(1449),上海古籍出版社,2002年,第77页。
③ 曹寅:《楝亭集》,上海古籍出版社,1978年,第608—609页。

不如刻书"的理论,其中《楝亭十二种》和《曹楝亭五种》就是代表,其后都有"楝亭藏本丙戌九月重刻于扬州使院"牌记为证,世称"曹楝亭本"。

因此,我们可以看到曹寅的藏书思想及其行为除了受其家世影响外,更重要的是受其所处的抄书、藏书、刻书环境的影响,尤其引人注目的是藏书家之间书籍的互抄,这正是曹溶《流通古书约》的具体实践。朱彝尊与曹溶也有着密切的往来,谢正光《清初贰臣曹溶及其"遗民门客"》一文论之详矣。① 何焯《法书考跋》云:"先生(按:即曹溶)殁后,将旧钞宋元版书五百册质于高江村,竹垞先生倍其值而有之。"② 可见二人之间的交谊不一般,这种友谊也体现在藏书上。因此,曹寅在开明的藏书风气中获得了丰富的收藏,同时也因为这种开明的风气而刊刻家藏秘本,在当时就足以跻身著名藏书家之列。但为何后来曹寅仅以刻书传名,而楝亭藏书逐渐被人们忽视和淡忘呢?下文将对此展开论述。

二、楝亭藏书聚散追踪

我们知道曹雪芹因为家庭败落而历经坎坷,进而饱含深情地创作出了《红楼梦》,最终却因贫病交加而未及写完全书,但几百年来,曹雪芹的名字终以其书而传,且将永垂不朽。相较而言,作为曹雪芹才华源

---

① 谢正光:《清初诗文与士人交游考》,南京大学出版社,2001年,第222—300页。
② 叶昌炽著、王欣夫补正、徐鹏辑:《藏书纪事诗》(附补正)卷四,上海古籍出版社,1989年,第354页。

头的楝亭藏书,却没有曹雪芹那样幸运。

李文藻《琉璃厂书肆记》说道:"(按:延庆堂)近来不能购书于江南矣,夏间从内城买书数十部,每部有楝亭曹印其上,又有长白敷槎氏堇斋昌龄图书记,盖本曹氏而归于昌龄者。昌龄官至学士,楝亭之甥也。"① 由此我们不难发现重要的线索。后代的学者潘祖荫曾将藏书心得手批于钱大昕的《竹汀日记钞》上,今人王欣夫录存之,其中有一条说:"楝亭(藏书)传其甥,印曰'长白傅察氏'者是,有方印曰'长白敷槎氏''堇斋''昌龄图书'印。"② 看似承袭李说而来。另外《八旗文经》卷五十七《作者考(甲)》"曹寅"条下有云:"甥富察昌龄,字谨斋,阁峰尚书子,有时名,集未见。"③ 以上则说得更加确切了。再从现存的楝亭藏书来看,绝大部分都有"楝亭曹氏藏书"和"长白敷槎氏堇斋昌龄图书印"二钤记,是其明证。因此楝亭曹氏藏书后来流归昌龄之说应该是可信的。

富察昌龄("敷槎氏",今从《清史稿》用"富察氏")是著名藏书家,叶昌炽《藏书纪事诗》卷五为其作有一诗,今人郑伟章《文献家通考》有传。④ 杨钟羲《雪桥诗话》卷四记有:"子昌龄,字晋蘅,由检讨官至侍讲学士,藏书最富。"⑤ 可见昌龄字晋蘅,号堇斋,满洲镶白旗人,世居长白,为傅鼐之长子,曹寅之甥。雍正元年(1723)三甲一百三十八名及第,任翰林院编修,官至侍讲学士。有藏书印"长白敷槎氏

---

① 李文藻:《南涧文集》卷上,载《续修四库全书》集部(1449),上海古籍出版社,2002年,第77页。
② 王欣夫撰,鲍正鹄、徐鹏标点整理:《蛾术轩箧存善本书录·庚辛稿》卷二,上海古籍出版社,2002年,第156页。
③ 马甫生等标校:《八旗文经》卷五十七,辽沈书社,1988年,第454—455页。
④ 郑氏记其字"敷槎"[郑伟章:《文献家通考》(清—现代),中华书局,1999年,第230页],误。
⑤ 杨钟羲撰集、刘承干参校:《雪桥诗话》卷四,北京古籍出版社,1989年,第170页。

堇斋昌龄图书印"朱方、"谨斋"朱方、"昌龄"朱方、"晋衡"朱方、"堇斋图书"朱方、"稻香草堂"白方、"聚星堂藏书"等,与其名字皆相符合。而稻香草堂乃其父傅鼐居住并储书的地方。

要想知道为何楝亭曹家的藏书会归昌龄所有,就不能不从两家各自的背景和相互之间的关系说起。我们知道曹家的衰败除了经济上的原因外,更主要的是政治斗争的失败,康熙时代的结束,意味着庇护曹家的大树已倒,在换代的激烈政治斗争中,曹家的后人已经无法挽回败落的局面,楝亭藏书的散失只是时间问题而已。相反,富察氏作为清朝后族,有着一般大臣所不具备的优势,而单从昌龄的家族看,在曹家步履维艰的雍正朝,其地位却如日中天。袁枚在《刑部尚书富察公神道碑》中说:"年十六,选入右卫,侍世宗于雍邸。……雍正元年,补兵部右侍郎。"① 说的就是昌龄的父亲傅鼐,他在十六岁时就已经在清世宗雍正的潜邸任侍卫一职,雍正掌权后,立刻将他升任兵部右侍郎,而同一年昌龄又进士及第,由此不难想见当时昌龄家的显赫。在袁枚的《刑部尚书富察公神道碑》、李锴的《傅阁峰尚书家传》以及《清史稿·傅鼐传》中,我们都能看到傅鼐为雍正鞠躬尽瘁,而雍正也对傅鼐恩宠有加。由此我们可以得出结论,正当曹家无力挽回败局时,富察氏正春风得意,楝亭藏书在这个时候归与曹家有亲戚关系的昌龄所有,也就毫不出人意料了。

其实,除了楝亭藏书外,昌龄谦益堂原也有不少收藏。袁枚在《刑部尚书富察公神道碑》中就说道:"所居稻香草堂,有白雁峰、鳌峰、东皋、南庄诸胜。积书万卷,招四方人与游。"② 其中"稻香草堂"一

---

① 袁枚著、王英志主编:《袁枚全集》(二),江苏古籍出版社,1993年,第25页。
② 袁枚著、王英志主编:《袁枚全集》(二),江苏古籍出版社,1993年,第27页。

名,其子昌龄依然使用,因此可推断昌龄家在其父亲时就已经典籍盈架、宾客满座了。而昌龄藏书中也有只有昌龄藏印而无楝亭曹氏藏书印者,如王重民《中国善本书提要》著录之《雅乐发微》八卷《雅义》三卷、黄裳《来燕榭书跋》著录之《六经图》、张元济《涵芬楼原存善本书目》著录之《篁墩先生文集》都是其例证。

至此,虽然曹家败落,但楝亭藏书还是得归良人,被昌龄很好地保存着。但昌龄也只能守其一时,并不能保证藏书永不流散。乾隆三十四年(1769),李文藻谒选至京师,逛琉璃厂时就看到已有经楝亭曹氏和富察昌龄递藏的古籍自内城散出,从时间上看,此时楝亭藏书在昌龄家已保存了四十年左右,而很可能经历换代后,昌龄家已经显赫不再,也无力再继续保守,只能任其流散到书肆间。

那么,昌龄的藏书后来又流落谁家呢?昭梿《啸亭杂录》卷四有云:

> 傅察太史昌龄,傅阁峰尚书子。性耽书史,筑谦益堂,丹铅万卷,锦轴牙签,为一时之盛,通志堂藏书虽多,其精粹蔑如也。今日其家式微,其遗书多为余所购。如宋末《江湖》诸集,多公自手钞者,亦想见其风雅也。①

则昌龄的藏书确实是因为富察氏的衰落兼昌龄去世而散失了。昌龄的藏书除了小部分流入厂肆外,大部分由昭梿收藏。

昭梿(1776—1829),号汲修主人,又号檀樽主人,清太祖努尔哈赤次子礼亲王代善之六世孙。嘉庆十年(1805)袭礼亲王爵号,二十年

---

① 昭梿撰、何英芳点校:《啸亭杂录》卷四,中华书局,1980年,第86页。

(1815）坐凌辱大臣被夺爵圈禁三年，半年后提前释回。其好诗文，尤习国故，与法式善、姚鼐、龚自珍等相往还。其藏书印有"礼邸珍玩""檀尊藏本"等。至此，楝亭藏书似乎可以说依然保存得比较完整。但为什么现在很少能见到经楝亭曹氏、谦益堂富察氏、啸亭昭梿递藏的书呢？这就不能不说到昭梿家的大火，法式善《存素堂文集·石仓十二代诗选跋》提到："书归十日而礼邸有回禄之变，此书不可知矣。"①《清代名人传略》也说道："昭梿即永恩之子……1805年袭礼亲王爵。两年后王府失火，全部房屋大量珍宝连同传家印玺同付一炬。仁宗皇帝悯其不幸，赐银一万两重建王府，并赏给衣帛等物。"② 可见楝亭藏书在流传了一百多年后，由于最后一个收藏者家宅遭遇大火而付之一炬了，其惨烈程度想来绝不亚于钱牧斋绛云楼之火。王府虽然能够重建，但藏书已经不能恢复了。仅存于天壤间的楝亭藏书一般只有曹寅和昌龄两人的藏印也就是这个原因，而它们只是流散出来的零散几部，大部分藏书还没等到散出就已经全部被烧毁了，所以至今笔者仍未见有三人藏印汇聚在一起的楝亭藏书。

到这里我们基本上可以清晰地看到楝亭藏书流传的脉络了。其实曹寅、昌龄、昭梿这三位藏书家的经历，也与楝亭藏书有着紧密的联系。曹寅作为这项事业的开创者，在康熙鼎盛时期身居要职，任职于当时全国的文化中心之一扬州，又主持了《全唐诗》的编纂刊印工作，与当时著名的文学家、藏书家和出版家有着密切的往来和深厚的交谊，所以在他的藏书中能够为后世藏书家所艳羡的稀世之珍。曹寅作为一个具有

---

① 叶昌炽著、王欣夫补正、徐鹏辑：《藏书纪事诗》（附补正）卷四，上海古籍出版社，1989年，第335页。
② 恒慕义主编、中国人民大学清史研究所《清代名人传略》翻译组译：《清代名人传略》（中），青海人民出版社，1990年，第485页。

较高文学修养的诗人、学者，能够主动刊印家藏秘书，最后还手定了《楝亭书目》，著录古籍三千三百余种，在三人中可以说其功最巨。而昌龄以其与曹家的亲戚关系和显赫的家庭背景得以继承楝亭藏书，这时藏书已经由江南转到了北地，然而昌龄只能守其成，没有像曹寅那样在收藏、刊印、编目等各个方面都取得显著的成绩。贵为亲王的昭梿因其强大的财力得以在昌龄家族衰微的时候不失时机地收购其藏书，但因为疏于防火而使百余年的收藏之功毁于一旦，从而使得楝亭曹氏、富察昌龄和自己的藏书家身份被后世忽视和淡忘。每思及此事，怎不让人唏嘘浩叹！古代藏书家每每有"书以人传，人以书传"之说，幸亏尚有几册几家旧藏可以让人想起这三位藏书家。而其书在后世的流传也时显时晦，正如它们主人的身世经历一样。

三、楝亭藏书劫余揽秀

这里选择几种有代表性的楝亭藏书以飨读者，从而展示它们劫后余生的传奇经历，同时也能让读者略微感受楝亭藏书之精华，进而为上文佐证。

李文藻《琉璃厂书肆记》记有"魏鹤山《毛诗要义》《楼攻媿文集》诸书，皆宋椠本"[①]，可知它们是在昭梿收藏楝亭藏书之前从昌龄家散入琉璃厂的。

---

① 李文藻：《南涧文集》卷上，载《续修四库全书》集部（1449），上海古籍出版社，2002年，第77页。

先看《毛诗要义》。依照澳大利亚汉学家柳存仁《天理图书馆藏宋本书经眼录》的记录，① 此书现应存于日本的天理图书馆。国内的藏书家莫友芝说其曾于上海郁泰峰宜稼堂见此书，而他的《宋元旧本书经眼录》卷一即著录此书，且跋语有云："（按：此书）为文渊阁著录所未及，道光间仪征相国采进遗书亦未之见。……海内更无第二本，遂卓为宜稼堂数十宋椠之冠。"② 可见其珍贵，不幸竟然流落异邦。

再看《楼攻媿文集》，确切的名字是《攻媿先生文集》，一百二十卷，傅增湘《藏园群书经眼录》和雷梦水《古书经眼录》均著录此书，祝尚书《宋人别集叙录》关于此书的收藏者和归属有谓："知是本于有清迭经曹溶、徐乾学、许滇生、徐坊等收藏，今藏北京大学图书馆。"③ 此书归棟亭与曹寅藏书的环境有密不可分的关系。此书从昌龄处散出后，曾被钱塘人许乃普（号滇生）收得，晚清时从徐坊家散出，傅增湘（1926年）和雷梦水于书肆中经眼，最终归北京大学所有，何其幸运！雷梦水还记道："一九六三年文物出版社线装本《毛主席诗词三十七首》即从此本集字影印者。"④ 则想来此书刻工精美，也是不可多得的宝物。

前文提到的2000年4月上海图书馆斥巨资从移居美国的翁氏后人处收归其世守百余年的古籍善本中，有宋刻巾箱本《重雕足本鉴诫录》一种，即曹寅抄本的祖本（棟亭藏抄本，傅增湘1930年曾见过），它后面的七通跋语是棟亭藏书的珍贵资料。其实此书后还应有黄丕烈、顾广圻的跋语，今不可见，可能已为人撤去，而《士礼居藏书题跋记续》宋

---

① 柳存仁：《和风堂文集》（下），上海古籍出版社，1991年，第1780页。
② 莫友芝撰，邱丽玟、李淑燕点校：《宋元旧本书经眼录 持静斋藏书记要》，上海古籍出版社，2009年，第20页。
③ 祝尚书：《宋人别集叙录》，中华书局，1999年，第1074页。
④ 雷梦水：《古书经眼录》，齐鲁书社，1984年，第137—138页。

椠本《鉴诫录》则全录十余条跋语可证。① 此书不仅保存了一段书林掌故，其流传过程本身也极具传奇色彩，中国的善本经历百余年，来回大洋两岸，最终还是回到了祖国，怎能不让人称幸！

而作为另一种祖本，南宋书棚本《江湖小集》验证了曹寅与昌龄之间的关系。昭梿《啸亭杂录》中所说的"宋末《江湖》诸集，多公自手钞者"，即指此书而言。顾廷龙先生《南宋书棚本江湖小集经眼记》洋洋洒洒数千言，说道"书林竞传，叹为观止"②，记的就是这类为楝亭旧藏而无昌龄印记的书，其可能未归昌龄而只被昌龄借抄，原本散出，抄本归昭梿后被火烧毁了。据《顾廷龙年谱》，顾廷龙经眼此书在1939年，而《南宋书棚本江湖小集经眼记》撰成则迟至1947年。沈津于此加按语说："此书今为台北'中央图书馆'收藏。"③ 可见此书经历也十分曲折。

以上四种书有本在国内而今流落异域者；有迭经私人藏家收藏而终归国内图书馆保存者；有流传西洋历数十年复返我中华者；有沉寂百余年而一朝曝光于天下，既入公家图书馆今又难见者。它们是楝亭藏书存世者中的佼佼者，又是楝亭藏书聚散流传的典型代表。而这其中的沉浮不仅关系着藏书，更关系着藏书家，甚至于一国之藏书文化。这四种遗留下来的古籍今天被收藏在不同的图书馆里，虽然它们远隔万里，但却都在诉说着曾经的辉煌，共同见证了两百多年前的那段风雅。

楝亭藏书作为一个曾经辉煌的历史存在，随着时间的推移而逐渐淡出人们的视线，但它的价值并没有随之泯灭，相反我们从它的聚散流传

---

① 黄丕烈：《士礼居藏书题跋记续》卷上，载《国家图书馆藏古籍题跋丛刊》(6)，北京图书馆出版社，2002年，第761—766页。
② 顾廷龙：《顾廷龙文集》，上海科学技术文献出版社，2002年，第487页。
③ 沈津编著：《顾廷龙年谱》，上海古籍出版社，2004年，第404页。

中能够看到中国文化的缩影。它从曹雪芹的祖父曹寅开始形成规模，经历了曹家的由盛到衰，当政治优势转移到富察氏时，楝亭藏书也由此转归昌龄收藏，后随着昌龄家族的失势，它又流入礼邸，最终因礼邸失火（1807年）而付之一炬。楝亭藏书经历了康熙、雍正、乾隆、嘉庆四朝百余年，在两次转移的过程中，存在小部分的流散。从因流散而存世的楝亭藏书中，我们不仅能清晰地看到"曹寅→昌龄→昭梿"这一递传关系，而且更深刻地了解了楝亭藏书对藏书史、文化史的价值。然而这只是一个开始，随着对存世的楝亭藏书继续进行深入的调查和研究，我们相信在"红学""曹学"以及文献学上将能获得更多令人惊喜的成果。

隋赫德、昌龄一族世系疏证

在清代藏书史上,康乾时期的满族藏书家中,最引人注目的无疑要数纳兰性德、揆叙昆季和富察昌龄。纳兰性德出身世家大族,天资聪颖,勤于学问,所作诗词,卓然名家,可惜天不永寿,英年早逝,年仅三十一岁。纳兰性德生前热衷藏书,曾裒辑说经之古刻秘籍,与师友一起汇刻成《通志堂经解》,皇皇巨制,备受后人称道。相比于性德,揆叙在世时间较长,故一生搜书极富,其中多古刻名椠,不意身后以政治获罪,祸及子孙,藏书归入内府,故《钦定天禄琳琅书目后编》著录之书多有谦牧堂印记。富察昌龄家世较性德、揆叙昆季略逊一筹,而在藏书方面因获舅氏曹寅楝亭旧藏,渊源有自,故邺架之富不输纳兰,叶昌炽《藏书纪事诗》卷五有云:"丰沛从龙诸子弟,亦知注墨与流丹。汰除赢卒论精骑,富察终教胜纳兰。"后有小注:"富察昌龄敷槎",① 其以"敷槎"为昌龄小字,非。盖"敷槎"即"富察",为满族姓氏,郑伟章

---

① 叶昌炽著、王欣夫补正、徐鹏辑:《藏书纪事诗》(附补正)卷五,上海古籍出版社,1989年,第461页。

《文献家通考》沿袭叶说而未改。然则富察昌龄之家世生平,较之纳兰、揆叙昆季疏略殊甚。其实,从乾隆时期的李文藻一直到20世纪末的郑伟章,其间如潘祖荫、叶昌炽、王欣夫等学者都曾对富察昌龄的家世资料广加钩稽,惜乎今日可知者仍不得其详。至于昌龄与曹寅的关系、昌龄与隋赫德的关系,不但与楝亭藏书之授受有莫大的联系,而且对于研究曹氏一族的结局与富察氏之间的关系亦颇具价值,兹不揣谫陋,将隋赫德、昌龄一族世系疏证如下。

富察氏隶属旗籍,《八旗满洲氏族通谱》(以下简称《氏族通谱》)卷二十六载有"讷殷地方富察氏",即昌龄一族之世系。由于满族人名一般以汉字据音直译,故同名异人、异名同人者层出不穷。加之《氏族通谱》所载并非准确无误,虽分列世系,却又仅以每支第一世为坐标,后代依次排列,以致后辈间的关系脉络不甚明晰。基于以上原因,今以《氏族通谱》为依据,逐一考订。

昌龄先世属明建州卫之讷殷部,袁枚为昌龄父所撰《刑部尚书富察公神道碑》称"先世居长白山,号富察氏"[①]。曹廷杰《东三省舆地说·国初征服吉江二省各部考》谓:"长白山国二部:曰鸭绿江部,居鸭绿江两岸;曰讷殷部,有珠舍里,即松花江上源额赫额因、三音额因地方。额因一作讷延,即讷殷之转。珠舍里,即乌苏城也。"[②]《清史稿·地理志》"奉天长白府"下记讷殷在抚松附近,约在今吉林省白山市抚松县。

《全辽备考》卷上"东北边部落考"所载"长白山之讷殷(一作讷

---

① 袁枚著、王英志主编:《袁枚全集》(二),江苏古籍出版社,1993年,第25页。
② 曹廷杰:《东三省舆地说》,载金毓绂主编《辽海丛书》(第四册),辽沈书社,1985年,第2245页。

因）朱舍里"一条小注云："以上二部，在明万历二十二年并于本朝。"①与《氏族通谱》所载昌龄之祖先率领子弟及同里壮丁五百名，于明末投奔努尔哈赤相符。1615年，努尔哈赤建立八旗制，富察氏隶属于镶白旗满洲都统第三参领所属第四佐领。康熙十三年（1674）因人丁滋生，分编出属第三佐领。康熙二十三年（1684），又分编一佐领，为第五佐领。

由《氏族通谱》记载可知，昌龄一族虽然入清后分为三支，但同出一源。昌龄本支的祖先莽吉图与其两位兄长孟古慎郭和、罗团三人同是孔锡库之孙、伊星阿之子，后又一同投奔努尔哈赤，入清之后，富察氏逐渐成为显赫的家族。

一、孟古慎郭和一支

（一）第一世

孟古慎郭和，《钦定八旗通志》（以下简称《钦定通志》）作"蒙古慎国霍"。《氏族通谱》云："镶白旗人，世居讷殷地方。孔锡库之孙，伊星阿之长子。"由他率领两个弟弟和同里壮丁投诚努尔哈赤，被授以佐领之职，管理本族人丁。

---

① 林佶：《全辽备考》卷上，载金毓绂主编《辽海丛书》（第四册），辽沈书社，1985年，第2223页。

(二) 第二世

喀尔喀嘛,《钦定通志》作"喀尔喀玛",《八旗通志初集》(以下简称《通志初集》)作"喀尔喀马"。孟古慎郭和长子。天聪七年(1633),任福陵总管,兼佐领。乾隆元年(1736),以曾孙福敏所得荣封,追赠光禄大夫、都察院左都御史。

安泰,《氏族通谱》以其为孟古慎郭和第三子,《通志初集》卷一百六十《安泰传》作"孟古慎郭和之第四子"。初任王府二等辖,后随多尔衮入关,曾与鄂硕率八旗兵为先锋攻南京、杭州,后又从豪格征四川,战功卓著。顺治三年(1646),以军功授半个前程。后以恩诏加世职为拜他喇布勒哈番(汉文改为骑都尉),历任副都统。康熙十二年(1673)卒,赐祭葬如典礼。

鄂湍,《钦定通志·旗分志》云"喀尔喀玛年老辞退,以其弟阿达哈哈番鄂湍管理",则可知其曾继喀尔喀玛后任佐领。

(三) 第三世

佟济,《通志初集》卷一百六十云:"安泰兄喀尔喀马之长子名佟济者,初袭管鄂屯牛录。"随兵征明,克锦州松山。后随多尔衮入关,顺治十五年(1658)九月,擢前锋参领。十七年(1660),从征福建,攻打郑成功,获敌印一颗。旋奉令往盖峙山,殁于阵。康熙二年(1663),以阵亡恤赠拜他喇布勒哈番。《氏族通谱》云:"雍正三年,世宗宪皇帝敕建昭忠寺,祀有功诸臣,佟济与焉。"以其孙福敏所得荣封,追赠光

禄大夫、都察院左都御史。《通志初集》有小传。

希佛,喀尔喀嘛之子,《通志初集》卷一百六十云:"佟济弟有希佛者,原任三等侍卫,缘事革职。后以披甲随征海贼郑成功,与其兄同时阵亡。"《氏族通谱》云:"孟古慎郭和之孙希佛,原任护军参领。"可知护军参领当是希佛从征军中时的职务。

纳秦,喀尔喀嘛之子,《通志初集》卷一百六十云:"又有讷秦者,亦佟济弟,累官至副都统。"《氏族通谱》载"纳秦原任副都统"。

禅布,《通志初集》卷九十二《世职表(十)》云:"安泰子。康熙十二年袭。"当在其父卒后即袭骑都尉之职。《氏族通谱》谓"禅布原任协领"。

郭布,《氏族通谱》云:原任都统。

拉瞻,《氏族通谱》云:原任御史。

海珠瑚,《氏族通谱》云:原任骁骑校。

艾达理,《氏族通谱》云:原任骁骑校。

文布,《氏族通谱》云:原任员外郎。

和托,《氏族通谱》云:原任防御。

(四)第四世

图世锡,《氏族通谱》作"图什锡"。《通志初集》卷一百六十《佟济传》云:"长子图世锡袭管佐领。康熙十三年,逆藩吴三桂叛,图世锡随贝勒董额由陕西进征四川。至平凉府,叛镇王辅臣列阵拒敌,奋勇击之,面鼻皆被创。未几,又与王辅臣战,大破其众,得头等功牌。十九年,至四川,闻贼兵困永宁,率兵往援。未至,永宁已陷。师还时,图世锡独殿后击贼。三十五年,从征厄鲁特噶尔丹,亦在事有功。累官至都统。三十九年，以原品致仕。雍正元年卒，谕祭一次。"《通志初集》卷七《旗分志》记镶白旗满洲都统第三参领所属"第三佐领，系第四佐领内滋生人丁。康熙十三年，图世希管佐领时，分编一佐领，以其族弟礼部尚书塞塞赫管理。……第五佐领，亦系第四佐领内滋生人丁。康熙二十三年，又分编一佐领，以图世希之族弟保柱管理"。由此可知在图世锡任佐领期间，本族人口急剧增加。

穆斯馨，佟济次子。《通志初集》卷一百六十《佟济传》云："恤赠拜他喇布勒哈番，以其次子穆什欣袭。"《钦定通志》卷二百八十七《世职表》载："穆什欣，佟济子，康熙二年袭。"《氏族通谱》云："其（佟济）子穆斯馨袭职，任前锋参领。卒，追赠副都统。后以其子福敏屡膺封典，追赠光禄大夫、都察院左都御史。"据《世职表》中其孙德尔芬袭职时间推测，穆斯馨卒于雍正三年（1725）。

德柱，禅布子，安泰孙。《通志初集》卷九十二《世职表（十）》载："德柱，禅布子。康熙五十一年，销去恩诏所得，袭拖沙喇哈番。今汉文改为云骑尉。"《氏族通谱》云："（骑都尉）安泰之孙德柱袭职时削去恩诏所加之职，承袭云骑尉。卒，无嗣。"以其兄留柱袭职时间推算，德柱卒于康熙六十年（1721）。

留柱，《钦定通志》作"刘柱"。禅布子，德柱兄。《通志初集》卷九十二《世职表（十）》载："留柱，德柱兄。康熙六十年袭。"《氏族通谱》无留柱。

文岱，字震清。《氏族通谱》云：孟古慎郭和之曾孙，"原任詹事府詹事"。邱永君《清代满蒙翰林基本情况一览表》康熙三十九年（1700）下有"文岱，字震清，镶白旗满洲人。散馆授编修，官至少詹事"。而《通志初集》卷一百二十五《选举表（一）》康熙三十九年（1700）庚

辰科进士镶白旗下有"文岱,满洲图什希佐领。仕至詹事府少詹事"。由此可知,邸永君表中所记即此人。据《通志初集·选举表》知,文岱与福敏同是康熙三十五年(1696)丙子科举人。

希尔根,《氏族通谱》云:孟古慎郭和之曾孙,"原任都统"。《通志初集》佟济小传后附记"族子希尔根,仕至都统"。

绰普敦,《氏族通谱》云:原任员外郎。

绰尔敏,《氏族通谱》云:原任二等侍卫。

巴哈塔,《氏族通谱》云:原任给事中。

玉丹,《氏族通谱》云:原任护军校。

福成额,《氏族通谱》云:原任护军校。

华善,《氏族通谱》云:原任二等侍卫。

(五)第五世

石襄,图世锡之子。《氏族通谱》云:"原任员外郎兼佐领。"《通志初集·旗分志》镶白旗满洲都统第三参领所属第四佐领下云:"图世希故,以其子员外郎石相管理。"据此可知,石相与石襄为同一人,雍正元年(1723)继其父图世锡后任佐领。

福敏(1672①—1756),字龙翰,号湘邻。穆斯馨之子,安泰之孙。康熙三十六年(1697)进士,改庶吉士,散馆归班。雍正在藩邸时,乾隆初就师傅,福敏侍读,所以乾隆在《怀旧诗》中称他为龙翰福先生。雍正登基后,即擢授内阁学士,兼礼部侍郎。雍正三年(1725)四月,迁吏部右侍郎,八月署浙江巡抚。四年(1726)二月,擢都察院左都御

---

① 马子木:《清代大学士传稿》(1636—1795),山东教育出版社,2013年,第238页。

史,四月兼掌翰林院,九月署湖广总督。六年(1728),因事革职。十年(1732),署工部尚书,特命协办大学士事。十一年(1733),署刑部尚书。十二年(1734),因事降级留任。乾隆三年(1738),擢武英殿大学士,兼工部尚书。同年十一月,兼掌翰林院。其间主持编纂《八旗通志》(《八旗通志初集》)。四年(1739)五月,加太保。六月,《八旗通志》告竣,加二级。又曾与鄂尔泰等主持纂修《八旗满洲氏族通谱》,乾隆九年(1744)告讫。十年(1745),以疾请解任。十七年(1752),福敏年八十,乾隆御制诗赐之。二十一年(1756)十月,以疾卒。寻赐祭葬,谥文端,入祀贤良祠。《钦定通志》《满汉名臣传》《清史稿》皆有传,钱仪吉《碑传集》卷二十二有雷铉《记所闻相国福敏公语》一文。

善保,图世锡子。《氏族通谱》云:"其(德尔芬)伯祖之子善宝袭职,现任佐领。"《钦定通志》卷二百八十七《世职表(十)》"德尔芬"下云:"善保,德尔芬伯祖之子,雍正十三年袭。"德尔芬乃穆斯馨之孙,穆斯馨为佟济次子,据此处所谓"伯祖之子",可知善保当为佟济长子图世锡之子无疑。

文普,《钦定通志》卷二百八十七《世职表(十)》"安泰"下记:"文普,刘柱伯父之孙,乾隆元年袭。"《氏族通谱》亦云:"其(德柱)亲伯之孙文普现袭职。"以其子麒麟保袭职时间推断,文普约卒于乾隆二十九年(1764)。

昂藏,《氏族通谱》云:原任三等侍卫。

诺穆,《氏族通谱》云:原任笔帖式。

拖图喇,《氏族通谱》云:原任笔帖式。

齐格,《氏族通谱》云:原任二等侍卫。

伏魔保,《氏族通谱》云:乾隆中曾任缮译生员。

（六）第六世

福禄，石襄之子。《钦定通志》卷十《旗分志》镶白旗满洲第三参领第四佐领下云："石相故，以其子福禄管理。"与《氏族通谱》"四世孙图敏、福禄俱现任佐领"合。

德尔芬，福敏之子。《通志初集》卷一百六十云："傅敏（通籍后改作福敏）子德尔芬，仕至镶黄旗汉军副都统。"《氏族通谱》称"其（穆斯馨）孙德尔芬袭职，历任护军参领、副都统、管都统事。卒，赐祭葬如典礼"。

图敏，《氏族通谱》云："四世孙图敏、福禄俱现任佐领。"与《钦定通志》卷十《旗分志》镶白旗满洲第三参领第五佐领下记"勒尔肯故，以护军图敏管理"合。

福昌，《氏族通谱》云：现系荫生。

麒麟保，文普之子。《钦定通志》卷二百八十七《世职表（十）》云："麒麟保，文普子，乾隆二十九年袭。"《国朝宫史续编》卷九十一称《钦定通志》为乾隆五十一年（1786），由纪昀等奉敕重纂，至嘉庆四年（1799）校刊。① 则麒麟保当卒于乾隆末年。

傅陵阿，《钦定通志》卷二百八十七《世职表（十）》记："佟济之二代孙，袭次已完。乾隆十七年，特恩赏给恩骑尉。"

佛敏布，《钦定通志》卷十《旗分志》镶白旗满洲第三参领第四佐领下记："富山升任游击，以其族叔佛敏布管理。"富山为福禄族侄，则

---

① 庆桂等编纂、左步青校点：《国朝宫史续编》卷九十一，北京古籍出版社，1994年，第885页。

佛敏布与福禄同辈。

（七）第七世

福澄，《氏族通谱》云：乾隆初年系监生。

福清，《氏族通谱》云：乾隆初年系监生。

胡图陵阿，傅陵阿之子。《钦定通志》卷二百八十七《世职表（十）》记："傅陵阿子，乾隆五十年袭。"

富山，《钦定通志》卷十《旗分志》镶白旗满洲第三参领第四佐领下记："福禄缘事革退，以其族侄富山管理。富山升任游击。"

二、罗团一支

（一）第一世

罗团，伊星阿次子，孟古慎郭和之弟。《氏族通谱》谓其"原系闲散"。随其兄归顺努尔哈赤。

（二）第二世

鄂屯，《氏族通谱》作"鄂团"。罗团之子，以废员从征。天聪五年（1631，《通志初集》小传作"九年"），随五巴海征厄黑库伦、厄勒钥

色等处,有功。崇德六年(1641),兵围明锦州,明总督洪承畴率兵赴援,鄂屯率所部三十五人坚守松山城,击败明兵。顺治元年(1644),随多尔衮入关,同参领珠玛喇追击李自成骑兵。二年(1645),论功加一云骑尉。三遇恩诏,加至一等轻车都尉。三年(1646),驻防江宁,任协领。闻贼袭巢县,率官兵前往,指挥克复其城。九年(1652),又征福建,击郑成功,屡败之。归后叙功,又加一云骑尉。十六年(1659),因老乞休。康熙十五年(1676)正月,卒。《氏族通谱》有小传。《通志初集》小传颇有谬误,《满汉名臣传》则多袭《钦定通志》传中语。

(三) 第三世

鄂塞,《氏族通谱》作"鄂色"。罗团之孙。《氏族通谱》云:"其(鄂屯)子鄂色袭职,任护军参领,因病告退。"《钦定通志·鄂屯传》云:"子鄂塞袭职。"《世职表(九)》谓:"鄂塞,鄂屯兄之子,顺治十六年袭。"《钦定通志》自相矛盾,其《世职表》语当据《通志初集》出,故仍当以鄂塞为鄂屯子为是。

(四) 第四世

鄂罗,鄂塞之子。《世职表(九)》载:"鄂罗,鄂塞子。康熙四十四年袭。"与《氏族通谱》云"其(鄂塞)子鄂罗袭职"相符。其子常云于康熙四十六年(1707)袭,则鄂罗即卒于是年。

保柱,鄂罗之兄。《氏族通谱》云:"罗团之曾孙,保柱原任协领。"《旗分志(七)》云:"第五佐领,亦系第四佐领内滋生人丁。康熙二十三年，又分编一佐领，以图世希之族弟保柱管理。保柱升任墨尔根协领，以其弟之子三等阿达哈哈番兼散骑郎常云管理。"常云即鄂罗之子，则保柱乃鄂罗兄长无疑。

金岱，《氏族通谱》云：原任郎中。

占柱，《氏族通谱》云：乾隆中曾任笔帖式。

明宝，《氏族通谱》云：乾隆中曾任笔帖式。

（五）第五世

常云，鄂罗之子，《通志初集》作"长云"。《世职表（九）》载："康熙四十六年，销去恩诏所得，袭三等阿达哈哈番。今汉文改为三等轻车都尉。"《氏族通谱》云："其子常云袭职时，削去恩诏所加之职，承袭三等轻车都尉。卒，无嗣。"以其弟勒尔恳袭职时间推算，常云应卒于康熙五十七年（1718）。

勒尔恳，常云之弟，鄂罗之子。《氏族通谱》云："其亲弟勒尔恳袭职。卒，其亲伯之子福宁袭职时削去。"《旗分志（七）》云："常云故，以其弟散骑郎勒尔恳管理。"据《通志初集》世职表，福宁雍正十二年（1734）袭职，则勒尔恳约卒于此时。

福宁，《世职表（九）》载："傅宁，勒尔恳伯父之子。雍正十二年，降袭拜他喇布勒哈番，又一拖沙喇哈番。今汉文改为骑都尉，又一云骑尉。"《氏族通谱》云："其（勒尔恳）亲伯之子福宁袭职时削去，诏后军功所得之云骑尉，现袭骑都尉兼一云骑尉。"《钦定通志·旗分志（十）》镶白旗满洲都统第三参领所属第三佐领下载："傅鼐故，以其族弟富宁管理。富宁因病革退，以其族侄塞尔图管理。"福宁与傅鼐同辈，塞尔图亦其侄辈，故知其尝为佐领。

博尔多，《氏族通谱》云：罗团之元孙，"原任通政使司通政使"。《世宗宪皇帝朱批谕旨》卷七之三《奏为覆奏事窃臣钦奉》云："朕在藩邸时，如傅鼐、博尔多俱是自幼在门上行走之人。"① 则博尔多亦出自雍邸。《江南通志》卷一百六"安徽布政使司"下记："博尔多，镶白旗人。举人。雍正二年任。"②《山东通志》卷二十五之二"承宣布政使"下记："博尔多，镶白旗人。举人。雍正二年任。"③《云南通志》卷十八下之二"本朝历科乡试主考"下记："博尔多，满洲镶白旗人。壬午举人。以内阁中书充副主考。"④

（六）第六世

富刚，福宁兄之子。《钦定通志》卷二百八十六《世职表（九）》载："傅宁兄之子，乾隆十三年袭。"《钦定通志·旗分志（十）》镶白旗满洲第三参领第五佐领下有云："国星阿故，以其族叔富刚管理。"《氏族通谱》未载富刚。

分成额，保柱之孙。《钦定通志·旗分志（十）》镶白旗满洲第三参领第五佐领下云："富刚缘事革职，以保柱之孙分成额管理。"《钦定通志》卷二百八十六《世职表（九）》称："鄂屯三代孙，乾隆二十六

---

① 《世宗宪皇帝朱批谕旨》卷七，载文渊阁《四库全书》史部（416），上海古籍出版社，1987年，第307页。
② 赵弘恩等监修、黄之隽等编纂：《江南通志》卷一百六，载文渊阁《四库全书》史部（510），上海古籍出版社，1987年，第147页。
③ 岳濬等监修、杜诏等编纂：《山东通志》卷二十五，载文渊阁《四库全书》史部（540），上海古籍出版社，1987年，第559页。
④ 鄂尔泰等监修、靖道谟等编纂：《云南通志》卷十八，载文渊阁《四库全书》史部（569），上海古籍出版社，1987年，第620页。

年袭。"《氏族通谱》未载。

国星阿,勒尔恳之子。《钦定通志·旗分志(十)》镶白旗满洲第三参领第五佐领下云:"勒尔肯故,以护军图敏管理。后以勒尔肯之子国星阿管理。"《氏族通谱》未载。

隋赫德,《氏族通谱》云:"(罗团)四世孙遂和德,原任织造郎中。"按:《江南通志》卷一百五《职官志》"江宁织造"下云:"隋赫德,满洲人。江宁织造,雍正六年任。"又同卷"榷关使者江宁有龙江西新关"下记:"隋赫德,满洲人。江宁织造。雍正六年任。"① 雍正五年(1727)十二月十五日内阁起居注记:"江宁织造曹𫖯审案未结,著绥赫德以内务府郎中职衔管理江宁织造事务。"② 隋赫德在其奏折中也以"江宁织造郎中奴才隋赫德"自称。则所谓"织造郎中",其实是"江宁织造"与"内务府郎中"两个官职合在一起的简称。查《江南通志》《浙江通志》中江宁、苏州、杭州三织造历任官员名单,唯有隋赫德与《氏族通谱》所记合。周汝昌《红楼梦新证》第七章《史事稽年》记雍正十一年(1733)十月审办"隋赫德以财物钻营老平郡王"一案,后有周汝昌一句追记:"李华先生见示,隋赫德亦富察氏,与昌龄同行辈。如此则关系更加微妙。"③ 隋赫德生平仅以曹家抄家及随园等事而为人熟知,其余反无从查考。从审办"隋赫德以财物钻营老平郡王"一案中隋赫德的口供看,其时他已经"七十余岁"④,既而被发往北路军台效力赎罪,看来结局亦不好。《氏族通谱》中所称之"原任",皆是在修谱之时其人已卒者,由此可见隋赫德卒于雍乾间。

---

① 赵弘恩等监修、黄之隽等编纂:《江南通志》卷一百五,载文渊阁《四库全书》史部(510),上海古籍出版社,1987年,第136页、138页。
② 周汝昌:《红楼梦新证》,人民文学出版社,1976年,第629页。
③ 周汝昌:《红楼梦新证》,人民文学出版社,1976年,第662页。
④ 周汝昌:《红楼梦新证》,人民文学出版社,1976年,第661页。

(七) 第七世

车尔图,《氏族通谱》云:原任笔帖式。

苏尔泰,《氏族通谱》云:原任三等侍卫。

福章,《氏族通谱》云:乾隆中曾任中书。

富庆,分成额之子。《钦定通志》卷二百八十六《世职表(九)》载:"富庆,分成额子,乾隆五十四年袭。"

三、莽吉图一支

(一) 第一世

莽吉图,《氏族通谱》记其为伊星阿之子,孟古慎郭和、罗团之弟。原任闲散,清初随兄长归顺努尔哈赤。

(二) 第二世

莽吉禄,《通志初集》卷一百六十《额色黑传》云:"其祖于国初率部落来归。父名莽吉禄,生二子,长即额色黑。"《氏族通谱》云:"其(莽吉图)孙额色黑。"与《钦定通志》《满汉名臣传》《清史稿》中《额色黑传》所言同。可知莽吉禄为莽吉图子。《氏族通谱》失载。

(三) 第三世

额色赫，《氏族通谱》《通志初集》皆作"额色黑"，《清史稿》作"额色赫"，今从《清史稿》。莽吉禄长子。初事皇太极。天聪初，为兵部启心郎。九年（1635），从征黑龙江，使还奏捷。崇德三年（1638），擢秘书院学士。五年（1640），从多尔衮攻锦州，即克锦州，受命宣谕慰抚祖大寿及同降将士。八年（1643），从贝勒阿巴泰征明，至山东，下兖州，奏捷。顺治元年（1644），随大军入关，授世职牛录章京，加半个前程。五年（1648），迁刑部启心郎。八年（1651），擢国史院大学士。九年（1652），充纂修《太宗文皇帝实录》总裁官等职，世职累进一等阿达哈哈番。十二年（1655），加太子太保，再充会试正考官，纂辑《太祖》《太宗圣训》，主持辑纂《资政要览》。十三年（1656），奉敕往朝鲜谳狱，晋少傅兼太子太傅。十五年（1658），改保和殿大学士。十六年（1659），晋少师兼太子太师。十八年（1661）十月，卒，赐葬，谥文恪。《清史稿》卷二三八有传。

额斯泰，《氏族通谱》作"额思特"，《清史稿》作"额斯泰"，今从《清史稿》。莽吉禄次子，额色赫之弟。初任头等侍卫，事顺治，甚见信任。康熙三年（1664），升镶白旗蒙古副都统。九年（1670）六月，授镶白旗护军统领。十二年（1673）十二月，吴三桂反，命顺承郡王勒尔锦为宁南靖寇大将军，以额斯泰参赞军务。十五年（1676）三月，克取君山，诏嘉之。因军中积劳，十六年（1677）二月壬戌，殁于营。《清史稿》卷二五八有传。

（四）第四世

塞色赫，额色赫子。《氏族通谱》云："莽吉图之曾孙塞色赫，原任兵部尚书兼佐领。"《通志初集》卷七《旗分志》镶白旗满洲都统第三参领所属第三佐领下云："康熙十三年，图世希管佐领时，分编一佐领，以其族弟礼部尚书塞塞赫管理。塞塞赫故，以其族弟前锋参领噶尔弼管理。噶尔弼故，以塞塞赫之子常明管理。"《氏族通谱》记额色赫"卒，其孙常明袭职"，则可知塞塞赫即塞色赫，为额色赫之子无疑。

噶尔汉，额斯泰子。《氏族通谱》谓："莽吉图之曾孙，噶尔汉原任协领。"袁枚为傅鼐作《刑部尚书富察公神道碑》称："祖额色泰，从太宗文皇帝用兵，有大功。子四人，次子骠骑将军噶尔汉辅圣祖致太平，生公。"① 李锴《傅阁峰尚书家传》云："统领（额思特）子四，其仲大同右卫协领骠骑将军噶尔汉，公之父也。富察氏世显贵，骠骑独尚清节。及卒官，公奉太夫人及幼弟扶榇归。"② 可见噶尔汉为额斯泰次子，虽任武职，却尚清节。

噶尔弼，《氏族通谱》云："莽吉图之曾孙噶尔璧，原任前锋参领兼佐领。"与《通志初集》卷七《旗分志》镶白旗满洲都统第三参领所属第三佐领下"塞塞赫故，以其族弟前锋参领噶尔弼管理"所言为同一人，音同字异而已。疑噶尔弼与噶尔汉为亲兄弟。

兑齐，《氏族通谱》云："莽吉图之曾孙对齐，原任佐领。"《通志初集·旗分志（七）》镶白旗满洲都统第三参领所属第三佐领下云："常明外任沧州协领，以其族叔父一等侍卫兑齐管理。兑齐缘事革退。"则

---

① 袁枚著、王英志主编：《袁枚全集》（二），江苏古籍出版社，1993年，第25页。
② 李锴：《傅阁峰尚书家传》，载马甫生等标校《八旗文经》，辽沈书社，1988年，第417页。

兑齐后来佐领一职还因事遭罢。《通志初集》卷一百二十五《选举表》雍正元年（1723）癸卯科举人及进士表中"昌龄"名字后小注云："满洲堆齐佐领。"《通志初集》乃乾隆四年（1739）纂讫，所记之事截至雍正十三年（1735）八月二十三日。而《氏族通谱》于乾隆九年（1744）方校刊，其间相距九年，《氏族通谱》称"原任"者表示其时已卒，因此可推测兑齐卒于雍正末至乾隆九年（1744）之间。

（五）第五世

常明，塞色赫子。《氏族通谱》云："其孙常明袭职，任城守尉。卒，其子色什德袭职时，削去恩诏所加之职。"《通志初集》卷九十一《世职表（九）》称："常明，额色黑孙。顺治十八年袭。"《通志初集》卷七《旗分志》镶白旗满洲都统第三参领所属第三佐领下云："噶尔弼故，以塞塞赫之子常明管理。"故《氏族通谱》失记其任佐领一事。据其子色什德袭职时间知，其卒于康熙四十八年（1709）。

傅鼐（1677—1738），字阁峰，噶尔汉长子。父卒后扶榇返乡，年二十应乡试不售，寻充侍卫，入伺雍邸。雍正二年（1724），授镶黄旗副都统、兵部右侍郎。旋除盛京户部侍郎。既而以隆科多事获罪，谪戍黑龙江。闻命，负书一箧步往，率家僮斧薪自炊。后以准噶尔事诏回，十二年（1734）奉敕往准噶尔招纳噶尔丹策零。十三年（1735）归，予都统衔。乾隆元年（1736）三月，命署兵部尚书，十二月授刑部尚书。二年（1737），授满洲正蓝旗都统。三年（1738）二月，坐违例发俸，发往军台效力。寻病卒于家，年六十二。所居稻香草堂，积书数万卷。夫人曹氏，乃曹寅之妹，有子三人。袁枚为撰《刑部尚书富察公神道碑》，李锴撰《傅阁峰尚书家传》。《清史稿》卷二九一有传。

马尔汉,《氏族通谱》云:原任二等侍卫。

科山,《氏族通谱》云:原任二等侍卫。

卓福塔,《氏族通谱》云:原任护军校。

满奇,《氏族通谱》云:原任员外郎。

明图,《氏族通谱》云:曾任骁骑校。

(六) 第六世

色什德,常明子。《氏族通谱》云:"其子色什德袭职时,削去恩诏所加之职。现袭骑都尉兼一云骑尉。"《通志初集》卷九十一《世职表(九)》记:"色石得,常明子。康熙四十八年,销去恩诏所得,袭拜他喇布勒哈番,又一拖沙喇哈番。今汉文改作骑都尉,又一云骑尉。"

色尔德,常明子。《氏族通谱》称,四世孙"色尔德,原任右卫副都统兼佐领"。《钦定通志》卷十《旗分志》镶白旗满洲都统第三参领所属第三佐领下云:"兑齐缘事革退,以常明之子长史塞尔德管理。塞尔德升任右卫副都统,以侍郎傅鼐管理。"

马尔图,《钦定通志》卷二百八十六《世职表(九)》载:"色什得伯父之子,乾隆二年袭。"《氏族通谱》云:"(莽吉图)四世孙马尔图,现任协领。"

色尔图,《氏族通谱》云:"(莽吉图)四世孙色尔图,现任护军校。"《钦定通志》卷十《旗分志》镶白旗满洲都统第三参领所属第三佐领下称:"富宁因病革退,以其族侄塞尔图管理。"由此可知色尔图乾隆初年任护军校,后尝任佐领。

昌龄,字晋蘅,号董斋。傅鼐长子。雍正元年癸卯(1723)三月顺天乡试中举人,十一月殿试以三甲第一百三十五名及第,会试主考官为张廷玉、朱轼。寻改庶吉士。雍正三年乙巳(1725)四月十日,散馆,授翰林院检讨。累官至翰林院侍讲学士。《氏族通谱》云:"昌龄原任编修。"《通志初集》卷一百六十一《额司泰传》称:"曾孙昌龄,雍正癸卯进士,任翰林院侍讲,降编修。"以二书成书年代看,昌龄最后官至翰林院编修,且于乾隆初年就已去世。

科占,傅鼐次子。《刑部尚书富察公神道碑》谓:"子三人:长昌龄,官编修;次科占;次查讷。俱有父风。"①《氏族通谱》称:"科占,现任中书。"

查讷,傅鼐幼子。《氏族通谱》未载。

马保柱,《氏族通谱》云:原任笔帖式。

额尔古纳,《氏族通谱》云:乾隆中曾任中书。

(七)第七世

色尔德,《钦定通志》卷二百八十六《世职表(九)》载:"色尔德,马尔图子。乾隆二十九年二月袭。"则乾隆中其曾袭骑都尉。前有名色尔德者,乃常明子,乾隆初年已卒,其族叔也。

塔亲,色尔图子。《钦定通志·旗分志(十)》镶白旗满洲都统第三参领所属第三佐领下云:"塞尔图因病告退,以其子塔亲管理。"

哈福,《氏族通谱》云:乾隆初年曾为荫生。

鄂尔琨,《氏族通谱》云:乾隆初年曾为文生员。

---

① 袁枚著、王英志主编:《袁枚全集》(二),江苏古籍出版社,1993年,第27页。

(八) 第八世

诺明阿，塔亲子。《钦定通志》卷十《旗分志》镶白旗满洲都统第三参领所属第三佐领下云："塔亲故，以其子诺明阿管理。"

舒玉，《钦定通志》卷二百八十六《世职表（九）》称："色尔德子，乾隆二十九年十二月袭。"可见其为马尔图之孙。

《八旗通志初集》《钦定八旗通志》《八旗满洲氏族通谱》三部书中最晚编成者成书时间在嘉庆初年，本文以三书为基础，虽不能将有清一代二百六十余年间，富察氏一族的家世完整地呈现出来，但仅从上述资料来看，昌龄这一族在历史上和文化上也有一定的代表性。

富察氏几乎与清朝政权同时诞生，明朝建州卫所属的一个部落中的兄弟几人率领数百族人投奔正在强大起来的努尔哈赤，后来被编成一个佐领，他们的祖先无一例外均由军功起家。当清王朝文治武功达到巅峰时，富察氏也同样呈现出一个大家族的欣欣向荣：首先是人口的急剧膨胀，在康熙年间曾两度分编佐领；其次是家族成员中涌现出一批名宦重臣，福敏、博尔多、傅鼐、隋赫德等人就是其中的佼佼者；再有就是从武职向文臣的逐渐转变，这不仅体现在涌现了几个青史留名者，而且表现为整个家族的一种微妙变化。他们的后代中除了承袭世职与管理佐领者之外，还有以科举步入官场者。当家族衰落时，其他人更多的是去做笔帖式、文员、监生等文职。其中的原因是多方面的：长期受到汉文化的影响；政治大环境中的儒风使其自然而然地转舵；社会安定，最高统治者崇尚文治；等等。这也使得这样一个家族不可避免地折射出物质和精神的演变过程，即政权与文化的重新构建。

作为清王朝的一个普通家族（从《八旗满洲氏族通谱》中我们不难发现类似昌龄一族的家族比比皆是），昌龄家族有着自身所特有的发展历程。从家族世系中我们可以清楚地发现昌龄一族能在康乾盛世达到自身的巅峰的原因。而与之有亲戚关系的曹家，也有类似的发迹史，但却在盛世的黎明时分大厦倾倒。昌龄的族人在激烈的政治斗争中找对了主人，介于康乾间的福敏、博尔多、傅鼐、隋赫德，这些清王朝极盛时的重臣，在雍正未掌握皇权时就已经在其门下。所以我们也就不难理解楝亭藏书为何会从曹家转移到昌龄手中。

福敏、博尔多、傅鼐、隋赫德这几个人，虽然没有像曹家人一样因未预流而被历史和现实所抛弃，但他们的仕途却也并非一帆风顺。其主要原因是不可避免的历史趋势和整个政治体制的局限性：他们在政治投机中的胜利，给他们带来的不只是未来的前程，还有一个苛刻多疑、老练勤勉的主人——雍正帝。他们因雍正的信任而被委以重任，但往往又因为一些小事而受到申饬，甚至被停职、发往军台赎罪。其中博尔多与傅鼐曾一度在雍正的朱批谕旨中被放在一起作为背信弃义的案例。而傅鼐、隋赫德俱有被发往军台效力的经历，其时隋赫德已年逾古稀，傅鼐到了乾隆初年又一次受此惩罚，以不久便去世而作罢。

另一个值得关注的人物便是昌龄，不同于他的父辈，他终生只是在翰林院中任个闲散的职位，却有其父辈不可及之处。他是满族中为数不多的大藏书家之一，他的出现，使这个家族中的另一种形象显现出来，体现了其家族性质从武到文的变化。昌龄大约卒于乾隆初年，但他从雍正初接手的楝亭藏书到乾隆末期才完全散失［李文藻于乾隆三十四年（1769）见其藏书散出，但生活在嘉庆年间的昭梿接收了其藏书的大部分］，其间近半个世纪的保守就是这一转变的最好证明。

曹溶、朱彝尊藏书交流考述

——兼论清初《流通古书约》的实践问题

曹溶(1613—1685),字洁躬,号秋岳,晚号倦圃老人,浙江秀水(今嘉兴)人,与朱彝尊是同乡。曹溶早年居家读书,和里中同人结诗社,参加者有俞汝言、朱茂曎(朱彝尊的叔父)、谭贞良等。关于曹溶与朱彝尊的交往,谢正光在《清初贰臣曹溶及其"遗民门客"》[①]一文中已有比较详细的论述,但该文侧重的是对曹溶与其入幕之宾的研究,朱彝尊虽是其中之一,却也仅考察其诗文唱和与交游等内容,对他们之间的藏书交流活动未作考察,在此有必要略加补充,并从一个侧面揭示清初藏书理论的发展与实践问题。

据清人杨谦《朱竹垞先生年谱》所记,朱彝尊结交曹溶在顺治十四年(1657),其时朱彝尊馆于广东高要县杨雍建家中,曹溶则在广东左布政使任上。当时,曹溶正辑《岭南诗选》,朱彝尊曾代为甄选。谢正

---

① 载朱诚如、王天有主编《明清论丛》(第三辑),紫禁城出版社,2002年,第215—243页。又收入谢正光《清初诗文与士人交游考》一书,南京大学出版社,2001年,第222—300页。

光说：

> 竹垞少秋岳十六岁，其叔父子庄是秋岳早年的知交，因此称得上有两世交谊。竹垞早年和同里的周筼、沈进、李绳远、李符、李良年等结诗社，才名早为秋岳所知。但明亡后，秋岳投清，竹垞则"主山阴祁氏兄弟"，和魏耕等人共图恢复明室，曾经参与抗清戎务。事败后，一度走海上，久而得免。秋岳邀他入幕，则或有为故人子弟作掩护的苦心。①

其论断基本上是正确的，杨谦在《朱竹垞先生年谱》中虽然记载了朱彝尊与祁氏兄弟交往之事，但具体何事则语焉不详，很可能是为了避免给朱氏后人招来不必要的麻烦。

在此需要补充说明的是山阴祁氏兄弟之父即明代著名藏书家祁承㸁，家有澹生堂，藏书之富，一时无匹。祁承㸁著有《澹生堂藏书约》，该书是其藏书思想的集中体现，书中"通"和"互"的古籍分类思想，后被章学诚的《校雠通义》继承和发展，是颇受后世藏书家重视的文献之一。② 朱彝尊与祁氏兄弟既有过如此密切的交往，想来他对《澹生堂藏书约》不会一无所知，其《静志居诗话》中即收有"祁承㸁"条。此虽是题外话，却不可不注意。

曹溶与朱彝尊有往来，最直接的证据是他们之间的诗歌唱和。在

---

① 谢正光：《清初诗文与士人交游考》，南京大学出版社，2001年，第248—249页。
② 昌彼得：《祁承㸁及其在图书目录学上的贡献》，载《版本目录学论丛》（二），学海出版社，1977年；钱亚新：《浙东三祁藏书和学术研究》，江苏省图书馆学会，1981年；严倚帆：《祁承㸁及澹生堂藏书研究》，汉美图书公司，1991年；徐昕：《试论祁承㸁的藏书理论与实践》，载《中国古代藏书楼研究》，中华书局，1999年，此文又收入徐昕与徐有富合著的《文献学研究》，江苏古籍出版社，2002年。

《曝书亭集外诗文拾遗》^①一文中，朱则杰从朱彝尊早期所刻集子《南车草》里所附《薇堂和章》中辑得逸文颇多。《南车草》一书，顾名思义，就是朱彝尊于役岭表时所创作之作品的集子，而《薇堂和章》作于顺治十四年（1657），所收均为其与曹溶的酬唱之作。曹溶《静惕堂诗集》卷十九《锡鬯夜过园中二首》其二尾联"回数南迁苦，春蒸上海船"有自注云"余仕粤时，锡鬯亦客岭表，有倡和之什"^②，即指此而言。朱彝尊在广东时交游广泛，这在其诗文中不难发现。自此以后，他与曹溶的交往便未间断，直到曹溶去世。在此期间，曹溶曾遭贬返乡，后出任山西按察副使，因缘际会，朱彝尊亦得与之盘桓。在山西时的交往，在两人整个交往过程中是又一个亲密期，谢正光文中也有考述，可参看。康熙十八年（1679），清廷开博学鸿词科，曹溶因丁忧守制，未能赴试。朱彝尊则中式，授翰林院检讨。康熙二十四年（1685），曹溶卒于里中，时朱彝尊正在北京参与编修《明史》，不克赴吊，遂作《曹先生溶挽诗六十四韵》以为寄托，其结篇有云：

> 磨灭频年札，凄凉一束芨。赋成栖舍鹏，梦断入怀蛟。
> 遗草知盈箧，悬车定覆匏。空床吟蟋蟀，暗牖网蟏蛸。
> 签帙无由借，人琴自此捐。茫茫千古恨，慅慅寸心悄。
> 愧后兼金赙，惟将渍酒醪。平生知己泪，亟欲反衡茅。^③

---

① 朱则杰：《曝书亭集外诗文拾遗》，载《古籍整理与研究》（第四期），中华书局，1989年，第178页。
② 曹溶：《静惕堂诗集》卷十九，载《四库全书存目丛书》集部（198），齐鲁书社，1997年，第159页。
③ 朱彝尊：《曝书亭集》卷十二，载文渊阁《四库全书》集部（1317），上海古籍出版社，1987年，第537页。

从中不难看出他们二人交谊之深,而"签帙无由借,人琴自此捐"一句更直接道出了他们之间藏书交流的事实。

曹溶的藏书处名"倦圃",为其藏书会友之地,友人杜濬曾题诗三首(见《㯉李诗系》卷四十一)。而朱彝尊曾为《倦圃图》作记云:

> 倦圃距嘉兴府治西南一里,在范蠡湖之滨。宋管内劝农使岳珂倦翁尝留此著书,所谓金陀坊是已。地故有废园,户部侍郎曹先生洁躬治之,以为别业。聚文史其中,暇则与宾客浮觥乐饮。其以倦圃名者,盖取倦翁之字以自寄。予尝数游焉,乐之而不能去于怀也。岁癸卯,先生左迁山西按察副使,治大同。逾明年,予谒先生于塞上,时方九月,层冰在川,积雪照耀,岩谷弥望,千里勾萌尽枯,无方寸之木。相与语及倦圃山泉之深沉,鱼鸟之游泳,蔬果花药之蓊郁,情景历历如目前事。先生抱膝低徊者久之,嗟夫故乡之乐,人之梦寐在焉。以予暂游者犹不能释于怀,况先生之寝处笑语其中者哉。先生之门人周君月如工绘事,为先生图之,为景二十。于是三人各系以诗,先生复命予记其事。①

其实,朱彝尊所作诗不止《曝书亭集》卷六所载之二十首,在《薇堂和章》中收有另外十二首,只是不能确定即为此图所作而已。② 至于朱彝尊与曹溶之间的藏书交流活动,可以通过考察朱彝尊相关著作的撰写情况来加以说明。其中如《经义考》的撰写,当时很多藏书家在提供资料方面都给予了帮助,曹溶就是其中之一。王士禛《居易录》卷十二记:

---

① 朱彝尊:《曝书亭集》卷六十六,载文渊阁《四库全书》集部(1318),上海古籍出版社,1987年,第394页。
② 朱则杰:《曝书亭集外诗文拾遗》,载《古籍整理与研究》(第四期),中华书局,1989年,第171—181页。

竹垞过邸舍，云近著一书曰《经义存亡考》，以郑夹漈《经籍志》作骨，而附益之。不传者存其目，其传者略论作者之意，辨其得失。盖仿西亭《授经图》，兼用晁公武《读书志》之例也。竹垞笃好经学，所录多鄞范氏天一阁、禾中项氏及曹氏倦圃、温陵黄氏千顷堂秘本。①

朱彝尊《经义考》卷十"注京氏易"条按语云：

陆氏《易注》已亡。今《盐邑志林》载有一卷，乃系抄撮陆氏《释文》、李氏《集解》二书为之，所存者几希矣。……曹侍郎秋岳曾见藏书家有存三卷者，惜侍郎没，无从访求矣。②

《经义考》卷一百四十七"刘氏敞《投壶义》"条按语云：

原父《投壶义》，椒丘何氏以附《仪礼逸经》之末，而今本无之。予从同里曹秋岳侍郎所抄得。闻海盐胡氏家藏有公是、公非两先生全集，顾靳不肯借人。其遗书近多遗失，访之不可得矣。③

此外，《词综》的编订也得到了曹溶藏书的支持。《词综发凡》云：

---

① 王士禛：《居易录》卷十二，载文渊阁《四库全书》子部（869），上海古籍出版社，1987年，第450页。
② 朱彝尊：《经义考》卷十，载文渊阁《四库全书》史部（677），上海古籍出版社，1987年，第104页。
③ 朱彝尊：《经义考》卷一百四十七，载文渊阁《四库全书》史部（679），上海古籍出版社，1987年，第96页。

> 唐宋以来作者，长短句每别为一编，不入集中，以是散佚最易。常熟吴氏讷汇有《宋元百家词》，抄传绝少，未见全书。近日毛氏晋刻有《汲古阁六十家宋词》，颇有裨于学者。是编所录，半属抄本。白门则借之周上舍雪客、黄征士俞邰，京师则借之宋员外牧仲、成进士容若，吴下则借之徐太史健庵，里门则借之曹侍郎秋岳，余则汪子晋贤购诸吴兴藏书家。①

这两种一为经学之汇总，一为词学之渊薮，非集古今秘籍于目前，实难下手。这里所记载的朱彝尊撰写著作时借用的倦圃藏书，仅是曹溶藏书的冰山一角。朱彝尊除了借用倦圃的丰富藏书撰写著作外，还在其著作中不止一次地提到倦圃藏书，如《曝书亭集》卷五十二《跋刘豫事迹》云：

> 《刘豫事迹》一卷，不知谁氏所辑。予抄自倦圃曹氏。②

《两宋名贤小集原序》朱彝尊按语云：

> 思所编《群贤小集》，皆其同时不甚显贵之人。刻于宋宝庆、绍定间，史弥远柄国，疑刘过集中有谤己之言，牵连逮捕，思亦不免，诗板遂毁。其从孙世隆当元至正之末，复合两宋名人之诗选而梓之，甫完数家，复遭兵燹，其稿本流传日以散逸。吾乡曹倦圃先生仅得其十之二三，率皆糜坏，乃补缀成编，复汰其近日盛行诸集，留得二百余

---

① 朱彝尊：《词综》，载文渊阁《四库全书》集部（1493），上海古籍出版社，1987年，第428页。
② 朱彝尊：《曝书亭集》卷五十二，载文渊阁《四库全书》集部（1318），上海古籍出版社，1987年，第241页。

家,选宋诗者当于此中求之。①

又,《曝书亭集》卷三十五《曝书亭著录序》云:

> 及游岭表,归阅豫章书肆,买得五箧,藏之满一椟。既而客永嘉,时方起明书之狱,凡涉明季事者争相焚弃。比还,问囊所储书则并椟亡之矣。其后留江都者一年,始稍稍收集。遇故人项氏子,称有万卷楼残帙,畀以二十金购之。时曹侍郎洁躬、徐尚书原一皆就予传抄。②

由上可见,他们之间的文献交流不只是单方面的。曹溶较朱彝尊年长十六岁,据朱氏《曝书亭著录序》所述,朱彝尊藏书开始于顺治末年,真正意义上的二人互相抄书要从朱彝尊收购项氏遗书开始,大约已在康熙十年(1671)。所以有理由认为,在朱彝尊与曹溶的交游过程中,曹溶处于主导地位,朱彝尊更多是受到曹溶的影响。

至于倦圃藏书的散失,朱彝尊《曝书亭集》卷四十六《宋拓钟鼎款识跋》云:

> 隆庆六年,项子京获之,寻归倦圃曹先生。康熙戊申,先生出示予,予爱玩不忍释手,先生属予跋之,未果也。辛酉冬,予留吴下,先生寓书及册复命予跋,予仍不果。改岁,乃封完寄焉。先生既逝,所收书画多散失,久之,是册竟归于予,藏箧中十载。宗人寒中嗜古,

---

① 陈思编、陈世隆补:《两宋名贤小集》,载文渊阁《四库全书》集部(1362),上海古籍出版社,1987年,第329页。
② 朱彝尊:《曝书亭集》卷三十五,载文渊阁《四库全书》集部(1318),上海古籍出版社,1987年,第55页。

见而爱玩之,犹予之曩日也,因以畀之。①

可见,在曹溶藏书散失的过程中,朱彝尊曾留意搜集、保存。另,王欣夫补叶昌炽《藏书纪事诗》"曹溶"条云:"先生殁后,将旧钞、宋元版书五百册质于高江村,竹垞先生倍其值而有之。"② 由此可知,曹溶藏书中的精品无疑都被转移到曝书亭保存,楚弓楚得,显然这样的结果是最理想的。至于这方面的证据,我们对比曹溶的《静惕堂藏宋元人集目》与朱彝尊的《潜采堂宋元人集目录》就能有所发现。

更重要的是,回顾曹溶与朱彝尊整个的交往过程,不难看出朱彝尊与曹溶关系不一般。朱彝尊晚曹氏一辈,将曹溶视作乡中前辈是毫无疑问的,但仅以这点作为他花费巨资收购倦圃遗书的原因,未免稍显薄弱。笔者以为还是因朱彝尊深知倦圃藏书的价值,且他服膺于曹溶的藏书理论,再加上二人之间数十年的交谊,这几个方面综合起来,才促成了朱彝尊全力抢救、保全曹溶遗书。

曹溶是继祁承㸁之后又一位提出重要理论的浙江藏书家,他有感于钱谦益藏书遭焚毁为我国典籍之一大厄,故在《绛云楼书目题辞》中说:

予深以为鉴,偕同志申借书约,以书不出门为期,第两人各列所欲得,时代先后,卷帙多寡相敌者,彼此各觅工写之,写毕各以奉归。昆山徐氏、四明范氏、金陵黄氏皆谓书流通而无藏匿不返之患,

---

① 朱彝尊:《曝书亭集》卷四十六,载文渊阁《四库全书》集部(1318),上海古籍出版社,1987年,第171页。
② 叶昌炽著、王欣夫补正、徐鹏辑:《藏书纪事诗》(附补正)卷四,上海古籍出版社,1989年,第354页。

法最便。予又念古人诗文集至夥，其原本首尾完善、通行至今者，不过十二三。自宋迄元，其名著集佚者，及今不为搜罗，将遂灭没可惜，故每从他书中，随所见剟出，补缀成编，以存大概，如孙明复、刘原父、范蜀公等颇可观。宗伯地下闻之，必以为寒气可笑。然使人尽此心，古籍不亡，断自今日始矣。①

这里提到的昆山徐氏、四明范氏、金陵黄氏，即朱彝尊编写《经义考》与《词综》时借用藏书的吴下徐氏传是楼、鄞县范氏天一阁、温陵黄氏千顷堂的主人，再加上倦圃的曹溶，则文中提到的当时赞成互抄流通的藏书家都包括在内。朱彝尊之所以能够利用这些著名藏书家的藏书，除了与这些藏书家的私交之外，更多的应该是受益于曹溶提出的互抄流通理论。身受其利的朱彝尊对于此理论的好处必有最直接而深切的体验，故此理论也就必然影响到他本人的藏书思想。

后来曹溶在《绛云楼书目题辞》的基础上进一步完善其藏书理论，形成了闻名后世的《流通古书约》：

> 予今酌一简便法，彼此藏书家，各就观目录，标出所缺者，先经注，次史逸，次文集，次杂说，视所著门类同，时代先后同，卷帙多寡同，约定有无相易，则主人自命门下之役，精工缮写，校对无误，一两月间，各赍所钞互换。此法有数善：好书不出户庭也；有功于古人也；己所藏日以富也；楚南燕北皆可行也。敬告同志，鉴而听许。或曰：此贫者事也，有力者不然，但节宴游玩好诸费，可以成就古人，与之续命，出未经刊布者，寿之枣梨，始小本，迄巨编，渐次恢扩，

---

① 李希泌、张椒华编：《中国古代藏书与近代图书馆史料》（春秋至五四前后），中华书局，1982年，第33页。

四方必有闻风接响,以表章散帙为身任者。山潜冢秘,羡衍人间,甚或出十余种目录外,嗜奇之子,因之覃精力学,充拓见闻。右文之代,宜有此祯祥,予矫首跂足俟之矣。①

曹溶所论在当时看来颇具先见性,但也因此使后世研究者对这种"理想式"的理论最终能否被实践持怀疑态度。顾志兴在《浙江藏书家藏书楼》里《曹溶的"静惕堂"藏书与〈流通古书约〉》一节中就认为:

> 曹溶的这种保存古籍的思想,集中反映在《流通古书约》一文中。这篇文章也是中国藏书史上的重要文献,他流通古书的设想,在当时是行不通的,近代在上海创办的"古书流通处",可说是实现了他的想法。②

程千帆、徐有富合著的《校雠广义·典藏编》中也谈到明末清初图书的流通情况,选取李如一作为例子,认为李如一"在图书流通理论与实践方面特别受到人们称道"③,证据只是钱谦益在《草莽私乘》跋语中对他借书与人的描述,而没有以提出完备理论的曹溶为例。或许这并不是偶然,可能程、徐两位也对曹溶《流通古书约》的实践与否不能肯定。而与曹、朱同时的苏州藏书家何焯在《河东柳仲涂先生集》跋语中称:

---

① 李希泌、张椒华编:《中国古代藏书与近代图书馆史料》(春秋至五四前后),中华书局,1982年,第31—32页。
② 顾志兴:《浙江藏书家藏书楼》,浙江人民出版社,1987年,第165页。
③ 程千帆、徐有富:《校雠广义·典藏编》,齐鲁书社,1998年,第458页。

《河东先生集》，陆君其清偶以钞本见示，其每行字数近古，前有张景序，又止作十五卷，因留而对校，初谓两日可了，乃因循作辍，遂至半月，甚矣衰，善病且怠于学也！其清不轻与人通假书籍，倦圃、竹垞两先生欲钞录其藏本甚秘者，即不肯出。寻常小书，亦必叶数、卷数相当，始得各易所无，独此段于予意尤厚，乃识不忘焉。①

陆其清名漻，清初苏州医士，家富收藏，著有《佳趣堂书目》。他在《佳趣堂置书述略》中也说：

> 倦圃、竹垞两先生晚年家居，力不能多致，闻人家有未见难得致之本，汲汲借钞，或计卷帙多寡，互出以相易，往来白下与吾郡，精神所注，惟此一事。②

这与《流通古书约》中所提到的完全一致。因此，可以大胆推测，《流通古书约》的思想在当时确曾被实践过，《经义考》《词综》的编写就得益于此，而当时实践这个理论者，除了《绛云楼书目题辞》中所记的天一阁范氏、传是楼徐氏、千顷堂黄氏和曹溶本人外，朱彝尊也应是成员之一。另外，可能还有秀水项氏、周在浚、宋荦、纳兰性德、汪森、陆漻等，甚至朱彝尊晚年来往密切的曹寅可能也是其中一员。而千顷堂主人黄虞稷与丁雄飞订立的互借、互抄所藏秘籍的《古欢社约》，也是著名的古代藏书流通理论。此外，黄氏还与其门生周在浚汇编《征刻唐宋

---

① 钞本《皕宋楼藏书题跋辑录》，载《国家图书馆藏古籍题跋丛刊》(19)，北京图书馆出版社，2002年，第490页。
② 陆漻：《佳趣堂书目》，载《丛书集成续编》史部（68），上海书店出版社，1994年，第725页。

秘本书目》并公之于众，号召当时藏书家将家藏秘籍刊刻流通。署名为"同学纪映钟、钱陆灿、朱彝尊、魏禧、汪楫同启"的《征刻唐宋秘本书启》有云：

> 窃惟访酉阳之逸典，遥集厓怀；搜芸室之遗编，流通是急。虽帐中鸿宝，独乐孰若与人；即世守家珍，名山应存副墨。黄子俞邰、周子雪客，藏书累叶，手泽犹新，玉笈缥缃，不减李邺侯之架；御书炳焕，何殊孙长孺之楼。浑噩自秦汉以来，英华迄宋元益著，念藉物供炊之未保，思歉略荀部之靡留。因出校雠既定之书，先行百种；所冀博奥多闻之彦，共赏千秋。第家徒四壁，梨枣难不胫而驰，而代有同心，资斧赖将伯之助。自经史子集、地志山经，惟嗜所先，要灏瀚雄篇，寂寥片楮，任情所及。工遴绣梓，楮定剡溪，待朽帙之更新，庶古香之犹在。昔宋宣献兼杨、毕二家，蓄亦云富哉；叶少蕴筑霅川山庄以居，允称固矣，而皆不免沦亡，流于散轶。蓼塘之手钞曷在，尤氏之书目空存，皆由后人不知爱鼎，同事罕为扶轮。俾圣贤宪言垂世，恭天命而植民彝之意，澌灭无闻，此洪容斋、魏鹤山之所叹也。今吾党不乏英哲，嗜书颇越前人，将数百年闷而未传，薄海内闻而未睹者，幽光发于四部，寿世脱于三灾。能捐费于居诸，便增华于竹素，翘兹盛举，快睹成书。谨启。①

该文虽寻求资助以刊刻家藏秘籍，主旨却在"流通古书"，其思想与曹溶所说的"出未经刊布者，寿之枣梨，始小本，迄巨编，渐次恢扩，四方必有闻风接响，以表章散帙为身任者"相呼应，且朱彝尊也列名其

---

① 纪映钟等：《征刻唐宋秘本书启》，见黄虞稷、周在浚撰，叶德辉考证《征刻唐宋秘本书目》，载《丛书集成续编》史部（68），上海书店出版社，1994年，第1164页。

中，如此多的巧合汇集在一起，实非偶然。故此，有理由相信，曹溶所提出的《流通古书约》并不只是理论上的空谈，而在实践中也产生过作用，它与当时其他的藏书理论一起促进了古书流通，进而推动了学术、文化的发展。

个中的缘由，想来主要受当时现实环境的影响。曹溶、朱彝尊等处于明清之交，经历易代动乱，目睹江南很多藏书家的藏书都已荡然无存。作为有识之士，他们必然明白，要使华夏文明不至于沦亡，就要积极保存古书，为古籍续命，为文化续命。加之当时的思想控制较雍正、乾隆时期要宽松得多，文字狱尚未大兴，在书籍的收藏、借抄、刊刻等问题上，没有后来那么多禁忌，故而才会出现一时的繁荣。之后随着文网渐紧，这种大范围的活动显得不合时宜，也就戛然而止了。

综上所述，我们可以看到，藏书的流通是曹溶与朱彝尊交游活动中的重要组成部分。曹溶提出的"流通古书"理论得到当时藏书家的响应，这给朱彝尊提供了良好的著书环境，从而使他编纂出《经义考》《词综》等不朽之作，更重要的是曹溶的这种理论深深影响了朱彝尊，并通过朱彝尊传播给他周围的藏书家。同时，曹、朱两人作为清初江浙藏书家的代表人物，对此后江浙地区藏书事业的发展，以及我国古代藏书理论的丰富与实践，无疑都做出了不可磨灭的贡献。

秦松龄藏书事迹钩沉

清初的江南,经过明清易代之际的战乱,故家藏书往往散佚无存。王士禛在《池北偶谈》卷十六"蜀鉴"条中谈道:

> 康熙癸亥,乃借之朱检讨锡鬯。朱好写书,多未刻秘本。跋中李中麓氏藏书百六十年未散,近始归昆山徐宫赞健庵(乾学)。梁溪顾氏书至孝廉修远(宸)尤富,后书归吴中丞伯成(兴祚)。惟四明范氏天一阁书,不以借人,至今无恙,余姚黄梨洲(宗羲)多就阅其秘本。①

在当时那种环境下,后人能保存祖辈旧藏者寥寥无几,而无锡秦氏寄畅园所藏,历经明清两代,一直保存完整。到了雍正初年,因秦道然卷入政治斗争获罪,家产被抄没,所藏古籍文物才逐渐散佚,但十余年后,就由道然子秦蕙田重新追回。而在清初,谈起寄畅园秦氏藏书,就不能

---

① 王士禛:《池北偶谈》卷十六,载文渊阁《四库全书》子部(870),上海古籍出版社,1987年,第237页。

不提到秦松龄，可惜其事迹至今不为人所知。《藏书纪事诗》《文献家通考》等著作收录历代藏书家达千余人，其中虽涉及秦蕙田，却始终未言及秦松龄，兹不揣谫陋，略稽考其事迹如下。

一

秦松龄（1637—1714），《江南通志》卷一百六十三《儒林传》云："字留仙，无锡人。顺治乙未进士，历官左春坊左谕德。七岁读《中庸》，闭目潜思良久，告其师曰：'吾识性矣。'十九官庶常，世祖章皇帝召试，咏鹤诗有'高鸣常向月，善舞不迎人'之句。指示阁臣曰：'此人必有品，置第一。'以逋粮案罣误归田。旋以博学宏词荐，侍从讲幄，纂修《明史》。里居二十余年，研精宋五子书，穷经，尤邃于诗，著《毛诗日笺》。"[1] 同书卷三十九又云，秦松龄墓在"无锡县开元乡南塘"[2]。《钦定大清一统志》卷六十一记："秦松龄字留仙，无锡人，顺治乙未进士，入翰林，罢归。康熙己未，召试博学鸿词，历官谕德，尝与睢州汤尚书斌讲求性命之学。工诗古文，与同邑严绳孙齐名，而诗格尤高。所著有《毛诗日笺》《苍岘山人集》行世。弟松岱，讲学东林，尤邃于《易》，著有《周易晰微》二十卷。"[3]

---

[1] 赵弘恩等监修、黄之隽等编纂：《江南通志》卷一百六十三，载文渊阁《四库全书》史部（511），上海古籍出版社，1987年，第683页。
[2] 赵弘恩等监修、黄之隽等编纂：《江南通志》卷三十九，载文渊阁《四库全书》史部（508），上海古籍出版社，1987年，第276页。
[3] 和珅等奉敕撰：《钦定大清一统志》卷六十一，载文渊阁《四库全书》史部（475），上海古籍出版社，1987年，第232—233页。

秦松龄生父为秦德藻，张玉书《张文贞集》卷十《秦海翁墓志铭》云："先生讳德藻，字以新，海翁其号也。系出宋淮海太虚公之后，太虚子湛为常州倅，因家于常。阅十传而徙无锡之胡埭，遂为无锡人。入明，累叶通显。嘉靖癸丑进士、巡抚湖广右副都御史讳耀为曾祖考，太学生讳仲锡则显考也。妣金坛于孺人，褒甫公之女。子三人，先生居次。"① 吴伟业《梅村集》卷二十七《秦母于太夫人七十寿序》即为秦松龄祖母于氏所作。秦松龄因秦德藻之兄德澄早卒，遂出嗣其后。秦德藻好讲性命之学，研习经义，虽无著作传世，却对其后人影响很大。其弟德湛，隐居不仕，尝延关中李容于家，为子弟讲学，一门以学问相砥砺。德藻生前努力恢复因战祸而衰败的祖业，《秦海翁墓志铭》记："淮海公祠，岁时荐享，先生主之，至日，少长毕会，隐然寓睦宗收族之义。挺秀堂者，十世相传之居也，一夕毁于火，先生倾困粟以鼎新之。寄畅园为中丞旧筑，海内所称秦园者也，岁久芜废，且割为僧舍。先生独力修复，悉还旧观。其他累世遗构，皆次第完葺，以无堕先人之业。"② 在秦德藻六十岁时，秦松龄的友人吴绮撰《秦太翁六十寿序》，其文有云：

> 我年伯秦先生世衍鼎钟，道隆圭璧。绍鸿图于方伯，绩重屏周；承燕翼于中丞，功存翊汉。家传纯孝，庭前白鹊双飞；代著华文，门内雕龙独擅。阀阅崇于诸陆，世称逊抗机云；经纬重于四韩，人道综维绛缜。先生独超物表，深味道和。持盛满而若虚，历岁时以弥固。

---

① 张玉书：《张文贞集》卷十，载文渊阁《四库全书》集部（1322），上海古籍出版社，1987年，第609页。
② 张玉书：《张文贞集》卷十，载文渊阁《四库全书》集部（1322），上海古籍出版社，1987年，第609—610页。

秦松龄藏书事迹钩沉

兹后中和之三日,已周甲子于六旬。月际高丛,人称耆宿。堂前进酒,将逢扑蝶之期;户上悬弧,适值献鸠之会。长公留仙太史以珥笔之宏才,奋请缨之壮节。铙歌朱鹭,方登南岳以题碑;樽挹苍牺,乃返东山而奉觯。①

秦德藻生于万历丁巳(1617),卒于康熙辛巳(1701)五月初七日,同年八月二十六日与原配侯孺人合葬于唐湾上之新阡。《无锡县志》卷二云:"唐湾山在青山下,边太湖唐湾上,苍岘岭在其侧,皆青山之连脉。"② 秦松龄晚号苍岘山人,似即源于此。秦德藻生子五人,长即松龄。"次松期,岁贡生,蒙城县训导,改翰林院孔目。松乔、松如、松虬,俱例监生。松如任广东吴川县知县。松虬前卒。女四人,一适国学生侯麟然,余俱殇。孙二十三人,松龄出者六,松期出者五,松乔出者三,松如出者五,松虬出者四,孙女十六人。"③

秦松龄幼从其父执钱肃润、张夏学,顺治十二年(1655)举进士,后因逋粮案而罢,退居林泉十余年。康熙十三年(1674),秦松龄往荆楚军中效力,王士禛《精华录》卷七《遥送嵇尔遐从军荆州,兼寄秦留仙、李屺瞻二首》有云:

帕首靴刀气不群,秀才今复学从军。

也知好句输中散,唯有相思寄楚云。

---

① 吴绮:《林蕙堂全集》卷八,载文渊阁《四库全书》集部(1314),上海古籍出版社,1987年,第347—348页。
② 王仁辅编:《无锡县志》卷二,载文渊阁《四库全书》史部(492),上海古籍出版社,1987年,第676页。
③ 张玉书:《张文贞集》卷十,载文渊阁《四库全书》集部(1322),上海古籍出版社,1987年,第611页。

> 秦子清真五字诗，李生磊落万人姿。
>
> 他年幕府论功日，七宝庄严合是谁。①

即追怀之作。秦松龄玄孙秦瀛《己未词科录》卷二引华希闵《剑光阁笔记》云：

> 对岩先生之从军荆襄也，大将军（按：即蔡毓荣）延之讲学。先生谈性命之旨，与夫忠孝大义，介胄之士俱为悚听。官翰林日，重人索额图欲要之，屡致馈问，竟不报谢。②

与秦松龄自作《军中口号》十九首参看，可知当时秦松龄在楚之情形。秦氏在楚地三载，有《三年》一诗备述当地风土。康熙十八年（1679），秦松龄举博学鸿词科，复入翰林院，参修《明史》，与同馆中诸子多有往来，樽酒歌咏，事俱见于《苍岘山人集》中。二十年（1681），放江西乡试正考官。二十三年（1684），典顺天乡试，又因磨勘落职。秦氏通籍六十年，立朝却仅九载，其余大部分时间都家居读书，研精宋五子书，穷究经学，尤邃于《诗》。秦松龄在京时与传是楼徐氏兄弟、尤侗、纳兰性德、严绳孙、姜宸英等往来颇密，晚年则常与徐乾学、尤侗、钱陆灿、王日藻等为耆年之会。《钦定四库全书总目》卷二百集部五十三词曲类存目著录《玉山词》云：

---

① 王士禛：《精华录》卷七，载文渊阁《四库全书》集部（1315），上海古籍出版社，1987年，第139页。
② 秦瀛辑：《己未词科录》卷二，载周骏富辑《清代传记丛刊·学林类》（16），明文书局，1985年，第112页。

国朝陆次云撰。次云有《八纮绎史》，已著录。是集凡小令五十九、长调十八、中调九，尤侗、秦松龄为之选评。①

施闰章《学余堂诗集》卷五十《山中喜遇朱锡鬯、严荪友、姜西溟、秦留仙诸游好》云：

> 花林深翠月初明，无限春山独夜情。
> 联骑相逢成一笑，西峰绝壁共题名。②

吴绮《林蕙堂全集》卷二十五《满江红》（偕余澹心过饮陈集生斋中，喜周子俶、秦留仙、顾梁汾继集）云：

> 多少朱门，都不见、开樽延客。陈孺子、贫居委巷，偏为设食。娄护已无鲭可饱，季鹰只有鲈堪忆。便盘飧、直足胜华筵，欢相得。
> 橙已熟，香同擘。梅渐放，花还摘。更南皮飞盖，不期而集。醉我倾将瓶几个，泥谁典却钗双只。想明朝、佳事好喧传，今何夕。③

与嵇永仁《癸丑秋，邑侯吴公饯余于听梧轩，招集秦太史对岩、陈进士椒峰暨词客殳山夫、余澹心诸子，同拈踏莎行调，末以憔悴二字限韵》皆记秦松龄与友生聚会游览之事。

---

① 永瑢、纪昀等：《钦定四库全书总目》卷二百，载文渊阁《四库全书》总目（5），上海古籍出版社，1987年，第336页。
② 施闰章：《学余堂诗集》卷五十，载文渊阁《四库全书》集部（1313），上海古籍出版社，1987年，第841—842页。
③ 吴绮：《林蕙堂全集》卷二十五，载文渊阁《四库全书》集部（1314），上海古籍出版社，1987年，第726页。

秦松龄有子六人：道然、实然、祖然、明然、寿然、易然。其中，道然（1658—1747）字洛生，号泉南山人。康熙四十八年（1709）进士，官编修，改给事中。雍正初，以藩邸事牵连，讼系十余年。乾隆初，因其子蕙田伏阙上书豁免，寄畅园始重归秦氏。秦松龄著有《毛诗日笺》六卷，又《春秋笺记》仅成十四篇，收入《苍岘山人文集》卷一。《苍岘山人文集》六卷、《苍岘山人集》五卷、《微云词》一卷，有其子实然之曾孙秦瀛于嘉庆中所刻版本。

二

据《钦定大清一统志》卷六十所记，寄畅园"在惠山寺左，明正德中尚书秦金并南隐、沤寓二僧舍为之。初名凤谷行窝，后副都御史秦耀易今名。本朝圣祖仁皇帝南巡，屡驻跸于此。有御制诗并御书额二联一"①。陈从周评价苏州拙政园时也曾说："拙政园以平淡为主，此为明代园林特征，无锡寄畅园也如此，所谓因地制宜，略加点缀者，此种布局较清代园林似多自然之感。"② 可见寄畅园作为明代私家园林艺术的代表，颇为后人重视。

至清代，此园由秦松龄生父秦德藻进一步修葺。《日下旧闻考》卷八十四记清漪园一条云"惠山园规制仿寄畅园，建万寿山之东麓。有御

---

① 和珅等奉敕撰：《钦定大清一统志》卷六十，载文渊阁《四库全书》史部（475），上海古籍出版社，1987年，第208页。
② 范烟桥：《拙政园志稿》，载郑晓霞、张智主编《中国园林名胜志丛刊》（30），广陵书社，2006年，第175页。

制《惠山园八景诗》。惠山园门西向，门内池数亩，池东为载时堂，其北为墨妙轩"①，据此可知寄畅园在当时被视作江南园林之典范，甚至皇家园林也仿造它的规制。作为江南的名园，它曾引来秦氏众多友人的歌咏。吴伟业《梅村集》卷十有《秦留仙寄畅园三咏》（同姜西溟、严荪友、顾伊人作），其一《山池塔影》云：

黛色常疑雨，溪堂正早秋。乱山来众响，倒景漾中流。
似有一帆至，何因半塔留。眼前通妙理，斜日在峰头。②

其二《惠井支泉》云：

石断源何处，涓涓树底生。遇风流乍急，入夜响尤清。
枕可穿云听，茶频带月烹。只因愁水递，到此暂逃名。③

其三《宛转桥》云：

斜月挂银河，虹桥乐事多。花敧当曲槛，石碛折层波。
客子沉吟去，佳人窈窕过。玉箫知此意，宛转采莲歌。④

此三首记寄畅园中之胜景。叶方蔼《读书斋偶存稿》卷四《题锡山秦对

---

① 于敏中等编纂：《日下旧闻考》卷八十四，北京古籍出版社，1981年，第1400页。
② 吴伟业：《梅村集》卷十，载文渊阁《四库全书》集部（1312），上海古籍出版社，1987年，第111页。
③ 吴伟业：《梅村集》卷十，载文渊阁《四库全书》集部（1312），上海古籍出版社，1987年，第111页。
④ 吴伟业：《梅村集》卷十，载文渊阁《四库全书》集部（1312），上海古籍出版社，1987年，第111页。

岩检讨园亭二首》云：

淮海风流客，幽岩此卜居。清秋作赋里，白日卷帘余。
神女贻斑管，山灵授素书。已忘东壁下，宛挂一银鱼。

曲曲皆依水，层层尽作峦。风尘徒自窄，云壑喜常宽。
草暖藏麑径，花深斗鸭阑。可容薛衣子，暂此听鸣湍。①

张英《文端集》卷二十七《锡山秦家园二首》云：

墅绕清池一镜圆，亭桥花竹各便娟。
为园近傍名山侧，石罅分来第二泉。

老树霜皮态转妍，含清堂畔绿阴偏。
至尊相问何年种，自入秦家二百年。②

查慎行《敬业堂诗集》卷三十四《奉谒侍读秦公于寄畅园敬呈五章》云：

石龙喷沫转阶除，平碧中涵万绿俱。
信是有源能不竭，旁分一派给僧厨。

---

① 叶方蔼：《读书斋偶存稿》卷四，载文渊阁《四库全书》集部（1316），上海古籍出版社，1987年，第815页。
② 张英：《文端集》卷二十七，载文渊阁《四库全书》集部（1319），上海古籍出版社，1987年，第513页。

合抱凌云势不孤,名材得并豫章无。

平安上报天颜喜,此树江南只一株。(园中樟树一本,乃数百年物,上尝传问此树无恙,故云)

山光水色尽沾恩,风月兼留雨露痕。(堂中有山光水色、松风水月诸额,皆十余年来御笔屡次题赐者)

头白村翁传盛事,銮舆六度幸名园。

德门子弟媲荀陈,再见琼枝玉树新。

却笑平泉空作记,世家难得是文人。

韩公文体杜诗名,谢傅家声白宦情。

四海只今无执友,从游应许老门生。①

时康熙四十五年(1706),第一首末句即指《秦海翁墓志铭》所记"寄畅园为中丞旧筑,海内所称秦园者也,岁久芜废,且割为僧舍"一事。第二、三两首为钱泳《履园丛话》"康熙六巡江浙"中记秦园樟树一段所本。张云章《题惠山秦氏园》二首,其一云:

秦氏园林占地宽,名山分得碧巑岏。

十围樟木摇天籁,百顷风潭作夏寒。

蜿蜿修蛇穿石路,亭亭高栋出云端。

---

① 查慎行:《敬业堂诗集》卷三十四,载文渊阁《四库全书》集部(1326),上海古籍出版社,1987年,第461页。

> 我来未尽拈书籍，欲问东家借食单。①

从上述各家所作诗篇中，不难窥见秦氏寄畅园中的景观。此园位于惠山脚下，依山势而建，小径曲折，园中引第二泉为流，水波潋滟，塔影掩映，复有数百年之大樟树，为园中翘楚，而亭台楼阁散落其间，其额多出自名家之手，其中康熙皇帝亲书之"山光水色""松风水月"最为人称道。康熙、乾隆皇帝南巡时多次到园中游览，形诸歌咏。除了园林本身的自然之美，作为园主的无锡秦氏历经明清两代，以诗礼传家，族人才辈出，书籍、古物藏弆宏富，也为寄畅园增添了人文底蕴，使之成为名副其实的江南名园，吸引了无数的文人墨客竞往游览，而时任江宁织造的曹寅也是其中之一。

曹寅与秦松龄在京师曾有过交往，当时秦氏因参加博学鸿词科应诏到京，而年方弱冠的曹寅因舅父顾景星的关系，与当时到京诸家均有接触。秦氏后又为曹寅题《楝亭图》卷，有"曹公富家学，训迪罔弗备；哲嗣尤象贤，渐摩独纯粹"②之句。曹寅南下任职后，于往来苏、宁途中，也曾到寄畅园游览，《楝亭诗钞》卷二《月夜舟泊惠山过秦园》云：

> 直为梁溪一系船，夜山风露共苍然。
> 行来钟歇空园里，坐觉茶甘秋树边。
> 池影低枝多宿鸟，月明此处却闻泉。
> 畦丁款客浑常事，应怪深宵数笠圆。③

---

① 张云章：《朴村诗集》卷十，载《四库禁毁书丛刊》集部（168），北京出版社，2000年，第180页。
② 禹之鼎等：《楝亭图咏》，稿本，中国国家图书馆藏。
③ 曹寅：《楝亭集》，上海古籍出版社，1978年，第78页。

可知当时曹寅深夜造访，主人不在，由园丁款待，曹寅不以为怪，反倒感觉颇有野趣。总之，秦氏寄畅园除了其美景令人神往外，更因其丰富的收藏而为当时学者所熟知。

三

秦松龄之孙蕙田（1702—1764），字树峰，号味经。乾隆元年（1736）探花，官至刑部尚书。时以藏书名于世，家有味经窝、味经书屋，曾撰《五礼通考》。蒋汾功在《五礼通考原序》中追忆说：

> 予与秦氏世好，从父弱六出尊大父对岩先生之门，药师又与予同年友也。日往来寄畅园中，与其群从子弟游。素知其家多藏书，凡礼经疏义，外间绝少刊本，而庋贮缄题者数十笥。宗伯以绝人之姿，尽发而读之，早岁即洞其条理，综核纂注，汇为一编。①

可见秦蕙田深厚的学识得益于家中藏书，而他撰《五礼通考》时也因所藏之书中丰富的礼经文献而获便利。

其实，秦氏先辈在明代就以藏书、刻书闻名于世，叶启勋《拾经楼紬书录》卷中秦氏雁里草堂抄本《广川书跋》条云：

---

① 蒋汾功：《五礼通考原序》，见秦蕙田《五礼通考》，载文渊阁《四库全书》经部（135），上海古籍出版社，1987年，第58页。

暇检常熟瞿氏《铁琴铜剑楼书目》,载《酒经》三卷,宋刻本,云卷首有"雁里草堂",卷末有"雁里子柄"印记。又载《禅月集》二十五卷,明雁里草堂抄本,云卷末有"秦柄图书""雁里草堂"二朱记,乃知雁里草堂为秦柄藏书处也。柄为秦端敏公金之孙、汴之子。金字国声,无锡人,明弘治进士,官刑部尚书,谥端敏。汴字思宋,即刻《锦绣万花谷》之绣石书堂主人也,藏书甲海内,一门好事,风雅相尚。柄儒然家学,故其抄本古雅可爱,讹舛绝少。①

秦金即寄畅园之创建者,其子秦汴(1511—1581),字思宋,号次山,家有绣石书堂,曾刻印过《锦绣万花谷》《事类赋注》《古今合璧事类备要》《三水小牍》《五代史阙文》等书。秦汴子秦柄(1527—1582),字汝操,生平抄书颇多,除《广川书跋》外,尚有《毛诗名物解》《春秋诸国统纪》《寓简》《铁围山丛谈》《穆天子传》等。《四库全书总目》引《读书敏求记》以《汉武故事》为"秦汝操绣石书堂"所藏,此因父子藏书相承,遂为后世藏家所误解。又,秦柱字汝立,柄弟,诸生,授中书舍人,后以忤张居正罢官,亦富收藏。赵用贤曾从之得《管子》善本而刻之,王世贞曾见其旧藏《二王小楷帖》。藏书处名穴研斋,传抄之书,名重后世。② 崇祯十六年(1643)曾刻《草窗梅花集句》四卷、《竹浪亭集补梅花集句》一卷。而明代寄畅园另一位重要的修筑者秦耀之父秦禾,字子实,号文桥,嘉靖三十二年(1553)进士。嘉靖三十五年(1556),他在武康令任内曾刻《孟东野诗集》。

何焯《义门先生集》卷十《杂录》云:

---

① 叶启勋、叶启发撰,李军整理:《二叶书录》,上海古籍出版社,2014年,第75页。
② 冀淑英:《冀淑英文集》,北京图书馆出版社,2004年,第118—123页。

己丑九月十八日，见听云室所藏黄鹤山樵《元武修真图》，又出宋拓李括州《云麾碑》一册，汪邻几旧物，万历己未傅圣陶题其后。虽不及锡山秦氏所收唐荆川藏本（戊戌秋，见丹徒蒋亦厚所藏可与此本相埒，独有碑额），然近时拓本俱不逮也。①

同卷又记：

江阴徐子扩所得石氏帖，仅有七种，后有文文水题识，今藏锡山秦氏。②

王澍《竹云题跋》卷一《秦诅楚文》云：

诅楚文，世有三石。董广川云：初得大沈湫文于朝，又得巫咸文于渭，最后得亚驼文于洛。其辞尽同，惟所以质于神者，则随其号以异。此其祀巫咸文也。岁久刓弊，广川氏据旧本补完之。余借得锡山秦氏所藏文待诏本，与《绛》《汝》二帖所刻校勘，毫发不异，因据文氏本摹之。笔法简古，在大小篆之间，其篆法将变时书欤。③

同书卷二《王右军十七帖》云：

---

① 何焯：《义门先生集》卷十，载《续修四库全书》集部（1420），上海古籍出版社，2002年，第247页。
② 何焯：《义门先生集》卷十，载《续修四库全书》集部（1420），上海古籍出版社，2002年，第248页。
③ 王澍：《竹云题跋》卷一，载文渊阁《四库全书》史部（684），上海古籍出版社，1987年，第645页。

唐摹硬黄《十七帖》，前明神庙时藏临邑邢太仆子愿家。子愿手自钩摹，刻石来禽馆，为天下《十七帖》第一。比之世俗流传本，少一十五行，盖脱失也。此宋拓全本，为锡山秦氏所摹，不唯与世俗流传本天地悬隔，并与唐摹亦微不同。①

《秘殿珠林》卷三"明董其昌书《阿弥陀经》一册"条云：

朝鲜笺本，行楷书。款识云：云栖莲池大师，甲寅正月八十初度，余以师纯提净土，扫彼狂慧。行在梵网，志在观经。僧腊最高，居然古佛。乃书此经刻石流布，以广弘愿，亦祈大年。自愧笔法弱劣，不能如赵文敏之为中峰书净土一百八诗足传耳。万历四十三年岁在乙卯五月廿日，华亭董其昌识。后有秦松龄跋一。计十一页。②

吴修《昭代名人尺牍》卷八收秦松龄手札一通云：

《英宗实录》倚江借去未还，俟取到奉览。两朝人物既经年兄查出，暇间过舍，分开至妙。③

按：《苍岘山人集》卷四有《元夕同史馆诸公集李倚江检讨斋中看梅，和倚江韵》，此札似秦松龄在京时所作。《钦定四库全书总目》卷九十五"《二程节录》四卷《文集钞》一卷《附录》一卷"条提要云：

---

① 王澍：《竹云题跋》卷二，载文渊阁《四库全书》史部（684），上海古籍出版社，1987年，第 662 页。
② 张照、梁诗正等奉敕撰：《秘殿珠林》卷三，载文渊阁《四库全书》子部（823），上海古籍出版社，1987年，第 524 页。
③ 吴修：《昭代名人尺牍》卷八，光绪刻本。

> 明高攀龙编，取《二程语录》，择其精粹，先辨性，次论学，次治事，次释经，每类各为一卷，末载《文集抄》及《附录》各一卷。前有康熙癸未陆楣序，称攀龙官行人时为是书。其手抄本藏同邑秦松龄家，顾鳌欲刻之，未果。鳌子栋高，乃踵其父志刊行云。①

可见顾栋高与秦家素有交谊，故其晚年会为秦蕙田《五礼通考》撰序，追记其事。又，《钦定四库全书总目》卷一百五十"《沈下贤集》"条提要云：

> 《池北偶谈》又记：末有万历丙午徐燉跋，此本无之。而别有跋曰："吴兴《文集》十二卷，义取艰深，字多舛脱，不可卒读。因从秦对岩先生借所藏季沧苇抄本，校阅一过，题曰辛卯仲夏。"有小印曰"邦采"，不知为谁。然则此本校以季氏本，季氏本钞自钱氏宋刻，其源流固大概可见矣。②

则可知秦松龄与泰兴著名藏书家季振宜曾有藏书上的交流。王文进《文禄堂访书记》中"宋金元六十九家词"一条录毛扆跋云：

> 戊申重阳前四日，从锡山秦翰林留仙得钞本宋元词十四册，中有《秋涧词》一卷，即此册也，惜逸其后三卷。③

---

① 永瑢、纪昀等：《钦定四库全书总目》卷九十五，载文渊阁《四库全书》总目（3），上海古籍出版社，1987年，第79页。
② 永瑢、纪昀等：《钦定四库全书总目》卷一百五十，载文渊阁《四库全书》总目（4），上海古籍出版社，1987年，第64页。
③ 王文进著、柳向春标点：《文禄堂访书记》卷五，上海古籍出版社，2007年，第398页。

秦氏寄畅园收藏之多而精，于此可见一斑。而如此丰富的收藏，也使当时与秦松龄交往的友人获益良多。朱彝尊《曝书亭集》卷六十一《石城砖砚铭》（秦对岩前辈所赠）云：

> 石城砖，古所陶。以制砚，利挥豪。岁困敦，月在毕。故人遗我，事刊述。勒休铭，守勿失。①

按：秦氏《苍岘山人集》卷五有《金陵友人贻余一砚，云是台城故砖》②，疑所咏即此砚。朱氏《曝书亭集》卷三十五《曝书亭著录序》云：

> 时曹侍郎洁躬、徐尚书原一皆就予传抄，予所好愈笃，凡束修之入，悉以买书。及通籍，借抄于史馆者有之，借抄于宛平孙氏、无锡秦氏、昆山徐氏、晋江黄氏、钱唐龚氏者有之，主乡试而南还里门，合计先后所得约三万卷。③

同书卷四十二《王氏大易缉说跋》云：

> 《大易缉说》十卷，元武昌路南阳书院山长邛州王申子巽卿撰。康

---

① 朱彝尊：《曝书亭集》卷六十一，载文渊阁《四库全书》集部（1318），上海古籍出版社，1987年，第331页。
② 秦松龄：《苍岘山人集》卷五，载《四库未收书辑刊》第五辑（28），北京出版社，2000年，第119页。
③ 朱彝尊：《曝书亭集》卷三十五，载文渊阁《四库全书》集部（1318），上海古籍出版社，1987年，第55页。

熙庚申,借无锡秦氏本,录而藏之。①

同书卷五十二《书王氏墓铭举例后》云:

> 是书未见雕本,抄自无锡秦氏。窃意墓铭莫盛于东汉,鄱阳洪氏所辑《隶释》《隶续》,其文其铭,体例匪一,宜用止仲之法,举而胪列之,惜乎予老矣,不能为也。②

同书卷三十四《东莱吕氏书说序》云:

> 赵希弁《读书附志》称是书六卷。康熙壬戌,予抄自无锡秦氏,凡十卷,与马氏《经籍考》同。《宋史》志艺文云三十五卷,盖并门人增修之书合著于录也。序以藏之笥。③

按:朱彝尊所谓"通籍"即指康熙十八年(1679)他中博学鸿词科,康熙庚申即十九年,壬戌即二十一年,当时朱彝尊正在明史馆编修《明史》,上述所记皆京师时事。秦松龄离京时,朱彝尊曾为其饯行,同坐严绳孙有《集朱竹垞同年寓斋送留仙前辈》诗。又,朱彝尊《经义考》卷十四"孔氏颖达等《周易正义》"条按语云:

---

① 朱彝尊:《曝书亭集》卷四十二,载文渊阁《四库全书》集部(1318),上海古籍出版社,1987年,第130页。
② 朱彝尊:《曝书亭集》卷五十二,载文渊阁《四库全书》集部(1318),上海古籍出版社,1987年,第242页。
③ 朱彝尊:《曝书亭集》卷三十四,载文渊阁《四库全书》集部(1318),上海古籍出版社,1987年,第34页。

叶氏《菉竹堂书目》有长孙无忌《周易要义》五册，凡十八卷。无锡秦对岩前辈今有其书，大略与《正义》相同。考《正义》即系无忌刊定，非别一书也。①

《明诗综》卷十九"钱仲益"条小传注文云：

> 魏仲房云：先生诗有体裁，丽而不浮，奇而不僻，易而不俚。《诗话》：长史诗格爽朗，惜遗集罕传。予从秦对岩前辈购得，亟录其八首，犹未尽其蕴也。②

从上文看，秦松龄藏书颇有罕见之孤本秘籍，朱彝尊除了借抄其秘本之外，撰写学术著作时也曾得到秦氏藏书的帮助。

除了与朱彝尊、顾栋高、季振宜、毛扆等人往来，秦松龄与王士禛也一直保持着良好的关系。王士禛《渔洋山人精华录》卷六《送秦留仙太史归梁溪》云：

> 我鼓湘灵瑟，君弹昭氏琴。房栊激流徵，太息感知音。
> 古塞鸿声远，离堂烛泪深。临觞忽不御，为尔一沉吟。③

王士禛以知音视秦氏，而秦松龄《苍岘山人文集》卷二有《与王阮亭

---

① 朱彝尊：《经义考》卷十四，载文渊阁《四库全书》史部（677），上海古籍出版社，1987年，第142页。
② 朱彝尊编：《明诗综》卷十九，载文渊阁《四库全书》集部（1459），上海古籍出版社，1987年，第553页。
③ 王士禛：《渔洋山人精华录》卷六，载《四库禁毁书丛刊》集部（53），北京出版社，2000年，第85页。

书》一则,即其与王氏论诗学之文。王士禛《渔洋山人精华录》卷三《题秦留仙〈然竹集〉却寄》云:

> 小孤山下江水白,闻君去作浔阳客。
> 大别山前江汉清,忆君重过武昌城。
> 荆鄂相望才几驿,怜君来去随潮汐。
> 盘中缕脍武昌鱼,座中人物荆州鲫。
> 亦识王门懒曳裾,参卿军事复何如。
> 早将表饵摧强敌,莫为穷愁且著书。①

按:《然竹集》收入《苍岘山人集》卷三。又,《居易录》卷二十三云:

> 无锡张秋绍(夏),老儒也,以理学名东南,与予未相识。特写浦舍人长源《东海生集》四卷相寄,并示所著《孝经问业》,予深愧其意。会同年秦谕德留仙(松龄)书来,亦许钞宋王质《诗总闻》及王舍人孟端集相寄。十峰山人钱础日(肃润)选予诗六卷亦至,皆梁溪人也。②

同书卷二十六云:

> 同年梁溪秦宫谕留仙(松龄)以写本《诗总闻》相寄,宋人汶阳王质撰。

---

① 王士禛:《渔洋山人精华录》卷三,载《四库禁毁书丛刊》集部(53),北京出版社,2000年,第39页。
② 王士禛:《居易录》卷二十三,载文渊阁《四库全书》子部(869),上海古籍出版社,1987年,第589页。

> 王绂孟端《友石先生集》亦秦宫谕写寄，有曾棨、王琎二序。①

此二条即分别跋其书，由此可知王氏亦曾得秦松龄家钞本。按：秦松龄曾撰《张秋绍先生八十序》《钱十峰先生八十寿序》。其子道然亦出王士禛之门，《居易录》卷九云：

> 梁溪门人秦道然言，倪元镇故居今为祇陀寺，在无锡县东南二十里。所谓云林堂、清閟阁故址皆在，寺至今犹多梧桐。梁溪有潘氏者，与元镇友善，家藏其真迹甚富，今亦散在人间矣。元镇之族今为邨，世以货殖贵雄里中，士人甚少，其家有元镇写真，上有张伯雨、杨廉夫、柯敬仲辈题赞具存。②

可见道然熟于乡中掌故。秦松龄所著《毛诗日笺》后由道然呈请王士禛作序，今尊贤堂本《毛诗日笺》前除宋荦序文外，又有《王阮亭先生手柬》。

此外，在京师时，纳兰性德编刊《通志堂经解》，也曾得秦松龄之帮助，纳兰性德在《经解总序》中说：

> 惜乎其书流传日久，十不存一二。余向属友人秦对岩、朱竹垞购诸藏书之家，间有所得，雕版既漫漶断阙，不可卒读，钞本讹谬尤多，其间完善无讹者又十不得一二。间以启于座主徐先生，先生乃尽出其

---

① 王士禛：《居易录》卷二十六，载文渊阁《四库全书》子部（869），上海古籍出版社，1987年，第636页。
② 王士禛：《居易录》卷九，载文渊阁《四库全书》子部（869），上海古籍出版社，1987年，第408页。

藏本示余。①

徐乾学在《新刊经解序》中也说：

> 予感竹垞之言，深惧今时所存十百之一又复沦斁，责在后死，其可他诿。因悉予兄弟家所藏本覆加校勘，更假秀水曹秋岳，无锡秦对岩，常熟钱遵王、毛斧季，温陵黄俞邰及竹垞家藏旧版书若钞本，厘择是正，总若干种，谋雕版行世。门人纳兰容若尤怂恿是举，捐金倡始，次第开雕，经始于康熙癸丑，逾二年讫工，借以表章先哲，嘉惠来学，功在发（按：似脱"轫"字），予其敢掠美，因叙其缘起，志之首简。②

在纳兰性德去世后，秦松龄撰挽诗十首，其六、七两首云：

> 容易秋笳绝塞回，千金不惜为怜才。
> 可怜季子前年死，墓上今谁挂剑来。
>
> 去年扈从到吴门，只爱扁舟泊水村。
> 今日哭君何处是，枫桥秋雨又黄昏。③

---

① 纳兰性德：《通志堂集》卷十，载《续修四库全书》集部（1419），上海古籍出版社，2002年，第391页。
② 徐乾学：《憺园文集》卷二十一，载《续修四库全书》集部（1412），上海古籍出版社，2002年，第591页。
③ 纳兰性德：《通志堂集》卷二十，载《续修四库全书》集部（1419），上海古籍出版社，2002年，第513页。

他又与同乡严绳孙合撰《祭文》。严绳孙《秋水集》卷五有《送张见阳赴江华令》①，与秦松龄、施闰章等所作送张纯修任江华令诗同时。秦氏、严氏后曾为纳兰性德整理刊刻集子。

综上所述，无锡寄畅园秦氏自明代以来，其家族之收藏一脉相承，历时百年，与其精美的私家园林共同为世人所瞩目。秦松龄作为继其父德藻复兴家族产业后之又一任主人，有着其父辈所难以企及的良好政治环境与人际关系，正是在他的努力下，秦氏的藏书事业逐步走向鼎盛，直至其孙蕙田时，达到顶峰。此后秦氏后代中又陆续涌现出秦瀛、秦缃业、秦震钧、秦毓钧等人，无锡秦氏人才辈出，更证明了无锡秦氏家族在文化上的成就。单就秦松龄个人而言，他在清代秦氏一族整个藏书事业的发展过程中，可以说起到承前启后的作用。而他与清代一流藏书家的密切交流，更展现出一个藏书家开明的藏书思想，因此，有理由认为，他在清代藏书史上应占有一席之地。

---

① 严绳孙：《秋水集》卷五，载《四库禁毁书丛刊》集部（133），北京出版社，2000年，第576页。

周广业父子著述考略

海宁洛塘周氏,源出汉太尉周勃长子胜之后。至北宋末年,周渊渡江南迁,是为南迁始祖。此后历传十世,至周肇允迁居洛塘,是为洛塘一支之祖。又传五世,至周易分居塘北,已是明嘉靖年间。而明清之间,洛塘周氏人才辈出。清乾隆中,有名广业,以学问名世,为乾嘉间宿儒。周广业(1730—1798),字勤圃,号耕厓。乾隆四十八年(1783)举人,此后屡试不第,曾赴安徽,出任复初书院山长。他一生博览群书,治学不倦,著述多达二十余种,可惜家中素寒,无力付梓,大都未能刊刻问世。遗稿由其后人整理缮写、抄录副本,故得以保存流传。

周广业生有二子,长子名勋懋(1766—1843),字虞嘉,号竹泉,副贡生。次子名勋常(1771—1840),字纪君,号兰江,邑增生。周勋懋、周勋常兄弟二人久居乡里,克承家学,性情至孝。在周广业去世后,他们将其著述整理誊清,多录副本,以求流传,护持之功,可谓巨矣。而勋懋、勋常兄弟二人本身亦著述颇丰,尤其勋懋,继承其父遗志,续编成《海昌诗系》,又主持纂修家谱,于道光中编成《洛塘周氏家乘》,保存文献之功,有目共睹。

可惜,周勋懋兄弟与其父一样,著作在身后获刊印者不多,遗稿并存于后人手中,至民国间始陆续散出,流转南北各地,渐归于各大图书馆,以致而今搜讨颇为不易。所幸周氏后人于同光间编录家藏书目一册,其中著录家藏先人遗稿简目,可为学者研讨参证之资。兹将周氏书目及其中周广业父子著述略作介绍。

一、周勋常诗稿二种述略

关于周勋常著作,柯愈春《清人诗文集总目提要》著录《种松庄偶存》提要云:

> 勋常字纪君,又字绩士,号兰江。浙江海宁人。广业子。诸生。《海昌艺文志》卷十五载,著《种松庄偶存》三卷,写本。今存《种松庄偶存》不分卷,道光二年种松庄主人钞本,上海图书馆藏。①

潘衍桐《两浙輶轩续录》卷八载周氏小传,亦仅记周氏著有《种松庄偶存》,并引管庭芬语:

> 兰江先生性谨讷,寡言笑,尝授徒浔溪。旅馆篝灯,勤事纂辑,晤对时,惟以故乡逸事为问。思续先人未竟之业,惜未编辑成书。子

---

① 柯愈春:《清人诗文集总目提要》,北京古籍出版社,2001年,第920页。

在恩,能守其家学。①

《种松山庄书目》则仅著录《种松庄偶存》三本。以上所记,于周氏生卒年均付阙如,稍显简略。而光绪间所纂《洺塘周氏续修家乘》卷一所载周氏小传,可补其不足,其文云:

> 勋常字纪君,号兰江。广业次子。邑增生。公克承家学,励志读书,凡耕厓公一言一行,莫不遵守而奉行之。生平无嗜好,素位而行,为时所重。中年设帐授徒,游其门者多颖脱以去。公独困踬场屋垂三十年,犹时时以弗克显扬为憾。年七十,作《听涛图》,并系以诗。听涛者,承先孝廉《种松图》之意而言也。公既没,退藏老人朱恭寿作《听涛图记》,独称其孝,以为一举念而不忘其亲,可谓知公之深矣。著有《种松庄偶存诗稿》三卷、《扪虱丛谭》一卷。生乾隆辛卯五月十九午时,卒道光庚子十月初十日,享年七十。②

上海图书馆所藏《种松庄偶存》,仅存一册,为周勋常晚年诗稿。而复旦大学图书馆所藏佚名稿本《桐游小草》,据其内容可知,为周勋常早年诗稿。《清人诗文集总目提要》未记《桐游小草》一稿,而对《种松庄偶存》本身内容亦未涉及,故在此对周氏诗稿二种略作介绍,补其未备。

《桐游小草》不分卷,稿本一册,复旦大学图书馆藏。馆藏卡片著录为"乾隆五十八年(1793)至嘉庆二年(1797)稿本,佚名撰"。全

---

① 潘衍桐编纂:《两浙輶轩续录》卷八,光绪十七年浙江书局刻本。
② 周怀邦等纂:《洺塘周氏续修家乘》卷一,光绪十四年刻本。

稿于版心有"广德州志"四字写在朱丝阑稿纸上，每半页十行，小字双行，行字不等。正文首页首行题"桐游小草"四字，次行低二格题篇名，正文顶格。《桐游小草》后有无格竹纸五页，誊录《悼亡诗二十二首》，"代胡太守作"诗四首：《题鼓角楼》《誓节吊张义民》《经白茅岭作》《衡山祷雨作》。书中夹有花笺一张，为书札草稿，无上下款。

关于《桐游小草》所收诗作的起讫年份，据诗稿第七页《即事》（凉飙飒飒树梢头）下注"癸丑"，其后《寄怀伯氏》（四首存三）下注"甲寅"，《梅雨杂兴》下注"以下俱丙辰年作"，以及《春日村居》前有"丁巳年作"一行，可知当始于乾隆五十七年壬子（1792），而止于嘉庆二年丁巳（1797），前后共计六年时间。

稿纸版心之"广德州"，春秋时称为桐汭，隶属鄣郡。西汉初改鄣县，东汉中平二年（185）始改名广德，此后曾数次更名。至明洪武四年（1371），改设广德为州，清代承明建置，民国初年改州为县，一直沿用至今。明清两代，自嘉靖年间朱麟修《广德州志》，至光绪间胡有诚续修，《广德州志》屡经修纂，其中清代康熙、乾隆（两次）、道光、光绪四朝先后修过五次之多。乾隆年间第二次修志，由胡文铨聘请周广业主纂。乾隆《广德州志》卷二十五《职官志》"知州"一栏载：

> 胡文铨，字秉三，号衡斋。顺天大兴人。乾隆乙未进士，由户部江南清吏司主事，乾隆五十三年七月任，乾隆五十四年七月署宁国府知府。……
>
> 乾隆五十四年十一月回任，五十九年三月保举堪升知府，入都。①

---

① 胡文铨修、周广业纂：《广德州志》卷二十五，乾隆五十九年刻本。

《桐游小草》中《次胡刺史花燕原韵》小序云"复初书院牡丹盛开，绅士设宴邀赏，与闻者悉有和诗"，胡刺史即胡文铨。胡氏两度出任广德知州之职，修志一事应在其回任之后。乾隆五十九年（1794）十一月，胡氏撰《广德州志·序》称：

> 乾隆戊申秋，余甫下车，展阅州志，往事率多疏误。而自李守重修后，已越五十余年之久，亟思有以更张而恢廓之。……阅三年，稍闲，方欲进郡绅士谋之，而难其秉笔者。会周耕厓先生自皖江来署，先生浙西名宿，著书二十余种，于考古尤精经传，宿疑豁如也。……余闻之奋然，曰得人矣，遂以修志请。先生许诺，于是申请大宪，遴选郡彦，即于是秋开局于复初书院。①

吴骞《愚谷文存》卷十《周耕厓孝廉传》谓周广业为皖抚朱珪所激赏，"辟为桐汭复初书院山长。……主讲席自壬子至甲寅甫三载，人材蔚兴，科名特盛。……《广德州志》数十年不修，慨然以自任，网罗搜讨，不遗余力。逾年告成，详审精核，视近时州郡诸志罕有出其右者"②。可见乾隆末年《广德州志》的纂修似始于乾隆五十七年（1792），告成于五十九年（1794）。

《广德州志》卷九《营建志》中"复初书院"下附录周广业、胡文铨等所作之诗，时间已在乾隆五十八年（1793）夏秋间。其中，周广业《壬子春日于书院前池植荷五月十四已开一花喜占六首录四》其一云："半亩芳塘浸碧涟，春来种得藕如船。爱他水面平铺镜，写出明珠颗颗

---

① 胡文铨：《广德州志·序》，载胡文铨修、周广业纂《广德州志》，乾隆五十九年刻本。
② 吴骞：《愚谷文存》卷十，嘉庆十二年刻本。

圆。"① 而《桐游小草》中有《复初书院前有池春时大人命仆植荷其中仲夏叶茂花开大人喜占六绝敬步元韵》，第一首云："翠盖童童漾绿涟，西洲摇动采莲船。商量开到平池上，写照波心一镜圆。"② 此诗及第三、第四、第六三首所押之韵与《广德州志》所采录周广业四诗完全相同，无疑应是步韵之作。而从作者屡称周广业为"大人"来看，他应是广业之子。

另外，《桐游小草》中又有《春柳四首和叔丈吴兔床先生》诗，"叔丈"二字系后加。吴兔床即吴骞，其《愚谷文存》卷十《伯兄拙巢先生状略》记："兄讳霂，字西台，拙巢其别字也。……女二，长适乾隆乙卯举人苏士枢，朱孺人出。次适邑庠生周勋常，周氏出。"③ 周广业两子中，只有次子勋常因其妻之关系，与吴骞为亲戚。由此也就不难推定，《桐游小草》的作者应是周勋常。

《桐游小草》所收诗始于乾隆五十七年（1792），与周广业出掌复初书院时间相同，时周勋常年仅二十二岁，他曾随侍其父赴皖，入复初书院读书，故诗稿以"桐游"为名。《桐游小草》所收各诗，颇涉及周氏自身事迹，如嘉庆元年（1796）作《余补博士弟子员仲兄有诗志喜率和二绝》云：

> 角逐名场八载余（余于戊申始应童子试，癸丑丁母艰不与外，凡八年四次），一衿戈获正惭吾。
>
> 重逢丙岁疑成数（兄诗云：浪附十年重见丙，盖兄售在丙午，余相距又十年），下策真应笑阿奴（兄庠列第四，余已廿五，故戏及之）。

---

① 胡文铨修、周广业纂：《广德州志》卷九，乾隆五十九年刻本。
② 《桐游小草》，稿本，复旦大学图书馆藏。
③ 吴骞：《愚谷文存》卷十，嘉庆十二年刻本。

青眼惭叨阮籍知（时学使阮公讳元，颇廉正，系朱石君先生门下），高堂聊复展眉时（兄诗有"半由时运半论文"句，余试艺亦不刻）。

区区何□酬□□□，聊复开颜一笑□。（按：原稿空白）①

从其自注可知，乾隆五十三年（1788）周勋常十八岁时，始应童子试，中秀才时已经二十六岁，当时浙江学政正是阮元。《桐游小草》除了收录周氏与同学友人之间的唱和外，也间接记录了其父兄的一些活动。如乾隆六十年（1795）有《上巳送严大人及仲兄之桐后次日风雨有怀》，则可知本年周广业偕子勋懋于三月初三赴广德。次年有《四安阻雪谨和严大人》《雪霁由四安至桐汭道中谨和大人作》，知此年冬周广业、周勋常父子赴皖途中遇雪，曾一度耽搁于四安。此外，如《桐川杂咏十二首》，周氏自注对乾隆末年广德州的风土人情、逸闻传说都有涉及，这无疑也具有一定的史料价值。

与《桐游小草》之字迹潦草、朱墨涂改不同，《桐游小草》里所附《悼亡诗二十二首》及代胡文铨所作诗四首，显得工整清朗，所用稿纸也不相同。且《悼亡诗二十二首》小注也与《桐游小草》口吻有异。其诗第一首小注云："结褵在辛未，迄今辛亥四十一年矣。八月二十六日午时卒，正秋分节也。"辛亥应为乾隆五十六年（1791），周勋常二十一岁，从时间上看，无去世可能。第十二首云："小筑蓬庐好著书，药铛茶灶称幽居。饥驱隔是头盈雪，穗帐偏悬夜月虚。"诗中提到的小蓬庐正是周广业的斋名。第十五首小注云："孺人病疟痢两月，瘠甚，殁后写影绝不似。前年余作《种松图》自寿，盖寓闭户读书之意，故未及貌孺人。孺人颇恚之，早知如此，余岂甘于踽踽也。"其中《种松图》在

---

① 《桐游小草》稿本，复旦大学图书馆藏。

《洛塘周氏续修家乘》卷一周勋常小传中早已明言,是其父周广业所作。另,光绪刻本《洛塘周氏家乘》卷七周广业小传称:"配嘉兴盛氏,庠生名支荦女。生雍正庚戌七月十八辰时,卒乾隆辛亥八月廿六午时。生子勋懋、勋常,女一,适太学生朱名雁汀。"① 盛氏去世的时间与《悼亡诗二十二首》小注完全一致,因此《悼亡诗二十二首》应是周广业所撰,后经周勋常誊写,与《桐游小草》一同保存而已。上海图书馆藏有周勋常手缮之《小蓬庐诗钞》二十二卷,其中卷二十《桐川集》载乾隆五十六年(1791)所作《悼亡二十二首》与此完全相同,证明上文推论可以成立。

《悼亡诗二十二首》虽为周广业悼念妻子之作,但追记家事时,也曾言及周勋常。如第十八首"处分家事尤怜少,力疾还谋了向平"句小注云:"疾革时,欲为常儿娶妇,方传语,已长逝矣。"据此可知,周勋常二十岁时尚未成婚,后因母丧守制三年,故未能参加乾隆癸丑年(1793)的童子试,这与《余补博士弟子员仲兄有诗志喜率和二绝》诗注所记也一致。

相对于周勋常早年所作之《桐游小草》,上海图书馆所藏《种松庄偶存》稿本所收,则是周氏晚年的诗作。《种松庄偶存》不分卷,誊清稿本一册。全稿写于无界阑稿纸上,每半页十行,行二十二字,小字双行。书衣题"种松庄偶存",小字注"辛卯起"。正文首页首行低二字题篇名《旅夜》,上注"辛卯"二小字,则所收诗作起于道光十一年(1831);全稿末有《夏至前三日为余七十生辰醒园赋诗为祝次韵答谢》一诗,则所收诗作止于道光二十年(1840)五月左右,同年十月周勋常去世。全书后有朱恭寿题记云:

---

① 《洛塘周氏家乘》,光绪刻本,上海图书馆藏。

中表情亲比棣华,相怜彼此各天涯。重寻旧榻思何极(道光戊子,兄为余课两儿,下榻飧和堂。辛卯移榻海陵署斋,先后四年),展读遗诗感倍加。风雨怀人空宿草,烟云过眼尽虚花。周公不梦吾衰甚,掩卷徒令忆作家。咸丰三年癸丑暮春之初,愚表弟朱恭寿题后,时年七十有五。(钤"半塘题辞"白文方印、"壬辰乙酉癸卯江南分校官"朱文方印)①

据朱氏自注,道光八年(1828),他曾延请周勋常课两儿读,至道光十一年(1831),周氏赴海陵游幕,前后达四年之久。《种松庄偶存》中《不接家书逮五月矣怅然有作》小注云"辛卯客海陵,寄恩儿诗,有'惟期志愿能粗了,便好归来理钓蓑'之句。是冬归营先人葬事,自谓愿粗毕矣。而仍不免于天涯飘泊,饥来驱人,亦无可如何也",堪为旁证。其中,"恩儿"即周在恩,而营葬的"先人",似即其父周广业。

周勋常游幕所到的海陵,今属江苏泰州。《种松庄偶存》中有《重过泰州宿东城门外》《自泰州至余西道中》等诗。而《答万鹤田(皋)见投之什次韵》一首小注云:"时在令弟心莲蘥尹署,有悼亡之作,并殇幼子诗。"其后三首分别为《春暮偕万鹤田张师石郊原散步》《同鹤田师石东郊看驰马鹤田有诗次韵》《紫牡丹和鹤田韵》,可知周勋常与万皋、张师石等同客万心莲幕中。道光二十年(1840),周氏作《夏至前三日为余七十生辰醒园赋诗为祝次韵答谢》诗,首句"忆从邗上返茅堂,似觉山中日较长"后自注云:"余以丙申初夏自扬归里,惮风尘之苦,不复出游矣。"②

---

① 周勋常:《种松庄偶存》,稿本,上海图书馆藏。
② 丙申为道光十六年(1836),可见周氏六十六岁以后才不再出外游幕。

道光十七年（1837），周勋常作《自题听涛图》诗，小序云："先子著书二十余年，晚年写《种松图》以寓意。自叹析薪弗荷，颓然老矣。不能刊刻一二，以绵手泽于无穷，而此心固未敢一日忘也。故图成而名曰听涛，并系以诗。"据上海图书馆所藏抄本《种松山庄藏书目》负字号所载书目，周广业著作多达数十种，而其中付刊者仅数种，对此周勋常可谓有感而发。不过，通过对中国国家图书馆、上海图书馆所存周广业著作未刊稿抄本的调查，不难发现很多著作的副本均出于周勋常及其兄勋懋手抄。可见，周广业著作稿得以保存与流传，周氏兄弟确实功不可没。

二、《种松山庄藏书目》负字号书目标注

《种松山庄藏书目》抄本一册，今藏上海图书馆。全书写于无阑格竹纸上，每半页十一行。首页首行顶格题"种松山庄藏书目"，次行低三字题"谨遵先子以'诗书不负人'为次，士仁敬录"。书衣有墨笔题记云：

> 书目一册，系洛塘周氏种松庄耕厓先生遗书。而先生父子同为考据家，著述不少，均未刊行，大多数稿本实为希世之品。观乎目中所录，无版本及全与不全之详注。但先生乃元公后裔，自元迁宁，以迄今日，代有诗人，故推知其遗物，内中终间杂善本。今夏从止夫先生假得目录，从事缮录，以广见闻，而知先哲遗物，用以志之。念年夏

月,甲识。①

书后有"圈点悉依原本,癸酉十月重抄并校"墨笔一行。书中有"景郑藏书"白文方印、"宝山楼"朱文方印。潘景郑先生有题记二条,其一云:

种松散箧久云烟,收拾缥缃灿锦编。披卷鸿痕踪迹在,零星坠绪记分廛。蓬庐诗卷留珍秘,易米沧桑过眼愁。寥寂名山斲后业,抗庭不让拜经楼。寄沤偶题,时乙丑八月四日。②

其二云:

此种松山庄书目一册,为海宁周耕厓先生广业藏笈,先生遗著未经传布。近年蟫隐庐为印其《四部寓眼录》,燕京大学图书馆为刊行其《蓬庐文钞》行世。顷沪市散出先生遗书十余种,余得其《蓬庐诗钞》《南山省墓录》手稿及此目。知先生藏书虽无善本,而乾嘉间宁邑著述亦多希觏之品,惜未载作者及版本为憾事。后附书画目,著录亦多精品。是目为先生子士仁编,经人传钞者。得此聊备插架所无,他日借以补《藏书纪事诗》之遗,诚快事也。己卯孟冬,景郑记。③

题记中的己卯为民国二十八年(1939),可见前一首诗乃潘景郑先生在1985年捐书时补题。

---

① 《种松山庄藏书目》,抄本,上海图书馆藏。
② 《种松山庄藏书目》,抄本,上海图书馆藏。
③ 《种松山庄藏书目》,抄本,上海图书馆藏。

从潘景郑先生题记可知,他认为《种松山庄藏书目》是周广业之子所编。其实,周士仁并非广业之子,而是他的玄孙。广业长子勋懋,生子金振(原名辰吉)。金振嗣子名开第,即周士仁在书前题记中所说的"先子"。《洛塘周氏续修家乘》卷一载周开第小传云:"开第字嗣香,号少谦。金振嗣子。邑廪生。生道光壬寅十月廿八申时。配董氏名大同女,生道光丁酉十一月十三巳时。生子士仁、士廉、士义、士杰、士通,女三。"① 可见开第生于道光二十二年(1842),光绪十四年(1888)续修《洛塘周氏家乘》时依然健在。《洛塘周氏续修家乘》卷一载周士仁小传云:"士仁字厚夫,开第长子。生咸丰辛酉三月廿六辰时。"② 可见周士仁生于咸丰十一年(1861),则他抄录《种松山庄藏书目》的时间必定在同光以后。那么书后"癸酉十月重抄并校"一行出于何人之手?从周士仁在书目前称开第为"先子",可知他抄录书目时,其父已去世。而同治癸酉为同治十二年(1873),当时开第年方而立,士仁也不过十三岁。且光绪间续修家谱时,周开第仍健在,故作同治癸酉不太可能。那么,"癸酉"应是民国二十二年(1933),而书衣上所作题记时间为"念年夏",可知题"癸酉十月重抄并校"一行者应是署名为"甲"的传抄者,而此本应是民国间抄本。

《种松山庄藏书目》按诗、书、不、负、人五字顺序排列,其中诗、书、不三号为周氏所藏前人著作;负字号为周氏一家及亲友著述目录(附周氏先人手抄之书),均仅记书名、本数,藏书目共计三十六页;人字号为周氏所藏书画目,亦为简目,共计四页。虽然正像潘景郑先生所说的那样,书目稍显简略,但是由于此目是周氏后人在周广业父子去世

---

① 周怀邦等纂:《洛塘周氏续修家乘》卷一,光绪十四年刻本。
② 周怀邦等纂:《洛塘周氏续修家乘》卷一,光绪十四年刻本。

之后、家藏之书未散之前所编录的，比较完整地反映了周氏种松山庄所存周广业父子著述的原始面貌，对于研究周广业父子的著述情况无疑具有很高的参考价值，故在此将《种松山庄藏书目》负字号书目略作标注如下。

（一）第一负字号书目

灵泽夫人庙考证　一本

按：《灵泽夫人庙考证》一卷，周广业撰。时乾隆五十五年（1790）仲冬，周氏客皖省。稿本今藏上海图书馆，后有周广业自跋，末有"青浦后学何其伟拜读"一行。上海图书馆还藏有宣统间抄本一种。

冬集纪程原稿　一本

按：《冬集纪程》一卷附诗一卷，周广业撰。浙江图书馆藏有种松书屋抄本。中国国家图书馆藏省吾庐稿本，有冯敏昌跋、汪辉祖题诗。又，此书有道光二十年周氏种松书塾刻本，民国四年国学扶轮社有排印本。

桐川志钞　一本

按：《桐川志钞》不分卷，周广业辑。抄本一册，今藏上海图书馆。

蓬庐诗钞原稿　七本

按：《蓬庐诗钞》，周广业撰。稿本二十卷有王堂题诗者，今藏南京图书馆。周勋常誊清稿本二十二卷，每半页九行二十二字，藏上海图书馆。另，北京大学图书馆藏有《周广业诗稿》，稿本不分卷，每半页十三行二十八字左右。

彤史遗编　二本

按：《肜史遗编》二卷，周勋懋撰。稿本一册，今藏上海图书馆。

止止室杂钞　一本

按：《止止室杂钞》不分卷，周勋懋辑。稿本一册，今藏天一阁博物馆。有"周记"朱文圆印、"萧山朱鼎煦收藏书籍"白文长方印。①

吟秋唱和诗　一本

按：此书未详，俟考。

一得丛草　一本

按：此书未详，俟考。

意林补注　三本

按：《意林注》五卷，唐马总辑，周广业注。《逸文》一卷，周广业辑。中国国家图书馆、浙江图书馆、南京图书馆等均藏有抄本。《续修四库全书》子部（1188）所收据南京图书馆藏本影印。

祝人斋集　一卷

按：此书为海宁祝洤撰。祝氏与周广业之父周璟为总角交，《蓬庐文钞》卷八有《题祝人斋先生遗像》诗，卷五有《祝人斋挽词四章》。陈用光曾为《祝人斋先生集》作序，文见《太乙舟文集》卷六。

蓬庐诗钞　三本

按：说见前文。

孟子章指校本　一册

又　一册

按：《孟子章指》一卷，汉赵岐撰，周广业校。钞本分藏天一阁博物馆、上海图书馆。上海图书馆藏本一种有翁方纲跋。

相台书塾刊正九经三传沿革例（抄本）　一卷

---

① 天一阁博物馆所藏周氏父子著作稿抄本目录，承周慧惠女史检示，谨致谢忱。

按：《相台书塾刊正九经三传沿革例》一卷，宋岳珂撰。周广业抄本，经周氏校跋，今藏上海图书馆。

郑注孝经　一本

按：郑玄注《孝经》一卷，周广业抄并跋。今藏上海图书馆。

易书诗义草稿　二本

按：此稿疑为周广业读经书笔记。上海图书馆藏周广业《读易杂记》稿本不分卷一种，或为此稿之一部分。

四部寓眼录原稿　一本

按：《四部寓眼录》不分卷，周广业撰。稿本今藏上海图书馆。另有民国二十二年上海蟫隐庐排印本。

策钞合订　一本

按：上海图书馆藏有《广德书院试题考生录》稿本一册，周广业撰。原书未题名，因其记录试题、考生名单及参与编纂《广德州志》人员名单，故由潘景郑拟题今名。未知即此书否，俟考。

省吾庐续草　一本

按：此为周广业诗稿。上海图书馆藏《蓬庐诗钞》抄本，卷二小题作《省吾庐偶吟》。

传经系表　一本

按：《传经系表》一卷，周勋懋撰。浙江图书馆藏有张宗祥传抄本。

征信编引用书目　一本

按：《关圣帝君征信编》三十卷补遗一卷，周广业、崔应榴辑。有乾隆四十年、光绪八年刻本。此系其征引书目。又，南京图书馆藏有《关庙志》稿本，存四卷一册。

二陆词钞　一本

按：《陆射山诗余》一卷，明陆钰撰。《凭西阁长短句》一卷，清陆宏定撰。陆钰为宏定之父。两书并为周氏种松书塾抄本，经周广业校，今藏上海图书馆。

感涛小舍续抄　一本

按：周在恩撰。在恩有《感涛小舍诗钞》二卷，目存《洛塘周氏续修家乘》周氏小传。

梦余说　一本

按：《梦余说》二卷，周在恩撰。目存《洛塘周氏续修家乘》周氏小传。

动植小志　六本

按：《动植小志》六卷，周广业辑。稿本存卷二至卷六，凡五卷，今藏中国国家图书馆。

宁志余闻　三本

又　三本

按：《宁志余闻》八卷，周广业辑。中国国家图书馆藏有稿本两部，其一有葛继棠跋。

蓬庐文钞　四本

按：《耕厓文稿》一卷，周广业撰。周氏种松书塾抄本，每半页九行二十三字，今藏上海图书馆。《耕厓初稿》二卷，稿本今藏甘肃省博物馆。《耕厓文钞》八卷，经周勋懋、吴骞等校，周春、张骏等跋，今藏台北"国家图书馆"。民国二十九年燕京大学图书馆有排印本。

笛君诗钞　五本

按：《笛君诗钞》，周勋伊撰。目存民国《海宁州志稿》卷十五。

桐川石墨　一卷

按：周广业撰。稿本一册，今藏上海图书馆。书前有乾隆五十七年壬子（1792）九月十五日周广业自序，末有同年十月二十三日广德王文琴跋。

闱事纪闻　二本

按：《闱事纪闻》六卷，周勋懋撰。稿本今藏中国国家图书馆。

读经随笔稿　三本

按：周广业撰。浙江图书馆藏有《读相台五经随笔》四卷、《续笔》一卷、《宋石经记略》一卷，周氏种松书塾抄本。中国国家图书馆藏有《读相台五经随笔》四卷、《续笔》一卷，抄本，曾经孙志祖、钱馥、陈振埠等批校，又藏残本存卷三和卷四两卷。上海图书馆藏《读相台五经随笔》不分卷，稿本。

种松图诗　一本

按：中国国家图书馆藏有《耕厓先生传》抄本，所录即各家作《种松图诗》，似因其卷首为吴骞撰《耕厓先生传》，故题今名。识之俟考。

梦余说　一本

按：说见前文。

家风述略省墓录　一本

按：分为《周氏家风述略》《南山省墓录》两稿。《南山省墓录》二卷，周勋懋撰。目存民国《海宁州志稿》卷十五，潘景郑先生曾收得此书稿本，未知今藏何处。《周氏家风述略》似为周氏后人辑录先人言行之作，中国国家图书馆藏有周广业所撰稿本《周存斋行略》一卷、《周吾堂行略》一卷、《夏太孺人行述》一卷、《遗事》一卷，与此体相类似，或为其中一部分，俟考。另，天一阁博物馆藏有周广业撰《先考孝廉吾堂府君行略述》不分卷一种，稿本一册。

四书攻异疏证草稿　一本

按：《四书攻异疏证》一卷，周勋懋撰。上海图书馆藏有抄本一册。

周氏家风述略　一本

按：说见前文。

避名考（内缺末一本）　十一本

按：《经史避名汇考》，周广业撰。上海图书馆藏周勋常誊清之三十九卷本。中国国家图书馆藏有周勋懋誊清之四十六卷本，经周勋懋校跋及周勋常校，此本已由北京图书馆出版社影印出版。台湾"中央研究院"傅斯年图书馆亦藏有嘉庆初年誊清抄本四十六卷。

（二）第二负字号书目

谦谷公吟草　一本

按：《谦谷公吟草》一卷，周金振撰。目存《洛塘周氏续修家乘》周氏小传。

时还读我书原本　一册

按：《时还读我书录》二卷，周广业撰。稿本今藏上海图书馆。

正杨　二本

按：《正杨》四卷，明陈耀文撰，周广业增。清抄本，今藏上海图书馆。

经史避名汇考　十本

按：说见前文。

季汉官爵考初稿　一本

又（原本）　一册

按：《季汉官爵考》，周广业撰。天一阁博物馆藏二卷稿本，二册，有蒋师爚跋，萧山朱鼎煦旧藏。南京图书馆藏三卷稿本，有吴骞跋。中国国家图书馆藏种松书塾抄本三卷，经周勋懋校。上海图书馆藏稿本三卷，经吴骞校跋，并有蒋师爚、周春跋。台北"国家图书馆"藏稿本，有吴骞序、蒋师爚跋。《续修四库全书》史部（747）所收据中国国家图书馆藏三卷本影印。

兰陔诗钞（笛君诗附） 二本

按：《兰陔诗集》二卷，周大业撰。乾隆五十五年抄本，周广业校并跋，每半页九行二十字，今藏海宁图书馆。另，天一阁博物馆藏有《半山吟》一卷、《续半山吟》一卷，周大业、周广业昆季撰，嘉庆初年周氏种松书塾抄本。

三余摭录（原本） 一册

按：《三余摭录》三卷，周广业撰。中国国家图书馆、上海图书馆、浙江图书馆藏有抄本。

小蓬庐札记 五本

按：《小蓬庐札记》十八卷，周勋懋撰。稿本五册，今藏上海图书馆。

二郊公诗稿 二本

按：周在恩撰。在恩字汝丰，号二郊，周勋常长子，传见《洛塘周氏家乘》。

梦香词 一本

按：《梦香词钞》二卷，周文爚撰。目存民国《杭州府志》卷九十五。

黔阳忠义承袭稿 一本

按：此稿所记似为周文煜事迹。文煜，顺治六年（1649）进士，官黔阳知县。顺治十年（1653），土寇犯境，与家人同罹难。追封灵佑伯。乾隆二十四年（1759）巡抚冯钤题请崇祀名宦，杭士骏为撰传。

南山省墓录　一本

按：说见前文。

种松庄偶存　三本

按：周勋常撰。目存《洛塘周氏续修家乘》周氏小传。上海图书馆藏稿本一册，为其晚年之作。

高氏子略　一本

按：《子略》四卷，宋高似孙撰。周氏抄本，经周广业手校，今藏上海图书馆。

浙士乡会副榜考稿　二本

按：《浙士乡会副榜考》二卷，周广业撰。目存民国《海宁州志稿》卷十四。

蓬庐诗钞　六本

按：说见前文。

海昌五臣殉节轶事　一本

按：《海昌五臣殉节轶事》一卷，周广业辑。中国国家图书馆藏有周氏种松书塾抄本，后有周勋懋跋。

竹泉公诗存　七本

按：《竹泉诗存》前后续集十六卷，周勋懋撰。目见民国《海宁州志稿》卷十五。上海图书馆存《前集》稿本五卷，浙江博物馆藏稿本二卷。

东岗公诗存　一本

按：《东岗诗钞》，周奕撰。奕字起游，号东岗，乃周广业之祖。

青羊公诗　一本

按：周珽（一作挺）撰。珽字无暇，又字上衡，号青羊。①

蕉圃公诗　一本

按：《蕉圃遗稿》一卷，周文燨撰。蕉圃为周广业高祖，《蓬庐文钞》卷五有《识蕉圃公遗诗后》。稿本今藏南京图书馆，有周广业跋。

行于公杂著　一本

按：周文燫撰。文燫号行于。

两朝诗传补　一本

按：《两朝诗传补》二卷，周勋懋撰。稿本一册，今藏上海图书馆。

南山省墓录　一本

按：说见前文。

过夏杂录　四本

按：《过夏杂录》六卷、《续录》一卷，周广业撰。上海图书馆藏有抄本二部，中国国家图书馆藏有抄本，经周勋懋手校。另，浙江博物馆藏有《过夏杂录》稿本一卷，天一阁博物馆藏有抄本。《续修四库全书》子部（1154）所收据中国国家图书馆藏本影印。

客皖纪行　一本

按：《客皖纪行》二卷、《客皖录》一卷，周广业撰。稿本今藏上海图书馆。

三余摭录　一本

按：说见前文。

读经随笔　三本

按：说见前文。

---

① 此条系海宁虞坤林先生检示，谨致谢忱。

季汉官爵考校本　一卷

按：说见前文。

客皖纪行　一本

按：说见前文。

过夏杂录　四本

按：说见前文。

重修元公祠志　一本

按：《重修西湖元公祠志》三卷，周勋懋纂。目见民国《海宁州志稿》卷十五。台北"国家图书馆"藏有道光二年誊清稿本四卷，已被台湾成文出版社影印收入《中国方志丛书》。

宁志余闻　二本

又　三本

按：说见前文

目治偶抄　二本

按：《目治偶抄》四卷，周广业撰。中国国家图书馆、北京大学图书馆、上海图书馆、中国科学院图书馆、南京大学图书馆均藏有抄本。

冬集纪程　一本

按：说见前文。

四部寓眼录（后附知不足斋丛书目）　二本

按：《四部寓眼录》一书说见前文。《知不足斋丛书目》一卷，周广业撰。稿本一册，今藏上海图书馆。日本京都大学人文研究所藏有万洁斋抄本。

周氏家风述略　一本

按：说见前文。

谦谷公吟草　一本

按：说见前文。

辛壬日钞　一本

按：《辛壬日钞》二卷，周勋懋撰。稿本一册，今藏上海图书馆。

运河原委　一本

按：《运河图说》二卷，周勋懋撰。目存光绪间《洛塘周氏续修家乘》周氏小传。

吾堂公诗　二本

按：此书为周广业之父周璟所撰。璟字铁梅，号吾堂。

纪叔吟草　一本

按：此书未详，俟考。

吾堂公遗稿　一本

按：此书为周广业之父周璟所撰。

耕厓公手录云柯公遗稿

按：周憪撰。憪初名敬，字柯云，为周广业曾叔祖。著有《柯云诗集》。

陆紫度集　五本

按：陆宏定撰。宏定字紫度，号纶山。陆钰之子，陆嘉淑之弟。与周广业高祖蕉圃公友善。著有《宁远堂诗稿》。

循陔纂闻　五卷

按：《循陔纂闻》，周广业撰。今存四卷本，中国国家图书馆、浙江图书馆、天一阁博物馆均藏有抄本。《续修四库全书》子部（1138）所收据中国国家图书馆藏本影印。

兰陔诗钞　四本

257

按：说见前文。

小蓬庐杂缀二卷　二本

按：周勋懋撰。稿本今藏中国国家图书馆。

除了《种松山庄藏书目》负字号所载各稿外，《中国古籍善本书目》著录周广业著作尚有《两浙地志录》一卷，中国国家图书馆、浙江图书馆藏有抄本；《常用应酬小柬》一卷，稿本藏中国国家图书馆；周广业纂、周勋懋续纂《海昌诗系》二十卷，稿本今藏南京图书馆；周氏纂《广德州志》五十卷，有乾隆五十九年刻本；周氏辑《文昌通纪》八卷，有乾隆间参和堂刻本；周氏辑《东林三君子传》不分卷，清华大学图书馆藏周氏秋声山馆抄本；周氏校注《金华子杂编》三卷，有嘉庆四年桐川顾氏《读画斋丛书》本，稿本今藏上海图书馆；周氏校《长短经》九卷，有嘉庆四年桐川顾氏《读画斋丛书》本。而周氏于乾隆六十年所刊《孟子四考》四卷，国内多家图书馆均有收藏，《续修四库全书》经部（158）所收据复旦大学图书馆藏本影印，稿本今藏天一阁博物馆，系朱鼎煦旧物。附记于此，以资参考。

孙氏兰枝馆藏书事迹钩沉

系统收藏清人别集,乃复旦大学图书馆藏书特色之一,其中多南浔刘氏嘉业堂旧存之物,早已为人所共知。刘承干广搜清集,初欲续编其父所纂《国朝诗萃》,曾于嘉业堂中设诗萃室,储清集二千余种。虽然《国朝诗萃》最终未能刊成,而嘉业堂富藏清集之名,却已不胫而走。据复旦大学图书馆1953年所编《刘氏嘉业堂鬻归本馆清人集目》记载,本年让归复旦大学图书馆之清人别集凡七百二十二种,约为刘氏所藏清集的三分之一。近年查检馆中藏书,于清人别集中固屡见刘氏之书,而济宁孙氏兰枝馆旧物亦屡见。始知刘氏嘉业堂之前,济宁孙氏先已有志搜藏本朝人诗文集,惜其事迹尚未见学者论及,故不揣谫陋,据寓目清集中孙氏题记及其友朋日记所载,略考孙氏之生平与藏书事迹,以飨同好。

一

　　济宁孙氏乃山左大族,明清两代人才辈出,自乾隆十年(1745)孙扩图中进士以后,门庭日盛。扩图三子玉庭(1751—1834),字寄圃,乾隆四十年(1775)进士及第,官至体仁阁大学士。《清史稿》卷三六六有传。玉庭长子善宝(1780—1853),字楚珍,官至两江总督。三子瑞珍(1783—1858),字储英,道光三年(1823)进士,官至户部尚书,谥文定。孙玉庭长孙、孙善宝之子毓溎(1803—1867),字犀源,道光二十四年(1844)状元及第,官至浙江按察使。孙瑞珍之子毓汶(1833—1899),字莱山,咸丰六年(1856)榜眼及第,累官至兵部尚书,谥文恪。《清史稿》卷四三六有传。瑞珍之孙、毓汶之子楫,字济川,号驾航,咸丰二年(1852)进士及第,官至顺天府尹。百余年间,孙氏一门数代显赫,《清史稿》谓之"四世并历清要,家门之盛,北方士族无与埒焉"①。其家自嘉庆年间接手玉堂酱园生意,经营二百余载,声名远播海外,至今仍在营业。孙氏一族,既以科第显,后人多好读书、藏书。《山东藏书家史略》于孙氏藏书,收录有孙玉庭、孙维壁、孙培升、孙培益等四人,而未及兰枝馆主人孙楒。

　　孙楒,字孟延,号梦岩。斋名兰枝馆。因仕宦不显,生平事迹于史书、邑乘均未详。而自晚清叶昌炽《藏书纪事诗》以下,至今人所作《文献家通考》《中国私家藏书史》诸书亦均未涉及。唯据孙氏所用"文

---

① 赵尔巽等撰:《清史稿》卷三六六,中华书局,1977年,11445页。

定公孙文恪公子孙楗嗣守"一印，可知其为孙毓汶之子、孙瑞珍之孙。恽毓鼎《澄斋诗钞》卷二有《赠孙孟延大弟》云：

> 洒落孙公子，深交我恨迟。同庚惭齿长（余与孟延同癸亥生，而长五月），一话托心知。
>
> 乔木延恩第，秋风感遇诗（孟延落拓郎官，不得志）。唐书世系表，掩卷有余思。①

此诗为恽氏《澄斋日记》所记，作于光绪三十年甲辰（1904）七月十三日。恽毓鼎（1863—1917），字薇孙，号澄斋。河北大兴（今属北京）人，祖籍江苏常州。光绪十五年（1889）进士，历任日讲起居注官、文渊阁校理、国史馆总纂、宪政研究所总办等职。著有《澄斋诗钞》《澄斋日记》《澄斋奏稿》《崇陵传信录》等。据诗中自注可知，孙楗与恽氏生于同一年，即同治二年癸亥（1863）。孙氏所藏李銮宣《坚白石斋诗集》②中钤有"今年三十六矣"朱方、"孟延戊戌收阅"白方两印，逆推年岁，亦与之合，故孙氏生年无疑应是同治二年。唯《澄斋日记》录有此诗，恽氏自注"而长五月"中"五"字作"六"。恽氏生日为八月初十日，至于孙楗生日，《澄斋日记》光绪三十一年（1905）十二月初一日记"祝孙孟延生日，花团锦簇，四座笙歌，颇为绚烂"③云云，则恽氏仅长孙楗四月明甚。

孙孟延之名，虽偶见于缪荃孙、孙宝瑄、那桐诸友人日记中，然各

---

① 恽毓鼎：《澄斋诗钞》卷二，载《清代诗文集汇编》(789)，上海古籍出版社，2010年，第74页。
② 李銮宣：《坚白石斋诗集》，嘉庆刻本，复旦大学图书馆藏。
③ 恽毓鼎著、史晓风整理：《恽毓鼎澄斋日记》，浙江古籍出版社，2004年，第286页。

家所记多往来酬应之事，不及孙氏之言行举止。晚年恽毓鼎与之过从颇密，故恽氏日记中犹可见其身影。《澄斋日记》光绪三十年（1904）三月初十日记：

> 晴。午后至伏魔寺访赵尧生，即赴朱小南、孙孟延之约。孙处花木极多（济宁尚书旧宅），春色殊胜。手谈至夜深始归。①

观其所记，似初到孙宅，故出此言。孙棪所居，乃其父孙毓汶旧第甚明。同年七月初十日，恽毓鼎访孙孟延，遍观其收藏字画，《澄斋日记》记：

> 刘石庵题《布袋佛》《睡仙》《烧香僧》三图长卷，录自作诗及摘录内典语，凡三十余则，茂密洞达，兼而有之，真无上品。又董思翁《琵琶行》墨迹，即刻入《玉烟堂》者。又王觉斯诗草稿本，又梁山舟细书《画筌》两巨册（《画筌》系江上笪侍郎著），皆精美。又王石谷《临安山色》长卷，为觉罗廷雍所藏，丰泰主人任景峰以摄影法照之，与墨迹不隔一尘，分为十九幅，合之可成一长幅，洵画苑巨观。此卷真迹不易得，得此亦足饱眼福、快临摹矣。又戴醇士山水三幅，皆真本。②

越三日，恽毓鼎乃作《赠孙孟延大弟》诗，并详述作诗原委。恽氏获王烟客山水横幅后，曾请孙棪鉴赏，《澄斋日记》同年七月廿日记：

---

① 恽毓鼎著、史晓风整理：《恽毓鼎澄斋日记》，浙江古籍出版社，2004年，第240页。
② 恽毓鼎著、史晓风整理：《恽毓鼎澄斋日记》，浙江古籍出版社，2004年，第250页。

> 孟延来夜谈。请其审定书画，极赏烟客小卷，兼大痴、思翁笔法，若悬之厂肆，价可二百金。①

孙樾此番并谈及外祖父汪元方（号啸庵，浙江杭州人，谥文端）之俭德，恽氏以为前朝掌故，故详记于日记中。十日之后，恽氏赴孙樾之约至其家，曾与杨荫北鉴赏孙氏收藏。《澄斋日记》同年八月初一日记：

> 其最精者云林着色山水（内府物，流传有绪，见于各家著录），松雪书汲黯全传（中缺一开，文衡山补书），文待诏真赏斋图，并小楷书记一篇（时年八十八矣），香光山水十页，南田公山水十页，石谷山水摹古十二页（皆摹宋元），墨井山水大幅（亦见于诸家著录），可谓人间鸿宝矣。我辈区区掇拾，安敢复言收藏！②

赵孟頫手书《汲黯传》，民国十九年（1930）上海文明书局曾据孙氏藏本影印，题作《赵文敏书汲黯传真迹》，孙孟延所书《松泉老人墨缘汇观》一则并附印其后。孙氏兰枝馆所藏，承先世之遗存，故琳琅满目，令人叹为观止。

孙樾为世家子弟，自幼饫闻掌故，恽毓鼎为之诊病时，曾与"谈道、咸间掌故，极可听"，因叹"王谢子弟，固自不同"。③ 不过，孙氏一生仕途却并不得志。光绪三十一年（1905）冬，恽毓鼎偕孙氏访黄绍箕，作《北风甚寒访孙孟延偕赴黄仲弢学士之约》诗有句云：

---

① 恽毓鼎著、史晓风整理：《恽毓鼎澄斋日记》，浙江古籍出版社，2004年，第252页。
② 恽毓鼎著、史晓风整理：《恽毓鼎澄斋日记》，浙江古籍出版社，2004年，第254页。
③ 恽毓鼎著、史晓风整理：《恽毓鼎澄斋日记》，浙江古籍出版社，2004年，第310页。

乌衣王谢擅门望,版曹郎官沈乙科。

有怀欲陈叩真宰,天路却阻兰因河。(孟延试御史治河策,引泰西兰因河为证。某尚书阅卷,大恶之,抑置下第)①

从恽氏诗注可知,孙梴出身乙科,年逾四十,所任不过郎官。龚自珍《己亥杂诗》有"登乙科则亡姓氏,官七品则亡姓氏"一句,亦堪为孙氏身世之写照。观孙氏对策中引莱茵河为证,足见其识见非泥古不化者可比。惜乎英年早逝,终未能一展抱负。恽毓鼎《澄斋日记》光绪三十四年(1908)正月二十日记:

未刻至全蜀馆讲官团拜,到者十八人,用西法摄影。散后吊孙孟延之丧。相见未几日,遽作古人,回首生平,抚棺大恸。②

此前数日恽氏失记,上接正月十六日日记云:

午刻出城赴梅叟约。至孟延、荫北处看病。③

可见此前孙氏已卧病,故恽毓鼎有"相见未几日"之叹。恽氏《澄斋日记》宣统元年(1909)正月十八日记:

晴。巳刻赴铁厂,为胡怀庭署正点主。至长椿寺吊唐鄂生尚书之

---

① 恽毓鼎:《澄斋诗钞》卷二,载《清代诗文集汇编》(789),上海古籍出版社,2010年,第79页。
② 恽毓鼎著、史晓风整理:《恽毓鼎澄斋日记》,浙江古籍出版社,2004年,第370页。
③ 恽毓鼎著、史晓风整理:《恽毓鼎澄斋日记》,浙江古籍出版社,2004年,第370页。

孙氏兰枝馆藏书事迹钩沉

丧及孙孟延周年行礼。①

由此可知，孙楗卒于光绪三十四年（1908）正月十八日，享年四十有六。近年屡次现身拍卖场之张然（陶庵）山水册页（十二开），据其题签知为孙楗于光绪三十三年（1907）春杪所获，次年新正三日作跋记之，此或为孙氏绝笔焉。兰枝馆所藏法书古画，自孙楗去世后，陆续散出，杨钟羲《雪桥诗话余集》卷八云：

> 光绪丙戌，醇贤亲王阅兵北洋，周历旅顺、烟台，有庙岛海市十图。济宁孙文恪题云……文恪丙辰第二人及第，道咸同三朝实录，均充纂校，与翁文恭先后值枢垣，喜谈书画亦略同。所藏宋牧仲《红树秋鸦图》，近归贵阳陈氏。余有词云："跃马桑乾，朝回染翰，想见筠廊晚步。更甲第任城，承平槐府。如新触手，百年来，经过烟云几度。"盖自孟延同年逝后，而卷轴荡然矣。②

杨钟羲所作《白苎》（宋牧仲红树秋鸦图济宁孙文恪旧藏庸庵属题）一阕，载其《圣遗诗》丙集，时民国九年（1920）。杨钟羲、那桐均于光绪十一年（1885）中举，两人称孙氏为同年，则孟延亦于本年中举，此后屡试不第，沉沦下僚，郁郁而终。庸庵即贵阳陈夔龙，其《近花楼诗存五编》卷一有《八月二十七日，逸社第五集，题商邱宋牧仲尚书红树秋鸦图，画轴旧为济宁孙莱山尚书师斋中物，仁和王小坞大令持赠，特赋长歌，索同社诸老正和》，杨氏词作附于诗后，可见《红树秋鸦图》

---

① 恽毓鼎著、史晓风整理：《恽毓鼎澄斋日记》，浙江古籍出版社，2004年，第422页。
② 杨钟羲：《雪桥诗话余集》，民国四年《求恕斋丛书》本。

自孙氏流出后,已数次易手。上海博物馆藏元人钱选《浮玉山居图卷》乃得自庞莱臣虚斋,而庞氏之前,原为济宁孙氏所有,上钤孙毓汶、孙楫父子印记即其证明。济宁孙氏旧物,近年现身拍卖市场者颇多,如董其昌行书唐诗家书合册、恽寿平仿古山水册、查士标山水册、张淇绘董其昌像等皆是也。

二

孙氏兰枝馆所藏古籍善本,其家人在孙楫去世后,似尚能保藏不散,新中国成立后终为北京中国书店所得。据复旦大学图书馆藏书卡记录,济宁孙氏旧藏各书,均是1990年自北京中国书店转入者。① 兹对复旦大学图书馆所存孙氏藏书粗加统计,有一百二十余种,凡数千卷。其中,清人别集有一百零五种,清诗总集有十二种。由此可知,孙氏兰枝馆藏书之特点,似为专门收藏清人诗文集。而馆藏黄任《香草斋诗钞》一书内有光绪二十二年(1896)孙氏题记云:

> 余藏本朝诸家诗集不下五六百种,仆人高刘知余癖此也,多方为购求,此册亦其阅市得来者也。余为狂喜,盖费钱不多,而世不多觏之本往往在焉,如莘田先生此诗是也。吾高刘胜康成诗婢多矣,见周

---

① 潘继安:《复旦大学图书馆古籍存藏概况》,载潘美月、沈津编著《中国大陆古籍存藏概况》,台北编译馆,2002年,第387页。

志,亦识数语于此。光绪丙申四月,兰枝馆主孙孟延书。①

次年夏,孙氏获乐钧《青芝山馆诗集》,喜而跋之:

> 乐莲裳先生集,余思之久矣。同时诸公如郭、屠、查、彭及吴兰雪各集皆已购藏,今复得此,次第展观,如与诸先生晤对一堂,真足乐而忘寐也。光绪丁酉夏日,孟延识。时收国朝各大家诗集已逾六百种。②

然则,光绪二十三至二十四年间(1897—1898),孙氏兰枝馆所藏清集已逾六百种,时距其身故,尚有十载,身后家中所储清集较彼时必有增加,不止六百之数,则可推而知之。当日孙氏曾镌"臣梴秘藏国朝名集之印"朱文长方印一枚,以表明致力于本朝名家诗文集之搜藏。其嗜清集癖深,仆人皆知之,故会留下高刘代主购书的佳话。

关于孙氏兰枝馆藏书之来源,据其所作题记可知,分为购买与受赠两类。购书又分两种,如《黄湄诗选》题记云"同《吴风》、魏坤《粤游诗》、吴荆山《吹剑集》、徐健庵集皆购自商邱宋氏"③,为购自故家者;《白华前稿》题记云"乙未冬初购于翰文斋。两函十六册。六金"④,为得自书肆者,与前者稍有不同。至于友人赠书,如《省吾斋诗赋集》题记云"丙申三月初七日,管养山同年赠"⑤,《未谷诗集》题记云"孔

---

① 黄任:《香草斋诗钞》,乾隆刻本,复旦大学图书馆藏。有关孙氏题记诸书皆复旦藏书,下不赘记。
② 乐钧:《青芝山馆诗集》,嘉庆刻本。
③ 王又旦:《黄湄诗选》,康熙刻本。
④ 吴省钦:《白华前稿》,乾隆刻本。
⑤ 窦光鼐:《省吾斋诗赋集》,嘉庆六年刻本。

橪农赠,乙未冬月梦岩重装"①,是其例证。

孙氏收罗清集,以分地分派搜聚为主,渐求其备。有未惬心者,务求当于意者乃已。如《教经堂诗集》题记云"思之数年,去岁得一本,仅六卷,不全,深用怃然。今幸购得此全本,宝何如之"②,《淮海英灵续集》题记云"余旧有《淮海英灵集》白纸初印本,今得此《续集》,二难并矣,可宝如何"③,皆其明证。

孙氏获书之后,往往重加装治,加钤印章,题记获书年月。从复旦所藏百余种清集来看,入藏兰枝馆之书,孙氏多添制函套护书,有签条脱落、书衣破损、遭火焚余者,必一一为之重装,并于首册书衣记明卷册数目,补写书根。每阅孙氏藏书,主人爱书之情,跃然目前,不禁赞叹。而孙榳日常阅览,偶有所得,即批于书衣、简端,或评集之佳否,或取校选集,补录所缺。偶或涉及书林史事,如《海日堂集》题记云"光绪戊戌年九月廿三日,方柳桥观察藏书抵京出售。余初往观,无甚当意者,仅购得此集。洎辛斋诗以归,于是国朝诸老佳集又添两种,此行为不虚也"④,实为研究方功惠碧琳琅馆藏书流散之珍贵史料。

孙榳身为世家子弟,其藏书之风雅,从其藏书印之繁多,可略窥一斑。复旦大学图书馆所藏百余种清集中,孙氏所用藏印就有"孙榳""孙榳印信""孙榳宝藏""孙""榳""榳印""孙孟延""孟延""孟延父""文定公孙文恪公子孙榳嗣守""山左古任城孙氏孟延鉴赏书籍字画印""孙孟延鉴赏书画之章""孙孟延收藏书画印""梦岩所藏图书""济宁孙氏兰枝馆藏""兰枝馆宝藏印""枝良吟馆""兰枝馆""孙大所得"

---

① 桂馥:《未谷诗集》,道光二十一年刻本。
② 徐书受:《教经堂诗集》,嘉庆刻本。
③ 阮亨编:《淮海英灵续集》,道光刻本。
④ 程可则:《海日堂集》,道光五年刻本。

"今为樾所得""今为樾所宝""臣樾秘藏国朝名集之印""案头遗集有先生""梦岩墨缘""梦岩秘笈""樾尝三复""孟延心赏""孟延眼福""孟延得来""孟延手校""孟延过目""孟延读过""孙樾永保""孟延秘玩""卓荦观群书""长在兰枝案头""孟延平生所好""书画自怡""阿大""大雅""今年三十六矣""孟延戊戌收阅""耽书是伊缘""阿蒙"等，凡数十种之多。如表阅书之意者，即有"心赏""眼福""手校""过目""读过""三复"等印，而内中"济宁孙氏兰枝馆藏"朱文大方印为孙氏藏书最常用之印，"臣樾秘藏国朝名集之印"则多加盖于清代名家别集之上。

复旦大学图书馆所藏孙氏旧物中，除清集之外，还杂有宋元人别集及孙氏友生赠书数种，如：宋人杨亿《武夷新集》二十卷附《逸诗文》，为嘉庆十六年留香书室祝氏刻本；元人杜本《清江碧嶂集》一卷，为毛氏汲古阁刻本；钱仪吉编《文端公年谱》三卷，为光绪二十年金陵穆子美书刻本，书衣题"金甸丞赠，兰枝存阅"一行，知为金镜蓉所赠；宋育仁编《采风记》五卷附《纪程感事诗》《时务论》，为光绪二十一年袖石山房石印本，首册书衣黏红签题"是编急就，点句凌乱，字讹未订，伏祈诲鉴。受业宋育仁谨注"，知其为宋育仁所赠。足见孙氏兰枝馆藏书并不局限于清集，此与其专藏清集这一特点也并不冲突。

孙氏兰枝馆旧藏各书，至今已历百余年，其间难免损坏散佚，复旦大学图书馆所获，亦不过其旧藏清集之六七分之一。至于其余藏书，不知流落何所。藏书几经流转，一旦重装，或失旧貌，遂难知其递藏源流。笔者所见的一百余种兰枝馆旧藏清集，即经北京中国书店、复旦大学图书馆两家递藏，其中不乏函套、书衣均有更易者。而如《笃河诗集》二十卷、《笃河文集》十六卷，凡十二册，原虽分上、下两函，尚作一种著录，而今诗、文一分为二，分别著录。《浮家泛宅图诗》书衣孙氏原题"张杞园浮家泛宅图诗。钟圣舆蒙木集"，《匡庐集》书衣孙氏原题"匡庐集、小匡庐集"，可见两书均合装一函，今并析作二函。至于中国书店欲求全备，以别家所藏文集配合孙氏所藏诗集，遂使他本阑入，以致今日难加分辨，此类情况亦有之。

目前，国内外各馆所编藏书目录，多著录藏印，至于函套、书衣题签等，则注意不多。孙氏兰枝馆藏书未遍钤藏印，其函套、书衣题签本堪为旁证，两者一旦易去，顿失依据。兹检《北京师范大学图书馆古籍善本书目》，见康熙刻本《静观堂诗集》三十卷，乾隆六十年刻本《清素堂诗集》十卷，康熙刻嘉庆修本《据梧诗稿》十五卷、《小游仙诗集》一卷，乾隆五十二年刻本《来鹤堂诗钞》四卷，嘉庆十二年刻本《存素堂诗初集录存》二十四卷，嘉庆十六年刻本《素修堂诗集》二十四卷、《后集》六卷、《补遗》一卷等，均著录有孙氏印记，可确定为兰枝馆旧物。

而近年北京各公司所拍卖的古籍善本内，所见孙氏旧藏者有嘉靖间济美堂刻本《河东先生集》、康熙三十一年刻本《筿衍集》、乾隆刻本《带经堂集》、康熙间孔传铎抄本《孔东塘先生诗集》、乾隆间惠氏抄本《解春集诗抄》、康熙三十六年冠山堂刻本《憺园文集》、乾隆二十四年刻本《溪音全集》、雍正九年陆氏水云屋刻本《笠泽丛书》、光绪十八年刻本《李长吉歌诗》、康熙四十二年刻本《白香山诗集》、康熙四十三年泽存堂刻本《玉篇》、康熙五十七年刻本《隶辨》、康熙刻本《笃素堂集》、崇祯间毛氏汲古阁刻本《津逮秘书》、日本精抄本《何氏语》、日本宽政十二年刻本《江村销夏录》、日本安政五年刻本《元诗自携》等书。1999年4月，北京嘉德拍出李雯《蓼斋集》（633号）十二册一种，

乃光绪二十三年兰枝馆抄本，则可知孙氏亦借抄书籍。

孙氏兰枝馆藏书由于为北京中国书店所收购，虽说已经易手，但仍未出北京一地。不过随着拍卖等活动盛行，孙氏藏书陆续星散，已难一一觅得踪迹。所幸归藏复旦大学图书馆之百余种清集，尽管南流申浦，至今却仍聚于一处，堪称专藏，是可为孙氏庆幸者也。

癸巳初春，余护送宋人写经入京，以参观中国国家博物馆，巧遇孙照（1899—1966）子女捐赠书画特展，获见元人黄公望《溪山雨意图》、倪瓒《水竹居图》（为国内仅见之设色作品）及吾吴文待诏八旬以后所作《真赏斋图》（并赋）等剧迹，始知孙孟延后人寓居京师，家藏书画于"文革"间被抄没，发还后于1982年由后人捐归公藏，而藏书则未曾涉及，恐亦于"文革"间转入中国书店。

复旦大学图书馆藏济宁孙氏兰枝馆旧藏清集，为1990年从北京中国书店购入，其中以嘉道以前刻本居多，内有极少见者，且刻印俱精。取以校《清人别集总目》《清人诗文集总目提要》二书，颇有可资补正者，故不惮其烦，略以作者生卒年先后为序，将寓目清集记录如下：

遡园全集　五册

贾开宗著。道光九年贾洪信重刻本。

每半叶九行，行十八字。左右双边，白口，单黑鱼尾。夹板原装，孙氏题"贾静子全集"。含文集四卷、诗集一卷及《秋兴八首偶论》《遡园语商》。

栖云阁诗十六卷拾遗三卷附留畊堂诗集四卷　六册

高珩撰，赵执信选。高玮撰。乾隆三年、四十四年刻合印本。

每半叶九行，行十九字。四周单边，白口，单黑鱼尾。夹板原装。《栖云阁诗》前有康熙辛亥夏赵执信序，《拾遗》前有乾隆丙子宋弼序，

《留畊堂诗集》前有乾隆己卯宋弼序。书中钤"彊恕堂"白文方印、"济宁孙氏兰枝馆藏"朱文大方印。

调运斋诗文随刻诗集五卷再生录一卷文钞一卷文集二卷和陶诗一卷

钱陆灿撰。清康熙间朱茂初刻、乾隆十五年钝闲斋汇印本。

诗集、文集每半叶九行，行二十一字，小字双行同。四周单边，白口，单鱼尾。《再生录》《文钞》每半叶十行，行十九字，小字双行同。左右双边，上下黑口，单黑鱼尾。《和陶诗》每半叶十一行，行二十三字，左右双边，白口，单黑鱼尾。函套原装，孙氏题签"调运斋诗文随刻。钱湘灵著。孟延藏"。首册书衣题"调运斋集。凡四册。孟延珤藏"。书前有乾隆十五年钝闲斋补刻总目一叶。有借巢髡人题词，康熙戊辰钱氏自题。《和陶诗》前有康熙十年倪闇公、吕留良序。曾经俞岳收藏。书中钤"笠车草堂"朱文方印、"闇谷"朱文方印、"少父心臧"白文方印、"子骏"白文长方印、"梦岩秘笈"朱文长方印、"孙樾"朱文长方印、"孙樾宝藏"白文方印。

海日堂集七卷　四册

程可则著。道光五年金山县署刻本。

每半叶九行，行十九字。四周双边，白口，无鱼尾。函套已易。首册书衣题"海日堂集。凡四册。孟延藏记"，并有孙氏题记云："光绪戊戌年九月廿三日，方柳桥观察藏书抵京出售，余初往观，无甚当意者，仅购得此集。洎辛斋诗以归，于是国朝诸老佳集又添两种，此行为不虚也。"书前有曹溶、龚鼎孳、王庭、钱朝鼎、施闰章、王士正、汪琬、朱彝尊、陈恭尹、程翔序及道光五年程士伟重刊序，序后有孙孟延识语云："吴孟举选八家诗，湟溱一册多此集未见者，何竟未补入，岂重刻者但知有《感旧》《别裁》两集,不知有孟举选本所录最多邪,诚憾事矣。他日有暇,当校补重刻之。光绪庚子春二月,孟延识。"卷四天头孙氏录补遗七律,小注云:"由吴孟举《八家诗钞》录出。"计《铜雀台遗址》、《虞山宿邵无尽山房》、《与山品闲云二上人宿刘汉三山房因怀一灵在庐山》、《宝安旅怀》、《李湘晓故司寇招游龙水庵作》、《喜闻官军收复桂平》、《度双牌峡》、《鄱阳湖望庐山因怀天然老宿须识行人》、《泰和谒杨文贞祠》、《花朝同林坦庵罗杓受詹竹也诸子集王蔗庵谁园饯谈蘧怀归京口次留别韵》、《除夕柬退庵禅人》、《送曹饮庵学士》(二首录一)。书中有"梦岩墨缘"朱文长方印、"臣樾秘藏国朝名集之印"朱文长方印、"兰枝馆宝藏印"朱文方印、"山左古任城孙氏孟延鉴赏书籍字画印"白文大方印、"孙樾印信"白文方印、"孟延"朱文方印。

天延阁删后诗十六卷后集十三卷赠言集四卷　六册

梅清著。康熙刻本。

前集、赠言集每半叶九行,行二十字。四周双边,白口,单黑鱼尾。函套已易。前集首册书衣题"梅渊公先生著。前后共六册","光绪丁酉年四月十八日,济宁后学孙樾秘藏"。前有总目。第二册书衣有孙氏题记云:"梅渊公诗亦国初一大家也,今幸购得初印本,不啻希世之宝。杓司、定九二公集,未知何日觅得,梦寐不能忘也。孟延识。丁酉四月。"后集每半叶九行,行二十一字。左右双边,白口,单黑鱼尾。前有陈焯序。《赠言集》前有梅清自序。钤有"臣樾秘藏国朝名集之印"朱文长方印、"济宁孙氏兰枝馆藏"朱文大方印。

白云村文集四卷卧象山房诗正集七卷　四册

李澄中著。康熙建安刻本。

每半叶十一行,行二十字。四周单边,白口,单黑鱼尾。函套已易。文集前有毛奇龄、宋贻恭、康熙己卯张贞、安致远、乙亥洪嘉植序及康熙己卯李氏自序、康熙四十四年乙酉庞垲《卧象山房正集序》。书中钤"臣榧秘藏国朝名集之印"朱文长方印、"孙孟延鉴赏书画之章"朱文长方印、"孙"朱文圆"榧"白文方联珠印、"济宁孙氏兰枝馆藏"朱文大方印。

黄湄诗选十卷　二册

王又旦著，王士禛选。康熙刻本。

每半叶十行，行十九字。四周单边，上下大黑口，单黑鱼尾。函套、书衣均已易去。书前有王士禛、康熙辛酉汪懋麟、顾景星序及陆嘉淑《掖垣集序》、姜宸英《岭海集序》。书后有"旌邑汤复旦刻"一行，并有孙氏题记云："余曩得家豹人溉堂集，即思幼华先生此稿。今喜从会经书贾得之，盖自汴省辗转购来，商邱宋氏故物也。可宝如何。孙榧识。""同《吴风》、魏坤《粤游诗》、吴荆山《吹剑集》、徐健庵集皆购自商邱宋氏。"书中有"臣榧秘藏国朝名集之印"朱文长方印、"孙榧永保"白文长印、"济宁孙氏兰枝馆藏"朱文大方印、"孙孟延鉴赏书画之章"朱文长方印、"梦岩墨缘"朱文长方印、"榧尝三复"朱文方印、"孟延心赏"白文方印、"榧印"白文长印、"枝良吟馆"朱文长方印。

木本堂诗四种十九卷　四册

李国宋撰。康熙沧浪水屋刻本。

每半叶十一行，行二十字，小字双行同。四周双边，上下黑口，双黑鱼尾。函套原装，孙氏题签"木本堂诗。李大邨著。孟延珤藏"。首册书衣题"木本堂诗集。孟延收藏并题"，"李国宋"。含《严庵稿》《赢隐初集》《赢隐二集》《珠尘集》四种。前有陆廷抡、王仲儒、洪嘉植、王熹儒、叔沂诸家序及李氏自序。《自论数则》后孙氏录："《感旧集》

注，国宋字汤孙，号大村。江南兴化人。明少师春芳五世孙沛之侄。康熙甲子举人。有《螺隐居集》。《扬州府志》本传，国宋弱冠即以诗文著名江淮间，王阮亭为司李，赏誉不置口，论者谓自陆放翁后，诗之多而工，无以逾之。"

采山堂近诗选八卷采山堂二集九卷　四册

沈胤筏著。雍正刻本。

每半叶九行，行二十字。四周双边，白口，无鱼尾。函套原装。首册书衣题"采山堂诗集。四册"，"山阴沈康臣先生著。兰枝馆收藏"。《近诗选》前有姜希辙、康熙甲午薄有德序。《二集》前有毛奇龄、康熙五十三年彭定求序，汪懋麟撰墓志铭。书中钤"北京市文物管理处藏书"朱文长方印。

担峰诗四卷　四册

孙洤撰。康熙刻本。

每半叶九行，行二十字，小字双行同。四周单边，白口，单黑鱼尾。函套原装。书前有康熙三十六年魏儒照序及友朋诸家题词。

画溪西堂稿四卷　一册

谢芳连著，王士禛评点。康熙写刻本。

每半叶十行，行十九字。左右双边，白口，双黑鱼尾。函套已易。书衣孙氏题"谢皆人画溪西堂稿"。前有王士禛序及题诗。《咏雪亭唱和集》前有王士禛、宋荦、储大文序，末有唐孙华、梅庚、吴士玉、陈维岳、吴曹直跋。书中钤"臣樋秘藏国朝名集之印"朱文长方印、"孙樋永保"白文长印、"济宁孙氏兰枝馆藏"朱文大方印、"孙孟延鉴赏书画之章"朱文长方印、"梦岩墨缘"朱文长方印。

粤游纪程诗一卷　一册

魏坤撰。康熙刻本。

每半叶十行，行十九字。左右双边，上下黑口，单黑鱼尾。函套已易。书衣孙氏题"魏禹平粤游纪程诗"。书前有康熙辛巳张大受及魏坤自序、顾嗣立题诗。书中有"臣樾秘藏国朝名集之印"朱文长方印、"孟延眼福"白文方印、日出云纹圆印。

遂宁张文端公全集七卷卷首一卷　八册

张鹏翮撰。光绪八年刻本。

每半叶九行，行二十二字。四周双边，白口，单黑鱼尾。函套原装。孙氏题签"遂宁张文端公全集。济宁孙孟延收藏"。首册书衣题"遂宁张文端公全集。八册。光绪壬午川中镌本。丁酉中秋兰枝馆收藏"。

冯舍人遗诗六卷　二册

冯廷魁撰。雍正刻本。

每半叶十行，行十九字。四周单边，下黑口，单黑鱼尾。函套原装，孙氏题签"冯舍人遗诗。孟延藏书并题"。书衣分题"冯舍人遗诗。上卷"，"下卷"。书前有雍正辛亥赵执信、王士禛序，末有雍正癸丑冯德谦跋。书后有孙氏题诗："铜鼓歌声动庙廊，倾心敛手到渔洋。如何二妙虚成集，六卷编诗佚此章。晴川一集最清奇，贻上称扬作楚词。吟到紫菱风浦句，既佳光景想黄陂。凤池吟侣几人存，太息鲍瓜系国门。幸荷主恩一持节，诗人从此老曹村。""舍人诗六卷，一字一珠量。阅市搜罗得，挑灯校读忙。赏心忆秋谷，敛手到渔洋。诸老同臣里，遗编取次藏（渔洋、玉叔、山姜、秋谷诸先生诗集，余皆已购藏，舍人诗极不易得，今获单行本，乃最初刻本也。喜而题此。樾）。"书中钤有"孙大所得"白文长印、"梦岩所藏图书"朱文长方印、"孙樾永保"白文长印、"孙樾"朱文长方印、"孟延秘玩"朱白文方印。

孙氏兰枝馆藏书事迹钩沉

爱日堂诗集二十八卷　六册

陈元龙撰。雍正刻本。

每半叶十一行，行十九字。左右双边，白口，单黑鱼尾。函套原装，孙氏题签"爱日堂诗集。孟延藏书"。首册书衣题"爱日堂诗集。廿八卷，六册。光绪丁酉季夏兰枝馆收得重装，原刻初印本。孟延"。书前有康熙甲子叶映榴序。书中钤"臣樋秘藏国朝名集之印"朱文长方印、"济宁孙氏兰枝馆藏"朱文大方印、"北京市文物管理处藏书"朱文长方印。

匡庐集六卷　二册

王沛恂撰。雍正刻本。

每半叶八行，行十六字。左右双边，上下大黑口，无鱼尾。函套原装，题签"匡庐集，小匡庐集"。书衣分题书名卷次，书前有雍正癸丑夏五李绂序，末有吴浩跋。卷一文，卷二至卷六诗，每卷末有"子婿即墨郭廷翕敬书"一行。

小匡庐集不分卷　一册

王枢撰。雍正刻本。

每半叶八行，行十六字。左右双边，上下大黑口，无鱼尾。已与《匡庐集》分装，书衣题"小匡庐集"。前有陈以刚序，目录以干支为序，收己酉至壬戌之诗；末有"即墨郭廷翕虞受书"一行。

刘荟亭诗选六卷　四册

刘可书著。康熙四十八年东粤刻本。

每半叶十行，行十九字。四周单边，上下黑口，单黑鱼尾。函套原装，孙氏写书根。原以满文《孟子》书叶衬装。书前有康熙己丑范时崇序。书中有"孙樋"白文半圆印、"耽书是伊缘"白文长印。

吹剑集一卷　一册

吴士玉撰。康熙写刻本。

每半叶十行,行十九字。左右双边,白口,单黑鱼尾。函套已易。书衣孙氏题"吴荆山吹剑集","计诗四十八首,余阅他集得诗三首,附录于后,更当续辑。孟延识"。书前有宋荦、康熙壬午邵长蘅、冯景、康熙壬午张大受四家序。书末《夜》一诗后录《春日泛舟石湖过范文穆公祠观宋孝宗御书歌》,孙氏附记:"此首从宋牧仲选《吴风》抄入。孟延记。"其后副叶又录《书青门先生篮舆诗后呈商邱公》《中丞公以御赐人参分饷青门先生青门有作属余和之》,孙氏附记:"此二首从《青门誊稿》录来,暂草于此。孟延记。"书中有"臣樾秘藏国朝名集之印"朱文长方印、"济宁孙氏兰枝馆藏"朱文大方印、"孟延眼福"白文方印及日出云纹圆印。

何端简公集十二卷附年谱　六册

何世璂撰。道光二十四年澹志堂刻本。

每半叶九行,行二十字。四周双边,白口,单黑鱼尾。函套原装。书前有道光十三年王赠芳、道光癸卯陈功两序,末有道光甲午王赠芳后序、道光甲辰王镇、成瓘书后。前五册书衣分记卷目。

浮家泛宅图诗　一册

张贞辑。康熙四十九年春岑阁刻本。

每半叶十行,行十九字。左右双边,白口,单黑鱼尾。函套已易。书衣孙氏题"张杞园浮家泛宅图诗。钟圣舆蒙木集"。书前有杞园老人自题及图。书中有"臣樾秘藏国朝名集之印"朱文长方印、"梦岩收藏图书"朱文长方印。

蒙木集　一册

钟辕撰，王士禛评，田雯选。康熙刻本。

每半叶十行，行十九字。左右双边，上下黑口，单黑鱼尾。函套已易，书衣重装。书前有王士禛、宫梦仁、田雯、谢重辉序，庞垲跋。书中钤"济宁孙氏兰枝馆藏"朱文大方印、"臣梿秘藏国朝名集之印"朱文长方印。

健松斋集二十四卷　六册

方渭仁著。康熙世美堂刻本。

每半叶十行，行二十字。左右双边，白口，单黑鱼尾。函套已易。文集前有康熙丁卯金铉、康熙己未李澄中、张烈、林云铭、康熙二十六年毛先舒、尤侗、毛际可、金德嘉序，康熙间梁允植、陈廷会、王嗣槐、陈玉璂、姜宸英旧序。诗集前有康熙间冯溥序。书中钤"济宁孙氏兰枝馆藏"朱文大方印。

师善堂诗集十卷　四册

嵇曾筠撰。嘉庆刻本。

每半叶九行，行十八字。左右双边，白口，单黑鱼尾。函套原装，题签"师善堂诗集。孟延藏书并题"。首册书衣孙氏题"师善堂诗集。十卷四册。兰枝主人藏"。书前有雍正乙卯嵇氏自序。

涵村诗集十卷　五册

秦文超著。光绪六年重刻本。

每半叶八行，行二十字。左右双边，白口，单黑鱼尾。函套已易。书前有光绪六年秦宝玑重刻序、康熙庚寅张璨《客燕集序》、康熙甲午秦松龄序、康熙己丑朱于宣撰小引，末有光绪六年秦簧跋。书中有"孙孟延收藏书画印"朱文长方印。

珠凤阁诗草不分卷　四册

查曦撰。清稿本。

每半叶九行，行十九字。蓝丝阑版心下方有"珠风阁"三字。函套原装，孙氏题签"抄本珠风阁诗草。查曦著。孟延藏"。书中钤"少泉蔡氏珍藏"朱文方印、"求善价而沽诸"白文方印。

濂村诗集六十八卷附萤熠斋岁时纪略　二十二册

陈豫朋撰。抄本。

无界阑黄竹纸写。每半叶十一行，行二十一字。前有康熙丁丑韩菼、康熙戊寅田雯、康熙辛卯周朱耒、康熙庚辰于天骐、康熙甲申胡任舆、康熙辛丑司马灏文、康熙壬寅允恭、雍正乙巳于振、雍正乙巳吴启昆、雍正丙午孔正性、雍正辛亥王作德、雍正壬子李根云、乾隆辛亥钱塘士璠诸家序跋及雍正甲寅陈豫朋自序。

绿萝山庄文集二十四卷　十二册

胡浚撰。嘉庆胡氏重刻本。

每半叶十行，行二十二字。四周双边，白口，单黑鱼尾，版心下镌"竹岩胡浚"四字。函套原装。书衣孙氏题书名，并记每册卷次。书前有乾隆戊寅齐召南、己未鲁曾煜，嘉庆七年王杰，乾隆癸亥李绂序。书中有"济宁孙氏兰枝馆藏"朱文大方印、"卓荦观群书"朱文方印、"孟延父"朱文大方印、"今为榝所得"朱文长方印。

墨香阁文集十三卷卷末一卷　四册

彭维新撰。道光二年彭氏家刻本。

每半叶十行，行十九字。左右双边，上下黑口，单黑鱼尾。夹板原装，题"墨香阁集"。书根题"墨香阁集。彭维新著"。据其格式、字迹可知当为孙氏所藏。前有辛丑唐鉴叙。

雪杖山人诗集八卷附秦涛诗集一卷　八册

郑炎撰。嘉庆刻本。

每半叶十行，行二十一字。左右双边，上下线口，单黑鱼尾。夹板原装，孙氏题"雪杖山人集。八册。郑炎撰。兰枝馆秘籍"。首册书衣已易去。书前有朱文藻、嘉庆五年鲍廷博、嘉庆六年汪辉祖、嘉庆七年王芑孙、嘉庆五年冯浩、嘉庆六年谭大经、嘉庆辛酉陈澧诸家序跋，末有嘉庆四年顾列星跋。每卷末有"桐乡后学马以艮覆校"一行。书中有"海宁陈氏珍藏书画金石之印"白文方印、"龚氏藏书之印"白文方印、"槜李曹氏"朱文长方印、"今为榳所宝"朱文长印、"臣榳秘藏国朝名集之印"朱文长方印、"济宁孙氏兰枝馆藏"朱文大方印、"任城孙大"白文方印、"诗伧"白文长印。

集虚斋全稿　八册

方楘如撰。光绪二十年浙江书局重刻本。

每半叶九行，行二十五字。四周双边，白口，单黑鱼尾。函套原装，题签"集虚斋时文稿。孟延藏署"。首册书衣题"方文辀集虚斋稿"，"杭州书局重刻本，凡八册"。书前有光绪二十年徐致祥重刻序及储大文序、方氏自序、乾隆丁卯鲁曾煜序、光绪十一年陈建常重刊序。

香草斋诗钞六卷　一册

黄任撰。乾隆二十三年修汲堂刻本。

每半叶十一行，行二十一字，小字双行，行三十一字。四周单边，白口，单黑鱼尾。函套已易。书衣题"黄莘田香草斋诗钞"。书前有乾隆壬寅、乾隆丙子桑调元两序。书后有周宗焯题记一行云："余求此书八年，偶于无意中得之，书以志喜。道光元年十月九日，周宗焯笔。"又有孙氏题记云："余藏本朝诸家诗集不下五六百种，仆人高刘知余癖此也，多方为购求，此册亦其阅市得来者也。余为狂喜，盖费钱不多，而世不多觏之本往往在焉,如莘田先生此诗是也。吾高刘胜康成诗婢多矣,见周志,亦识数语于此。光绪丙申四月,兰枝馆主孙孟延书。"书中钤"臣樾秘藏国朝名集之印"朱文长方印、"孙孟延鉴赏书画之章"朱文长方印、"济宁孙氏兰枝馆藏"朱文大方印。

道盩斋诗稿二十三卷　十册

孙灏撰。清抄本。

墨匡无介,每半叶八行,行二十字。书前有乾隆三十二年彭启丰序。首册书衣墨笔题"精钞道盩斋诗集十册。家虚舟先生著。戊戌孟秋兰枝馆珍藏"。书中有"兰枝馆宝藏印"朱文方印。

柏香书屋诗钞二十四卷　六册

张凤孙撰。道光二十年广州刻本。

每半叶十行,行二十一字。左右双边,上下黑口,单黑鱼尾。函套原装,题签"张少仪诗稿。六册"。书前有嘉庆二十三年赵怀玉序,其后有"粤东省城西湖街简书斋刊刻"刊语二行。书末有方廷瑚、张维屏跋。

旧雨草堂诗八卷附诗余　四册

董元度撰。乾隆刻本。

每半叶九行,行二十一字。四周双边,白口,单黑鱼尾。夹板已易。首册书衣题"旧雨草堂诗,上册","平原董曲江先生著。济宁后学孙樾藏"。书前有乾隆甲戌黄叔琳、乾隆庚寅邓汝勤、乾隆戊戌赵佑三家序,末有乾隆戊戌万廷兰跋。序后有孙氏题记云:"国朝吾东诗人最多,余购藏诸老专集亦最多,如渔洋昆仲、荔裳、山姜、秋谷、念东、冯大木辈最有名者,皆已觅得,兹又购得曲江董先生集,与谢方山《杏村诗集》同日得来,曷胜欣慰。兹集《春柳》诗,幼时从塾师即已熟诵，怀想全诗不得，谓迟至廿年而后快睹，展阅一过，实慰素心，爰志数语，以志墨缘。丙申二月二日兰枝馆主人记。""都中诸诗专集亦不易得，不得谓非墨缘也。"书中钤"孙孟延收藏书画印"朱文长方印、"孙孟延鉴赏书画之章"朱文长方印。

传经堂诗钞十二卷

韦谦恒撰。乾隆刻本。

每半叶十行，行二十一字。四周双边，上下黑口，双黑鱼尾。夹板虽旧，似非原装。书衣未换，并无题签。书前有乾隆庚戌正月韦氏自序。

省吾斋诗赋集十二卷　四册

窦光鼐撰。嘉庆六年刻本。

每半叶十一行，行二十一字。左右双边，白口，单黑鱼尾。函套原装，孙氏题签"省吾斋诗赋集"。首册书衣题"省吾斋集。春"，"赋全、诗一，窦东皋先生著。丙申三月初七日，管养山同年赠。兰枝馆主记"。书中有"孙孟延鉴赏书画之章"朱文长方印、"梦岩收藏图书"朱文长方印。

乐贤堂诗钞三卷　三册

德保撰。乾隆刻本。

每半叶九行，行十九字。四周单边，白口，单黑鱼尾。函套已易。首册书衣原签下墨笔记"卷上，计三册"。卷中、卷下分题"定圃诗钞。卷中"，"卷下"。书后有乾隆辛亥三月其子英和跋。

嘉树山房诗集十八卷文集六卷　八册

李中简著。嘉庆六年嘉树山房刻本。

每半叶十行，行二十二字。左右双边，白口，单黑鱼尾。函套原装，孙氏题签"嘉树山房诗文集。孟延存阅并题"。文集首册书衣题"李文园先生全集。八册。文六卷，诗十八卷，应制诗二卷"。文集前有孙星衍、嘉庆壬戌许兆椿序，后有仲振奎跋。诗集前有乾隆甲午陆燿序。

泊鸥山房集三十八卷　八册

陶元藻撰。嘉庆衡河草堂刻本。

每半叶十行，行二十一字。左右双边，白口，单黑鱼尾。函套原装，题签"陶篁村诗集"，孙氏写书根。前有癸酉秦锡淳、王又曾序。书中钤"济宁孙氏兰枝馆藏"朱文大方印。

纫芳斋诗稿二卷　一册

谭尚忠撰。嘉庆十七年四川通志局刻本。

每半叶十行，行十九字。左右双边，下黑口，单黑鱼尾。函套已易。书前有陈用光撰墓志铭、姚鼐撰墓志铭，末有嘉庆壬申杨方灿跋。书衣有孙氏题记云："是从剑南入手者，不乏清丽之句。王兰泉先生选入《湖海诗传》二首，此稿尚遗其一，想经后人删定也。兰枝馆主读过并识。"

纬堂诗钞四卷　一册

汤大奎撰。乾隆刻本。

每半叶十行，行十九字。左右双边，白口，单黑鱼尾。函套已易。书衣旧签残存"诗钞。一册。孟延藏"。书前有乾隆辛卯程晋芳、乾隆癸巳史承豫、乾隆三十八年庄炘三家序。

笥河诗集二十卷笥河文集十六卷　十四册

朱筠撰。嘉庆椒华吟舫刻本。

每半叶十行，行二十一字。左右双边，白口，单黑鱼尾。函套原装，诗集一函题签"笥河诗集。孙梴宝藏"。钤"梦岩收藏图书"朱文长方印。诗集前有嘉庆九年朱珪序，后有嘉庆甲子朱珪撰后跋及墓志铭。文集前有嘉庆二十年朱锡庚序，朱珪撰神道碑，章学诚撰墓志铭，王昶撰墓表、别传，孙星衍撰行状，李威撰从游记，汪中撰学政记。书中有"孙梴宝藏"白文方印。

白华前稿六十卷后稿四十卷　十六册

吴省钦撰。乾隆四十八年刻本。

每半叶十行，行二十一字。左右双边，白口，单黑鱼尾。函套原装，孙氏题签。书前有乾隆四十八年吴省钦序。《前稿》内封后副叶有孙氏题记云："乙未冬初购于翰文斋。两函十六册。六金。"钤有"济宁孙氏兰枝馆藏"朱文大方印。

抱山堂集十四卷　四册

朱彭撰。道光三十年刻本。

每半叶十行，行十九字。左右双边，白口，单黑鱼尾。夹板原装，孙氏题"朱青湖先生诗集。孟延宝藏"。钤"孙梴"朱文长印。首册书衣题"抱山堂诗集。四册。孟延收得"。书前有庚戌年朱彭自序。书前副叶有刘履芬题记云："朱青湖征士抱山堂集，先大夫曾经评点一部，称其气体过弱，不能及吴圣征，为庚申兵乱失去。光绪戊寅六月，江右书估出此本见示，以白金六星购之，并记其首。江山刘履芬。"书中钤"刘印履芬"白文方印、"泖生"朱文方印、"少泉蔡氏珍藏"朱文方印、"求善价而沽诸"白文方印。

北溪诗集二十卷文集二卷附集一卷　六册

王元文撰。嘉庆刻本。

每半叶十行，行二十一字。左右双边，白口，单黑鱼尾。函套已易。首册书衣题"北溪诗集。礼","吴江王元文翚曾著。兰枝馆存阅"。书前有乾隆丙午袁谷芳,嘉庆十七年程邦宪、钱廷烺三家序,徐乔林撰墓志铭,嘉庆壬申赵亨衢跋及助刻姓氏。书中钤"小山氏藏书"朱文长方印。

味灯书屋诗集八卷　二册

沈业富撰。道光九年刻本。

每半叶十二行,行二十四字。左右双边,上下黑口,双黑鱼尾。函套已易。书前有嘉庆辛未吴锡麒序、阮元撰墓志铭。书中钤"济宁孙氏兰枝馆藏"朱文大方印。

颐彩堂文集十六卷剑舟律赋二卷经进文稿一卷骈体文钞二卷颐彩堂诗钞十卷　十册

沈叔埏撰。光绪九年刻本。

每半叶十行,行二十二字。四周双边,白口,单黑鱼尾。函套原装。文集前有乾隆六十年沈氏自序、阮元撰墓志铭。

未谷诗集四卷　一册

桂馥撰。道光二十一年曲阜孔氏刻本。

每半叶十行,行二十一字。左右双边,上下黑口,单黑鱼尾。函套已易。书衣题"桂未谷诗集。四卷,共一册","孔樾农赠,乙未冬月梦岩重装"。书前有道光二十一年孔繁灏《桂氏遗书序》、蒋祥墀《桂君未谷传》,乾隆六十年马屡泰、颜崇槼、道光辛丑孔宪彝序,助刻姓氏后有道光二十一年桂显诜识语。钤有"孙孟延收藏书画印"朱文长方印、"长在兰枝案头"朱文方印、"臣樾秘藏国朝名集之印"朱文长方印、"济宁孙氏兰枝馆藏"朱文大方印、"孙樾宝藏"白文方印。

韵香庐诗存一卷　一册

沈国治著。沈丙莹朱丝阑抄本。

每半叶九行，行二十字。稿纸版心下有"桂芳斋"三字。函套已易。原装书衣上有沈氏题记云："先赠公韵亭君耽吟咏，诗稿甚多，因无力开雕，久已散失。甲子侨寓星沙，从敝箧中搜寻遗墨，仅得若干首。手录订作一卷，以俟付刊。孙男丙莹谨识。"书末又有题记云："先赠公韵亭君博学能诗文，于书无所不览，所著有《韵亭诗文钞》《语存》《语录》各种，原稿甚富。其刻入《湖州诗录》者，仅诗数首及《苕发集》刻试帖数首而已。因家贫无力开雕，渐至散失。今春侨寓星沙，从敝箧中搜寻遗墨，得诗若干首，手录为一卷，以俟付刊。同治甲子春暮，孙男丙莹谨识。"

竹初诗钞十六卷文钞六卷　　八册

钱维乔著。嘉庆刻本。

每半叶十一行，行二十一字。左右双边，白口，单黑鱼尾。函套已易。首册书衣题"竹初诗钞。凡八册。孟延藏书"。诗钞前有胡绍鼎、赵怀玉、管干珍、乾隆四十一年程晋芳、钱大昕、洪亮吉、乾隆壬辰钱维城序，崔龙见、袁枚二家序并跋，以及蒋和宁、任大椿、杨芳灿、吕岳自、徐锡爵、杨梦符题词。文钞前有嘉庆十三年赵怀玉、毛燧传序。钤有"臣榎秘藏国朝名集之印"朱文长方印、"济宁孙氏兰枝馆藏"朱文大方印、"孟延平生所好"朱文方印、"案头遗集有先生"白文方印。

测海集六卷　　六册

彭绍升撰。嘉庆二十四年刻本。

每半叶十一行，行二十三字。左右双边，白口，单黑鱼尾。函套原装，题签已损。书前有乾隆四十四年彭绍升自叙。

辟疆园遗集十卷　　二册

顾敏恒等著。乾隆六十年刻本。

每半叶十行，行二十二字。左右双边，上下黑口，双黑鱼尾。函套原装，孙氏题签"辟疆园遗集。孟延题"。含顾敏恒《笠舫诗稿》六卷、顾敩愉《霭云草》一卷、顾敬恟《筠溪诗草》二卷、顾敩宪《幽兰草》一卷。书前有乾隆乙卯杨芳灿序，《笠舫诗稿》前有杨揆《顾立方诗集小传》，《霭云草》前有杨揆《顾学和诗集小传》，《筠溪诗草》前有杨揆《顾斐瞻诗集小传》，《幽兰草》前有杨揆《顾傅爱小传》；末有乾隆乙卯杨英灿跋。

寄庵诗钞十八卷附龙山诗草一卷　六册

刘大绅撰。附沈彬撰。嘉庆刻本。

每半叶十行，行十九字。四周单边，上下黑口，单黑鱼尾。函套原装，题签"刘寄庵先生诗集"。首册书衣题"寄庵诗草。礼"，"抱蜀轩置"。前有嘉庆癸亥张象济序及嘉庆六年刘氏自序。

亦有生斋文集二十卷词五卷诗三十二卷乐府二卷　二十册二函

赵怀玉撰。嘉道间刻本。

每半叶十一行，行二十三字。左右双边，上下黑口，双黑鱼尾。函套原装，分题"亦有生斋全集。乐府、诗。孟延宝藏"，"亦有生斋全集。文、诗余。兰枝秘籍"。书前有嘉庆十九年杨芳灿、道光元年董士锡序及嘉庆己卯赵氏自序。文集前有嘉庆十九年庄炘、嘉庆二十二年恽敬序，末有嘉庆二十年吴育后序。词集前有嘉庆二十年周仪晫序。乐府前有乾隆辛卯管干珍、嘉庆壬申董曾臣、嘉庆丁丑左辅序及乾隆三十六年赵氏自序。

霁春堂集十四卷　四册

吴树萱撰。道光八年修版印本。

每半叶十行，行二十二字。四周双边，白口，单黑鱼尾。函套原装，题签"霁春堂集。吴树萱寿庭著。孟延藏书"。书前有嘉庆辛酉完颜瑚图礼序。书中有"济宁孙氏兰枝馆藏"朱文大方印、"梦岩墨缘"朱文长方印。

心止居诗集四卷文集二卷　四册

杨梦符著。嘉庆十五年杨氏刻本。

每半叶十行，行二十一字。左右双边，白口，单黑鱼尾。函套原装，题签"赵刻心止居诗集"。书前有嘉庆己巳秦瀛、嘉庆十五年赵怀玉、嘉庆庚午孙星衍三家序，末有洪亮吉撰墓表。

腾啸轩诗钞三十八卷　八册

陈熙撰。道光二年刻本。

每半叶十行，行二十一字。左右双边，白口，单黑鱼尾。原套原签。首册书衣孙氏题"腾啸轩诗钞。秀水陈梅岑作。济宁孙孟延藏"。书前有乾隆乙酉望山老人、乾隆乙卯沈初、嘉庆三年谢启昆、嘉庆乙丑谈祖绶、嘉庆戊辰龚烈诸家序及袁枚、蒋士铨、庄有恭、高文照、朱筠、陈鸿寿等二十二家题词，刘星炜、钱陈群、张大鼎等五家评。书中有"山左古任城孙氏孟延鉴赏书籍字画印"白文大方印、"孙孟延鉴赏书画之章"朱文长方印、"臣榰秘藏国朝名集之印"朱文长方印、"孙"朱文圆"榰"白文方联珠印。

诸花香处诗集十三卷　八册

邱璋撰。嘉道间诸花香处刻本。

每半叶十二行，行二十三字。左右双边，白口，单黑鱼尾。函套原装，题签"诸花香处诗集。邱礼南著。孟延藏"。另有"松霭山房所藏"一行。书前有王元文、汤礼祥、道光六年聂铣敏序，姚光介、陈赫、许乃济、钱林、吴清鹏、张履元诸家题辞，陆元铉书札。书中钤"野村藏书"朱文长方印、"济宁孙氏兰枝馆藏"朱文大方印。

教经堂诗集十四卷　四册

徐书受撰。嘉庆刻本。

每半叶十行，行二十一字。左右双边，白口，单黑鱼尾。函套原装，内有孙氏题记云："教经堂诗，余思之数年，去岁得一本，仅六卷，不全，深用怃然。今幸购得此全本，宝何如之。"首册书衣题"徐尚之先生诗十四卷，四册。光绪丁酉年七月兰枝馆主购藏"。书前有杜玉林、毕沅、袁枚序。目录后孙氏补录《吴会英才集》小引，并有墨笔校字。书中钤"臣榿秘藏国朝名集之印"朱文长方印、"梦岩秘笈"朱文长方印、"济宁孙氏兰枝馆藏"朱文大方印。

知耻斋诗集六卷文集一卷　四册

谢振定著。道光湘乡谢氏刻本。

每半叶九行，行二十一字。四周双行，白口，单黑鱼尾。函套已易。首册书衣题"湘乡谢芗泉先生著。兰枝馆藏"。文集前有道光十年曹振镛、道光九年刘大观序，末有道光丙午孙邦敬跋。

云墅诗稿二卷外集一卷　三册

汪如洋撰。

每半叶十一行，行二十一字。左右双边，白口，双黑鱼尾。函套已易。首册书衣题"汪云墅诗稿。起丁酉讫庚戌为上卷"，"光绪丙申兰枝馆主人重装"。书中有"榿印"朱文椭圆印、"梦岩"朱文印、"书画自怡"朱文方印、"阿大"白文方印、"大雅"朱文长方印。

谦受堂全集三十卷　八册

陈廷庆著。道光十年一邱园刻本。

每半叶十行，行二十一字。左右双边，白口，单黑鱼尾。函套原装，题签"陈古华谦受堂集。孟延藏"。书前有吴锡麒、道光八年曹振镛序，嘉庆七年吴锡麒《诗馋题词》，陈石麟《诗巢唱和诗序》，陈氏传记及凡例；书末有范棠跋。钤有"济宁孙氏兰枝馆藏"朱文大方印。

小罗浮山馆诗钞十五卷　四册

吴升撰。道光刻吴氏合集本。

每半叶十行，行二十二字。四周双边，上下黑口，双黑鱼尾。函套已易。首册书衣题"钱唐吴秋渔先生著。花宜馆，仲云先生之父，子修夫子之曾祖也。板片经乱，恐已不存。兹阅市得之，曷胜欣快。梦岩并记"，首册后副叶题"读小罗浮诗毕感赋一绝"，仅有"诗酒寻常债，莺花照旧春"一句。第二册书衣签条下墨笔书"徐致祥"三字，又"小罗浮山馆诗钞。又赓"一行，后有墨笔题记云："秋渔先生诗极有唐宋之风，非时下斗艳闹红之作，即有花晨月夕之句，概为儒雅端庄，无可加评。余年九龄，书窗课暇，酒阑之时，翻诵不肯释手，未至半年，观毕后，烂熟口头，迄今尤觉齿颊生香。同治元年岁次壬戌，又赓氏书于洗髓书屋。"第三册书衣签条下墨笔补题"题签不知何人字，极不佳，须另写一纸方好"，另有"小罗浮山馆诗钞。罗又赓题"一行。书中钤"济宁孙氏兰枝馆藏"朱文大方印。

饮绿山堂诗集十四卷　四册

张铉撰。嘉庆寸草园刻本。

每半叶十一行，行二十一字。左右双边，白口，单黑鱼尾。函套原装，孙氏题签"饮绿山堂诗集。张舸斋作。孙孟延藏"。首册书衣题"张舸斋为鲍雅堂妹聟，与其妻茝香均受业随园，诗名甚盛。王梦楼、吴谷人皆与交好，故此集一为题耑，一为作序也。此集板刻甚精，诗亦雅令可诵，姑存之"。书前有嘉庆甲戌吴锡麒序。钤"孙楗宝藏"白文方印。

坚白石斋诗集十六卷　四册

李銮宣撰。嘉庆二十四年廉让堂刻本。

每半叶十行，行二十一字。左右双边，白口，单黑鱼尾。函套原装，书经火焚，经孙氏重装，首册书衣题"坚白石斋诗集。四册。李石农先生著。兰枝馆藏"。书前有嘉庆二十四年蒋攸铦序及原序，目录后有董祢识语。钤"今年三十六矣"朱文方印、"孟延戊戌收阅"白文方印、"臣楗秘藏国朝名集之印"朱文长方印。

萝月轩存稿八卷　四册

玉保撰。

每半叶九行，行二十一字。四周双边，白口，单黑鱼尾。函套已易。书前有嘉庆三年翁方纲、乾隆壬子福保序，铁保撰玉公行状；末有唐广模跋。书中有"济宁孙氏兰枝馆藏"朱文大方印。

香草堂集十卷试帖一卷词一卷　六册

陈廷桂撰。嘉庆刻本。

每半叶十行，行二十二字。四周双行，白口，单黑鱼尾。函套原装，书衣已易。函套内黏一签印字"书者随时归套，以免零失。亲友只可在书房借看，勿令携去，恐久而忘归，大部内残缺一本，岂不可惜。散樗老人白"三行。书前有窦光鼐、孟成儒、乐钧序、李篤、聂铣敏、储嘉珩、孙茂源、乐钧、蒋云宽评语。

心安隐室诗集九卷词集四卷　四册

詹肇堂撰。光绪十年成德堂重刻本。

每半叶十一行，行二十四字。左右双边，上下黑口，单黑鱼尾。函套原装，题签"心安隐室诗集。孟延藏"。书前有道光癸卯吴清鹏、光绪四年钱振伦序，末有道光二十三年李佳柏跋。钤有"济宁孙氏兰枝馆藏"朱文大方印。

绕竹山房续诗话十四卷　四册

朱文治撰。咸丰五年刻本。

每半叶十行，行二十一字。左右双边，上下黑口，单黑鱼尾。函套原装。书前有汤金钊，道光二十九年许乃普、梅曾亮，道光三十年戴绹孙、朱绪曾，咸丰元年孔宪彝，咸丰五年应时良序，张青选、祁寯藻、陆元烺、邬鹤征、曹楙坚、霍光笏、吴葆晋、黄乐之、陆以钧、杜煦等题词。

玉磬山房诗集六卷文集一卷　三册

刘大观撰。嘉庆刻本。

每半叶十一行，行二十一字。左右双边，白口，单黑鱼尾。函套原装，孙氏写书根。书前有嘉庆庚午翁方纲序。书末有朱笔"板上颇多错字，尚未校对挖补也"二行。

东海半人诗钞二十四卷　八册

钟大源撰。嘉庆刻本。

每半叶十行，行二十一字。左右双边，白口，单黑鱼尾。函套已易。首册书衣题"钟晴初先生东海半人诗钞。凡八册"，"光绪丙申年九月十六日孟延收藏"。书前有易凤庭，乾隆己酉俞思谦，嘉庆八年屈为章，嘉庆丁丑张骏，嘉庆丁丑何太青，乾隆丁未陈莱孝、癸丑查揆，嘉庆丁丑应时良序；张青选、周春、陈广宁、徐熊飞、杨铸等题词；嘉庆戊午陶元藻评语。书中夹有"同知衔河南即用知县潘守廉"名刺一枚。钤有"济宁孙氏兰枝馆藏"朱文大方印、"今为樾所宝"朱文长印、"耽书是伊缘"白文椭圆印。

种蕉馆诗集六卷　二册

郭堃撰。嘉庆舫楼刻本。

每半叶十行，行二十一字。左右双边，上下黑口，单黑鱼尾。函套已易。书前有嘉庆庚午吴锡麒、戊辰洪亮吉、嘉庆己巳张铉序并附录挽辞。书中钤"济宁孙氏兰枝馆藏"朱文大方印。

蕴真居诗集六卷附诗余　一册

陆学钦撰。光绪十三年长沙刻本。

每半叶十行，行十九字。左右双边，上下黑口，单黑鱼尾。函套已易。书衣孙氏题"太仓陆子若孝廉著。其诗选入《湖海诗传》。光绪戊戌孟夏，孟延收得"。书前有嘉庆丁卯吴桓、殷兆镛序，钱大昭撰传，钱大昕、王元勋、吴蔚光题词；末有王履基、陆宝忠后序。

清芬堂集十六卷续集六卷　四册

潘际云撰。嘉道间载石山房刻本。

每半叶十二行，行二十三字，小字双行，行三十四字。左右双边，白口，单黑鱼尾。函套原装，孙氏题签"清芬堂集。溧阳潘际云人龙著。后学孙樾收藏"，孙氏写书根。正集前有嘉庆乙亥潘氏自序。续集前有道光丙戌潘氏自序，书后有"金陵杨彩章刻"一行。书中钤"曾在吴子渔处"朱文长方印、"长洲吴庆咸子渔氏读过"朱文方印、"经蓺吟馆吴氏藏书"朱文长方印、"今为樾所得"朱文长方印、"今为樾所宝"朱文长印、"耽书是伊缘"白文椭圆印。

遂初草庐诗集十卷　四册

杜堮著。同治九年杜氏刻本。

每半叶九行，行二十四字。左右双边，白口，无鱼尾。函套原装。

书前有同治庚午朱凤标、同治九年崇恩序。

吉堂诗稿八卷文稿十二卷　五册

钦善撰。嘉庆庚辰八月金陵刘贡九刻本。

每半叶十行，行二十一字。左右双边，白口，单黑鱼尾，有书根。诗稿前有王芑孙评语及钦氏识语，末有朱庚《读吉堂先生集》。诗稿书衣有墨笔题"吉堂诗稿。钦茧木先生著。光绪丁酉归于兰枝馆"。文稿前有王芑孙《题钦吉堂文稿》及《附录先生前后论文凡十五札》，改琦写吉堂先生五十三岁小像及改琦自作题词。书中有"熙年所藏"朱文方印、"笏盦"朱文方印、"潘氏桐西书屋之印"朱文长方印、"潘印志万"白文方印、"硕庭"朱文方印、"孟延得来"白文方印、"梦岩秘笈"朱文长方印、"梦岩墨缘"朱文长方印。

梅屋诗钞四卷　四册

张若采著。嘉庆七年甘肃刻本。

每半叶十行，行二十四字。四周单边，白口，单黑鱼尾。卷四尾题下有"嘉庆壬戌冬十月狄道门生许赓陛编"一行。函套原装，孙氏题签"张子白先生梅屋诗钞。孟延收藏"。首册书衣墨笔题"梅屋诗钞四册。张子白先生著。刻于甘肃。兰枝馆藏"。书中有"徐氏星伯藏书"朱文方印、"孙延"朱文长方印、"梦岩收藏图书"朱文长方印、"案头遗集有先生"白文方印、"臣樾秘藏国朝名集之印"朱文长方印、"孟延手校"朱文方印、"长在兰枝案头"朱文方印、"孟延平生所好"朱文方印。

青芝山馆诗集二十二卷文集二卷词集三卷　八册

乐钧撰。嘉庆刻本。

每半叶十二行，行二十三字。左右双边，白口，单黑鱼尾。函套原装，孙氏题签"青芝山馆集。乐莲裳著。兰枝馆藏书"。首册书衣有孙氏题记云："乐莲裳先生集，余思之久矣。同时诸公如郭、屠、查、彭及吴兰雪各集皆已购藏，今复得此，次第展观，如与诸先生晤对一堂，真足乐而忘痽也。光绪丁酉夏日，孟延识。时收国朝各大家诗集已逾六百种。"诗集前有嘉庆二十二年彭兆荪序，文集前有嘉庆九年曾燠、嘉庆八年重九王芑孙序。书中钤"臣樫秘藏国朝名集之印"朱文长方印、"济宁孙氏兰枝馆藏"朱文大方印。

太乙舟诗集十三卷　六册

陈用光著。咸丰四年刻本。

每半叶十行，行二十二字。四周双边，白口，单黑鱼尾。函套已易。书前有咸丰乙卯徐继畬序。书中钤"济宁孙氏兰枝馆藏"朱文大方印、"梦岩收藏图书"朱文长方印。

听钟楼诗稿十卷　五册

韩是升撰。嘉庆刻本。

每半叶九行，行二十一字。四周双边，白口，单黑鱼尾。函套已易。书前有嘉庆六年赵怀玉、嘉庆六年法式善、甲辰丁式度序，昭梿、张问潜、伊秉绶、乾隆甲寅黎简题词，韩是升识语。钤"梦岩收藏图书"朱文长方印。

白水堂诗集二十六卷　六册

张琼英撰。嘉庆刻本。

每半叶十一行，行二十四字。四周双边，上下黑口，双黑鱼尾。函套原装，孙氏题签"白水堂诗集。张琼英作。孟延藏志"。首册书前有孙氏题识云："张鹤舫先生《白水堂诗集》。六册。光绪丙申仲夏梦延收得。与曾宾谷、彭甘亭、吴兰雪、刘金门、艾至堂皆有酬赠之作，佳集也。"书中有"臣樬秘藏国朝名集之印"朱文长方印。

惜分阴斋诗钞十六卷　六册

李棻撰。嘉庆写刻本。

每半叶八行，行十九字。四周双行，白口，无鱼尾。改用乌程庞氏百柜楼夹板。书前有翁方纲、王昶、徐长发三序。

石云山人诗集二十三卷　六册

吴荣光撰。道光二十一年吴氏筠清馆刻本。

每半叶九行，行二十一字。左右双边，白口，单黑鱼尾。函套原装，题签"吴荷屋先生诗集"，首册书衣题"吴荷屋先生诗集。六册。樬藏"。书前有道光乙未潘世恩序。

退庵诗存二十五卷　八册

梁章钜撰。道光刻本。

每半叶九行，行二十二字。左右双边，白口，单黑鱼尾。函套原装，孙氏题签"梁茞林先生退庵诗存。廿五卷，八册。樬藏"。书前有嘉庆丁丑翁方纲，道光四年曾燠、叶绍本、郭麐、董士锡、沈涛、陈若霖、吴慈鹤、陈寿祺、杨文荪、蒋攸铦、吴廷琛序。钤有"兰斋藏书"朱文长方印。

养素堂诗集二十六卷　十四册

张澍撰。道光二十二年枣华书屋刻本。

每半叶十行，行二十四字。四周双边，白口，单黑鱼尾。函套原装。书前有道光二十三年钱仪吉序，目录前有张澍自识，末有马疏跋。书中钤"济宁孙氏兰枝馆藏"朱文大方印、"梦岩收藏图书"朱文长方印、"长在兰枝案头"朱文方印。

红蘅馆初稿三卷　一册

张孟浍撰。嘉庆刻本。

每半叶九行，行十九字。四周单边，白口，单黑鱼尾。函套已易，书衣改装。前有嘉庆丙寅张云璈、嘉庆乙丑方懋朝旧序，嘉庆十九年吴锡麒序。书中钤"孙"朱文圆"樋"白文方联珠印、"臣樋秘藏国朝名集之印"朱文长方印、"兰枝馆"朱文腰圆印、"孙孟鉴赏书画之章"朱文长方印。

诗娱室诗集二十四卷　六册

黄安涛撰。道光十四年刻本。

每半叶十二行，行二十四字。左右双边，上下黑口，双黑鱼尾。函套已易。书前有嘉庆戊辰查揆，嘉庆二十五年毛岳生、郭麐序及黄氏自识。书中钤"济宁孙氏兰枝馆藏"朱文大方印、"孙樋永保"白文长印、"孟延过目"白文方印、"梦岩墨缘"朱文长方印。

松籁阁诗钞十一卷　二册

陈均撰。嘉庆二十四年粤东刊本。

每半叶十一行，行二十二字。左右双边，白口，单黑鱼尾。函套已易。首册书衣孙氏题签"陈受笙松籁阁诗钞"。书前有曾燠、董国华序。书中钤"兰枝馆"朱文腰圆印、"孙"朱文圆"樋"白文方联珠印、"孙孟延"朱文联珠方印。

有竹居集十六卷　四册

任兆麟著。嘉庆二十四年两广节署刻道光增刻本。

每半叶九行，行十九字。左右双边，白口，单黑鱼尾，版心下镌"钓台家塾"四字。函套已易。书前有乾隆癸丑段玉裁、嘉庆戊午王豫、道光辛巳顾日新序，彭启丰、张冈、鲍廷博、王芑孙、彭绍升、庄斗等题词，江藩、顾承、任心治书后，附录刘华东《有竹居记》，小像后有钱大昕、王芑孙、刘华东、张思孝题辞。

虚白斋存稿九卷　四册

吴寿昌撰。乾隆五十五年山阴吴氏刻本。

每半叶十行，行二十一字。四周双边，白口，单黑鱼尾。每叶阑外左下刻字书。函套已易。首册书衣题"吴泰交先生虚白斋集。凡四册"。书前有吴寿昌自序。

是程堂集十四卷二集四卷　五册

屠倬撰。嘉庆十九年真州官舍、道光元年潜园刻本。

每半叶十一行，行二十一字。左右双边，上下线口，单黑鱼尾。函套已易。首册书衣题"是程堂集。五册"。《是程堂集》前有嘉庆十九年阮元，嘉庆九年陈斌，嘉庆十九年吴锡麒，嘉庆十五年法式善、马履泰，嘉庆九年郭麐，嘉庆甲子查初揆诸家序；每卷末有"嘉庆甲戌秋开雕于真州官舍"牌记及"秣陵陶士立仿宋书王日华董刊"一行。《是程二集》前有嘉庆二十五年屠氏自序，每卷末有"道光元年四月潜园开雕"牌记及"仁和陆贞一仿宋书并董刊"一行。书中钤"梦岩收藏图书"朱文长方印、"济宁孙氏兰枝馆藏"朱文大方印。

养拙居诗稿二十四卷

张朝桂撰。道光庚戌三十年刻本。

每半叶九行，行二十一字。左右双边，白口，单黑鱼尾。书前有道光十年章谦存、道光十一年金元恩、道光庚戌顾晞元及张氏自序，后附友朋品藻及题辞；末有陈其渊、道光三十九年江湄、沈汝钤跋，并有"金陵王锡庭刻"一行。

知止堂诗录十二卷　四册

朱绶撰。道光二十年刻本。

每半叶十二行，行二十三字。左右双边，白口，无鱼尾。函套已易。书前有道光二十年顾承、庚子潘曾沂序及董国华撰墓志铭，目录后有董国华识语。

听松涛馆诗钞十一卷　八册

阮文藻撰。道光刻本。

每半叶十一行，行二十一字。左右双边，白口，单黑鱼尾。函套已易。书前有道光十一年沈钦韩、宋翔凤、赵仁基序。书中有"济宁孙氏兰枝馆藏"朱文大方印。

养默山房诗稿二十九卷　六册

谢元淮撰。道光刻本。

每半叶十行，行二十一字。左右双边，白口，单黑鱼尾。函套原装，题签"养默山房诗稿。六册。孟延珣藏"。首册书衣有孙氏题记云："第四册首有赠先相国诗，今全集为梴所购藏，墨缘早结，欣慰良深矣。光绪丙申夏五记。"书前有嘉庆庚辰唐仲冕、石韫玉、俞德渊、朱绶，道光癸巳许乔林，道光六年包世臣，嘉庆戊辰傅玉书，嘉庆壬申谢元淮序。

榕园诗钞附江南催耕课稻编　八册

李彦章撰。道光二十年刻本。

每半叶十行，行二十一字。左右双边，白口，单黑鱼尾。函套原装，孙氏题签"李兰卿诗集"。书前有道光丙午魏敬中序。全书含《槐忙吟草》《归楂杂咏》《都门旧草》《薇垣集》《榕园集诗钞》《恋春园诗草》《出山小草》《江山文选楼集》《双石斋诗草》《载酒堂集》。

碧梧山馆诗草四卷　二册

董大选撰。咸丰八年刻本。

每半叶九行，行二十一字。四周双边，白口，单黑鱼尾。函套已易。首册书衣孙氏题"诗不佳，古体尤劣。孟延阅过"。书前有张之万、严正基、郭程先三家序。书中有"孟延读过"朱文长方印。

藕唐诗集十四卷　四册

王玮庆撰。嘉庆二十五年蕉叶山房刻本。

每半叶十行，行二十一字。四周双边，白口，单黑鱼尾。函套已易。

憩亭赋稿一卷使粤诗草二卷忘余诗草一卷　一册

黄恩彤撰。道光二十八年广东刻本。

每半叶六行，行二十字。四周双边，白口，单黑鱼尾。函套已易。《憩亭赋稿》前有道光二十八年黄氏自序，《使粤诗草》《忘余诗草》前亦均有黄氏自序。书中有"孟延读过"朱文长方印。

存希阁诗录一卷梦蟾楼诗录一卷　一册

缪征甲著。刘寿萱著。光绪刻本。

每半叶十一行，行二十一字。四周双边，上下黑口，单黑鱼尾。函套已易。《存希阁诗录》前有道光二十八年张文虎序，《梦蟾楼诗录》前有道光丁酉张文虎序。

对岳楼诗录二卷　一册

孔宪彝撰。道光刻本。

每半叶十行，行二十一字。左右双边，上下黑口，单黑鱼尾。函套已易。书前有潘曾莹、道光十九年郑宪铨序及孔宪彝自记，石韫玉、叶绍本、李宗传、龚自珍等九人评跋，朱为弼、盛大士、陈文述等十二家题词；末有"受业桐城李嘉溶校字"一行。书中有"孟延读过"朱文长方印。

悔余庵诗稿十三卷乐府四卷文稿九卷尺牍三卷集句楹联二卷 十二册

何栻撰。同治刻本。

诗文稿每半叶十二行,行二十四字。四周双边,上黑口,单黑鱼尾,版心下镌"半亩园藏书"五字。尺牍、集句楹联每半叶十一行,行二十三字。四周双边,白口,单黑鱼尾。函套原装。

老鹤吟草不分卷 一册

许兆禄著。民国排印本。

每半叶十三行,行二十五字。四周单边,白口,单黑鱼尾,版心下有"庸斋"二字。函套已易。书前有王璂、苏莘、民国二十四年孙佚仑序,苏莘撰传;末有次子许学圃跋。

同林倡和不分卷 一册

赵信编。乾隆赐锦堂写刻本。

每半叶五行,行十一字,小字双行,行十七字。左右双边,上黑口,单黑鱼尾。函套已易。书衣题"同林唱和。一册","芗林相国暨哲嗣山舟学士写刻,至宝也。丁酉仲秋,孟延收得题记"。书前有乾隆戊寅沈德潜、杭世骏序,末有乾隆二十四年赵信跋。书后有"荐桥忠孝巷内许人瞻刊"二行。书中钤"李书楼"朱文圆印、"顾赟之印"朱文方印、"沈印洽钤"白文方印、"肄业及之"朱文方印、"余事所作"白文方印、"蓬窗小隐"白文长方印。

蔗根集十七卷 四册

黄锡麒辑。道光清美堂刊本。

每半叶十行,行二十一字。左右双边,上下黑口,无鱼尾。函套原装,题签"蔗根集。四册"。首册书衣墨笔题"蔗根集。黄也园辑",每

册书衣并记所收作者姓名,出孙氏手。书前有道光丙申秋金长福序及冶原所拟凡例。

庚辰集五卷附唐人试律说一卷　六册

纪昀编。乾隆山渊堂刻本。

每半叶十行,行二十字。左右双边,白口,单黑鱼尾。函套已易。前有雍正壬子王尧衢序。

怀旧集十二卷续集六卷又续集二卷女士诗录一卷　十册

吴翌凤辑。嘉庆刻本。

每半叶十行,行二十一字。左右双边,白口,无鱼尾。函套已易。首册书衣题"怀旧集十册。孟延秘宝"。书前有例言及吴翌凤自序。书中有"双海棠坞"朱文方印、"今为樃所得"朱文长方印、"济宁孙氏兰枝馆藏"朱文大方印、"阿蒙"朱文长方印、"兰枝馆收藏金石书画印"朱文方印、"臣樃秘藏国朝名集之印"朱文长方印、"长在兰枝案头"朱文方印、"孟延平生所好"朱文方印、"兰枝馆"朱文椭圆印、"孙孟延鉴赏书画之章"朱文长方印。

诗观十二卷二集十四卷闺秀别卷一卷　二十四册

邓汉仪评选,仲之琮重辑。康熙邓氏慎墨堂刻、乾隆十五年仲氏深柳读书堂辑重本。

每半叶十一行,行二十三字。四周单边,白口,单黑鱼尾,版心下镌"慎墨堂箧中藏稿"七字。函套原装,题签"慎墨堂诗观"。首册书衣题"慎墨堂诗观初集。孟延题端"。初集前原序存第一叶后半、第二叶前半,后有乾隆十五年仲之琮序、凡例、目录。卷一首割去八叶,装以白纸,殆削去钱牧斋诗所致。二集前有康熙戊午邓汉仪序及乾隆十五年仲之琮重辑序。书中有"北京市文物管理处藏书"朱文长方印。

国朝中州诗钞三十二卷　十二册

杨淮辑。道光二十三年刻本。

每半叶十行，行二十三字，小字双行，行二十四字。左右双边，白口，单黑鱼尾。函套原装。书前有道光二十三年许乃钊、张祥河序及杨氏自序、凡例。书中未见孙氏印记。夹花笺一枚，为楼兆樨赠诗：

> 承赐锦铭花志谢。
> 传来两字报平安，又寄回文锦一端。
> 小婢只夸花样好，不知深意比金兰。
> 绝好香茗活火煎，饮余睡起酒初酣。
> 何时最是思君处，风袅疏帘一缕烟。
> 玉颜久隔思茫茫，珍重菱花镜一方。
> 记得去秋闺阁里，晓窗亲见试新妆。
> 剪成新样好花枝，浅白深红色色宜。
> 想见晓妆人乍起，玉人含笑替簪时（闻如夫人甚贤）。
> 仁和楼兆樨未定草。

江浙十二家诗钞二十四卷　四册

王鸣盛采录。乾隆刻本。

每半叶十行，行十九字。四周双边，白口，单黑鱼尾。函套原装，题签"江浙十二家诗钞"。书前有王鸣盛子序。书中钤"济宁孙氏兰枝馆藏"朱文大方印。

国朝山右诗存二十四卷附八卷　十六册

李锡麟辑。嘉庆六年山西刻本。

每半叶九行，行十九字，小字双行同。四周双边，上下黑口，双黑

鱼尾。函套原装。书前有嘉庆六年张师诚序、嘉庆辛酉李锡麟弁言及例言。书中有"鹿泽之印"朱白文方印、"唐魏遗风"白文方印、"迎圣居"白文方印、"子孙宝之"白文方印、"窦氏珍藏"朱文方印。

淮海英灵续集十二卷　二册

阮亨辑。道光丙戌刻本。

每半叶十二行，行二十三字，小字双行同。左右双边，白口，单黑鱼尾。函套原装，孙氏题签"淮海英灵续集。孟延珤藏"。钤"孙橒永保"白文长印。书前有王豫序及凡例。书前护叶有孙氏题记云："余旧有《淮海英灵集》白纸初印本，今得此《续集》，二难并矣，可宝如何。丙申夏五月廿六日亥刻记于都门兰枝馆南窗下，时香南、砚北两姬俱在侧也。孟延。"己集卷一戴梓小传"元和"上有孙氏批语云："元和应作仁和，吴颢《杭郡诗辑》已收入，所录诗则《烽台晚眺》一首。孟延识。"书中有"臣橒秘藏国朝名集之印"朱文长方印、"梦岩收藏图书"朱文长方印、"孟延平生所好"朱文方印。

国朝松江诗钞六十四卷　八册

姜兆翀录。嘉庆十四年刻本。

每半叶十二行，行二十三字，小字双行，行三十字。左右双边，白口，单黑鱼尾。函套已易。首册书衣题"松江诗钞一。凡八册。兰枝馆藏"。书前有嘉庆戊辰黄定文序及嘉庆十四年姜氏所拟凡例。目录末有"松江文悦斋诸南山刻"一行。书中有"兆凤"白文方印、"某华深处"朱文方印、"梦岩收藏图书"朱文长方印、"孙延"朱文长方印、"阿蒙"朱文长方印、"孙橒宝藏"白文方印、"济宁孙氏兰枝馆藏"朱文大方印、"兰枝馆收藏金石书画印"朱文方印、"孟延平生所好"朱文方印、"长在兰枝案头"朱文方印。

练川十二家诗十二卷　四册

王鸣盛选。乾隆刻本。

每半叶十行，行十九字。左右双边，白口，单黑鱼尾。函套已易。首册书衣题"练川十二家诗。四册"。书前有乾隆甲申沈德潜、王鸣盛序。卷七首题作"练川十二子诗"。书中有"孙樾"朱文长方印、"孙樾永保"白文长印、"济宁孙氏兰枝馆藏"朱文大方印。

东皋诗存四十八卷　二十册二函

汪之珩辑。嘉庆八年金陵文园汪氏刻本。

每半叶十行，行二十一字。左右双边，白口，单黑鱼尾，版心下镌"文园"二字。函套已易。首册书衣孙氏题"东皋诗存。廿册。光绪戊戌孟夏翰文斋主人持此属予留之，因其中冒氏父子诗皆在焉，遂为购藏。孟延题耑并记"。书前有《四库存目提要》，嘉庆十年阮元、嘉庆十年孙星衍、乾隆丙戌袁枚序及校订姓氏、凡例、征辑东皋诗存启。

顾氏七种八卷　八册

顾元凯辑。道光二十八年浔州郡署刻本。

每半叶十一行，行二十二字。左右双边，白口，单黑鱼尾。函套已易。计收《通奉公年谱》《玉台集》《古冈初政录》《澜溪赠咏题词》《涤斋公自订年谱》《闲余吟稿》《秀野草堂合编》。

周星诒藏书事迹征略

——以《书钞阁题跋》及周批《读书敏求记》为主

周星诒（1833—1904），字季贶，号窳翁，山阴（今属浙江绍兴）人。星誉弟。自曾祖迁居河南祥符（今属开封），曾官建宁知府，藏书宏富，后因不允丁日昌索书，为丁氏以亏空公帑奏劾去职，可谓因书获罪。幸得蒋凤藻出资助之，星诒乃获全，于是以所藏精华归于蒋氏表示感谢。其所藏固多铭心之品，加之周氏勤于校勘、批点，藏书经其手者，往往深受其益，故周氏藏书于当时已为藏家所重。古来藏书未有聚而不散者，周氏身后，藏书四散，今大陆所存善本百数十种，分藏南北各大图书馆，台湾地区亦存其旧物数十种，分储各处。其藏书处原名瑞瓜堂，赵之谦为篆"祥符周氏瑞瓜堂图书"白文方印，后以得孙星衍旧藏明钞本《北堂书钞》而易名书钞阁。星诒生前著有《窳横诗质》《癸巳人文质》《勉憙词》《窳横日记》《南齐书校勘记》《书钞阁杂抄》《蜕翁忆记》等，大半未能付梓。其藏书编有《书钞阁行箧书目》刊行，原稿曾存蒋凤藻处，民国二十五年（1936）罗振玉得钞本，整理后以《周氏传忠堂书目》之名石印问世，另有《窳隳旧藏书目》钞本一种，于2005年5月由中国嘉德拍卖公司公开拍卖。

周星诒作为晚清较为著名的藏书家之一，一生历经坎坷，藏书、著作俱未能保全，故其藏书事迹常在若存若亡之间，兹有幸获见其《书钞阁题跋》稿本及手批钱遵王《读书敏求记》，因更考其藏书事迹，聊存梗概而已。

《书钞阁题跋》稿本不分卷，一册，《中国古籍善本书目》史部目录类著录，今藏苏州图书馆。谢国桢"文革"后访书江南，曾检阅此书（见《江浙访书记》）。是书重装洒金紫书皮，篆书题签"书钞阁题跋"，旁有小字"祥符周季贶先生手稿本，仁和魏氏绩语堂旧藏"一行，据其字迹知出蒋凤藻之手。书经衬装，旧书衣前有副叶粘"新群书社自刊"笺纸题"季贶先生喜收藏异书，丹黄杂沓，手自理董，抱经、荛圃未之或过。尝得明临宋本《北堂书钞》，海内所称千金本者是也，遂名其阁曰书钞阁。录冒广生《外家纪闻》，广生，如皋人，为季贶先生外孙。鹿城陈子彝识于可园"。

陈华鼎（1897—1967），字子彝，王謇《续补藏书纪事诗》云："陈子彝（华鼎），昆山陈墓镇人。长于篆刻，善识钟鼎甲骨文字，兼长汉碑、南北朝书，临名碑数十种，均能逼真。能诗文。精鉴别碑刻版本。三十年来，家园就荒，藏本散尽。以避寇橐笔来沪上，会有不敦气节之浙人与之同姓名者，余每于大庭广众语才士必数君，必称我吴有气节之陈某，以别于夫己氏。闻者为我危，弗顾也。子彝授课云南大学，性好西竺教义，研几唯识极精，盖行将焚笔研而证心禅者也。"[1] 民国十六年（1927），陈氏由江苏省立苏州图书馆馆长陶惟坻推荐，应聘该馆编纂主

---

[1] 王謇著、李希泌点注：《续补藏书纪事诗》，书目文献出版社，1987年，第59页。

任，协助编辑《苏州图书馆馆刊》。新中国成立后，曾任上海师范大学图书馆馆长十数年。撰有《图书编目法》《图书分类法》《汉字检字法》《中国纪元通检》等。

《书钞阁题跋》内旧书衣正面题"藏书志必如此方详，然成一跋，非两三日不可，仪顾不克假手于人，何能如此细检邪"，右下有"都三十八页"，非出一人之手。书衣反面有"其中有采之古书者，备作跋时料，非已定也"小字一行，又大字"此诒昔年所纂藏书目录手稿之一册也。竭两月余之力，仅刻稿两册，其前一册为宋板诸经注疏及诸史，宋元本跋只十五六，书中载文字与今本不同处甚多，不知何时失之。此则子部居多，亦仅十数种，每跋一书，必一二日功草稿，不厌繁芜，拟清出后乃删定也。时苦贫，既无相佐之人，复无力雇写官，垂老体弱，取一书出入往反，大以为苦。次年，有粤行，遂不更事此，然虽寥寥数跋，多人未道语也"。① 谢刚主《江浙访书记》所载脱漏甚多，据此段文字知周氏生前所撰题跋不止此一册，似有意付梓问世，然乏其资，故未能如愿。而且周星诒欲写定题跋书稿，亦因粤行而中辍，今所见之稿则为其未完稿之残本。《书钞阁题跋》正文凡三十余篇，多半写于十行朱丝阑帐册纸上，后有数篇写于翁方纲《复初斋文稿》朱丝阑稿纸上。

周氏手批《读书敏求记》（以下简称《敏求记》）为雍正六年濮梁延古堂本，书经吴志忠批并录，黄丕烈批校，蒋凤藻、陆心源批注，今藏中国国家图书馆，即《续修四库全书》史部目录类所收者。此书每半页九行，行二十字，四周单边，黑口，单鱼尾。书中有"马玉堂观"朱文方印、"翁斌孙印"白文方印、"茂苑香生蒋凤藻秦汉十印斋秘箧图书"朱文印等。傅以礼《华延年室题跋》卷上"《读书敏求记》"条云：

---

① 周星诒：《书钞阁题跋》，稿本，苏州图书馆藏。

丙寅春日，从魏稼孙咸尹借得黄荛圃此书校本，盖据遵王手稿订讹补漏，间及诸书归宿处。朱墨灿然。亟出此本命侍史过录，并增濮梁一序。序称："付诸梨枣，以公同志。"似濮氏另有刊本。然考近日通行《敏求记》，沈氏是编外，惟阮氏小琅环仙馆本、潘氏海山仙馆本。若雍正间赵棨，已不数觏，更何论濮刻，岂其授梓未果耶？抑传本久佚耶？当博访之储藏家。①

所记即此书，章钰谓濮本即赵本。中国国家图书馆所藏此本前有识语七行，据其字迹知出周星诒之手，其文云："此璜川吴氏传录黄复翁手评本也。魏稼孙游吴中，以白金二两得之，谓是复翁手迹。予一见辨其非是，继于书脑识语署名定为吴氏所录，因以元价购藏。买王得羊，亦足以豪也。吴名志忠，吴中藏书世家，号有堂者也。"《读书敏求记校证》（以下简称《校证》）附录此跋，其中"白金二两"作"四两"，"藏书世家"无"世"字，而文末多"男喜寅敬录"一句。此书序后又有星诒识语云："《敏求记》足本见黄复翁《百宋一廛赋注》，世传绝少，藏书家最为珍秘。道光间，番禺潘氏刻入《丛书》，人争宝之。然其字句尚多讹舛，非得此本勘之，不知潘本之非也。"《校证》中"讹舛"二字作"舛误"，末又有"男喜寅敬录"一句。识语后接"盐官蒋生沐光煦《东湖丛记》云其同里管芷湘尝校刊是书，胜于扬州刻本"及"福州陈氏云有陈（硕）恭父太史批注本"两条，为《校证》附录所无。章式之按语云："叶昌炽《藏书纪事诗》于冯巳苍、陈兰邻条下均引周星诒《敏求

---

① 汪璐辑，傅以礼撰，李希圣撰，李慧、主父志波标点：《藏书题识　华延年室题跋　雁影斋题跋》，上海古籍出版社，2009年，第164页。

记》校语。钰借沈曾桐藏本无之，意周氏必别有一校本也。"① 《校证》前"据校各本略目"著录"吴有堂传黄荛圃校本"一种，沈曾桐所藏，书中有周氏题记"魏稼孙得于吴中"云云，盖指其书而言，其书所录周跋为星诒之子喜寅过录，非据此原本。据《校证》附录周氏另二则题记知其得此书后曾临副本，供人传写，而未移录自批之语，沈曾桐所藏无疑即副本也。

此书正文首页首行阑外有"同治丙寅冬初，以白金二两购之稼孙。诒"，天头有"诒藏《述古堂书目》，后附读书跋语，与此记颇多异同"。中国国家图书馆藏有周星诒校并跋《虞山钱遵王述古堂藏书目录题词》钞稿本不分卷，前文所指即此书，然则周氏得此刻本晚于钞稿本《述古堂书目》。此书原藏马玉堂吟春仙馆，后归木渎吴志忠，吴氏借录好友黄丕烈之批语。咸同间，魏锡曾从吴中得此书，周氏于同治五年（1866）以原价白银二两购之，即用所藏之《述古堂书目》钞稿本及时刻校之，并加批语。周氏身后，此书与其藏书之精华，俱归蒋凤藻心矩斋，因此叶昌炽撰写《藏书纪事诗》时得以借观引据，而蒋氏继周星诒之后又作批点，至此才成此书今日之面目。在此期间皕宋楼主人陆心源曾读此书，以自藏善本批于书眉。此书后归常熟翁氏所有，新中国成立后转入中国国家图书馆保藏。

书中吴志忠录黄丕烈评语，末多标"丕烈"二小字以别之，吴氏自批则标"忠记"二字，蒋凤藻批语或以"藻案"起，或末标"藻记""凤藻记"字样，陆心源所批末多有"源"字，唯周星诒所批未加注明，仅以字迹辨之。《敏求记》天头周星诒批语，今仅见《藏书纪事诗》引

---

① 钱曾著，管庭芬、章钰校证，佘彦焱标点：《读书敏求记校证》，上海古籍出版社，2007年，第505页。

用一二则，至于所记有关其自身藏书事迹，则仍未经人所注意，因征考如下。

一

周星诒于《读书敏求记》题记中言："予自十一二岁时即喜购藏古书，因专意目录之学，有志成《读书识小录》一书，记古今书刻及各家书目存亡考。创始于己酉之秋。"① 在《窳櫎旧藏书目序》中又记道光丙午、丁未间（1846—1847），大兄周沐润官上海县知县，父母携星誉、星诒等弟兄三人就养县廨，星诒及犹子辈受制业于阳湖许征士械。许械以"诒才十三四岁，单董令专力帖括，间或课以前辈评选古文与唐贤诗而已，不他及，恐分心荒科举也。一日，征士开箧取书忘鐍，诒见有签题四库书目者，凡十许册，心疑但书目耳，何有许多，因乘便窃取其半，于无人时阅之，则《四库全书简明目录》浙江官刻本也。于是始知四部门类之分别，古今学术自汉至宋有师法、宗法、注解之异同，诗古人辞有家数渊源流别，即书目录之学，自汉逮国朝，有公私簿籍之殊，其编次著录或仅载撰人、卷数，或有解题，或但著书名册数，注以抄刻本字，不一律也"。此后不久，周星诒即萌生撰《读书识小录》之愿。道光二十九年己酉（1849），年未弱冠的周氏开始编次《目录考》一书，锐意收集古今藏书目，凡得钞刻者五十余种。与此同时，他仍百计求购

---

① 钱曾著，管庭芬、章钰校证，佘彦焱标点：《读书敏求记校证》，上海古籍出版社，2007年，第503页。

古书，夫人平氏出奁具相助收采。

周氏藏书得力于书目之学，故其一生对公私目录注意独多，他曾于《爱日精庐藏书志》书眉上批注自藏之书，后录出整理成《书钞阁行箧书目》，而他在《敏求记》上所作批注，与此有异曲同工之妙。邵章整理本《简明目录标注》中附录星诒之批语，当是研读此书所批。由于周星诒深谙目录版本之学，加之勤加搜访，至其咸丰十年（1860）出官闽省时，瑞瓜楼藏书已经初具规模。唯咸丰五年乙卯（1855），平氏夫人去世，使其顿失藏书之贤内助，深感痛心不已。咸丰十年周星诒离杭赴闽，"悉寄所藏书三十二架于山阴傅氏"，次年洪杨乱作，"九月二十九日，绍兴不守，所藏当为灰烬"。① 《书钞阁题跋》"友会谈丛三卷"条云：

> 华阳上官融撰。……予获赵晋斋当日传录本于福州，因借带经堂藏刻本校之。陈氏黍所藏为宋刻，而甫开卷，即觉文义不可通。记十四五时，曾在越中仓桥书摊得一刻本，与陈本行款正同。因儿子归试，命寻之傅氏，以弊损故，幸脱劫火，携之到闽，取以对勘。有嘉靖辛巳金阊伍忠光跋，知亦嘉靖伍氏椠本。刻本每叶二十八行，行二十字。其相国吕端中有"校供奉之物已罄矣"八字，原是校语，误入正文，赵本仍之，知亦从嘉靖本出，而改其行款，转辗传写因致误，非得此本无从正矣。刻本凡涉宋帝，皆只一格，尚仍宋椠之旧。然亦微有脱误，不敢臆勘也。②

---

① 钱曾著，管庭芬、章钰校证，佘彦焱标点：《读书敏求记校证》，上海古籍出版社，2007年，第503页。
② 周星诒：《书钞阁题跋》，稿本，苏州图书馆藏。

文中所谓"劫火"即此事也。数年间连番遭受重大打击，以致十余年后周氏撰《敏求记》题记时沉痛之情溢于言表。

同治二年癸亥（1863），周星诒以而立之年出任福建邵武同知，此前他已久闻带经堂陈氏藏书中有明钞本《北堂书钞》，虽然邵武与福州相隔千里之遥，然其对此书时刻留心，念念不忘，直至"甲子秋中，谭仲仪以书告，有旧家陈氏富藏书求售者不可得，知诒癖书，宛转达仲仪道意。因触旧事，且以其姓合也，函致仲仪，访之固在。初索白金千五百两，录副本亦须费一百四十两，书十往返，仲仪尽力为道地，乃以兼金七百成议，于次年正月命力士彭辰魁径赍以来，于是遂为诒有，榜所藏书之室曰'书钞阁'以企之"。又于乙丑（1865）三月廿六日作跋记之，欢喜之情溢于纸间。与此同时，周星诒于福州续娶李氏。李氏名蕙，字宝馥，亦喜古书，工于楷法，周星诒每获奇书，辄命代抄代校，现存书钞阁藏书中如旧钞本《万历野获编》、旧钞本《改正湘山野录》、稿本释南潜《东石洞日记》、校本《史通通释》等书中或钤"李蕙之印"朱文方印，或存其校字题跋。李氏之来归，正弥补平氏夫人逝世之憾。

周星诒三十岁之前，其藏书活动集中于江浙一带，三十岁至五十五岁间，乃转移至闽省。然夷考其交游，却仍以江浙友人为主，其中最著者为魏锡曾、蒋凤藻等人。

魏锡曾（1828—1881），字稼孙，号鹤庐、印奴，仁和（今浙江杭州）人。贡生。曾官福建浦南场大使。少壮有文，好印人篆刻。在官朴拙，日事笔砚。著有《如心室未定稿》《绩语堂诗存》《绩语堂词存》《题跋》。魏氏与周星诒为儿女亲家，周星诒曾应魏稼孙之属为画《双节图》，以纪念魏氏两位太夫人，落款为"稼孙亲家翁属画。癸巳人周星诒丁丑夏五"①。而现存书钞阁藏书中如明刻本《宣和书谱》二十卷、清钞本《经籍跋文》一卷、清钞本《玄牍纪》十二卷《纪》一卷、明刻本《广川画跋》六卷、清钞本《惜抱轩四库馆校录书题》一卷、清钞本《天启宫中词》一卷、清刻本《寰宇访碑录》十二卷等,皆经魏、周二氏批跋。《绩语堂题跋》"汪本隶释刊误跋"云:"叶钞原本由谭仲修见示,余既为季贶录副,此书刻本亦见之仲修所,因倩人录此并贻季贶。"②"铁函斋书跋书后"云:"右《铁函斋书跋》六卷,从周季贶太守藏本录存,今钞副寄子与先生。"③ 此书为魏锡曾家抄本,经周星诒批校,今存中国国家图书馆。同治五年(1866),周星诒向魏稼孙买得雍正刻本《读书敏求记》,又向其借卢抱经、陈仲鱼批校本《史通通释》,命李蕙摹写一部。魏锡曾藏万历刻本《王氏画苑略》,亦曾借周氏所藏旧钞本互校,其书现藏台北"国家图书馆"。周氏《书钞阁题跋》稿本,亦经魏氏收藏,此皆可见两人关系之密切。

蒋凤藻(1845—1908),字香生,吴县(今属江苏苏州)人。家资甚富,纳资补官,为福建知府。雅好文翰,嗜书成癖,与周星诒结为密友,传其目录之学。福建地处东南,多年未为兵燹所扰,旧家藏书凡流落民间者,凤藻均力搜穷讨,多方购置。蒋氏曾请叶昌炽为其编刊《铁华馆丛书》,以版本精善著称,摹字工金辑甫、刻工徐元圃,俱为当时刻写能手。蒋氏藏书编有《铁华馆藏集部善本书目》一卷及《秦汉十印斋藏书目》四卷。据《藏书纪事诗》记,周星诒因亏公帑获罪后,"蒋香生太守出三千金资之,遂以藏书尽归蒋氏心矩斋"④,此说流传既久,

---

① 《双节图》,2008年春季西泠印社拍卖公司艺术品拍卖会第240号拍品。
② 魏锡曾:《绩语堂题跋》,光绪刻本,中国国家图书馆藏。
③ 魏锡曾:《绩语堂题跋》,光绪刻本,中国国家图书馆藏。
④ 叶昌炽著、王欣夫补正、徐鹏辑:《藏书纪事诗》(附补正)卷七,上海古籍出版社,1989年,第703页。

遂成定说。然周批《读书敏求记》后归心矩斋，蒋凤藻复加批注，叶昌炽借观此书时，似蒋氏尚未加墨。今据《敏求记》"郦道元注水经四十卷"条周星诒眉批后蒋氏云"余与周季贶太守星诒同官八闽，见其藏书颇富，大都江浙故家旧物，因出白银四千六百金一总购之，惟缺此书，想已归入陆氏皕宋楼矣。凤藻记"①，可知蒋氏之得书钞阁藏书所费当为四千六百金，非仅三千金也。从批语中知，周氏书钞阁之书除归蒋氏外，又有归于归安陆心源者。现存周氏藏书中多有蒋凤藻印记、题识，而从《敏求记》书眉蒋氏批语亦可见其藏书之一斑。

谭献（1832—1901），字仲修，号复堂，浙江仁和（今杭州）人。同治六年（1867）举人，曾入福建学使徐树藩幕。撰有《复堂类稿》《复堂日记》《复堂词话》等。谭献作为藏书家的身份，研究者注意不多。唯当其参福建学使幕时，福州带经堂藏书散出，遂由其居间为周星诒收书颇多，《北堂书钞》即其中之一。台北"国家图书馆"藏明嘉靖丁亥（1527）长洲陆采刊本《艺文类聚》后有题识云：

> 同治三年岁在甲子嘉平月，杭州谭仪仲仪父借陈氏带经堂藏书传校赠周季贶司马。卷中校语或冯，或钱，或陈，端绪可寻，间有参错者，仪亦间附一二于下。方短景草，率随朱笔翻写，未克逐条审校。季贶方得《北堂书钞》，其本或者并二书撰校记，以遗后来，虞欧可作，乐得此功臣也。校凡十日而毕，仅冯先生之十一耳，继来者易为谅哉。仪识。②

---

① 钱曾著，周星诒、蒋凤藻、陆心源等批注：《读书敏求记》，雍正六年延古堂刻本，中国国家图书馆藏。
② 《"国立中央图书馆"善本题跋真迹》，"中央图书馆"编写出版，1982年，第1594页。

《"国立中央图书馆"善本题跋真迹》误以此跋为周星诒作，实出谭献手也。周氏之书既多经谭献之手而来，星诒于仲修自当感怀其惠，实则不然。《敏求记》"隶释二十七卷"条眉批云："带经堂陈氏藏叶氏本，为黄复翁、陈仲鱼、袁又恺、顾涧苹诸先生手校者。甲子岁求售于余，余时官邵武，以购书托之谭仲修。仲修于中渔利不少，又将善本悉为干没，此书亦其一也。丙寅岁来福，晤星村秀才，始悉其详。魏稼孙在杭州曾见之于仲修处。记此以示后人，俾知人之不可信有如此者。黄黎洲先生以吕留良干没澹生堂出售诸书，因与绝交，良有以也。仲修名献，杭州人，素以气节道义自命，与予总角交，予视之犹弟兄者也。星诒。"《敏求记》"淮南鸿烈解二十一卷"条眉批云："复翁藏宋本后归艺芸精舍，陈硕甫先生夬为陈兰邻先生传校一本。乙丑冬，陈氏出以归予，亦为谭仲修干没以去。星诒。"周氏言之凿凿，引黄、吕因购书而交恶为例，可见其于谭仲修之不满，甚而直曝其名，垂戒于后人，数十年交谊，一旦因书而绝。唯此事未见谭氏记录，仅知其有《日记》稿本五十七册存南京图书馆，起自同治元年（1862）八月，终于光绪二十七年（1901）六月，购书之事正在其中，惜不得一检验之为憾也。

  傅以礼（1827—1898），字节子，号节庵学人，浙江会稽（今属绍兴）人。少习举业不得志，同治中捐县丞，分发福建任长吏，后曾署福州府事。《华延年室题跋》卷中末丁震《书后》云："溯当同光之交，游宦吾闽如陆存斋观察心源、周季贶太守星诒、魏稼孙贰尹锡曾辈，类皆渊雅能文，锐志著述。节子太守适于是时莅闽，与陆、周、魏诸公游处讲肄，博洽多闻，为世所称。"[①] 前文曾言周星诒官闽中，以杭州藏书寄

[①] 汪璐辑，傅以礼撰，李希圣撰，李慧、主父志波标点：《藏书题识 华延年室题跋 雁影斋题跋》，上海古籍出版社，2009年，第245页。

存于傅氏。现存书钞阁藏书中如清钞本《纵书》、清钞本《国史唯疑》、清钞本《南渡录》、清初刻本《东林列传》、清钞本《培林堂书目》等书皆经傅以礼或批或校或题款,而傅氏辑《庄氏史案本末》,周星诒曾借录副本。《华延年室题跋》卷上"三垣笔记(王氏十万卷楼抄本)"条云:

> 此本为陆存斋观察寄赠,缮录潦草,讹夺至不胜乙,并有一则误析为二,两则误连为一者,爰假周季贶太守、凌子与茂才两家写本互勘。①

卷上"保越录"条云:

> 戊辰冬,需次来闽,从周季贶太守假得瓶花斋写本,属子九茂才互勘一过,其中衍夺与进呈本略同,盖两本皆出吴氏也。②

卷中"天启宫词"条云:

> 客冬购得《志余》旧钞,偶阙此种,亟借周氏书抄阁写本传录,即此本也。③

---

① 汪璐辑,傅以礼撰,李希圣撰,李慧、主父志波标点:《藏书题识　华延年室题跋　雁影斋题跋》,上海古籍出版社,2009年,第139页。
② 汪璐辑,傅以礼撰,李希圣撰,李慧、主父志波标点:《藏书题识　华延年室题跋　雁影斋题跋》,上海古籍出版社,2009年,第157页。
③ 汪璐辑,傅以礼撰,李希圣撰,李慧、主父志波标点:《藏书题识　华延年室题跋　雁影斋题跋》,上海古籍出版社,2009年,第196页。

《华延年室题跋》卷上著录的《临安旬制纪》钞本,今藏台北"国家图书馆",书后有傅以礼识语云:

> 此书未经剞劂,原稿藏张氏后人。丙寅夏日,魏稼孙醛尹为传钞此本,计酬钞胥青蚨五百。长恩阁主人。

又有周星诒题识云:

> 张氏《旬制纪》二卷,排比论议,不为无识,且亦善于寻题。惟阅书不多,搜采甚陋,《纪》中间杂论断,卷末忽附佚事,非纪非传,不伦不类,于史家条例,直是全无会心者。长恩阁中藏书,此为下驷矣。季贶记。①

以上皆《华延年室题跋》所未载者。综周、傅二氏题跋可见,两人在杭州既为密友,同官闽省后,过从甚密。当时,藏书往来集中于周、傅、魏、蒋、陆、谭等人之间,至于周氏藏书之来源,现存亦以其至福建后重蓄者为主,此于《书钞阁题跋》及《读书敏求记》批语中可见。

二

周星诒任官闽省以后,陆续从带经堂陈氏处获不少秘本,陈树杓所

---

① 《"国立中央图书馆"善本题跋真迹》,"中央图书馆"编写出版,1982年,第455页。

编《带经堂书目》即由周星诒、陆心源批订。《敏求记》"徐锴说文解字系传四十卷"条眉批云:"《系传》汪启淑本极舛误,李申耆先生为寿阳中堂校刻者,缺卷以大徐本补。述古此书未著全否,详其语意,似是完书,特未知陈氏宋本有无佚残耳。"《带经堂书目》卷一此书有眉批云:"此书未必全是宋刻,应查缺卷,无缺亦应与初刻对勘著明。"①

《敏求记》"说文解字三十卷标目一卷"条眉批云:"二书福州陈氏带经堂有宋刻本。丙寅岁,自建宁晋会垣向星村秀才索观,则为其从兄携赴台阳学舍矣,怅惜久之。陈氏居在文儒坊,其先人兰邻大令以名进士为令浙江,藏书极富。星村名树杓,亦善鉴别,予所得书泰半得之渠家。"此即《藏书纪事诗》"陈兰邻"条所引据者,树杓乃陈征芝(字兰邻)之孙,《书钞》即由其手售出也。

《敏求记》"湘山野录三卷续录一卷"条眉批云:"见明抄本,在带经堂。星诒。"

《敏求记》"张舜民画墁录一卷"条眉批云:"带经堂陈氏有《画墁集》一卷,屡借不出,真异书也。星诒。"

《敏求记》"杜工部集二十卷"条眉批云:"陈氏带经堂藏有影宋本,附有《补遗》。"

《敏求记》"河南尹先生文集二十七卷"条眉批云:"黄复翁校宋本,予得之带经堂。星诒。"

《敏求记》"文房四谱五卷"条眉批云:"星诒见带经堂陈氏藏吴枚庵手抄传校东涧、清常藏本者,脱误与旧藏十竹厂写本同。"

《敏求记》"汉武内传一卷"条眉批云:"丙寅岁见旧抄《内》《外》传》合订一本者,传录抱经堂校本,以勘《汉魏丛书》本,每多胜处。"

---

① 陈树杓编:《带经堂书目》卷一,顺德邓氏风雨楼排印本,中国国家图书馆藏。

《敏求记》"范成大吴郡志五十卷"条眉批云："士礼居藏宋宾王手校本，复翁补写郡守题名者，今入星诒家。复翁藏影宋本，今在福州陈氏。"

《敏求记》"王逢梧溪集七卷"条眉批云："福州陈氏有元椠本。"

《敏求记》"孙光宪北梦琐言二十卷"条眉批云："曾见正德十五载庚辰岁十月上浣吉辰支硎山人东白冯寅旭初写本于带经堂陈氏，棉纸蓝格，与程大昌《续考古编》皆出一手。星诒。"《书钞阁题跋》"富春孙光宪篆集北梦琐言二十卷"条云："卷八后有题字三行云：'时正德十五载庚辰十月上浣吉辰，支硎山人东白冯寅旭初书。'"则此书后归书钞阁。

《书钞阁题跋》"穆天子传六卷"条云：

> 晋郭璞注。前有至正十年北岳王瀚元翰序。……陈征芝手识云：此即所谓《道藏》本，录□□赵启坦得吴山道藏校录者。按：元翰序云，南台都事海泰刘贞庭旧藏是书，间日稍加雠校，命金陵学官重刊，在明诸刻皆以此为祖本，世间盖无更旧于此本者矣。然文字讹舛，触目荆棘，此经赵晋斋先生手为校订，予又命儿子传临，以家藏抱经学士手校《古今逸史》本补之，粗可读矣。

又著录"穴砚斋写本十五种"云：

> 每叶二十四行，行二十字。板心有"穴砚斋缮写"五字。所录各书凡天水朝讳字皆缺笔，盖从宋本出也。旧为士礼居珍藏，王惕甫借看。……中夹蓝色粉笺，写各书名，是陈大令征芝手笔。
>
> 穴砚斋，黄复翁考之，不得其人，载在所校《周益公大全集》跋

中。予后闻人说是明相公珠家斋名，审其乌丝阑款式及写手书迹，颇与《通志堂经解》相类，其言或可信也。

《敏求记》"默记一卷"条眉批云："穴砚斋本现藏陈氏带经堂。""今秋归予，凡十五种，皆佳本也。宜荄翁一再称之。丁卯。诒。"则此穴砚斋抄写本十五种于同治六年丁卯（1867）归周氏。

周星诒在福建期间，也经常流连于大街小巷，搜求散落零本孤帙，《敏求记》"圣宋皇祐新乐图记三卷"条眉批云："星诒于丙寅冬初，在福州南后街书肆得一影写本，甚精好。"即其一例也。

周星诒早年在苏州得到黄丕烈旧物，虽经劫火，所藏尽去，然其对士礼居藏书之留心则一如既往。《敏求记》"刘涓子鬼遗方五卷"条眉批云："此本予得之复翁家潢喜园书肆，后以赴官闽中，寄所藏数万卷于傅节子司马。辛酉绍兴被寇，此书遂莫可踪迹矣。星诒。""宋抄本书不甚工，中有校签甚多，夹在卷内，不知何人，后有手跋二，与册首题署皆复翁亲书。仿宋蝴蝶装册，罗纹旧笺，副页首尾各三冷金木色纸包之，诒用老紫梨夹板护。"

《敏求记》"玉照新志五卷"条书眉有黄氏批语云："此书余家藏有一本，系秦酉岩、吴方山两先生合抄本"，后有周批云："复翁藏本今入予家。星诒。"此书《书钞阁题跋》著录云："前有明清自序。序后录秦（四麟）氏手跋。"

《敏求记》"学斋占毕四卷"条眉批云："复翁藏周香严家宋刻残本，今入予家。"

《敏求记》"河南尹先生文集二十七卷"条眉批云："黄复翁校宋本，予得之带经堂。星诒。"

此外，周星诒以地利之故，搜罗浙江乡贤之旧物颇多，除前文《穆天子传》外，尚有《书钞阁题跋》中著录"朱彧萍洲可谈三卷"条云：

　　此为赵晋斋先辈所传抄文澜阁本。中间及尾补写数条，皆其手迹也。

"青楼集一卷"条云：

　　题雪蓑钓徒辑。……集作于至正庚子，载先后女伎姓名及同时文人学士诗咏颇详。……赵先辈手跋云：此樊榭山房校本，为樊榭先生手录。云照小玲珑馆旧抄本补入，嘉庆七年闰二月十九日，借录于何子梦华处。赵魏识。

"周易经传集程朱解附录纂注十四卷"条云：

　　鄱阳董真卿编集。……书成于天历初元，其子僎元统二年跋而刻之于闽。此即其时初印者，纸墨并佳，字体清劲，有似颜书，元椠中至佳本也。每半叶十一行，行大十九字，小二十二字。有"江雀亭""江春私印""颖长氏""江氏随月读书楼藏书印""春"五印，又吴蹈昌印。

程荣刻孔晁注本"逸周书十卷"条云：

　　谢金圃先生手校本。前列姜士昌序，次乾隆丙午谢墉序及跋二，次旧序，次雠校所据旧本并校人姓名，次附录陈振孙解题、丁黼跋，次校正补遗四叶。姜序外，又程旧解补文、月令解卢按语各一叶，共十六叶,皆金圃侍郎手迹。次序、目录,后附《昭德读书志》、李焘跋,皆刻本原刊。首尾朱墨评点校勘皆侍郎手迹,盖即《抱经堂丛书》中付刻底本也。旧为何梦华藏书,卷首有"何元锡印",予以唐碑二种易之稼孙。

《敏求记》"龙龛手鉴四卷"条眉批云:"星诒藏有浙汪检亭影宋抄本极精。原名手镜,宋避讳改,此宋本,而非辽刻也。昔人曾辨之。"此书今藏台北"国家图书馆",后有周氏识语云:"此本每叶行数、字数与《百宋一廛赋注》及张氏藏书志所载符合,盖从宋板影写者,原书凡缺佚者悉空白,书法亦精好,可宝也。"①

《敏求记》"吾衍学古编一卷"条眉批云:"星诒藏有赵晋斋传抄东涧藏本,有柳如是夫人小印,好事者摹于后帧。"

《敏求记》"庚申帝史外闻见录二卷"条眉批云:"星诒藏有鲍以翁传校澹生堂藏本于《秘笈》所刻本者,甚精审,添改不下数万字。"

《敏求记》"郦道元注水经四十卷"条眉批云:"星诒所藏为衍石斋影抄本,自何氏出也。"

《敏求记》"纪古滇说集一卷"条眉批云:"星诒藏有赵晋斋影写沐氏刻本。"

《敏求记》"文莹玉壶野史十卷"条眉批云:"丙寅年见吴绣谷藏写本,有手跋四行。星诒家藏为贞节堂旧藏红豆山房写本。星诒。"

《敏求记》"唐大诏令一百三十卷"条眉批云:"星诒家藏陈仲鱼写本。"

《敏求记》"陆士衡文集十卷陆士龙集十卷"条眉批云:"陈仲鱼传

---

① 《"国立中央图书馆"善本题跋真迹》,"中央图书馆"编写出版,1982年,第242页。

录陆敕先校宋本在予家。星诒。"

《敏求记》"王黄州小畜集三十卷"条眉批云:"诒于丙寅得王晚闻校本,复又得影宋本《续集》。"

周星诒之藏书活动主要集中于他的前半生,至光绪初年,因罪赔缴,藏书遂散,此后虽仍有收藏之心,却已难复往日之辉煌。纵观其四十年之藏书题跋,不难从中窥见其藏书特点与文献学概貌。

三

兹以《书钞阁题跋》与《读书敏求记》批语相比勘,周氏藏书近百种内重出者仅数种,再加现存大陆(据《中国古籍善本书目》)、台湾(据《"国家图书馆"善本书志稿》)所著录善本统计,可得二百余种。其中宋元刻本仅有数种,而明刻、明钞本略多,清钞本最多。从周星诒所作题跋、批语中可见其精于版本目录之学,犹不敢以题跋为小道而轻忽之,正如他在《书钞阁题跋》书衣上手书题记中所言,撰写藏书题跋并非易事,一跋之成,有费数日之功者,此皆要求藏书家具备良好素养。周星诒藏书数十年,虽已深谙此道,但仍不敢贸然动笔,必先积累资料,为撰写做准备,所成跋文定稿必有心得,此最为难者也。《书钞阁题跋》中录长跋数条,皆蝇头细书,字迹潦草,且勾乙涂抹,难以一一辨认,各文上皆有批语,如"皇极经世书"条书眉墨批云"四库提要大谬,此跋可纠","吴越备史四卷补遗一卷附一卷"条末附批语云"此跋删定,可正先辈之误","康节先生观物篇解一卷附录皇极经世解起数诀"条眉批云"此跋可正《皕宋楼藏书志》疏漏",故于其题跋、批语中可见其文献学素养。

周星诒熟悉文献流传、刻书源流,于此前提下考辨各书版本,可十得八九。《书钞阁题跋》"纂图互注荀子残本三卷"条云:

> 纂图互注原出南宋时书肆间所为,此为元朝翻本也。存第十三、十四、十五三卷。每半叶十一行,每行大廿一字,小廿五六字不等。每叶后幅墨阑右俱表有篇名及卷叶数。……世共推明世德堂刻本为善本,实以此本为祖而删其互注耳,有删之未尽者。《王制》修身篇中尚存两处,又卷第二十末行仍表题纂图互注云云。

此跋中先追溯"纂图互注"之起源,推定此书版刻年代,进而帮助判断世德堂本与纂图互注本之间的关系,则此本之价值已不言自明。"桯史十五卷"条云:

> 相台岳珂著。前有以书自序,次行题云间陈文东批点。次有目录,每卷书名下注若干则。每半叶十行,行二十字。……恬裕斋目著录谓是元刻本,予著其纸墨行款,当是明成弘间刻也。大致与毛、张刻本同,亦有一二可证两本之误者。

此据纸墨、行款辨刻书之年代。"周易经传集程朱解附录纂注十四卷"条云:

> 书成于天历初元,其子僎元统二年跋而刻之于闽。此即其时初印者,纸墨并佳,字体清劲,有似颜书,元椠中至佳本也。

此据序文、字体定其版本。"周易兼义十卷附释音"条云：

> 宋椠本。《兼义》九卷，附《略例》一卷。每叶十行，行大十八字，小廿四字。板心间有正德十二年及怀浙胡校诸字，盖经明修板也。然其经文之异于通行本者……皆与惠校本合，其为诸先辈表著宋本。

此据版心补刊字迹，考订板片之修补，复勘以名家校本，肯定其版本之善。

《带经堂书目》"宋史全文三十六卷（元刊本）"条眉批云："元刻不题'宋史全文'，见藏书续志。此恐是明刻本。"① 此据书名变迁，考其版本之先后。

周星诒之题记除了考订版本外，又颇记掌故，可见其博识，亦所以助古书之鉴藏。如《书钞阁题跋》"穴砚斋写本十五种"条云：

> 穴砚斋，黄复翁考之，不得其人，载在所校《周益公大全集》跋中。予后闻人说是明相公珠家斋名，审其乌丝阑款式及写手书迹，颇与《通志堂经解》相类，其言或可信也。

穴砚斋主人名秦柱，字汝立，江苏无锡人，冀淑英《关于穴砚斋抄本》详考其事，汝立之兄即雁里草堂主人秦柄字汝操者，二人俱秦汴子。

《敏求记》"高诱注战国策三十三卷"条吴志忠眉批下有周氏批语云："吴忠者名志忠，字有堂，其祖名企晋，与定宇、竹汀诸先生齐名。

---

① 陈树杓编：《带经堂书目》卷二，顺德邓氏风雨楼排印本，中国国家图书馆藏。

影宋《国语》，顾千里集中有为有堂藏本跋语可证。"《带经堂书目》"周易会通十四卷（江春藏书）"条眉批云："江见《扬州画舫录》，扬州巨商也。收藏极富，《湖海诗传》《随园诗话》俱载其诗。"① 同书"丁未录四册（蓝丝阑钞本）"条眉批云："南野草堂，嘉兴吴文溥也。著有诗集、诗话。"② 此皆考藏书家之事迹。

《敏求记》"乾凿度二卷"条批语云："范钦天一阁藏书天下艳称，其校刻诸书率不足据。大抵明自中叶后学者多自作聪明，好窜改古书，缪本流传，贻误学士，如商氏、毛氏、陈氏皆其类也。"此讥明人刻书好臆改之弊。

《敏求记》"何晏论语集解十卷"条眉批云："近英颉利岛人翻译论语、孟子集注，上截华文，下截夷字，纸白如玉，刻印精致。予以七金购其一，以见圣教之广大云云。"此记晚清以来，中西交通对于传统版刻之影响。

《敏求记》"说文解字三十卷标目一卷"条眉批云："说文分韵始于楚金，李氏继作，不得云宋人也，两书世皆有本。""自篆均书行，洨民真本传本遂少，毛氏未刻之先，如昆山亦未得见也。"此述《说文》版本之流变。

《敏求记》"郭忠恕汗简七卷"条眉批云："癸巳人本于五代杨凝式之自称也。诒生年与两君同，亦刻小印恒以识藏书秘册，儿寅慕之，后寻得松雪翁自称甲寅人，因亦此字。"此自道别号之由来。本段经《藏书纪事诗》"冯舒"条引用，颇有舛误，标点本或有仅以第一句为周氏批语者，盖未见周氏所批原本也。

---

① 陈树杓编：《带经堂书目》卷一，顺德邓氏风雨楼排印本，中国国家图书馆藏。
② 陈树杓编：《带经堂书目》卷二，顺德邓氏风雨楼排印本，中国国家图书馆藏。

周氏藏书兼收并蓄,勤加校勘,故书经其手往往皆成善本。现存书钞阁藏书中多钞本校本,其中最著名者为《书钞阁题跋》所载之无锡秦氏"穴砚斋写本十五种":

> 每叶二十四行,行二十字。板心有"穴砚斋缮写"五字。所录各书凡天水朝讳字皆缺笔,盖从宋本出也。旧为士礼居珍藏,王惕甫借看。……中夹蓝色粉笺,写各书名,是陈大令征芝手笔。

十五种抄本内《茅亭客话》又藏有刻本,《敏求记》眉批云:"宋本,照旷阁刻,诒藏穴砚斋本,亦有此序。"

又由《敏求记》眉批可见,周星诒所藏名家钞校本中有陈仲鱼写本《唐大诏令》、陈仲鱼传录陆敕先校宋本《陆士衡文集》《陆士龙集》、王晚闻校本《王黄州小畜集》、黄复翁校宋本《河南尹先生文集》、绣谷亭藏明人写本《朱翌猗觉寮杂记》、秦酉岩手抄本《张世南游宦纪闻》、绣谷写校本《铁围山丛谈》、明钞本《湘山野录》《续录》、何仲子传校陆其清宋钞本《邵氏闻见录》、叶石君校钞本《元经薛氏传》、宋宾王校录宋本《颜氏家训》、惠氏传校吕夏卿本《荀子》、赵晋斋影写沐氏刻本《纪古滇说集》、传录赵清常校写本《东国史略》、宋宾王手校本《吴郡志》、毛斧季校本《洛阳伽蓝记》、衍石斋影抄本《郦道元注水经》、张讱庵写校本《广异记》、明冯旭初写本《北梦琐言》、赵晋斋传抄东涧藏本《吾衍学古编》、汪检亭影宋钞本《龙龛手鉴》、述古堂影宋抄本《孟子音义》等,约占批语内所记各书之泰半。盖旧钞本经名家批校者,无异于宋元旧刻,如《敏求记》"庚申帝史外闻见录二卷"条眉批云:"星诒藏鲍以翁传校澹生堂藏本于《秘籍》所刻者,甚精审,添改不下数万字。"同书"韦昭注国语二十一卷"条云:"星诒家有惠定宇先生手校本,朱墨烂然,中有缺叶,皆手抄补入。惜第二册末叶佚去,无从录补耳。"

若再以异本比勘,或能知一书之分合,《书钞阁题跋》"耆旧续闻二卷"条云:"与《孝慈堂书目》著录同。棉纸旧抄,分上下二卷。以鲍本校之,次第悉同,无所缺佚,惟此上卷鲍分四卷,下卷分六卷耳。"

周氏早年搜集藏书家目录计数十家,凡得旧本,必以书目相证。此以清初王闻远《孝慈堂书目》证其书作二卷之可信,参校《知不足斋丛书》本,定其卷数之分合,即一例也。此书今藏南京图书馆。

周星诒重视异本,今以《书钞阁题跋》、批语及《中国古籍善本书目》相较,可见周氏之蓄复本甚多。《书钞阁题跋》著录宋椠本"周易兼义十卷附释音",今中国国家图书馆藏明崇祯间毛氏汲古阁刻《十三经注疏》本,有周星诒跋,书中有佚名校并录清惠栋校注。宋李心传《建炎以来朝野杂记》一书,周氏既有清张德荣抄甲集二十卷乙集二十卷本,又有清乾隆三十一年鲍廷博抄本,两书并经其校跋。宋董逌《广川画跋》有明韩宸刻本经魏锡曾校并跋,黄裳《来燕榭读书记》又记周氏曾藏明雁里草堂钞本。钱遵王藏书目中周氏既有清钞本《也是园藏书目》十卷,又有《述古堂书目》钞稿本不分卷,而《读书敏求记》既有雍正六年本,又购时刻本移录题跋,以为副本,同时各目又经互勘。宋张端义《张荃翁贵耳集》周氏既有明姚咨抄本,又有嘉庆十年张海鹏照广阁刻《学津讨原》本。此仅据部分周氏藏书考之,意其原藏必不止此数也。周氏之所以广收异本,实因其深知校勘之重要。《书钞阁题跋》"穆天子传六卷"条云:

在明诸刻皆以此为祖本,世间盖无更旧于此本者矣。然文字讹舛,

触目荆棘,此经赵晋斋先生手为校订,予又命儿子传临,以家藏抱经学士手校《古今逸史》本补之,粗可读矣。

穴砚斋本"芦浦笔记十卷"条云:

前有嘉定癸酉自序。以校《知不足斋丛书》本,脱去卷五赵清献日记九行及后跋。

"鸡肋编无卷数"条云:

予旧有瓶花斋抄本,后有跋云抄自《悦生堂杂抄》云云。此本无之。

台北"国家图书馆"藏清乾隆间太仓王氏(鸣韶)钞本《皇朝通鉴长编纪事本末》有周氏题记云:

本书缺卷,排纂大典本《长编》及彭氏《太平巡统类》当可十得七八。诒于庚午夏日以写本《长编》(一百八卷缺治平四年闰月以下)及此校勘《统类》脱误,粗已可读,自谓虽未能尽复旧观,较胜世间传本(《大典》辑录五百六十卷本,爱日精庐以活字印行)。暇当命小胥写出"太祖圣政"诸篇,重为补其阙,略以附此书,他日再得张氏摆本,再加校勘,便可付有力者刻行矣。星诒。①

《带经堂书目》卷二"续资治通鉴长编五百二十卷"条眉批云:

---

① 《"国立中央图书馆"善本题跋真迹》,"中央图书馆"编写出版,1982年,第472页。

张氏爱日精庐摆印本系用阁本摆印，阁本英宗以下录之《大典》，自来藏书家虽鲍、黄、吴、陈诸君未有见五百二十卷者。如尊藏确是元椠，则人间孤本，亟当详细著录，不可埋没此书也。若是张氏底本，则必非元椠。诒近从浙江购得张氏本，他日携对便明，或以一册见寄，为辨别之。①

大凡一书既经校勘而形成善本，便于治学大为有益。如周氏有以参校异本而辨一书之真伪者，《带经堂书目》"菉竹堂书目六卷（旧钞本）"条眉批云："此书世多伪本，诒藏两抄本，皆是录《文渊阁书目》删去地志所成，伍氏丛书本亦然。须以《文渊阁目》对过，不同乃是真本。竹汀先生《养新录》所记亦伪本也。"② 查叶氏《书目》抄本二部，经周氏校跋，今并藏中国国家图书馆。又有以校勘而成一著作者，台北"国家图书馆"藏明万历十七年南京国子监刊《南齐书》中有周星诒所撰题记云：

光绪辛丑，顾鹤逸买得明嘉靖修补本宋椠《南齐书》，曹君直以诒方拟纂手校诸史有史文异同之误，因以书业重刊汲古阁本属记校文上方。诒更以鹤逸假毛氏原本互勘。毛所祖为治平二年杭州开版秘阁本，故每与明修本文字不同。时有夺误，间或失落至十数字，多借宋椠补正，而足正宋本之误者，亦一一采入。顾详核犹未尽，今乃补载之。前辈顾涧薲、荛甫诸先生所谓死校古书，盖师法之。自诒仍守其例，览者幸勿讥为兼采误文，不知别择也。校方始，屺襄太史闻之，以明

---

① 陈树杓编：《带经堂书目》卷二，顺德邓氏风雨楼排印本，中国国家图书馆藏。
② 陈树杓编：《带经堂书目》卷二，顺德邓氏风雨楼排印本，中国国家图书馆藏。

南国子监万历十七年刊本属雠,因以宋、毛两本更佐以武英殿官本合校应命。宋本每半叶九行,行十七八字不等。南监本一律作十八字,故叶数、行数往往参差,卷中字句,亦多失宋本之旧,与两本皆不同。或反据北监本改耶,故与官本强半合,昔闻官本悉用万历北监本也。君直今春得一南监后印本,误字每或削改,校才数卷,携赴金陵,未得竣卷为憾。各本异文备载校签,但记大凡如右。壬寅炎夏,周星诒志于吴寓。书仅五十九卷,校勘凡历十八月,由冬春病肺则废功,夏冬乃更为之,然亦自愧懒矣。①

时光绪二十八年(1902),年已古稀的周星诒退居苏州,然仍以校书为课。明本《南齐书》原经季振宜、陆时化递藏,书中有周氏印记。周氏《南齐书校勘记》似即编录书中校语而成,此书是以校勘而成之著作,此其功用之大者。周星诒热衷收蓄复本并加以勘校,至老不衰,可见其深于文献之学。而周氏藏书之所以为后人所推重,其经精校,实为诸多重要因素之一。

综上所述,周星诒藏书事迹大抵如下:(1)周星诒之藏书活动始于其十一二岁时,自十三四岁读《四库全书简明目录》后,渐精鉴藏;(2)周氏藏书在三十岁前已积万卷,寄存杭州傅以礼家,经洪杨之乱而尽毁;(3)同治初年,周氏官闽,因谭献而购得陈氏带经堂旧藏,两年后获悉谭氏居中渔利,遂与之绝交;(4)光绪中,周氏因严拒丁日昌索书而获罪,蒋凤藻以四千六百金购其书,周氏藏书复散;(5)周氏藏书之特点为既重旧刻,不忽视旧钞校本,复广蓄复本,精加校勘,所藏之书卒为后人所重。

---

① 《"国立中央图书馆"善本题跋真迹》,"中央图书馆"编写出版,1982年,第317页。

周星诒的《三国志》研究

——抄本《三国志校勘记》述略

陈寿《三国志》作为前四史之一，成书以后，研究者代不乏人。至于清代，其学臻于极盛，从方壮猷、杨耀坤、张敏文、吴金华等先生对清人《三国志》研究成果的回顾来看，清人有著作刊刻问世者，达数十家之多。至于著作有成稿而未能问世者，又不知凡几。检《中国古籍善本书目》中著录清人批校本《三国志》，也多至数十家。虽然其中不免存在陈陈相因的可能，但不可否认，肯定也存在可资利用的成果。这些稿本中，从校勘的角度出发，命名为"校勘记"者，《中国古籍善本书目》仅著录沈家本《三国志校勘记》一种，原稿藏于中国国家图书馆，2006年才被收入《沈家本未刻书集纂补编》整理出版。另外，民国时期商务印书馆影印出版《百衲本二十四史》过程中，张元济搜罗众本，参校异同，撰成《百衲本二十四史校勘记》稿，其中《三国志校勘记》一种，1999年已由商务印书馆出版，程远芬《试论张元济遗稿〈三国志校勘记〉的学术意义》对此有中肯的评价。实际上，除了沈、张两家之外,晚近《三国志》研究的著作中以"校勘记"命名者,尚有周星诒、周家禄、朱彭寿等数家。

对于《三国志》研究者而言,周星诒这个名字并不陌生。早在1910年,《国粹学报》第6卷第1号《史篇》中就曾刊载周氏的《三国志考证校语》,后人研究中对此也频频称引。

周星诒"三十以后,始一意为校雠略录之学,而于乙部专精且久,洗华落实,其视复堂、越缦所得,为何如也"(冒广生《三国志校勘记·序》)。著有《窳櫎诗质》《癸巳人文质》《勉憙词》《窳櫎日记》等,大半未能付梓。其子绍寅先星诒而卒,星诒晚境落寞,就养于苏州镇抚司前的女婿家,以校书为日课,遂以遗稿交外孙冒广生保藏。有关周氏藏书、校书的相关史实,前章已述。周氏外孙冒广生(1873—1959),字鹤亭,号疚斋,江苏如皋人。冒辟疆后裔。光绪二十年(1894)举人,曾任刑部郎中、农工商部郎中,民国后任中山大学教授、国史馆纂修等职。新中国成立后,出任上海市文管会特约顾问。1961年,冒氏去世两年之后,家人遵照其遗愿,将所藏文物、书稿近千件捐存上海博物馆,其中就包括周星诒著作的未刊稿本。

今人对于周星诒《三国志》研究的认识,基本停留在他的《三国志考证校语》一稿。至于他的《三国志校勘记》未刊稿,几无知之者,只有王欣夫[①]《蛾术轩箧存善本书录·癸卯稿》卷二曾作过简要的介绍。其《蛾术轩箧存善本书录》中所记者,为王氏传录冒广生所藏原稿之抄本,今藏复旦大学图书馆。兹据之略作考述,并对周氏在《三国志》研究上的成就作简要评介。同时,也希望能引起学者的注意,充分发掘其

[①] 王欣夫(1901—1966),名大隆,号补安,以字行。祖籍浙江嘉兴,自祖上迁居江苏苏州。曾从金松岑、曹元弼学,精研礼学、《管子》及流略之学。于《三国志》研究亦素有心得,曾撰《补三国兵志》二卷。

价值，或对目前正在进行的点校本"二十四史"的修订工作有所助益。

《三国志校勘记》八卷，二册。全稿抄于版心有"学礼斋校录"五字之乌丝阑稿纸上，每半页十行，行二十一字，小字双行。书前有冒广生《三国志校勘记·序》一篇，书末有"共五万二千三百十字"一行。每卷尾题下有"外孙冒广生校字"一行。八卷《校勘记》之中，计校《魏书》五卷、《蜀书》一卷、《吴书》二卷。全书收校记3233条，其中《魏书》2056条，《蜀书》494条，《吴书》683条。

比较《三国志考证校语》（简称《校语》）、《三国志校勘记》（简称《校勘记》）可知，若把前者作为周星诒在《三国志》研究方面的代表作，似乎名不副实。据李详在《校语》解题中所记，光绪三十年（1904），李氏在扬州书肆获周星诒手批小遂初堂刻本潘眉《三国志考证》，于是过录书眉上的周氏批语，编为《校语》。明显可见，《校语》并非周星诒手订，书名也非本人所拟，从体例和内容上看，也算不上是一部严谨的学术著作。与之相反，《三国志校勘记》却具备这些特点，所以，如要论周星诒在《三国志》研究方面的代表作，自非《校勘记》莫属。

关于周星诒对《三国志》的研究起于何时，从《三国志考证校语》中所录周氏识语可以推知一二，其文云：

> 陈《书》裴注，竭毕生精力，探讨不穷。若校勘文字谬误，其小者耳。然非博考载籍，互相证佐，未能写定也。诒年二（按："二"为"三"之讹）十四，岁在丙寅，始从事《国志》。当官多故，作辍不恒。后东窗事起，大府起司奏记，益少暇事此。及丙子秋得谴，乃更专力校勘。据以统校全书者，明钞大德本、明修补元本、郝经《书》、郑樵《志》、萧常《书》、谢陛《书》。其节校者，《华阳国志》《建康实录》

《通鉴》《御览》。

而冒广生在《三国志校勘记·序》中也提到：

> 外祖周先生为《三国志校勘记》二十余年。岁乙未，余礼部试报罢，省先生于山阴，亟询是书。则以余舅云将君之逝，传书无托，以其稿寄桐城萧敬孚矣。是年，余从敬孚乞归。又二年，钩稽排比，略为写定，乃序其大旨。

乙未为光绪二十一年（1895），距同治五年丙寅（1866）周星诒"始从事《国志》"已近三十年。若从光绪二年丙子（1876）算起，恰好二十年，则冒氏乃就其外祖"专力校勘"而言。《校语》前周氏识语称："郝氏经、萧氏常两《续后汉书》，所据陈、裴之书，皆宋世旧本，其文字异同，每胜今日流传各本。丙子秋，借郁氏刻本校勘。凡有所得，著之斯本，以补潘氏之说。"然则《校语》作于光绪二年（1876）左右，当是周氏"始从事《国志》"时的部分成果，与晚年的《三国志校勘记》自不可同日而语。

周星诒校《三国志》数十年，不幸晚年因其子绍寅先逝，乃将书稿寄予萧穆。外孙冒广生闻讯后，旋即索回书稿，经过两年时间的整理誊清，《校勘记》才最后写定。时光绪二十三年（1897），周星诒虽年近古稀，却"尚理董《北史》及《南齐书》"，最后成《南齐书校勘记》一稿，与《三国志校勘记》并归冒广生保存。同年五月冒氏在为《校勘记》所作序文中，回顾了清人对《三国志》的研究情况：

> 校勘之学，至国朝人而极盛，《陈书》裴注，世号淹博。为此学

者，则有长洲何氏义门、陈氏景云，仁和杭氏世骏、赵氏一清，嘉定王氏鸣盛，钱氏大昕、大昭，阳湖赵氏翼，洪氏亮吉、饴孙，吴江潘氏眉，吴沈氏钦韩，番禺侯氏康。而道光间长乐梁氏章钜乃汇辑各家之书，依篇附类，复取宋元以后诸家及同时师友撰著有一二语订明此书者，皆搜采掇拾，成《三国志旁证》，厥功甚伟。然空陋者居大半，识者病焉。嗣是而长沙周氏寿昌又有《三国志注证遗》之作，顾其开卷复调、被议诸条，究亦何关考证也。

在谈到周星诒撰写《三国志校勘记》的经过时，冒氏所说与《校语》中所录周氏识语可相互印证：

先生初时欲为《三国志会要》，采获群籍，斐然具体，第以书成但多魏事，吴已不及魏之十四，蜀则不过十一，名为《三国》，意所未安。又以嘉兴钱氏仪吉已有成书，求之多年，迄未得见，曰："吾终未信尽善如《唐会要》也。"遂舍去不为。而拟仿元和惠氏栋《后汉书补注》例，为《三国志补注》。然其志大，卒亦难副，乃取萧常、郝经《续后汉书》（郝所见本远胜萧常，且胜司马光，往往可藉校《通鉴》之误）及宋、元刊本，佐以《文选》《通鉴》诸宋以先类书，丹黄杂沓，涂乙殆遍，此里安孙仲容叹为抱经、荛圃未之或过者也。

《三国志考证校语》中所录周氏识语称"诒尝拟仿惠先生《汉事会蕞》例，为《三国会蕞》，以为《会要》底本"，然则周星诒最初欲作《三国会蕞》，为撰写《三国志会要》做准备，十年之间，一变而改作《三国志补注》，再变而改作《三国志校勘记》。推究其原因，可能是随着工作的深入，周氏越来越感到撰述之不易，所以决定从最基础的校勘做起。

而从《校勘记》本身来看，周星诒在校勘过程中，虽然采用了对校、本校、他校、理校四法，但并未做出过多的论断，所以，有理由认为，他更多的还是继承了清人死校的传统。兹移录卷一《武帝纪》的校记内容，以便读者对此书有最直观的了解（周氏校记部分标点为笔者所加）。

三国志校勘记卷一

祥符周星诒季贶

魏书·武帝纪

（注）腾父节　"节"《类聚》九十四及惠栋引《续汉书》并作"萌"，《通典》同。（绍寅按：操三女名节，理不得同）

（注）由是乡党贵叹焉　"贵叹"郝《书》作"赞"。

（注）及郭班世语　"班"元本及郝《书》并作"颁"。

唯梁国桥玄　"桥"《类聚》引作"乔"。

除洛阳北部尉　孙志祖曰："部"下有"都"字，见《三国志详节》。

于是奏免其八　"其八"《御览》引作"八九"。

郡界肃然　"界"《通志》作"国"。

（注）历世长吏无敢禁绝者　"敢"郝《书》作"能"。

（注）黄门常侍贵族灭吴　"贵"郝《书》作"真"。

（注）外有群卿同欲之势　"势"郝《书》作"援"。

（注）孙盛杂记　章宗源《隋经籍志考证》曰："记"当作"语"。

初平元年　豫州刺史孔伷　"伷"《范书》注引《九州春秋》作"胄"。

匡还州里　"州"宋、元本并作"乡"。

渤海太守袁绍　"渤"宜从本传作"勃"。

（注）遗字伯业绍从兄　赵一清曰：绍传注引《英雄记》绍从弟。

（注）称遗有冠世之懿干时之量　"懿"郝《书》作"才"，"量"作"略"。

丹阳太守周昕　"阳"宋本作"杨"。

（注）太祖手剑杀数千人　"千"宋本及郝《书》并作"十"。

二年　黑山贼于毒白绕眭固等十余万众　"于"《御览》四十五引作"为"，"白绕"作"自统"，无"余、众"二字，"十万"下有"又云一名青山"六字。

三年　（注）宫请说州中　"州中"下郝《书》有"纲纪"二字。

（注）其道乃与中黄太乙同　"黄"郝《书》作"皇"。

四年　下邳阙宣聚众数千人　"阙"《通志·陶谦传》作"阎"。

兴平元年　父嵩去官后还谯　"后"《通志》作"复"。

（注）妾肥不能得出　"能"宋本作"时"。

荀彧程遫保鄄城范东阿二县　"二"当据《后汉纪》改作"三"。

建安元年　卫将军董承与袁术将苌奴拒险洪不得进　赵一清曰：按《后汉书·董卓传》董承潜召操，此云拒曹洪，二书相远错也。

斩辟邵等仪及众皆降　按：建安五年，江南降贼刘辟复，是辟未斩也，此误。当作斩邵，辟、仪等及其众皆降。

封费亭侯　"封"上疑当有"袭"字。

（注）自去春太白犯镇星于斗牛　"镇"郝书作"填"。

（注）无敌自破者不可胜数　宋本"自"上有"而"字。

（注）军人仰食桑椹　钱仪吉《三国志证闻》曰：何改"给"为"食"。

（注）州里萧条　"里"《类聚》九十六引作"部"。

二年　留其将桥蕤李丰梁纲乐就　何焯曰："乐就"下当有"拒公"二字。

三年　绣兵来　"来"下《御览》引有"追"字。

月余布将宋宪魏续等　《证闻》曰：《后汉书·献纪》在十二月癸酉。"宋宪魏续"《布传》作"宋虑魏续"。

谌顿首无二心　"顿首"下郝《书》有"言"字。

（注）为庸人之所陵陷　何曰：宋、毛本并作"蹈"，一作"陷"。

四年　河内太守缪尚留守　"缪"《文选·檄吴将校部曲文》注引作"樛"（小注樛音留）。

唯其才也　何曰："唯"《水经注》作"难"。

举兵屯沛　"沛"《蜀志》作"小沛"。

（注）岱字公山沛国人　何曰：两刘岱俱字公山，正礼之兄乃东莱牟平令，初平三年黄巾战死。此更一人也。

（注）因率等伍逆击之　"伍"宋本作"仵"。

五年　冬十月绍遣车运谷使淳于琼等五人将兵万余人送之　"十月"《御览》引作"十一月"，"送"作"逆"。

（注）子卿远来吾事济矣　按：攸字子远，当作"子远卿来"。

乃使张郃高览攻曹洪　"览"《文选·檄吴将校部曲文》作"奂"（注云盖有二名）。

（注）立故人司马刘虞　"人"当是"大"字。

辽东殷馗　《文纪》作内黄殷登，《文选》注引作"馗"。

至是凡五十年　《御览》引作"其后五十年"。

六年　汝南贼共都等应之　"共"《蜀书·先主传》作"龚"。

七年　魂而有灵　"魂"郝《书》作"鬼"。

（注）故太尉桥玄　"玄"宋本及郝《书》并作"公"。

（注）吾以幼年　"吾"《类聚》三十八引作"昔"。

（注）又承从容约誓之言　"约"《类聚》引作"要"。

（注）殂逝之后　"殂"《类聚》引作"徂"。

（注）腹痛勿怪　"腹"《类聚》引作"肠"

（注）胡肯为此辞乎　"胡肯"《类聚》引作"夫何肯"。

八年　其令诸将出征败军者抵罪　"诸"下《文选·奏弹曹景宗》注引有"侯"字。

为子整与谭结婚　按：《诸王传》作"子整"，此"子"字下当夺一"子"字。

东平吕旷吕详叛　"吕详"《绍传》作"吕翔"，郝《书》作"高翔"，又纪结昏在吕旷等叛后。

九年　毁土山地道作围壍　"壍"郝《书》作"堑"。

故豫州刺史阴夔　"故"上郝《书》有"遣"字。

（注）荀道乖好绝　"荀"当作"苟"。

尚奔走故安　"故"当作"固"。

十年　故安赵犊霍奴等　"故"当作"固"。

十一年　（注）常以月旦各名其失　"其"疑当作"吾"。

十二年　吾当要与贤士大夫共定之　"当要"疑当作"要当"。

（注）庶以畴答众劳　"畴"郝《书》作"酬"。

乃堑山堙谷　"堑"郝《书》作"堑"。

五百余里　《畴传》注作"九百余里",似从"九"为是。

十三年　(注)每书辄削焚其札　"札"郝《书》作"柎",下文"而窃其札"同。

(注)于是公欲为洛阳令　"是"疑"时",音同而误。

(注)遥望漠北之救　"漠"郝《书》作"河"。

十五年　(注)据有当州　"当"郝《书》作"荆"。

(注)此所不得为也　"所"下郝《书》有"以"字,"为"上有"不"字。

十六年　遂与韩遂杨秋李堪成宜等叛　"堪"郝《书》作"堪",下文"斩成宜李堪"作"堪"为是,《文选·檄吴将校部曲文》注引作"李湛、宜成"。

(注)超等掩至　"掩"郝《书》作"奄"。

(注)公犹坐胡床不起　"公"下《类聚》七十引有"恚"字。

贼退拒渭口　"退拒"《文选·檄吴将校部曲文》注引作"追距"。(绍寅按:循河而南,操已退,贼安肯退,作"追"是)

乃纵虎骑夹击　"虎骑"《文选·檄吴将校部曲文》注引作"骥骑"。

贼必引守诸津　"引"下郝《书》有"军"字。

十八年　(注)卢从光禄勋迁为大夫　"大夫"上郝《书》有"御史"二字。

少遭愍凶　"愍"《文选》作"闵"。

越在西土　"在"《类聚》五十三引作"自"。

若缀旒然　"若"上《类聚》有"危"字。

宗庙乏祀　　"祀"《类聚》引作"主"。

分裂诸夏　　《类聚》引作"连城布邑"。

率土之民　　《类聚》及《文选》并作"一人尺土"。

其孰能恤朕躬　　"能"字《文选》无。

初兴国难　　"难"《类聚》引作"艰"。

群后释位　　"释"《文选》引作"于"。

君又翦之　　《类聚》及郝《书》均作"君又讨之，翦除其恶"，《文选》同，惟"恶"作"迹"。

君则致讨　　《文选》作"又赖君勋"。

棱威南迈　　"棱"《文选》作"稜"，"迈"作"厉"。

回戈东征　　"征"《文选》作"指"。

乘辕将返张杨殂毙　　"辕"《文选》作"轩"，"杨"作"扬"，"殂"作"沮"。（绍寅按：毛苌《诗传》：沮，坏也）

袁绍逆乱天常　　"乱天"二字《文选》无，《后汉纪》同。

运其神策　　"其"《文选》作"诸"。

遂定边境　　"境"《文选》作"城"。

单于白屋　　"单"《文选》作"箪"。

请吏率职　　"率"《文选》作"帅"。

重之以明德　　"之"字《文选》无。

旁施秦教　　"秦"《类聚》引作"劝"。

民无怀慝　　《文选》作"民不回慝"。

表继绝世　　"表"《文选》《类聚》并作"援"。

管蔡不静　　"静"《文选》作"靖"。

乃使邵康公　　"邵"郝《书》作"召"。

世祚太师　"祚"《文选》、郝《书》并作"胙"。

今君称丕显德明保朕躬　"德明"《类聚》引作"明德"。

(注)海隅出日　《文选》注作"海隅日出"。

功高于伊周而赏卑于齐晋　两"于"字《文选》并作"乎",下"于"字《类聚》引亦作"乎"。

朕以眇眇之身　"眇之"二字《文选》无。

若涉渊冰　"冰"《文选》作"水"。

常山巨鹿　《文选》作"巨鹿常山"。

封为魏公　"封"下《文选》有"君"字,"魏公"下尚有"使使持节"云云三十一字。

周邵师保　"邵"郝《书》作"召"。

领冀州牧如故　"如故"下《文选》有"今更下传玺"云云二十三字。

其敬听朕命　"朕"《文选》、郝《书》并作"后"。

穑人昏作　"穑人"《文选》作"穑民"。

(注)堕农自妥不昏作劳　"堕"《文选》注作"惰",不作"弗"。

远人革面　"革"《文选》作"回"。

君秉国之钧　"钧"《文选》作"均"。

感于朕思　"于"《文选》作"乎"。

皆如汉初诸侯王之制往钦哉　"侯"字《文选》无,"往"上有"君"字。

(注)于是中军师王陵　"王"字疑衍。

(注)伏波将军高安侯夏侯惇　"高安侯"《惇传》作"高安乡侯"。

（注）建忠将军昌乡亭侯鲜于辅　"昌乡亭侯"《隶释·上尊号奏》作"南昌亭侯"。

（注）太中大夫都乡侯贾诩　按：诩本传先封都亭侯，文帝即位，进爵魏寿乡侯。

（注）行骁骑将军安平亭侯曹仁　按：洪时为都护将军。

（注）高枕墨笔　"墨笔"二字疑讹。（绍寅按："墨笔"二字虽见《管子》令百官削方墨笔，又《韩诗外传》墨笔操牍，同君之过。然皆与"高枕"不属）

（注）废坠是为　"为"字疑□。

十九年　初陇西宋建　"宋建"《汉书》作"朱建"。

二十年　张鲁使弟卫与将杨昂等　"杨昂"《马超传》注作"杨帛"，又作"白"，《杨阜传》作"昂"。

巴七姓夷王朴胡賨邑侯杜濩举巴夷賨民来附　"巴七姓夷"《文选·檄吴将校部曲文》注引作"七姓巴夷"。

（注）其春秋之义　"其"郝《书》作"且"。

二十一年　（注）竹使符第一至十　"十"上郝《书》有"第"字。

二十三年　汉太医令吉本与少府耿纪　"本"《后汉纪》作"平"，"纪"作"熙"。

（注）时有京兆金祎字德祎　"德祎"《范书》传注引《决录》作"德伟"。

（注）因以闻之　"闻"字疑□。

（注）其令吏民男女女年七十已上　"女"字疑衍。

二十四年　（注）音于是执太守东里衮　"衮"郝《书》作

"衮",《曹髦传》注同。

遣于禁助曹仁击关羽八月汉水溢灌禁军军没　"击"《御览》十引作"讨","八月"作"秋大霖雨",无"灌"字,下作"平地水数丈于禁七军皆没"。

（注）世语曰　"世语"上郝《书》有"裴松之曰"四字。

（注）王昶家诫曰　"王昶"上疑夺"臣松之按"四字。

二十五年　王崩于洛阳　"崩"《范书·献纪》注引作"薨"。

（注）伐濯龙祠而树血出　"而树"疑当作"树而"。

（注）掘之根伤尽出血　"伤"字《类聚》八十六引无。

（注）亦得少多饮鸩酒　"少多"疑当作"多少"。

（注）付麦以相持　"付"《类聚·发部》及六十五引作"持",下"持"字作"付"。

（注）因拔剑割发以置地　"拔"《类聚》引作"援"。

（注）可以小斛以足之　"以足"《类聚》八十五引作"量"。

对于周星诒《三国志校勘记》学术价值的评定,王欣夫在《蛾术轩箧存善本书录》中同样以《武帝纪》部分校记为例,以校卢弼《三国志集解》,列出"较旧本为义长,而诸家所未及"者数十条。据王欣夫所说,周氏《校勘记》之胜处,在于他注意到"萧常、郝经两家《续后汉书》,所据皆真宋本",所以能"胜义联翩"。① 其实,从前文所揭《三国志考证校语》中周氏识语可知,早在光绪二年（1876）,他发愿专心校《三国志》时,就已经清楚地认识到萧常、郝经两家《续后汉书》所具

---

① 王欣夫撰,鲍正鹄、徐鹏标点整理:《蛾术轩箧存善本书目·癸卯稿》卷二,上海古籍出版社,2002年,第868页。

有的校勘学价值。这一点虽然在当时"为诸校雠家展齿所未到"（王欣夫题记语），但后人如赵幼文《三国志校笺》已经意识到两书的价值，故加以充分利用。不过，周星诒所作出的筚路蓝缕之功，却也不能因此被抹杀。

关于周星诒校勘《三国志》参校用之书，他在《三国志考证校语》的识语中已开列了一部分，其中《三国志》的版本有武英殿附考证本、明南监元椠本、北监本、嘉靖衢州参军蔡宙重校刻本、陈仁锡本、汲古阁本、重刻汲古阁本、广东重刻殿本二十四史本，以及何焯校本、赵一清评注本、沈祖惠评点本（未见）。而"专家考订之本"有杭世骏《补注》、陈景云《举正》、钱大昕《考异》、钱大昭《辨疑》、洪亮吉《疆域志》、洪饴孙《补职官表》、梁章钜《旁证》，另外参用萧常《续汉书》、郝经《后汉书》（郁松年《宜稼堂丛书》本）、谢陛《后汉书》。此外，尚有三通《艺文类聚》《初学记》《太平御览》《资治通鉴》《群书考索》《华阳国志》《建康实录》等。对比《三国志校勘记》所引之书，《三国志考证校语》所用《三国志》的版本尚有宋、元旧本，参用《文选》《群书治要》《文馆词林》《册府元龟》《汉书》《后汉书》《续汉志》《汉纪》《后汉纪》《水经注》《世说新语》《隶释》《法苑珠林》《元和姓纂》《宝刻丛编》等。

值得注意的是，《三国志考证校语》虽然是对《三国志》进行校勘性质的著作，但其直接对象是潘眉的《三国志考证》，而非《三国志》本身，所以必然会受到《三国志考证》固有体制和内容的限制。而《三国志校勘记》直接以《三国志》为校勘对象，自然也就不存在这一缺陷。关于周星诒《三国志校勘记》所用的工作本，今查中国国家图书馆藏有周星诒校并跋、周绍寅校毛氏汲古阁本《三国志》。而从《校勘记》

看，整理写定时所用似是清人翻刻毛氏汲古阁本，这一点，从书中称引毛本时采用"汲古原本"一词可以间接得到证明。

对于周星诒是否真见到《三国志》的宋元刻本，1920年曹元忠在其手校蜚英馆景印武英殿本《三国志》的跋语中曾说："三十年前，周季贶星诒尝为余言《三国》裴《注》有音，而各本往往敚佚。余以季老自言生平未见宋椠，仅据萧常、郝经书校勘，以其所见犹宋本也云云。"则周氏所称宋本，似是转引自他书。不过，曹元忠在跋语中还提及，"许博明厚基以东莱先生《标注三国志》属跋，余审为宋宁宗时刻本。以校殿本，则裴《注》所敚佚之音，往往而有"。① 可见周星诒之《三国志》研究，确有其独得之见。而从《三国志校勘记》来看，元本并非出自转引，周绍寅在其按语中不止一次提到元本的格式问题，如《校勘记》卷三《乐进传》标题下有小字附注："绍寅按：元本另行有'乐进传'三字。"《校勘记》卷四《庞悳传》《庞淯传》等标题同样也有类似的按语，就是很好的证明。虽然周绍寅在《三国志校勘记》中按语无多，但却颇有价值。

周绍寅（1855—1876），字云将。自幼颖悟，承其家学。工于篆刻，取法两汉，参宗宋元，布局谨严，而不失书法意趣。可惜不幸英年早逝，未能继承乃父之学。但仅就《三国志校勘记》中附注绍寅按语看，其于校勘、训诂均有心得。周绍寅按语的内容，除了前文所引对元本版式之类的记录外，更多的是对周星诒《校勘记》的补订，这在前引《武帝纪》校记中已见端倪。兹移录《校勘记》中周绍寅部分按语如下。

---

① 王欣夫撰，鲍正鹄、徐鹏标点整理：《蛾术轩箧存善本书录·癸卯稿》卷二，上海古籍出版社，2002年，第865页。

卷一

魏书五

武宣卞皇后传　祖母周封阳都君　"祖"字衍。（绍寅按：说详《辨误》）

文德郭皇后传　中郎栈潜　《初学记》引作"中郎校裴潜"。（绍寅按："栈潜"见《高堂隆传》,《初学记》误）

卷二

魏书六

董卓传　（注）天子以谒者仆射皇甫郦　"郦"《汉纪》作"丽"。（绍寅按：郦嵩之侄名，见《嵩传》）

卷三

魏书十二

王肃传　（注）而末求浮虚者　"末求"，俟考。（绍寅按："求"当是"学"之讹）

魏书十六

杜畿传　（注）皆豫敕督邮平水　"平水"二字疑有讹。（绍寅按：当作"平治"）

仓慈传　为封过所　"所"下《御览》引有"见"字。（绍寅按："见"疑"贡"字之讹）

卷四

魏书十九

陈王传　诚以天网不可重离　"网"《通志》作"罔","离"《文选》作"罹"。（绍寅按：并古通）

威王弃世　"世"《文选》作"代"。（绍寅按：避唐讳后改）

魏书二十二

卫臻传　帝问臻平原侯何如　"侯"字《通志》无。（绍寅按：明帝封平原王，宜从郑樵，删"侯"字）

魏书二十四

崔林传　使有恒常　"恒常"《通志》作"常制"。（绍寅按："恒"作"常"，樵亦避宋讳也）

孙礼传　匡辅魏室　"匡"《通志》作"弼"。（绍寅按：此盖樵避宋讳而改）

卷五

魏书二十六

评曰　垂问秦雍　"问"疑"闻"之讹。（绍寅按：垂闻，犹留誉也）

魏书二十九

华佗传　佗恃能厌食事　"食"字《范书》无。（绍寅按："厌""餍"古通，此"厌食"字，盖分一字为两耳）

熊颈鸱顾　"颈"《范书》作"经"。（绍寅按：李注可征）

管辂传　（注）作天文及日月星辰　"文"《御览》作"下"。（绍寅按：云日月星辰，则作"天下"为是）

（注）清河令徐季龙字开明　"字"疑有讹。（绍寅按："字"疑"宇"之讹，上当夺一"器"字）

魏书三十

乌丸传　（注）他如故事　"故事"下郝《书》有"以家人子为己女妻焉"九字。（绍寅按：版文不应有此）

倭人传　以木绵招头　"招"《通志》作"帕"。（绍寅按："招头"当是"绡头"。《后汉·周党传》"谷皮绡头"，《向栩传》"绛绡头"，其字本当作"幧"。郑元《仪礼注》云"如今者幧头自项中而前交额上，却绕髻也"）

卷六

蜀书五

诸葛亮传　（注）然丧赵云阳群马玉阎芝丁立白寿刘郃邓铜等　"丧"当作"表"。（绍寅按：《平津馆鉴藏书记》宋本《文章正宗》二十四卷下注：洪颐煊云，裴注引《后出师表》"然丧赵云阳群"云云，学者疑"云"此时尚存，不得有此言。及观此书卷十一载《再出师表》"丧"字实作"表"字，始悟各本之讹）

蜀书六

庞统传　统子宏　（绍寅按：庞宏王象之《舆地纪胜·碑目》"涪陵太守阙"下注作"庞肱"）

卷七

吴书七

孙翊传　（注）命昭别讨匡琦　"琦"郝《书》作"奇"。（绍寅按：匡奇，即图陈登之匡奇）

卷八

吴书十

丁奉传　屯于黎浆　"屯于"二字《文选·辨亡论》注引无，"浆"作"斐"。（绍寅按：《水经注》文钦之叛，诸葛绪拒之于黎浆，正与此事合。而《辨亡论》以"斐"与"奉"并举，注引《吴志》云云，未知孰是，俟考）

朱异传　（注）张惇子纯　　"惇"下《御览》二百八十五引有"字"字，《文选·辨亡论》注引《吴录》"惇字叔方"。（绍寅按：《孙和传》注云，张纯字符基，敦之子。"敦""惇"古通，疑《御览》误也）

吴书十五

周鲂传　伀蒙狼狈　　（绍寅按：伀，《方言》：征伀，惶惧也。《广雅》：征伀，惧也。又屏营，征伀也）

吴书十六

陆凯传　皆莫敢迕　　"皆"郝《书》作"睛"。（绍寅按："皆"或"眦"之误）

吴书十九

孙綝传　加恩侍中　　"加恩侍中"四字疑有误。（绍寅按：恩，綝弟也。见上）

从上引诸条按语可知，周绍寅除了对其父《校勘记》之中某些待考的问题加以补充说明，并为之张目外，对其中存在的失误也不加掩讳，实事求是地作出辨正。尤其在利用类书方面，周绍寅较其父更为谨慎，不盲从武断；在字义的训释以及据史实考订文字异同方面，较周星诒也毫不逊色。虽然八卷《校勘记》之中，周绍寅按语无多，未能独自成稿，只能附父书而行，但作为《三国志》的研究者，周绍寅的研究成果确也应受到重视，以更好地为后人的研究工作提供帮助。

过云楼书画收藏中的苏州脉络

顾氏过云楼，自清嘉道间开始，历经道光、咸丰、同治、光绪、宣统五朝，以至民国，前后一百余年间，通过顾文彬、顾廷熙及顾承、顾麟士、顾公雄及顾公硕祖孙四代人的不懈努力，在书画、碑帖、古籍、文玩的鉴赏与收藏上，取得了令世人惊叹的成就。

顾氏一族，自顾大澜（1789—1860，字春江）复兴家业开始，顾文彬（1811—1889，字蔚如，号子山，晚号艮庵）通过科考步入仕途，与三子顾承（1833—1882，原名廷烈，一作承之，号乐泉、乐泉逸史）一同经营过云楼的收藏，建造怡园，至孙子顾麟士（1865—1930）时，已经是江南首屈一指的藏家。早在同治十二年（1873）五月，顾文彬就曾在家书中对顾承说："我家收藏，费父子数十年心力，近更不惜重资，前后统计不下一二万金，以故群相推服，推为江南收藏第一家。"① 过云楼顾氏作为晚清收藏家的殿军，汇聚了江南地区，尤其是江、浙等地旧

---

① 顾文彬著，苏州市档案局（馆）、苏州市过云楼文化研究会编：《过云楼家书》（点校本），文汇出版社，2016年，第255页。

家藏品的菁华。从过云楼藏品中，可以窥见明清两代苏州地区收藏家递相授受的脉络。

2016年12月13日至2017年3月12日，苏州博物馆举办"烟云四合——清代苏州顾氏的收藏"特展，作为"清代藏家系列"学术特展的第一个展览，选陈了顾氏四代人、四房子孙的书画、碑帖、古籍、文房、手稿墨迹等84件（套）展品，其中书画数量最为可观，共计38件（套），占展品的近一半。

毫无疑问，顾氏过云楼的收藏以书画为最，其菁华萃于顾文彬、顾麟士祖孙三代所编《过云楼书画记》10卷、《过云楼续书画记》6卷中，两书共计收录历代书画作品359件（套）。其中，《过云楼书画记》收录246件，《过云楼续书画记》收录113件；书法87件，绘画272件。通过比较可以清楚看到，顾氏祖孙对绘画的收藏都多过书法，两者的比例约为三比一。从形制来看，《过云楼书画记》中的绘画以卷、轴为主，《过云楼续书画记》中手卷明显减少。书法部分，前者手卷较多，其次是册页；后者则卷、册数量相当，立轴相当少见。

实际上，过云楼的书画收藏数以千计，乃顾氏三代竭数十年之力搜罗所得，江南顾家旧藏因战乱流散，其菁华汇聚于斯。而今看来，《过云楼书画记》《过云楼续书画记》所载，只不过是冰山一角，之所以收藏数量有限，与其编选的标准之严格不无关系。

此次展览所选藏品，以《过云楼书画记》《过云楼续书画记》中所著录者为对象，择其精善者展出。其中，书法10件。顾氏收藏书法，自隋唐以下，囊括宋、元、明三代，止于清初，名家墨迹凡数十家。显而易见，顾氏除偏好赵、董之外，尤嗜明代吴门一派，祝允明更驾唐寅、文徵明之上，登录四种之多。此次展出有《隋智永真草千字文卷》

《宋范仲淹手札卷》《元鲜于枢等五家赠笔工范君用册》《明吴宽行书种竹诗卷》《明董其昌楷书先世告身册》及明代吴门文、唐、祝三家卷（轴）5件。相较书法，藏画数量约三倍之，与《过云楼书画记》著录比例略等。自宋元以下，凡28件，计宋代1件、元代3件、明代9件、清代15件，而以清初"四王恽吴"作品最为可观。

从过云楼藏品，可窥见明清两代苏州地区藏家的收藏脉络。反观之，即顾氏近水楼台，收藏过程中颇得地利，仅乾嘉之际苏州著名的陆氏松下清斋旧藏之物就有不少。就此次"烟云四合"特展中所见，过云楼藏画中，陆氏所藏者，宋、元、明三代皆有。

陆恭（1741—1818），字孟庄，号谨庭（一作堇庭）、绿扶。六岁入家塾，受业于沈湘盛。十岁诵诗，识四声。次年，从高宾谷读《易》。十四岁，从李庚梅受业，三礼三传、史汉八家，依次卒业。次年习帖括。十七岁，应县府试。二十岁，娶妻顾氏（1743—1795），为昆山顾若霖（字雨时，号懿儒、乐幽居士）女孙、顾自名（字明善，号复庵）次女。成家后，分居鹦鹉里孝友堂，乃张氏旧第，中有古松一株，扶疏畅茂，龙鳞夭矫，涛声时作，与狮子林五松同为百年之物，因名曰松下清斋，盖截取王摩诘《积雨辋川庄作》"山中习静观朝槿，松下清斋折露葵"一联语也。"孝友堂""松下清斋"两额，为梁同书所书。鹦鹉里新宅，除孝友堂、松下清斋之外，同时构容巢，自书匾额，潘奕隽题赠楹联。又有乃吾庐，其额出于翁方纲之手。陆恭一生科考不利，年四十始中举人，数上春官皆未售。曾祖、祖父、父亲陆续去世后，老母在堂，遂绝意仕进，退居林下三十余年，以奉养老亲、抚育子弟为己任。嘉庆二十三年（1818）九月初四日卒，享年七十有八，著有《谨庭老人自订年谱》。

宋代绘画中，2004年4月曾现身上海信仁拍场，题宋李公麟《陶靖节醉休图》，曾为安岐、程桢义、瞿中溶递藏，即《过云楼书画记》著录《李龙眠醉休图卷》，并称"此卷初藏天津安麓村家，后归吾郡程心柏。中间瞿木夫得于陆谨庭犹子果泉，尝三跋其后"，则其为松下清斋旧藏无疑。

此次"烟云四合"展中展出的南宋扬无咎绘《四梅图》卷，系为范仲淹曾孙、范纯仁之孙范端伯（名直筠）所作，在吴中流传数百年，经元黄石翁、柯九思、吴镇家族，明沈周、文徵明、文彭、项元汴，清庄同生、庄虎孙父子，宋荦，笪重光，陆谨庭，梁同书，程心柏，潘遵祁，顾文彬等鉴藏。卷前有清梁同书题签，后有柯九思、笪重光、韩崇等题跋，曾经《铁网珊瑚》《清河书画舫》《珊瑚网书画跋》《式古堂书画汇考》《大观录》等著录。

清嘉庆初年，《四梅图》卷为陆恭松下清斋所得，他曾在鹦鹉里家中筑"四梅阁"以藏之，其匾额为刘墉手书。此卷隔水前有潘遵祁"香雪草堂"印，卷前有陆恭岳祖昆山顾若霖印，可知此卷亦其从外家获得。陆恭去世后，《四梅图》卷流落于外，据说由程桢义以"番钱三百枚"购回，道光二十六年（1846）韩崇获观并题跋，未几，程氏请人将此卷摹刻上石，传拓流行于世。咸丰三年（1853）春，汪藻、胡骏声、黄寿凤等同观并题款。程氏所藏多精品，但顾文彬说"程心柏自己不能赏鉴，以耳为目，专收重价之物，以夸豪富"，更不无得意地言道"若过云楼则广大精微，无所不备，气魄更驾乎其上"。[①] 反而言之，过云楼正是得苏州本地陆氏、程氏这样大藏家的搜讨之助，才能在短期内聚集

---

① 顾文彬著，苏州市档案局（馆）、苏州市过云楼文化研究会编：《过云楼家书》（点校本），文汇出版社，2016年，第285页。

那么多精品。

《四梅图》卷从程氏散出后，为陆恭外孙、须静斋主人潘世璜之子潘遵祁购得，他特意在光福山中的别业香雪草堂旁筑小阁，沿用外祖父陆恭斋号，命名为"四梅阁"，储藏此卷，并请好友戴熙（1801—1860）绘《四梅阁图》，宝爱之情，溢于言表。同治十二年（1873）十二月初三日，顾文彬第一百零七号家书云：

> 昨得潘顺之来信，欲将所藏尽归我家，索价甚昂，俱作银款，统计约两竿，并云不减不择。此老必知养闲曾有五百金之会款，故欲借此而得善价，而独留杨补之梅花册，不在所售之内，我亦以长篇信答之……因另开一单，只取五件，杨补之梅花册作四百两，唐六如黄茅小景二百两，倪云林、王叔明两轴一百两，四忠手简一百两，合千金。如果肯售，却是精品，且算应酬一老友也。①

七天之后，即十二月初十日，顾文彬第一百一十号家书中再次提到：

> 顺之所藏以杨补之梅花为最，我故欲探骊得珠。兹接其回书，竟不肯割爱，在我亦乐得，省了四百金，只得舍之。惟所择四种，渠意必欲得六百七十金，所差只七十金，在老交情面上，亦只好依他，盖此举一半总归到秋风账上去也。②

《四梅图》卷归顾氏过云楼，据潘氏后人回忆，系顾文彬以狐裘一袭向

---

① 顾文彬著，苏州市档案局（馆）、苏州市过云楼文化研究会编：《过云楼家书》（点校本），文汇出版社，2016年，第332页。
② 顾文彬著，苏州市档案局（馆）、苏州市过云楼文化研究会编：《过云楼家书》（点校本），文汇出版社，2016年，第335页。

潘遵祁易得。

当日顾氏以六百七十两银子从潘遵祁处购得的四件藏品中，明唐寅《黄茅渚小景图》卷、元王蒙《竹石图》便是松下清斋旧物。前者今藏上海博物馆，有陆恭、陆沅叔侄递藏之印，系顾公雄先生所捐赠；后者今藏苏州博物馆，诗塘上有陆恭三印，系顾公硕先生所捐赠。

清代苏州藏家对明代吴门四家的偏爱，似乎是与生俱来的。《黄茅渚小景图》卷因2014年"吴门四家"之"六如真如——吴门画派之唐寅"特展中已经借展，故未再来会。同治十二年（1873）十二月二十一日，顾文彬第一百一十三号家书中曾提及：

> 西圃物已取到，物虽精美，价亦逾恒，明是情销，宜其感谢。《黄茅小景》《六研斋笔记》亦推为唐卷第一，此卷购得，《出山图》即使不得，亦无需恋恋矣。①

《过云楼书画记》著录《唐子畏黄茅小景图卷》时，也特意将《六研斋笔记》中那段"天下唐卷第一"的话抄了进去，可惜没有言及陆氏松下清斋曾经收藏。

不过，在"石田大穰——吴门画派之沈周"特展中未能南下的沈周《红杏图》轴，却顺利与《四梅图》卷同归苏州。《红杏图》轴也是陆氏松下清斋旧藏之物，枝干下方有陆恭、陆沅叔侄二人印记。

如果说《四梅图》卷流传宋、元、明、清四代，无论是受画人、收藏者，都与苏州有着千丝万缕的关系，陆氏松下清斋只是众多亮点中的

---

① 顾文彬著，苏州市档案局（馆）、苏州市过云楼文化研究会编：《过云楼家书》（点校本），文汇出版社，2016年，第338页。

一个发光点，那么，另一件在 2017 年 2 月 21 日继《四梅图》卷展出的元人《七君子图》卷，则是过云楼顾氏让它与陆氏松下清斋发生了关系，促成了一次巧妙的融合。

光绪元年（1875），顾文彬致仕返乡，悠游林下，与潘遵祁、潘曾玮、吴云、沈秉成、李鸿裔、彭慰高、俞樾、吴大澂等人在吴中举行雅集，轮流于各家园林中聚会，赏鉴书画名迹、古籍善本，并请人绘图留影。顾氏家藏有《吴郡真率会图》（苏州市档案馆藏）、《怡园七老图》，潘氏（曾玮）家藏有《吴中七老图》（南京博物院藏）等。当日赏鉴品评之余，互通有无，也有藏品相互易售之事。元人《七君子图》卷由李鸿裔于同治十三年（1874）三月，托友人以二百五十元购得，此卷原为明末清初徐守和所藏，著录于缪曰藻《寓意录》中，首尾完全，中经康熙间张见阳（名纯修），乾隆间归乔崇修时，已佚去一帧，遂改名为《六逸图》。至道光年间，入藏海宁蒋光煦别下斋，请张廷济为之重题引首。据蒋氏《别下斋书画录》记载，此卷后当时已装入与之不相关的盛麟等八家元人题跋。后经李鸿裔之手，转归顾文彬。《过云楼书画记》云：

> 乾隆时为乔崇修所藏，失去定之一帧，遂易以《竹溪六逸》。道光间张叔未为蒋生沐书引首，亦以《六君子图》称之。然视张见阳旧藏，已非完璧。适新得梅道人横幅，尺寸悉合，取以配入，仍名《竹林七友》云。①

---

① 顾文彬、顾麟士撰，顾荣木、汪葆楫校点：《过云楼书画记 续记》，江苏古籍出版社，1999 年，第 79 页。

可见今日所看到的《七君子图》面目，已是顾氏重装以后的效果，与入过云楼前迥异。在别下斋时，蒋光煦曾作题跋一段，详细记述了该卷此前改装的经过，该题跋不知何时流落在外，被钱镜塘获得，捐存故乡海宁博物馆：

> 右墨竹卷，向为徐氏守和所藏，题为《竹林七友》，转入张见阳家。本七幅，不知何时失去卷末顾定之一幅。鬻古者遂并去题首四字，以掩残缺之迹，而取不全《水竹居卷》八人题咏羼入为跋，多易售地。及归宝应乔氏，则仍其原装，易名《六逸图》。案缪南有《寓意录》编于雍正癸丑，是卷尚无恙也。而卬须老人题在乾隆癸亥，相去仅十年，顿尔改观，名迹零落，致足惋叹。张绅一幅，旧在赵原前，今移置第六，当亦改装时所为。余于前年冬得之，重加装治，以图名未协，更为《六君子图》，请张叔未丈正书其首。而存乔题于后，水竹居跋不忍去，仍附缀焉。而于顾定之至正二年所作一帧，不能无望于龙剑之合也。道光二十二年壬寅八月十二日，古盐官籍庵居士蒋光煦识。①

至同光之际，顾文彬父子获得此卷时，此卷早已被蒋氏重装过，只是盛懋等人的题跋还拖在后面，为了恢复"七君子"之名，顾氏就将刚刚获得的元吴镇墨竹横幅补入《六君子图》末尾，而这一帧墨竹便是松下清斋的旧藏。经此一役，此卷《七君子图》之名得以回归。元人盛懋等所为《水竹居图》题跋半卷，后归吴湖帆，吴氏补绘一图，今藏上海博物馆。

---

① 蒋光煦题跋墨迹，海宁博物馆藏。

顾氏过云楼的碑帖收藏

清代苏州顾氏过云楼的收藏，在晚清、民国间就已名震江南。顾文彬、顾承父子编有《过云楼书画记》，顾鹤逸编有《过云楼续书画记》等书，傅增湘抄录编辑有《顾鹤逸藏书目》，这些著作对于过云楼的书画、古籍收藏之菁华多已揭示。加之近年拍场陆续出现的顾氏藏明清人书札、明人扇面、过云楼藏书等专场，让人对其收藏印象深刻。其实，除了书画与古籍善本外，顾氏所藏善本碑帖数量也十分可观，质量上乘，其中不乏传世孤本，却鲜为人知。

一、顾文彬酷爱碑帖收藏

过云楼藏碑帖，以往都只是在顾文彬《过云楼书画记》"凡例"中被提到："各家著录兼及古刻。敝藏《九成宫醴泉铭》'云霞蔽亏'四字未泐者,当是唐拓;及宋拓五字不损本《定武兰亭》之类,不下百十种。究以毡椎所为,下于真迹一等。他时当仿《金薤琳琅》《石墨镌华》,别录成书。悬牛头,卖马脯,幸无讥焉。"① 尽管只列举了"云霞蔽亏"四字未损本《九成宫醴泉铭》、五字不损本《定武兰亭》两种,但顾文彬自言家藏善本碑帖"不下百十种",足见当时所藏佳品数量颇多。

顾文彬在《过云楼日记》中曾提到,同治九年(1870)五月二十日在京师"见宋拓《定武兰亭》卷,笪江上藏本,后归高江村,稀世物也,索价百金,急携之归,志在必得"②。同月二十八日"与论古斋议定宋拓《定武兰亭》卷、王石谷《十万图》册,价银八十两。近日快心之事,除军机进单外,此事为最。……平心而论,即石谷册已值此数,《兰亭》卷只算平空拾得,论此卷价值,即三百金不为贵也"③。在同年六月初三日顾文彬写给儿子顾承的第十二号家信中,他曾详细记述:

> 《兰亭》墨色醇古,字亦不黯,无一字拼配,描失大段,与我家《古本兰亭》相仿,而五字不损,实为过之。有北宋人观款,其为北宋拓无疑。旧为笪江上藏,后以二百金归于高江村,其价值注明卷末。及今又逾二百年,反以贱值得之,岂非奇缘?前有江上篆书引首及小楷跋十余行,后有宋、元及有明、国初名人十余跋,皆推崇极至。我

---

① 顾文彬、顾麟士撰,顾荣木、汪葆楫校点:《过云楼书画记 续记》,江苏古籍出版社,1999年,凡例第2—3页。
② 顾文彬著,苏州市档案局(馆)、苏州市过云楼文化研究会编:《过云楼日记》(点校本),文汇出版社,2015年,第27页。
③ 顾文彬著,苏州市档案局(馆)、苏州市过云楼文化研究会编:《过云楼日记》(点校本),文汇出版社,2015年,第29页。

家宋拓帖佳者不少,然如此披挂整齐,却未曾有。①

由此可见,早在同治年间,顾文彬已十分注重对善本碑帖的搜集与研究,故而说家藏宋拓帖佳者不少,并以所藏《古本兰亭》与此《定武兰亭》相比较。

过云楼藏《定武兰亭》为卷子装,今仍在顾氏后人处。卷前有笪重光题引首并附跋,后有宋元人四家及明末董其昌、曹溶、汪道贯,清初查士标、庄同生、沈荃、高士奇等题跋。和顾文彬一起玩赏碑帖的朋友中,他颇看重吴云、李鸿裔,故不少藏品都请两人鉴定、题跋,此《定武兰亭》卷后就有吴云、顾文彬二人跋。而《古本兰亭》册后,也装有吴、顾二人的跋,此册容后文详述。

在现存顾文彬同治九年(1870)至光绪十年(1884)前后十五年日记中,尽管谈及碑帖的条目不多,但各有妙处。如据同治九年六月廿七日"以十九千买《高贞碑》,用笔细填便成浓墨拓"②,八月初八日"描《高贞碑》,是日始毕"③ 的记载,可知顾文彬对一些买来的碑帖也会动手处理一下。这类东西应该不是最好的,所以顾文彬才会对其加以描墨。

通常被认定为一流的藏品,顾文彬可能会重新装潢或加跋,而罕有直接加以描墨的。对于次一等的藏品,他会转让或赠送,同治九年闰十

---

① 顾文彬著,苏州市档案局(馆)、苏州市过云楼文化研究会编:《过云楼家书》(点校本),文汇出版社,2016年,第18页。
② 顾文彬著,苏州市档案局(馆)、苏州市过云楼文化研究会编:《过云楼日记》(点校本),文汇出版社,2015年,第35页。
③ 顾文彬著,苏州市档案局(馆)、苏州市过云楼文化研究会编:《过云楼日记》(点校本),文汇出版社,2015年,第41页。

月廿九日日记就有"星叔索观宋拓《九成宫》，即以赠之"① 的记录。尽管送给许庚身（字星叔）的《九成宫》是宋拓，但绝不是《过云楼书画记》"凡例"中所提到的"云霞蔽亏"四字未泐本。吉林省博物院藏一本宋拓《九成宫醴泉铭》，经谢希曾、杨澥、顾文彬等递藏，由张伯驹捐赠，为过云楼藏《九成宫》善拓之一种，不知是否赠许氏者耶？光绪六年（1880）七月初五日"广东胡蘧庵购去宋人《群仙高会》卷、张即之残经册、宋拓《家庙碑》《夏承碑》《线断皇甫君碑》、恽南田画鸡扇面，共价洋七百三十元"②。其中，宋拓《家庙碑》《夏承碑》两种，分别见于同治十二年（1873）二月廿二日、十月初十日日记，前者收购价二十元，后者八十元。有时明知其非真品或有残缺，顾文彬也会收入囊中，可能是为日后转售计，如光绪元年（1875）三月廿七日明言"以四十元得龙眠《揭钵图》，以三十元得《化度寺碑》。皆保三携示，即上虞倪氏物，图当非真迹，碑亦非原拓，不过皆旧物耳"③；十月十六日"以二十五元得宋拓《黄庭经》一本，内缺一页。粤客胡蘧庵愿出六十元售去，余因沈仲复求之在先，故仍送与仲复"④。

同一种碑拓，顾文彬也会收不同的复本，如《集王书圣教序》，归上海图书馆之南宋拓本，清沈志达、张廷济题跋；另有南宋拓本《集王书圣教序》，现身2017年中国嘉德春拍，经清人蔡世松、徐郙递藏，顾文彬、吴云题跋；此前，2016年中国嘉德已拍出王学浩题跋本《集王圣

---

① 顾文彬著，苏州市档案局（馆）、苏州市过云楼文化研究会编：《过云楼日记》（点校本），文汇出版社，2015年，第59页。
② 顾文彬著，苏州市档案局（馆）、苏州市过云楼文化研究会编：《过云楼日记》（点校本），文汇出版社，2015年，第515页。
③ 顾文彬著，苏州市档案局（馆）、苏州市过云楼文化研究会编：《过云楼日记》（点校本），文汇出版社，2015年，第346页。
④ 顾文彬著，苏州市档案局（馆）、苏州市过云楼文化研究会编：《过云楼日记》（点校本），文汇出版社，2015年，第519页。

教序》,明代拓本,有徐氏传是楼、张研樵藏印,亦顾氏过云楼旧藏。此为目前已知过云楼旧藏的《集王书圣教序》三本,之外是否还存在别本,尚有待新的发现。

购买藏品时,顾文彬父子往往力求物美价廉,所以一般都会杀价。如同治九年(1870)七月初九日日记提到"在论古斋见旧拓《刁遵碑》,韩小亭物,索价五十金,还价八金(得之)"[1],同治十三年(1874)七月初四日日记提到"张子蕃复信,购成宋拓《群玉中秘帖》一本,洋廿四元"[2]。这是对一般藏品来说的。面对第一流的藏品,顾氏则会不惜资财。如光绪元年(1875)正月十九日日记眉批记:"复初斋,极推重《夏承碑》,今顾氏所藏,能设法得之否?此等天壤间有数之物,胜于寻常书画多矣,虽重价应所不惜耳。"[3] 于此可见,在碑帖赏鉴上面,顾文彬对清代乾嘉时期的翁方纲(1733—1818,号覃溪,室名复初斋)颇为推崇,光绪元年(1875)三月十九日"以三十六元得宋拓颜平原忠义堂原刻《瘗鹤铭帖》单种一本,后有翁覃溪长跋"[4]。光绪五年二月十八日,顾文彬"见香严新押之《醴泉铭》,张小华旧藏,帖之边纸,翁覃溪精楷题满,固是宋拓佳本,尤以翁题增重。此外尚有宋拓《王圣教序》……《醴泉铭》数年前曾许过五百元,未成交,今为香严所得"[5]。

尽管有数十年的碑帖收藏经验,但顾文彬有时也会自叹眼光不够老

---

[1] 顾文彬著,苏州市档案局(馆)、苏州市过云楼文化研究会编:《过云楼日记》(点校本),文汇出版社,2015年,第36页。
[2] 顾文彬著,苏州市档案局(馆)、苏州市过云楼文化研究会编:《过云楼日记》(点校本),文汇出版社,2015年,第305页。
[3] 顾文彬著,苏州市档案局(馆)、苏州市过云楼文化研究会编:《过云楼日记》(点校本),文汇出版社,2015年,第336页。
[4] 顾文彬著,苏州市档案局(馆)、苏州市过云楼文化研究会编:《过云楼日记》(点校本),文汇出版社,2015年,第344页。
[5] 顾文彬著,苏州市档案局(馆)、苏州市过云楼文化研究会编:《过云楼日记》(点校本),文汇出版社,2015年,第488页。

到。同治九年（1870）闰十月十二日他在隶古斋取回旧拓《瘗鹤铭》一本，共有八十一字，较之常见本"已多十二字，其为旧拓无疑"。不过，次日便说"昨所取《瘗鹤铭》，乍见以为旧拓，细阅之竟是摹本，并非木石复刻本"。① 同治十一年（1872）正月十二日日记提到：

> 连绪斋将军出示唐拓《圣教序》，"纷乱"两字及"出"字俱纤毫不损，如果原石非唐拓，不能如此一字不损，然仓卒间不能决，自愧看碑帖眼光尚不老当也。有米汉雯、林佶人等跋，跋中言："原有范文正公宋元诸跋，今皆不存。"又见《虞恭公碑》一本，有七百余字，字皆清楚不损，而墨色似有描处，从字口看出，亦不能其原翻。又见全张《多宝塔》一幅，"凿"字微损，当是旧拓，特未必宋耳。②

二、顾鹤逸的继承与发扬

顾文彬去世时，顾鹤逸已二十五岁，他不仅继承过云楼的书画收藏，同时也成为名重一时的画家。在收藏之路上，他继承父、祖对于碑帖的喜好，并有所拓展。在顾鹤逸的有关传记中，都提到他曾有意撰《因因庵石墨记》，因循未果，殊为可惜。目前，尚可见到与顾鹤逸一起参加"怡园画社"的好友金心兰为其绘制的《因因庵校碑图》。

---

① 顾文彬著，苏州市档案局（馆）、苏州市过云楼文化研究会编：《过云楼日记》（点校本），文汇出版社，2015年，第55页。
② 顾文彬著，苏州市档案局（馆）、苏州市过云楼文化研究会编：《过云楼日记》（点校本），文汇出版社，2015年，第162页。

在顾鹤逸的女婿李文锦的《瘦羊日记》稿本中，曾记录民国十二年（1923）六月十八日，其"至怡园，三元尚未来。舅氏出示《皇甫君碑》三监未断本（'丞然'不坏），新得也"①。这是顾鹤逸当年新买碑拓的记录。同年七月初三日，李文锦再次拜访岳父，欣赏过云楼藏碑帖、书画：

> 至外氏，观石谷小幅，是十九岁时所作，后有康熙辛未重题。蔡松原《四时佳兴卷》，费西蠡旧物。《曹全碑》，"因"字完全，人间孤本也。《张迁碑》，"东里润色"已损，然有顾苓、覃溪、两峰诸人题跋极夥，可宝也。《泰山都尉碑》，魏稼孙藏本。明精拓颍上本《兰亭》《黄庭》、旧拓《瘗鹤铭》。②

近人张彦生《善本碑帖录》曾言《曹全碑》"初出土拓本传世特少，只见上海图书馆藏一本，首行末'因'字完好，拓工纸墨绝精，旧装完整，为苏州顾子山旧藏。又李芝陔旧藏翁方纲在'因'字旁题小字云，此本'因'字不损。后归赵尔巽家，今佚。又杨守敬跋端方本云'同治乙丑于京师富华阁见此碑，首行因字尚可见'，为沈韵初所藏，另未闻有因字本，现存只上海图书馆藏本"③。张氏所言顾子山旧藏"因"字不损本，系上海博物馆藏本，并非收藏于上海图书馆。另外，提及杨守敬跋中所谓沈韵初藏本，即顾氏过云楼所藏者，可见张彦生并未亲眼看到过云楼藏本，以至于将沈氏、顾氏递藏的同一件拓本，作为两件东西来著录。

---

① 李文锦：《瘦羊日记》，稿本，苏州博物馆藏。
② 李文锦：《瘦羊日记》，稿本，苏州博物馆藏。
③ 张彦生：《善本碑帖录》，中华书局，1984年，第33页。

过云楼旧藏明拓《汉曹全碑》，全名为《汉合阳令曹全碑》，碑文系王敞等纪曹全功绩，刻于东汉中平二年（185），明万历初陕西合阳旧城出土，今存西安碑林。新中国成立初期，顾公雄家属将家藏书画文物捐献给国家后，才从中发现清末松江金石学家沈树镛（1832—1873）旧藏《曹全碑》"因"字未损本。此碑碑阳二十行，行四十五字。早已改为册页装，纵28厘米，横16厘米，凡16开。首行最后"因"字未损。拓本纸墨精绝，旧装完好，被推为海内仅存孤本。书法则秀美流动，逸致翩翩，与《礼器碑》被公认为隶书正则。册首装缩摹中断后全碑，可见原石面貌，前有签题"汉曹全碑初拓本"，下钤"翁大年叔均信印长寿"白文方印。题签正下方有"沈树镛同治纪元后所得"白文方印。册尾有沈树镛清同治四年（1865）跋，写于宋藏经纸上：

> 碑出土在前明万历时，"因"字最先阙，后乃中断有裂文，后乃"乾"字作"车"旁。余所见旧本，"乾"字多未损，"因"字则无不阙者。今岁夏始得此"因"字完善之本，乃出土最初拓也。爰重装治，当永宝之。同治乙丑十一月小寒节，书于京师寓斋。郑斋。

另有沈氏藏印"树镛之印""郑斋金石文""松江沈氏所藏金石"。首开第七行第三字"因"下钤有"沈均初校金石刻之印"朱文方印，可见其对此态度之郑重。

从《瘦羊日记》所载，可以看到过云楼还藏有《张迁碑》"东里润色"已损本、魏稼孙旧藏《泰山都尉碑》、明拓颖上本《兰亭》《黄庭》、旧拓《瘗鹤铭》等。其中，张彦生曾经眼过云楼藏旧拓《瘗鹤铭》，著录于《善本碑帖录》："又见苏州顾氏藏本全拓，墨较淡，多'鹤寿不知'四字。翁方纲、王芑孙等长跋,多字是配宋刻本,翁跋谓百余年前拓本,此本'遂吾'二字左稍损,目下损。"① 苏州博物馆有过云楼旧藏《瘗鹤铭》一种,面板已失,而无任何题跋,可见并非翁方纲题跋之淡墨本。

顾鹤逸对金石碑版的痴迷,或更胜于其父、祖。他各方搜讨,收藏遂傲视同侪,较之同里吴湖帆的四欧堂,既美且丑,先已有之,其中,《常丑奴》系毛怀旧藏。宋元旧拓孤本,亦不遑多让。如宋拓《温公碑》,有吴云、顾文彬跋;宋拓《云麾碑》,有陆绍曾、毛怀跋;南宋拓《半截碑》,有王澍跋;宋拓《玄秘塔碑》,有潘奕隽、吴云、李鸿裔等跋;宋拓《颜氏家庙碑》,有吴大澂等跋。

唐碑之中,苏州博物馆所藏唐颜真卿《多宝塔碑》,全名为《大唐西京千福寺多宝佛塔感应碑》,唐岑勋撰、颜真卿书、徐浩题额、史华刊。唐天宝十一年(752)四月二十二日立,原石今存西安碑林。正书,三十四行,行六十六字。此为剪裱本,第三十一行"归我帝力"之"力"字未损,为宋拓本。后有清同治元年(1862)顾文彬、光绪八年(1882)李鸿裔二家跋。顾氏跋云:

> 此是宋拓本,水旁三点牵丝之迹毕露,与复初斋所记宋拓本正合。甲寅在京师,有那绎堂藏本,并时无两。殷述斋太史一见惊叹,诧为至宝。余为和会归之。今获此本,足与颉颃,惜述斋已作古人,不得与之共相欣赏矣。

述斋即吴江收藏家殷寿彭,他曾在顾氏所藏《古本兰亭》后题跋。此帖

---

① 张彦生:《善本碑帖录》,中华书局,1984年,第58页。

系单刻本，凡四开，附题跋五开。由顾公硕先生捐赠苏州博物馆。经明华夏、项元汴，清查莹、金守正等递藏。今人王壮弘《崇善楼笔记》著录。真赏斋主人华夏亲笔题签"宋拓古本兰亭。第一神品。东沙子鉴藏"，并跋云：

> 予家向藏《兰亭》十余种，以定武本为最。此本得之最晚，似更出《定武》之右，吴君婴能见而爱之，以海岳《潇湘烟雨卷》易去。云烟过眼，予何敢终据，尚有定武本，亦差堪自慰耳。中甫华夏跋。

后接明万历三十年（1602）张凤翼跋。清代则有咸丰四年（1854）殷寿彭跋，已收入其《春雨楼集》中：

> 此册旧为华东沙物，华氏鉴别精严，收藏宏富，具详丰考功《真赏斋赋》中。此本有东沙自跋及张伯起一跋，反复谛玩，纸墨古雅，的是北宋时物。而酝酿深醇，精神刻露，有诸本之长，无诸本之短，直与真迹仅隔一尘。东沙退为在《定武》右，良不诬也。……余向评《醴泉铭》有藏老于嫩，运圆于方，寓秀于朴之语，今移赠此帖，足仿佛其胜概矣。芷衫仁兄博雅媚古，获此奇宝，正孙退翁所谓宇内秀气，萃吾斋中者。真令人妒且羡也。咸丰四年甲寅立夏前三日，吴江殷寿彭借留半月，因跋而归之，以志欣赏。

同治元年（1862）顾文彬跋，对此本有所考订：

> 此本古香古色，宋拓无疑，华中甫跋为出《定武》右，张伯起跋为驾轶《定武》，二公精鉴，必有确据，然皆未定为何本。及观翁覃溪

《苏米斋兰亭考》，载云间潘氏本"岁""群""崇"等字隐与此本印合，因取潘氏重摹本逐字校勘，分毫不爽，乃知此本与潘氏祖本同出一石，而此拓当更在前也。又华跋谓吴婴能以米海岳《潇湘烟雨卷》易去，余尝见笪江上跋小米《云山得意卷》有云，相传《烟雨卷》好事者购之，价至五六百金，婴能以画易帖，中甫语意若有不忍割爱者然。然则此帖之为希世奇珍，又何待至今日而始见耶？

最后有同治二年（1863）吴云题记。此本与宋拓《定武兰亭》一同被刻入《过云楼集帖》。华夏提及此本后被友人吴如孝以南宋米友仁《潇湘烟雨卷》易去，吴氏与董其昌相熟，亦精鉴别，足见此本在明代即为藏家所重。《定武兰亭》则仍在顾氏后人手中。此外，北京故宫博物院藏《春草堂本兰亭》卷，为朱氏欧斋捐献者，卷后有同治十年（1871）顾文彬题跋。

过云楼藏碑帖中的一小部分，随古籍善本一并让归南京图书馆，计有《炎宋章吉老墓表》（印康祚旧藏）、《唐大兴善寺故大德大辩正广智三藏和尚碑铭（并序）》（魏锡曾跋）、《宋拓阁帖残本》、《淳化阁帖》。其中，《淳化阁帖》残拓系明肃府本，此拓本为经折装，正反面合裱，因岁久颇有散佚，前后次序混乱。可见卷端有"历代名臣法帖第四""诸家古法帖五""法帖第七王羲之书二""法帖第九"，卷末题"淳化三年壬辰岁十一月六日奉圣旨模勒上石"；卷后有康熙十三年甲寅（1674）金俊明题跋。

此外，收藏有宋拓《伊阙佛龛碑》，明何良俊、清毕泷递藏本，今藏中国国家图书馆。此碑刻于唐贞观十五年（641）十一月，在河南洛阳龙门山宾阳洞摩崖，摩崖似碑坎立。岑文本撰，褚遂良书，故历来为世所重。碑三十三行，行五十一字；额篆书，三行六字。宋拓传世甚少，明拓亦不多。此拓封面由费念慈题"三龛记，宋拓本，西蠡秘笈"，钤"费念慈印"。内签有二：一为"旧拓褚河南三龛像记，明何柘湖清森阁藏本，神品，广堪斋重装"，钤"静逸庵图书记"；二为钱大昕题"宋拓褚河南三龛记，明何元朗清森阁藏本，竹汀钱大昕为静逸主人题"，钤"臣大昕""辛楣"二印。册尾有何良俊、毕泷、张玮、沈志达、赵烈文等题跋，并钤有"清森阁书画记""毕泷鉴藏""静逸庵书画印""娄东毕泷涧飞氏藏""蓉初珍藏""谢氏鉴藏图书""安山审定""东山世泽""谢嘉孚印""谢骥之章""字孝英号屺望""秋厓珍赏""长生安乐赵烈文之印""能静经眼""苏邻鉴藏""元和顾子山秘笈之印""过云楼考藏金石图书"等。另有明拓《真赏斋帖》、旧拓《汝帖》等，俱见其收藏之富。

吴大澂、吴湖帆祖孙喜在碑帖前作画，顾麟士亦尝为之。上海图书馆藏王楠本《石鼓文》，系吴昌硕旧物，明代中后期拓本，前有顾鹤逸绘《缶庐校碑图》，并题云"仓石先生新获吴江王氏话雨楼所藏猎碣，是四百年前拓，古色古香，得未曾有，宝而临之，属作此图，用志古欢，即乞正画"。乾嘉间金石学家黄易所作《访碑图》数种，传至光绪间，成为吴大澂、费念慈、李鸿裔等争相购求的名品，吴大澂因故与其失之交臂，于是借费念慈藏本《嵩洛访碑廿四图》临摹一通，于今亦为佳品。顾鹤逸确有同癖，曾临摹黄易《岱岩览古廿四图》，与吴大澂相仿，其嗜古之情，亦后先映照。

主要参考书目

B

北京图书馆藏珍本年谱丛刊：第 74、79、82、84、86 册. 北京：北京图书馆出版社，1999.

C

曹寅. 楝亭集. 上海：上海古籍出版社，1978.

曹寅. 楝亭诗钞. 康熙刻本. 复旦大学图书馆藏.

曹寅. 太平乐事. 康熙刻本. 复旦大学图书馆藏.

曹寅著，胡绍棠笺注. 楝亭集笺注. 北京：北京图书馆出版社，2007.

陈树杓编. 带经堂书目. 顺德邓氏风雨楼排印本. 中国国家图书馆藏.

程可则. 海日堂集. 道光五年刻本.

程千帆，徐有富. 校雠广义：典藏编. 济南：齐鲁书社，1998.

虫天子编. 香艳丛书：第一册. 上海：上海书店出版社，2014.

丛书集成初编：第 57 册. 北京：中华书局，1985.

丛书集成续编：史部第 68 册、子部第 91 册、集部第 125 册. 上海：

上海书店出版社,1994.

D

邸永君.清代满蒙翰林群体研究.哈尔滨:黑龙江人民出版社,2005.

窦光鼐.省吾斋诗赋集.嘉庆六年刻本.

杜泽逊.四库存目标注:第六册.上海:上海古籍出版社,2007.

E

鄂尔泰等修.八旗通志初集.长春:东北师范大学出版社,1985.

F

范凤书.中国私家藏书史.郑州:大象出版社,2001.

费孝通著,惠海鸣译.中国绅士.北京:中国社会科学出版社,2006.

傅增湘.藏园群书经眼录:第三册.北京:中华书局,1983.

G

顾颉刚.顾颉刚读书笔记.台北:台湾联经出版事业公司,1990.

顾廷龙.顾廷龙文集.上海:上海科学技术文献出版社,2002.

顾文彬、顾麟士撰,顾荣木、汪葆楫校点.过云楼书画记 续记.南京:江苏古籍出版社,1999.

顾文彬著,苏州市档案局(馆)、苏州市过云楼文化研究会编.过云楼家书:点校本.上海:文汇出版社,2016.

顾文彬著,苏州市档案局(馆)、苏州市过云楼文化研究会编.过云楼日记:点校本.上海:文汇出版社,2015.

顾震涛撰,甘兰经等校点.吴门表隐.南京:江苏古籍出版社,1999.

顾志兴.浙江藏书家藏书楼.杭州：浙江人民出版社，1987.

桂馥.未谷诗集.道光二十一年刻本.

国家图书馆藏古籍题跋丛刊：第6、19册.北京：北京图书馆出版社，2002.

H

恒慕义主编，中国人民大学清史研究所《清代名人传略》翻译组译.清代名人传略.西宁：青海人民出版社，1990.

胡文铨修，周广业纂.广德州志.乾隆五十九年刻本.

黄任.香草斋诗钞.乾隆刻本.复旦大学图书馆藏.

黄裳.来燕榭读书记.沈阳：辽宁教育出版社，2001.

J

冀淑英.冀淑英文集.北京：北京图书馆出版社，2004.

江澄波编著.古刻名抄经眼录.南京：江苏人民出版社，1997.

江苏采辑遗书目录.旧抄本.上海图书馆藏.

蒋寅.王渔洋与康熙诗坛.北京：中国社会科学出版社，2001.

金毓黻主编.辽海丛书：第四册.沈阳：辽沈书社，1985.

金埴.巾箱说.北京：中华书局，1982.

K

柯愈春.清人诗文集总目提要.北京：北京古籍出版社，2001.

L

雷梦水.古书经眼录.济南：齐鲁书社，1984.

李斗撰，汪北平、涂雨公点校.扬州画舫录.北京：中华书局，1960.

李銮宣.坚白石斋诗集.嘉庆刻本.复旦大学图书馆藏.

李森文.赵执信年谱.济南：齐鲁书社，1988.

李文锦.瘦羊日记.稿本.苏州博物馆藏.

李希泌，张椒华编.中国古代藏书与近代图书馆史料：春秋至五四前后.北京：中华书局，1982.

李修生主编.古本戏曲剧目提要.北京：文化艺术出版社，1997.

梁同书辑.国朝尺牍.光绪十七年刻本.

刘上生.曹寅与曹雪芹.海口：海南出版社，2001.

柳存仁.和风堂文集.上海：上海古籍出版社，1991.

陆勇强.陈维崧年谱.北京：中国社会科学出版社，2006.

逯耀东.寒夜客来：中国饮食文化散记之二.北京：生活·读书·新知三联书店，2005.

罗时进.唐诗演进论.南京：江苏古籍出版社，2001.

罗振玉撰述，萧文立编校.雪堂类稿.沈阳：辽宁教育出版社，2003.

洛塘周氏家乘.光绪刻本.上海图书馆藏.

M

马甫生等标校.八旗文经.沈阳：辽沈书社，1988.

马子木.清代大学士传稿：1636—1795.济南：山东教育出版社，2013.

莫友芝撰，邱丽玟、李淑燕点校.宋元旧本书经眼录　持静斋藏书记要.上海：上海古籍出版社，2009.

N

纳兰性德撰，赵秀亭、冯统一笺校.饮水词笺校.北京：中华书局，2005.

P

潘天祯.潘天祯文集.上海：上海科学技术文献出版社，2002.

潘衍桐编纂.两浙��轩续录.光绪十七年浙江书局刻本.

Q

启功.启功丛稿：题跋卷.北京：中华书局，1999.

钱实甫编.清代职官年表：第三册.北京：中华书局，1980.

钱泰吉撰，冯先思整理，吴格审定.曝书杂记　甘泉乡人题跋.北京：中华书局，2020.

钱仪吉等编.清代碑传全集.上海：上海古籍出版社，1987.

钱曾著，管庭芬、章钰校证，佘彦焱标点.读书敏求记校证.上海：上海古籍出版社，2007.

钱曾著，周星诒、蒋凤藻、陆心源等批注.读书敏求记.雍正六年延古堂刻本.中国国家图书馆藏.

清代诗文集汇编：第789册.上海：上海古籍出版社，2010.

清人书目题跋丛刊：第二、三、四册.北京：中华书局，1990.

庆桂等编纂，左步青校点.国朝宫史续编.北京：北京古籍出版社，1994.

瞿同祖著，范忠信等译.清代地方政府.北京：法律出版社，2003.

R

阮亨编.淮海英灵续集.道光刻本.

S

沈津编著.顾廷龙年谱.上海：上海古籍出版社，2004.

沈宗畸编.晨风阁丛书.北京：中国书店，2010.

四库禁毁书丛刊补编：第85册.北京：北京出版社，2005.

四库禁毁书丛刊：集部第 17、21、52、53、72、74、91、116、133、148、156、167、168、184、187 册.北京：北京出版社，2000.

四库全书存目丛书补编：第 6、7、9 册.济南：齐鲁书社，2001.

四库全书存目丛书：集部第 198、245、257 册.济南：齐鲁书社，1997.

四库未收书辑刊：第八辑第 18、19、20、21、24、28、29 册.北京：北京出版社，2000.

四库未收书辑刊：第七辑第 30 册.北京：北京出版社，2000.

四库未收书辑刊：第五辑第 28 册.北京：北京出版社，2000.

孙殿起录.贩书偶记.上海：上海古籍出版社，1982.

W

汪璐辑，傅以礼撰，李希圣撰，李慧、主父志波标点.藏书题识　华延年室题跋　雁影斋题跋.上海：上海古籍出版社，2009.

王重民.中国善本书提要补编.北京：北京图书馆出版社，1991.

王国维.王国维先生全集续编：第八、十一册.台北：台湾大通书局，1976.

王謇著，李希泌点注.续补藏书纪事诗.北京：书目文献出版社，1987.

王文进著，柳向春标点.文禄堂访书记.上海：上海古籍出版社，2007.

王欣夫撰，鲍正鹄、徐鹏标点整理.蛾术轩箧存善本书录.上海：上海古籍出版社，2002.

王又旦.黄湄诗选.康熙刻本.

魏锡曾.绩语堂题跋.光绪刻本.中国国家图书馆藏.

文渊阁《四库全书》：总目第 3、4、5 册，经部第 135 册，史部第 416、455、475、492、508、510、511、540、569、664、667、670、

677、679、684 册,子部第 823、869、870 册,集部第 1312、1313、1314、1315、1316、1317、1318、1319、1322、1323、1324、1325、1326、1362、1459、1493 册. 上海:上海古籍出版社,1987.

吴晗. 江浙藏书家史略. 北京:中华书局,1981.

吴骞. 愚谷文存. 嘉庆十二年刻本.

吴省钦. 白华前稿. 乾隆刻本.

吴寿旸著,郭立暄标点. 拜经楼藏书题跋记. 上海:上海古籍出版社,2007.

吴慰祖校订. 四库采进书目. 北京:商务印书馆,1960.

吴修. 昭代名人尺牍. 光绪刻本.

X

谢正光,佘汝丰编著. 清初人选清初诗汇考. 南京:南京大学出版社,1998.

徐扶明. 元明清戏曲探索. 杭州:浙江古籍出版社,1986.

徐书受. 教经堂诗集. 嘉庆刻本.

徐蜀编. 国家图书馆藏古籍艺术类编:第 4、14、19 册. 北京:北京图书馆出版社,2004.

续修四库全书:经部第 158 册,史部第 540、559、747 册,子部第 1138、1154、1179、1180、1188 册,集部第 1401、1411、1412、1413、1414、1415、1417、1419、1420、1421、1449、1454、1455、1513、1514、1630、1682、1683、1709、1730 册. 上海:上海古籍出版社,2002.

Y

杨钟羲. 雪桥诗话续集. 北京:北京古籍出版社,1991.

杨钟羲撰集，刘承干参校.雪桥诗话.北京：北京古籍出版社，1989.

叶昌炽著，王欣夫补正，徐鹏辑.藏书纪事诗：附补正.上海：上海古籍出版社，1989.

叶启勋、叶启发撰，李军整理.二叶书录.上海：上海古籍出版社，2014.

永瑢、纪昀主编，周仁等整理.四库全书总目提要.海口：海南出版社，1999.

尤侗著，杨旭辉点校.尤侗集.上海：上海古籍出版社，2015.

于敏中等编纂.日下旧闻考.北京：北京古籍出版社，1981.

禹之鼎等.楝亭图咏.稿本.中国国家图书馆藏.

袁枚著，王英志主编.袁枚全集：第二集.南京：江苏古籍出版社，1993.

原北平故宫博物院文献馆编.清代文字狱档.上海：上海书店，1986.

乐钧.青芝山馆诗集.嘉庆刻本.

恽毓鼎著，史晓风整理.恽毓鼎澄斋日记.杭州：浙江古籍出版社，2004.

Z

张伯行.正谊堂文集.光绪二年仪封杨烈堂刻本.

张彦生.善本碑帖录.北京：中华书局，1984.

昭梿撰，何英芳点校.啸亭杂录.北京：中华书局，1980.

赵尔巽等撰.清史稿.北京：中华书局，1977.

郑伟章.文献家通考：清—现代.北京：中华书局，1999.

郑晓霞，张智主编.中国园林名胜志丛刊：第30册.扬州：广陵书社，2006.

中国地方志集成·江苏府县志辑：第1、3、15、41、45、66册.南京：江苏古籍出版社，1991.

中国方志丛书·华中地方：第38册.台北：成文出版社有限公司，1970.

周怀邦等纂.洛塘周氏续修家乘.光绪十四年刻本.

周汝昌.红楼梦新证.北京：人民文学出版社，1976.

周少川.藏书与文化：古代私家藏书文化研究.北京：北京师范大学出版社，1999.

周星诒.书钞阁题跋.稿本.苏州图书馆藏.

周勋初.周勋初文集：第三卷.南京：江苏古籍出版社，2000.

朱诚如，王天有主编.明清论丛：第三辑.北京：紫禁城出版社，2002.

朱淡文.红楼梦论源.南京：江苏古籍出版社，1992.

朱良志.石涛研究.北京：北京大学出版社，2005.

祝尚书.宋人别集叙录.北京：中华书局，1999.

卓尔堪选辑.明遗民诗.北京：中华书局，1961.

后 记

辛丑入冬之际,苏州的疫情渐趋平息,看到书稿,如逢故人,格外让人欣喜。灯下翻阅,不禁想起苏州的石湖、天香小筑、书院巷的东吴面馆,南京的随园、清凉山、大行宫地下的家乐福超市,北京的白石桥、文津街、大鸭梨的烤鸭、知春里的火烧,上海复旦的光华楼、湖南路口的罗森便利店、宛平路口的东北四季饺子王,还有苏州博物馆忠王府里的紫藤、蓝绣球、木樨花。时光匆匆流逝,写稿时的纠结与甘苦大都已经忘却,查访资料去过的图书馆、吃过的小店,反而如在眼前。旧纸与食物、花草的味道,从纸上泛起,勾出那段记忆,就像打开一册画满四季风物与生活点滴的图书,然而校园生活与青春年华早已一去不返。

校稿时,重读这些文字,不时感到昔日的稚嫩与笨拙,也有如今已不再的激情与粗犷,偶见灵光一闪,更多则感叹故纸生涯的冷淡。无论如何,我坚信文字的背后是鲜活的故我。没有过往的经历,不会有如今的我,因此虽悔其少作,但总不免敝帚自珍,收拾起来。

2016年秋，在广州中山大学开会期间，承台湾"中研院"史语所陈鸿森先生雅命，嘱我将历年所作清代文献考证的稿子整理出约四十万字的篇幅，拟和他的《清代学术史丛考》一并交台湾学生书局印行。之后，曾请南京图书馆沈燮元丈为两书题写签条，我所拟的书名便是本书的副标题——《清代文献丛考》。但出于各种原因，书稿在台出版一事延宕未果，究其根源，可能是个人的疏懒，辜负了长者的美意，在此要向陈鸿森先生致谢并道歉。

2021年5月，南京大学文学院徐雁平教授来信，盛情邀稿，拟列入《江南文脉·清代文学与文献研究》丛书，因鼓起余勇，重新拿起尚未整理完毕的《清代文献丛考》稿件，择取主题与清人收藏、交游活动相关者，汇为一编。进入编校阶段后，在责任编辑江舟、付静两位老师的建议下，又进一步作了调整，才有了本书现在的面目。

本书收录的文章数量有限，但大多篇幅较长。具体写作时间，自2004至2019年前后凡十五年，涵盖了我本科、硕士、博士以及工作后各个阶段，从中赫然可见我从文献小白到考据熟练工的人生轨迹。内中最早的一篇是《曹氏楝亭藏书聚散考略》，写于本科期间，2006年刊于《天一阁文丛》第4辑；最晚的一篇是《顾氏过云楼的碑帖收藏》，写于2019年病中，今年将刊于《中国书房》第六辑。兹将其余各稿的发表情况记录如下：

《周星诒藏书事迹征略——以〈书钞阁题跋〉及周批〈读书敏求记〉为主》，《书目季刊》2009年第4期；

《朱彝尊、曹溶藏书交流考述》，载王绍仁主编《江南藏书史话》，上海古籍出版社，2009年；

《抄本〈三国志校勘记〉述略——兼论周星诒的〈三国志〉研究》,《点校本"二十四史"及〈清史稿〉修订工程简报》2009 年第 39 期;

《曹寅编刻〈全唐诗〉时期交游考略》,《汉学研究》2010 年第 1 期;

《济宁孙氏兰枝馆藏书事迹钩沉》,《中国典籍与文化》2010 年第 4 期;

《〈种松山庄藏书目〉负字号书目标注——周广业父子著述考略》,《天一阁文丛》2012 年总第 10 辑;

《隋赫德、昌龄一族世系疏证》,《红楼梦学刊》2013 年第 1 辑;

《周勋常诗稿二种述略》,《天一阁文丛》2013 年总第 11 辑;

《曹寅在扬州酬应活动之补考》,《曹雪芹研究》2014 年第 1 期;

《济宁孙氏兰枝馆旧藏清集经眼记》,《版本目录学研究》2014 年总第 5 辑;

《〈楝亭诗钞〉版本考略》,《历史文献论坛》2014 年总第 1 辑;

《雅集与藏书——曹寅在苏州之交游》,《曹雪芹研究》2014 年第 4 期;

《无锡秦松龄藏书事迹钩沉》,《中国典籍与文化》2015 第 2 期;

《胡其毅与曹寅交游考略——〈楝亭诗钞〉中的十竹斋主人事迹》,《曹雪芹研究》2015 年第 3 期;

《过云楼书画收藏中的苏州脉络——以顾氏所藏陆氏松下清斋旧物为主》,《书与画》2017 年第 3 期。

趁此次结集出版之机,对大部分稿件或多或少都作了增删、修改,并对引文、注释作了校对与更新。有原稿篇幅过长者,不得已分段篇、分次发表,均加恢复;有写定、发表相隔数年之久,内容恰巧有相承、相通处者,或合成一篇,或编排一处,以便相互参证。

最后,感谢徐雁平教授与责任编辑江舟、付静两位女史的帮助,使此书得以顺利出版!吾生有涯而知无涯,个人自知学殖荒疏、识见有限,书中难免舛误讹夺之处,皆我之过,还望方家不吝赐教是幸。

辛丑冬至前夕,李军于吴门声闻室